主　编：李东方

撰稿人：李东方　　马　莹　　张倩玉　　宋泽兴

　　　　李耕坤　　单可航　　陈诗韵　　黄恋婷

　　　　裴昕怡　　金子洲　　樊家明　　吴林宏

　　　　马羽思　　石梦瑶

中华人民共和国
公司法
理解与适用

李东方◎主 编

ZHONGHUA RENMIN GONGHEGUO
GONGSIFA
LIJIE YU SHIYONG

中国法制出版社
CHINA LEGAL PUBLISHING HOUSE

序　言

公司是一种组织，一种制度，一种文化。公司是最重要的市场主体，在不同的国家呈现出不同的面貌，引领了各具特色的发展道路。公司法是社会主义市场经济法律体系中的基础性法律。我国现行公司法于1993年制定，1999年、2004年对公司法个别条款进行了修改，2005年进行了全面修订，2013年、2018年对公司资本制度相关问题作了两次修改。2023年12月29日，十四届全国人大常委会第七次会议修订通过《中华人民共和国公司法》，自2024年7月1日起施行。这次公司法的修订，也是一次全面的系统性的修订。

一、公司法修订的必要性①

党的十八大以来，企业法人单位数量由2013年的1033万家增加到近3300万家，② 其中，上市公司5000多家。③ 在公司运行的实践中出现了许多新情况、新问题，原公司法不能完全解决这些问题。同时，原公司法还存在一些与改革和发展不适应、不协调的问题，主要是：有些制度滞后于近年来公司制度的创新实践；我国公司制度发展历程还不长，有些基础性制度尚有欠缺或者规定较为原则；公司监督制衡、责任追究机制不完善，中小投资者和债权人保护需要加强等。

此外，在贯彻新发展理念、构建新发展格局、推动高质量发展的过程中，市场经济体制改革不断深入，市场主体积极探索，创造了丰富的公司制度实践经验；司法机关根据公司法和公司纠纷裁判活动，制定出

---

① 《关于〈中华人民共和国公司法（修订草案）〉的说明》，载中国人大网，http://www.npc.gov.cn/c2/c30834/202312/t20231229_433993.html，最后访问时间：2024年1月9日。

② 参见国家统计局编：《中国统计年鉴2023》，中国统计出版社2023年版，第21~22页。

③ 根据相关证券交易所网站数据显示，截至2024年1月9日，上海证券交易所上市公司数量为2264家，深圳证券交易所上市公司数量为2844家，北京证券交易所上市公司数量为240家。

台了一系列司法解释和裁判规则；公司法理论研究不断深入，取得丰硕成果，为公司法修订完善提供了重要的基础和支撑。

在上述背景下，对公司法的修订已势在必行。公司法修订的必要性主要包括以下内容：①

1. 修订公司法，是深化国有企业改革、完善中国特色现代企业制度的需要。党的十八届三中全会决定提出，推动国有企业完善现代企业制度；健全协调运转、有效制衡的公司法人治理结构。党的十九届三中全会决定提出，将国有重点大型企业监事会职责划入审计署，不再设立国有重点大型企业监事会。党的十九届四中全会决定提出，要深化国有企业改革，完善中国特色现代企业制度；增强国有经济竞争力、创新力、控制力、影响力和抗风险能力。《中共中央、国务院关于深化国有企业改革的指导意见》② 等对推进国有企业改革发展作出具体部署。修订公司法，贯彻落实党中央关于深化国有企业改革决策部署，是巩固深化国有企业治理改革成果，完善中国特色现代企业制度，促进国有经济高质量发展的必然要求。

2. 修订公司法，是持续优化营商环境、激发市场创新活力的需要。法治是最好的营商环境。党的十八大以来，党中央、国务院深入推进简政放权、放管结合、优化服务，持续改善营商环境。修订公司法，为方便公司设立、退出提供制度保障，为便利公司融资投资、优化治理机制提供更为丰富的制度性选择，降低公司运行成本，是推动打造市场化、法治化、国际化营商环境，更好激发市场创新动能和活力的客观需要。

3. 修订公司法，是完善产权保护制度、依法加强产权保护的需要。党的十八届四中全会决定提出，健全以公平为核心原则的产权保护制度，加强对各种所有制经济组织和自然人财产权的保护。党的十八届五中全会决定提出，推进产权保护法治化，依法保护各种所有制经济权益。党的十九大把"两个毫不动摇"写入新时代坚持和发展中国特色

---

① 参见《关于〈中华人民共和国公司法（修订草案）〉的说明》，载中国人大网，http：//www.npc.gov.cn/c2/c30834/202312/t20231229_ 433993.html，最后访问时间：2024年1月9日。

② 《中共中央、国务院关于深化国有企业改革的指导意见》，载中国政府网，https：//www.gov.cn/zhengce/2015-09/13/content_ 2930440.htm，最后访问时间：2024年1月9日。

社会主义的基本方略。修订公司法，健全以企业组织形式和出资人承担责任方式为主的市场主体法律制度，规范公司的组织和行为，完善公司设立、运营、退出各环节相关当事人责任，切实维护公司、股东、债权人的合法权益，是完善产权保护制度、加强产权平等保护的重要内容。

4. 修订公司法，是健全资本市场基础性制度、促进资本市场健康发展的需要。习近平总书记强调，加快资本市场改革，尽快形成融资功能完备、基础制度扎实、市场监管有效、投资者合法权益得到充分保护的多层次市场体系。修改公司法，完善公司资本、公司治理等基础性制度，加强对投资者特别是中小投资者合法权益的保护，是促进资本市场健康发展、有效服务实体经济的重要举措。

二、公司法修订的基本原则

这次公司法的修订遵循了以下四项基本原则：

1. 坚持正确的政治方向。贯彻落实党中央决策部署对完善公司法律制度提出的各项任务要求，充分发挥市场在资源配置中的决定性作用，更好发挥政府作用，完善中国特色现代企业制度，为坚持和完善我国基本经济制度提供坚实的法治保障。

2. 在现行公司法基本框架和主要制度的基础上作系统修订。保持现行公司法框架结构、基本制度稳定，维护法律制度的连续性、稳定性，降低制度转换成本；同时，适应经济社会发展变化的新形势、新要求，针对实践中的突出问题和制度短板，对现行公司法作系统的修订完善。

3. 坚持立足国情与借鉴国际经验相结合。从我国实际出发，将实践中行之有效的做法和改革成果上升为法律规范；同时注意吸收借鉴一些国家和地区公司法律制度的有益经验。

4. 处理好公司法与其他法律法规的关系。做好公司法修订与民法典、外商投资法、证券法、企业国有资产法以及正在修订的企业破产法等法律的衔接，并合理吸收相关行政法规、规章、司法解释的成果。

三、公司法修订的基本内容

这次公司法的修订，坚持问题导向，总结实践经验和理论成果，为便利公司投融资、优化治理机制提供更为丰富的制度选择，规范公司的组织和行为，强化各方主体责任，切实维护公司、股东、职工和债权人的合法权益。修订的主要内容如下：

1. 完善公司设立、退出制度。这一部分的修订，主要是完善公司登记制度，进一步简便公司设立和退出。具体内容是：（1）新设"公司登记"一章，明确公司设立登记、变更登记、注销登记的事项和程序；同时要求公司登记机关优化登记流程，提高登记效率和便利化水平。（2）充分利用信息化建设成果，明确电子营业执照（公司法第三十三条）、通过国家企业信用信息公示系统发布公告（公司法第三十二条）、采用电子通信方式召开会议和表决的法律效力（公司法第二十四条）。（3）扩大可用作出资的财产范围，明确股权、债权可以作价出资（公司法第四十八条）。（4）放宽一人有限责任公司设立等限制（公司法第四十二条），并允许设立一人股份有限公司（公司法第九十二条）。（5）完善公司清算制度，明确清算义务人及其责任（公司法第二百三十二条）。（6）增加简易注销和强制注销制度，方便公司退出（公司法第二百四十条、第二百四十一条）。

2. 完善公司资本制度。资本制度是公司法的核心制度之一，这次修改和完善的内容是：（1）完善注册资本认缴登记制度。规定有限责任公司股东出资期限不得超过五年（公司法第四十七条）。新公司法施行前已登记设立的公司，出资期限超过公司法规定期限的，除法律、行政法规或者国务院另有规定外，应当逐步调整至公司法规定的期限以内；对于出资期限、出资数额明显异常的，公司登记机关可以依法要求其及时调整。具体实施办法由国务院另行规定。[①]（2）在股份有限公司中引入授权资本制，允许公司章程或者股东会授权董事会发行股份（公司法第一百五十二条），同时要求发起人全额缴纳股款（公司法第九十八条），既方便公司设立、提高筹资灵活性，又减少注册资本虚化等问题。（3）规定股份有限公司可以发行优先股和劣后股、特殊表决权股、转让受限股等类别股（公司法第一百四十四条）。（4）允许公司

---

① 《完善认缴登记制度 营造诚信有序的营商环境》，载国家市场监督管理总局网站，https://www.samr.gov.cn/zw/zfxxgk/fdzdgknr/xwxcs/art/2023/art_4d25423ee4ec4da988871decf43a7db6.html，最后访问时间：2024年1月31日。

根据章程择一采用面额股或者无面额股（公司法第一百四十二条）。（5）允许公司按照规定使用资本公积金弥补亏损（公司法第二百一十四条）。（6）规定简易减资制度，允许公司按照规定通过减少注册资本方式弥补亏损，但不得向股东分配，也不得免除股东缴纳出资或者股款的义务（公司法第二百二十五条）。（7）增加股东未按期缴纳出资的失权制度（公司法第五十二条）、股东认缴出资加速到期制度（公司法第五十四条），规定股权转让后转让人、受让人的责任（公司法第八十八条）。

3. 完善公司债券相关规定。公司债券从证券法的角度来看，其与股票一样，均属公司融资的证券，但是，二者的性质不同，债券需还本付息，因此，不能纳入公司资本的范畴。这次对公司债券制度的修订内容较大，具体是：（1）根据《第十四届全国人民代表大会第一次会议关于国务院机构改革方案的决定》将国家发展改革委企业债券审核职责划入中国证监会的要求，删去国务院授权的部门对公开发行债券注册的规定（公司法第一百九十五条）。（2）明确公司债券可以公开发行，也可以非公开发行（公司法第一百九十四条）。（3）将发行可转债的公司由上市公司扩大到所有股份有限公司（公司法第二百零二条）。（4）增加债券持有人会议决议效力的规定（公司法第二百零四条），增加债券受托管理人相关规定（公司法第二百零五条、第二百零六条）。

4. 加强股东权利保护。对股东权利的保护是公司法的一项基本功能，这次修订的内容是：（1）强化股东知情权。扩大股东查阅材料的范围，允许有限责任公司股东查阅会计凭证，股份有限公司符合条件的股东查阅会计账簿和会计凭证，允许股东查阅、复制全资子公司相关材料（公司法第五十七条、第一百一十条）。（2）完善股份有限公司股东请求召集临时股东会会议的程序，完善股东临时提案权规定，强化股东民主参与公司治理（公司法第一百一十五条）。（3）对于公司的控股股东滥用股东权利，严重损害公司或者其他股东利益的，规定其他股东有权请求公司按照合理的价格收购其股权（公司法第八十九条）。（4）规定公司减少注册资本，应当按照股东出资或者持有股份的比例相应减少出资额或者股份，法律另有规定、有限责任公司全体股东另有约定或者股份有限公司章程另有规定的除外（公司法第二百二十四条）。（5）允许股东对公司全资子公司董事、监事、高级管理人员等提起代表诉讼（公司法第一百八十九条）。

5. 优化公司治理。如果说公司是一种组织，那么公司治理就是这种组织得以运行的基础，这次修订对公司治理优化的主要内容是：（1）允许公司只设董事会、不设监事会，公司只设董事会的，应当在董事会中设置审计委员会行使监事会职权（公司法第六十九条）。（2）简化公司组织机构设置。对于规模较小或者股东人数较少的公司，可以不设董事会，设一名董事（公司法第七十五条、第一百二十八条），不设监事会，设一名监事（公司法第八十三条、第一百三十三条）；对于规模较小或者股东人数较少的有限责任公司，经全体股东一致同意，可以不设监事（公司法第八十三条）。（3）为更好保障职工参与公司民主管理，规定职工人数三百人以上的公司，除依法设监事会并有公司职工代表的外，其董事会成员中应当有公司职工代表（公司法第六十八条）。公司董事会成员中的职工代表可以成为审计委员会成员（公司法第六十九条）。（4）对股份有限公司董事会审计委员会和上市公司董事会审计委员会的议事方式和表决程序作了规定（公司法第一百二十一条、第一百三十七条）。

6. 完善国家出资公司相关规定。深化国有企业改革、完善中国特色现代企业制度，是这次修订公司法的主要目的之一。这方面修订的基本内容是：（1）设"国家出资公司组织机构的特别规定"专章，将适用范围由国有独资有限责任公司，扩大到国有独资、国有资本控股的有限责任公司、股份有限公司（公司法第一百六十八条）。（2）坚持党对国有企业的领导，强调国家出资公司中中国共产党的组织的领导作用（公司法第一百七十条）。（3）要求国有独资公司董事会成员中外部董事应当过半数（公司法第一百七十三条）。（4）规定国有独资公司在董事会中设置由董事组成的审计委员会行使监事会职权的，不设监事会或者监事（公司法第一百七十六条）。（5）增加国家出资公司应当依法建立健全内部监督管理和风险控制制度的规定（公司法第一百七十七条）。

7. 强化控股股东、实际控制人和董事、监事、高级管理人员的责任。"两控人"与公司的"董监高"属于公司中的关键人员，是职级较高的管理者，也称为核心决策人。他们不仅具有优良的专业素质，而且还要非常了解市场变化和未来趋势。他们在组织管理中进行各项重大决策，实施公司意志。规范他们的行为和强化其责任显得特别重要，本次修订的主要内容是：（1）完善忠实和勤勉义务的具体内容（公司法第一百八十条）。（2）加强对董事、监事、高级管理人员与公司关联交易等的规范，增加关联交易等的报告义务和回避表决规则（公司法第一百八十二条、第一百八十五条）。（3）强化董事、监事、高级管理人员维护公司资本充实的责任（公司法第五十一条、第五十三条）。（4）规定董事、高级管理人员执行职务存在故意或者重大过失，给他人造成损害的，应当承担赔偿责任（公司法第一百九十一条）。（5）规定公司的控股股东、实际控制人不担任公司董事但实际执行公司事务的，对公司负有忠实义务和勤勉义务（公司法第一百八十条）。（6）规定公司的控股股东、实际控制人指示董事、高级管理人员从事损害公司或者股东利益的行为的，与该董事、高级管理人员承担连带责任（公司法第一百九十二条）。

综上所述，这次公司法的修订，完善与增加了许多新制度，对于便利公司投融资和优化公司治理具有重要意义。但是，"徒善不足以为政，徒法不足以自行"，我们还要积极做好宣传解读，加快制定配套规定，确保法律正确有效实施。本书面世的目的也正在于帮助广大读者理解与适用修订后的公司法。

目 录
Contents

第一章 总 则

第二章 公司登记

第三章 有限责任公司的设立和组织机构

第一节 设 立

第四章　有限责任公司的股权转让

第五章　股份有限公司的设立和组织机构

第一节　设　　立

第八章　公司董事、监事、高级
管理人员的资格和义务

第十一章 公司合并、分立、增资、减资

第十二章 公司解散和清算

第十三章　外国公司的分支机构

第十四章　法　律　责　任

第十五章 附 则

第一章 总 则

> **第一条 【立法目的】**① 为了规范公司的组织和行为，保护公司、股东、职工和债权人的合法权益，完善中国特色现代企业制度，弘扬企业家精神，维护社会经济秩序，促进社会主义市场经济的发展，根据宪法，制定本法。

【条文主旨】

本条是关于公司法立法目的的规定。

【修改提示】

本条对应原法（本书所称"原法"一般指 2023 年修订前的公司法）第一条的规定，增加了保护职工合法权益、"完善中国特色现代企业制度，弘扬企业家精神"以及"根据宪法"的表述，明确了公司法的立法目的。

【条文释义】

一、规范公司的组织和行为

公司是指股东依照公司法的规定，以出资方式设立，公司以其全部独立法人财产对公司债务承担责任的企业法人②。公司作为最重要的市场主体，是在市场经济条件下，为适应社会化生产而产生的现代企业组织形式。公司法是关于公司的组织法和行为法，公司法规定了公司作为组织体的法定组织结构及行为准则。公司的设立及其行为规范，治理结构科学合

---

① 简要条文主旨为编者所加，下同。
② 赵旭东主编：《公司法学》，高等教育出版社 2015 年版，第 2 页。

理，方能使其以最有效的方式从事经营活动，发挥组织优势，激发市场活力，促进市场经济的发展。公司法的制定为公司提供制度设计，以规范公司的组织和行为，使公司能够按照法律的规范设立并进行活动。

二、保护公司、股东、职工和债权人的合法权益

公司法规定公司的设立、运行、变更和解散以及在这些过程中公司及公司内部各利益主体的权利和义务。公司不只应当追求公司及股东利益的保护，还应当考虑相关方的利益。公司作为独立的法人，享有独立的法人财产权。股东是出资者，享有股东权利；其他经济主体在经济活动中与公司发生经济往来，可能成为公司的债权人，他们的合法权益都应当受到法律的保护。本次修订公司法在本条新增了保护职工的合法权益，把职工利益与公司、股东、债权人利益并列放在同一位置，体现了对公司职工利益的重视。公司法明确规定公司的权利和义务，对内规范公司与股东的关系，对外规范公司与交易对方的关系，并通过对违法行为的民事、行政制裁措施，切实保护了公司、股东、职工和债权人的合法权益。

三、完善中国特色现代企业制度，弘扬企业家精神

党的二十大报告明确提出，完善中国特色现代企业制度，弘扬企业家精神，加快建设世界一流企业，公司法作为现代企业制度建设方面的重要法律，对此予以回应和贯彻。公司法第一条增加了相关表述，将完善中国特色现代企业制度，弘扬企业家精神作为公司法的立法目的之一。公司法本次修订立足我国国情，从我国实际出发，总结借鉴我国已有的实践经验，彰显了我国本土化元素，完善了中国特色现代企业制度。

四、维护社会经济秩序，促进社会主义市场经济的发展

公司是我国经济生活中的重要组成部分，公司制是重要的现代企业的组织形式。公司法是规定公司组织的法律，是社会主义市场经济制度的基础性法律。制定公司法有利于鼓励投资兴业，降低交易成本，预防、控制投资风险，便利公司融资，鼓励公司自治创新，拉动经济增长。制定公司法的根本目的是要通过规范公司的组织和行为，保护公司及有关利害关系人的合法权益，使公司依法组织活动，维护良好的社会经济秩序，为市场主体提供公平、有序的发展环境，从而促进社会主义市场经济的发展。

随着我国市场经济体制改革不断深入，公司制度与实践进一步发展和完善。为总结改革过程中的经验教训与理论成果，促进市场经济发展，公司法进一步修订。此次公司法修订保持原法框架结构、基本制度稳定，同时针对实践中的突出问题，对公司法作出系统的修改完善。

本次公司法修订中在第一条中增加了"根据宪法"制定本法的内容，

公司是最重要的市场主体，修改公司法完善中国特色现代企业制度，是贯彻落实宪法关于国家完善"企业经营管理制度"的重要举措。①

> **第二条　【公司种类】**本法所称公司，是指依照本法在中华人民共和国境内设立的有限责任公司和股份有限公司。

【条文主旨】

本条是关于公司种类的规定。

【修改提示】

本条在原法第二条规定的基础上作出了修改，将"中国境内"的表述改为"中华人民共和国境内"，用语更加准确。

【条文释义】

一、我国现行规定

大陆法系国家基于公司组织形态和股东责任，一般将公司划分为无限公司、有限责任公司、股份有限公司、两合公司四种基本类型。其中，无限公司的股东对公司债务负无限责任；两合公司部分股东对公司债务负有限责任，部分股东负无限责任；有限责任公司与股份有限公司股东对公司债务负有限责任。

为维护交易安全，增强公司法律关系的可预期度与透明度，公司法遵循公司类型法定原则，投资者无权在立法分类之外再行创新公司类型。依据本条规定，本法所称公司包括有限责任公司和股份有限公司。根据我国的实际，我国公司不采用无限公司和两合公司等股东对公司承担无限责任的公司形式。

二、有限责任公司与股份有限公司的特点

有限责任公司是指公司的股东对公司以其认缴的出资额为限承担有限责任的公司。有限责任公司具有如下特点：（1）有限责任公司是一个资合

---

① 《全国人民代表大会宪法和法律委员会关于〈中华人民共和国公司法（修订草案）〉审议结果的报告》，载中国人大网，http://www.npc.gov.cn/npc/c2/c30834/202401/t2024010 2_434033.html，最后访问时间：2024年2月2日。

公司，但具有较强的人合因素；根据公司法第四十二条规定，股东人数限于 50 人，相互间的合作建立在信任的基础上。（2）各股东的出资共同组成公司的资本，但这些资本不需划分为等额股份。一般来说，股东各自以他们的出资额承担责任，分取红利。（3）有限责任公司不对外公开发行股票，股东身份具有相对封闭性，设立程序相对简单，设立成本较低。（4）有限责任公司的治理结构相对灵活。有限责任公司股东的权利转让一般受到章程的限制。

股份有限公司是指公司的资本划分为等额股份，公司股东以其认购的股份为限对公司承担有限责任的公司。我国的股份公司具有如下特点：（1）股份公司是典型的资合公司；（2）公司通过发行股票筹集资金，其资本划分为等额股份，股东通常较多，股东身份具有开放性，绝大多数股东不直接参与公司的经营活动，而是通过股东会对公司产生影响；（3）股份有限公司的设立需履行相对严格的程序；（4）一般须有健全的内部组织机构。如果法律法规、公司章程不予限制，公司的股份一般可以自由转让。

我国有限责任公司与股份有限公司在股东人数、注册资本、设立方式、股权行使与转让、治理结构与规则、融资方式等方面均存在差别，两者的区别集中体现在融资方式和股份流动性上，它们的公开程度不同，有限责任公司具有一定的封闭性，而股份有限公司则是一种开放型公司。

【适用指南】

有限责任公司与股份有限公司均采取"有限责任"，但有限责任公司更具有人合性的特征，相较于股份有限公司具有更大的自主性。结合上文所述二者的特点与区别，企业在选择企业类型时可以根据股东人数、承担风险能力等方面综合考虑。

> **第三条 【公司特征及权益保护】** 公司是企业法人，有独立的法人财产，享有法人财产权。公司以其全部财产对公司的债务承担责任。
>
> 公司的合法权益受法律保护，不受侵犯。

【条文主旨】

本条是关于公司的特征及权益保护的规定。

【修改提示】

本条在原法第三条第一款与第五条第二款规定的基础上作出了修改，明确了公司独立法人资格以及国家保护公司合法权益的立法态度。

【条文释义】

一、公司特征

公司作为企业法人，具有独立的法律人格，具有民事权利能力和民事行为能力，可以独立地享有财产权及其他权利，独立地从事生产经营活动、与其他经济实体发生权利义务关系，同时也要求它独立承担民事责任。民法典对法人制度作了规定，明确了法人作为民事主体的一类，其民事权益受法律保护，同时将法人分为营利法人、非营利法人、特别法人三大类，根据民法典第七十六条规定，公司属营利法人一类。

第一，独立的法人资格是指公司是法律拟制的人，具有不同于其组成成员的独立的民事主体资格。根据民法典第五十七条规定，法人是具有民事权利能力和民事行为能力，依法独立享有民事权利和承担民事义务的组织。因此，公司可以以自己的名义对外从事民商事活动，包括诉讼活动。

第二，公司的法人地位决定了公司应当有自己独立的财产，享有法人财产权，包括物权、知识产权、债权和对外投资的股权等。民法典第五十八条规定，法人应当有自己的财产。公司法人财产权的客体由物、智力成果、行为、股份和一些法定权利等构成。公司有权自由地占用、使用、处分公司财产，并从中受益。公司有自己独立的财产是公司能够自主经营，自负盈亏，对外独立承担责任的物质基础。公司享有法人财产权才能体现公司的法人人格，实现公司的权利能力和行为能力。

第三，公司作为独立法人，应当独立承担民事责任。民法典第六十条同样规定了法人以其全部财产独立承担民事责任。公司承担民事责任的范围是其全部财产，当它资不抵债而破产倒闭的时候，原则上以自身的财产独立地承担责任，而不累及股东，股东除了失去自己对公司的投资之外，不必对公司的债务负责。公司的财产包括股东在公司设立时所认缴的出资以及因经营行为所积累的资产。

二、公司权益保护

本条第二款公司的合法权益包括公司的合法财产、公司开展生产经营活动所形成的合法商业利益等，也包括民法典第一百一十条第二款规定的名称权、名誉权和荣誉权。

【相关规定】

《中华人民共和国民法典》第五十七条、第五十八条、第六十条、第七十六条、第一百一十条。

> **第四条　【股东有限责任及权利】** 有限责任公司的股东以其认缴的出资额为限对公司承担责任；股份有限公司的股东以其认购的股份为限对公司承担责任。
>
> 公司股东对公司依法享有资产收益、参与重大决策和选择管理者等权利。

【条文主旨】

本条是关于公司股东有限责任与股东权利的规定。

【修改提示】

本条在原法第三条与第四条规定的基础上作出了修改，本条款结合了原第三条第二款与原第四条第二款，并在第二款中增加"对公司"的表述，一方面明确了股东对公司承担的是有限责任，另一方面则明确股东对公司享有收益、决策、管理等所有者权益。

【条文释义】

一、股东有限责任

股东是指持有公司股份的人或向公司出资的人。公司的股东对公司承担有限责任，即股东以其全部投资为限对公司承担责任。股东有限责任是现代公司制度的基本特征，第一款明确了公司股东的责任形式。

第一，股东对公司债务所承担的责任，体现为股东对公司的出资，股东应当以其全部投资为限，对公司债务承担责任。股东出资后，该出资即形成公司财产，由公司享有法人财产权，股东对该出资即丧失占有、使用、收益和处分的权利，而只对公司享有股权。因此，股东对公司债务负有有限责任。公司对外承担责任的基础是它的全部财产，从这个意义上说，公司对外承担的是无限责任，即不以公司的注册资本为限，而是以全部财产为限。

第二，公司股东只对公司承担责任，而不对公司的债权人直接承担责任。公司债权人只能向公司主张权利，就公司的财产请求偿还，而不能直接向公司股东主张权利。有限责任将部分风险从股东转嫁给债权人，有利于吸引个人投资者，聚集大量社会闲置资本，便于股东将经营管理权交给懂经营善管理的专业人才，促进了股份流通和股票市场的形成。

二、股东权利

股东权利，又称股东权，指股东基于股东资格，依据公司法和公司章程规定而享有的从公司获取财产利益并参与公司治理的权利。股东是公司的投资者，股东将其财产投入到公司后，即以其对公司的投资享有对公司的股权。

股东享有股权，主要体现为资产收益权及参与公司重大决策和选择管理者的权利。以其行使目的为准，股东权分为股东自益权和共益权。其中股东共益权是基于股东的共同利益，参与公司事务的权利，比如参与重大决策和选择管理者的权利；股东自益权则是股东为了实现自己的利益而享有和行使的权利，主要表现为股东所享有的各种财产权。

（一）资产收益权

资产收益权是指股东按照其对公司的投资份额通过公司盈余分配从公司获得红利的权利。获取红利是股东投资的主要目的，只要股东按照章程或股东协议的规定如期履行了出资义务，任何一个股东都有权向公司请求分配红利。一般地，有限责任公司的股东应当按照其出资比例分取红利；股份有限公司的股东按照其持有的股份比例分取红利。

（二）参与公司重大决策权

参与公司重大决策权是指股东对公司的重大行为通过在股东会上表决，由股东会作出决议的方式决定。公司的重大行为包括：公司资本的变化；公司的融资行为；公司的对外投资、向他人提供担保、购置或转让主要资产、变更公司主营业务等行为；公司合并、分立、变更组织形式、解散、清算等行为。上述有些权利，在不违背法律强制性规定的前提下，股东会可以授权董事会行使。

（三）选择管理者的权利

选择管理者的权利是指股东通过股东会作出决议的方式选举公司的董事、监事的权利。公司的所有权和经营权相分离，投资者个人不必参与经营，是现代公司制度发展的趋势。特别是对股份有限公司而言，股东作为投资者，对公司重大决策和选择管理者的权利均应通过股东会来行使，股东个人没有决定权。同时，为了提高公司的经营效率，股东会的权限应有所限制，对公司一般的经营决策，股东和股东会不应干预。

【相关规定】

《中华人民共和国公司法》第二十三条、第四十九条、第五十条。

> **第五条　【公司章程】**设立公司应当依法制定公司章程。公司章程对公司、股东、董事、监事、高级管理人员具有约束力。

【条文主旨】

本条是关于公司章程及其约束力的规定。

【修改提示】

本条对应原法第十一条的规定，本次修订内容未作变动。

【条文释义】

一、公司章程的地位及性质

公司章程是由公司依法制定的，规定公司名称、住所、经营范围、经营管理制度等重大事项的最基本的规范性文件，是确定公司权利、义务关系的基本法律文件，是调整公司内部组织关系和经营行为的自治规则，是公司有效运行的重要基础。公司章程与公司其他内部规章相比具有最高效力，它所确认的准则为其他内部规章提供了根据。

公司章程是公司设立必不可少的法律文件，任何公司成立都应当以提交章程为法定要件，民法典第七十九条同样规定设立营利法人应当依法制定法人章程。同时，公司章程是要式法律文件，除反映当事人的主观要求之外，更反映和体现法律对公司内外关系的强制性要求。因此，公司章程应当按公司法的规定制订，应当包含法定的记载事项，否则将导致章程的无效。公司章程是一种自治性规则，体现了股东的共同意志。公司章程是依照公司成员的法律行为而成立的规则，是对公司内部关系进行规范的规则。但它只能在强行性法规的范围内发生效力，违反了强行性法规的章程则不具有拘束力。

二、公司章程的约束力

所谓公司章程的约束力，是指公司章程对哪些人发生效力。根据本条的规定，公司章程对公司、股东、董事、监事、高级管理人员具有约束力。

（一）公司章程对公司具有约束力

公司章程是依法制定的规范公司组织和行为的规则，是公司的行为准则，对公司具有约束力，公司在经营活动中应当遵守公司章程的规定。

（二）公司章程对股东具有约束力

公司章程作为股东自治的产物，是股东之间的共同约定，体现了股东的共同意志，因此，对股东也具有约束力，股东应当遵守公司章程的规定。即使是公司设定后加入公司的股东，鉴于公司章程已公之于众，当股东加入公司时，应推定其明示或者默示地承诺接受公司章程的拘束，其加入是以认可公司章程为前提的，所以后加入公司的股东也应当遵守公司章程的规定。

（三）公司章程对董事、监事具有约束力

董事会、监事会均为公司机关，是由股东会选举产生的，是被委托、推选来负责公司经营管理事务的，董事、监事为公司的代理人与受托人，其在接受委托、委任或者聘任以后，有义务遵守公司章程规定的规则，受公司章程的约束。

（四）公司章程对高级管理人员具有约束力

高级管理人员包括公司的经理、副经理、财务负责人以及上市公司董事会秘书和公司章程规定的其他人员，这些人员由公司董事会聘任，负责公司日常的经营管理事务，所以应当受公司章程的约束，遵守公司章程的规定。

【适用指南】

公司章程作为公司组织及活动过程中的基本准则，对于保障股东合法权益，规范公司经营活动具有重要作用。公司章程的约束力有助于公平地划清公司及其股东、董事、监事、经理和其他高级管理人员之间的权利、义务与责任边界，公司各方法律关系主体也应明晰自身角色定位，归位尽责，遵循公司章程权利义务规定，以完善公司治理，构建和谐的公司内部关系。

公司应在充分利用公司法赋予股东、发起人的意思自治权利的同时，结合公司需求设计章程。公司法条文大多为任意性规范，但也有强制性规范，公司章程的意思自治应当在强制性规范所划定的范围内进行。公司章程制定应严格依据公司法相关规定，除公司法明确可以由公司章程作出例外性规定的情形外，应适用公司法的强制性规定。此外，根据公司法第二十五条至第二十八条的规定，公司股东会决议内容应遵循法律、行政法规的相关规定，避免决议因内容瑕疵而无效。

【相关规定】

《中华人民共和国民法典》第七十九条；

《中华人民共和国公司法》第二十五条至第二十八条、第四十六条、第九十五条。

案例评析

公司章程中对股权转让做出特殊限制的条款，比如"强制离职股东转让股权"条款与公司回购自身股权条款具有约束力①

一、案情简介

原告章某为被告甲公司员工，2001 年，章某出资 20000 元成为甲公司股东。2014 年 1 月，甲公司召开股东大会对公司章程进行修改并通过，章某亦签字同意，其中原章程第七条"公司股东必须是本公司员工，并同公司签订劳动合同"增加"股东同公司终止或者解除劳动合同关系之时，即不再符合公司股东的条件，自动丧失公司股东资格，必须按照公司当期股

---

① 安徽省高级人民法院（2018）皖民再 88 号民事判决书，载中国裁判文书网，https://wenshu.court.gov.cn/website/wenshu/181107ANFZ0BXSK4/index.html？docId=43JN2gLEV9gY/fZMsv-vrqBmpA9eoKJXhZO78DxHbKjpnD5OMAemPKWI3IS1ZgB82iQX4r2SGTB4e9P1bZKLUeG0McKF9xUVX2sseoZYeM3KypbVxATxapvRBRJVi+VbO，最后访问时间：2024 年 1 月 9 日。

权转让指导价，同步转让其所持有的公司股份"内容。

2014 年 6 月 10 日，甲公司作出"关于同章某同志解除劳动关系等问题的决定"，并送交章某。决定第二条内容为：公司解除劳动关系后，不再符合公司股东的条件，将自动丧失公司股东资格。按股权转让指导价格 1∶1.1576 计算，其股权转让所得为 33541.11 元。

章某起诉要求确认公司章程第七条无效，确认其仍具备股东身份。一、二审法院分别于 2014 年、2016 年判决公司章程第七条内容无效，确认章某为甲公司股东。后甲公司申请再审，2018 年，安徽省高级人民法院做出再审判决，判决撤销一、二审法院判决，驳回章某诉讼请求。

二、本案核心问题

甲公司章程第七条约定是否无效及章某是否仍具有股东资格。

三、法院裁判要旨

依据 2018 年的公司法第十一条（现对应 2023 年修订后公司法第五条），公司章程对公司、股东、董事、监事、高级管理人员具有约束力。案涉公司章程及章程修正案系经过股东大会表决通过并经股东签字确认，未违反合同法（已失效）第四条关于自愿原则的规定。章某在章程上签字，无证据证明系其非自愿签字，应视为其真实意思表示。

公司章程第七条对甲公司解除其与股东劳动关系后，股东资格丧失后股权的转让及公司收购股权有事先约定，实质是为保证公司的人合性，并不违反法律法规禁止性规定，没有损害股东的合法权益，合法有效；股权转让价格是否合理，不影响本案股权转让效力。

四、评析

公司章程作为股东之间意思自治的表现，其中对股东转让股权设有限制性规定的，一般认为有效。原则上，公司章程可以另行对股权转让做出特殊的限制。如果股权没有流动性，股权的价值将受到比较大的削弱。公司资合性要求股权可以自由转让，而人合性则要求对股权转让做出限制，以维系公司原有股东之间基本的信赖关系。

司法实践中，大多支持公司章程对股东基于特殊身份关系对其股权转让进行限制，规定"强制离职股东转让股权"条款。公司章程原则上可以规定强制股权转让时的具体价格，但是应考虑价格是否公平合理。

> **第六条　【公司的名称权】**公司应当有自己的名称。公司名称应当符合国家有关规定。
>
> 公司的名称权受法律保护。

【条文主旨】

本条是关于公司名称权的规定。

【修改提示】

本条是本次公司法修订的新增规定。其中第二款"公司的名称权受法律保护"首次在公司法中提出了"公司名称权"的概念，以更好规范近年来出现的为增加"流量"、博人眼球的公司"乱起名""乱改名"等现象。

【条文释义】

一、公司名称

公司名称是公司从事经营行为时使用的名称，是公司法人人格特定化的标志，是公司成为独立民事主体的重要标志之一。公司作为法人，与自然人一样，是权利义务关系的主体，应当有自己的名称，以便明确主体的标志和权利义务的归属。公司名称是公司用以经营并区别于其他民事主体的标志。公司名称在公司设立登记时作为登记事项之一，在经过公司登记机关的登记后，就成为公司的法定名称。

本条虽属新增，但本条内容实际上在民法典第一千零一十三条中已有规定，只是本条仅针对公司，而民法典则针对更大范畴的法人。法人以自己名义进行民事活动，需通过名称与其他法人、组织、自然人相区别，故法人须有自己名称，公司作为法人的一种，自不例外。此外，对应公司法第六条中的"国家有关规定"，《企业名称登记管理规定》① 第四条至第十五条以及《中华人民共和国市场主体登记管理条例》第十条对公司的名称规范亦做出要求，对公司字号的组成、内容和负面禁止情形作了规定。其中规定，企业只能登记一个企业名称，企业名称受法律保护，企业名称应

---

① 《企业名称登记管理规定》，载中国政府网，https://www.gov.cn/zhengce/zhengceku/ 2021-01/19/content_ 5581091.htm，最后访问时间：2024 年 1 月 10 日。

使用规范汉字，一般依次由行政区划名称、字号、行业或者经营特点、组织形式组成。

二、公司名称权

本条第二款内容明确公司享有名称权这一拟人化的权利。公司的名称，既属于人格权，也是商誉的载体，是一种无形资产。

民法典规定人格权包括民事主体享有的名称权，因此法人享有名称权。公司的合法名称受法律保护，任何组织或者个人不得以干涉、盗用、假冒等方式侵害名称权。根据《企业名称登记管理规定》第十七条，公司名称经过登记机关登记后，在同一企业登记机关，其他申请人拟定的企业名称中的字号不得与同行业的已经登记企业名称中的字号相同。此外，对公司等主体名称的保护并不仅限于民法保护，因擅自使用他人有一定影响的企业名称，引人误认为是他人商品或者与他人存在特定联系的，也构成不正当竞争中的混淆行为。伴随着公司主体的不断壮大，名称权作为一项无形资产，是公司核心竞争力的重要组成部分，其财产性价值凸显，因此将公司名称权在公司法中予以重申，彰显了立法价值倾向。

【适用指南】

公司的名称权受法律保护，公司名称权作为公司的一项重要的人格权，主要起标识市场主体的作用，在民事领域、反不正当竞争领域都有着不可忽视的地位。新设企业选择名称时要注意避免使用与同地区同行业公司使用的相同或近似的企业名称，要注意避免与具有一定影响的公司名称混淆，且不能侵犯知名公司商标。企业在选择公司名称前应注意该字号是否与在先注册商标相同或者相近，是否足以使相关公众产生混淆，斟酌后再予以确定。

【相关规定】

《中华人民共和国民法典》第五十八条、第九百九十条、第一千零一十三条、第一千零一十四条；

《中华人民共和国反不正当竞争法》第六条；

《中华人民共和国商标法》第五十八条；

《企业名称登记管理规定》第四条至第十五条、第十七条；

《中华人民共和国市场主体登记管理条例》第十条。

> **第七条** **【公司名称】**依照本法设立的有限责任公司，应当在公司名称中标明有限责任公司或者有限公司字样。
>
> 依照本法设立的股份有限公司，应当在公司名称中标明股份有限公司或者股份公司字样。

【条文主旨】

本条是关于有限责任公司和股份有限公司名称的规定。

【修改提示】

本条在原法第八条规定的基础上作出了修改，实质内容没有发生变动，本条明确了公司的基本命名规则，即应在名称中标明公司的类型。

【条文释义】

公司是法人，应当有自己的名称，以表明主体及权利义务的归属。为使公众能够通过公司名称即可了解公司性质、责任形式，进而评价公司的信用，保障交易安全，维护公司及交易相对人的合法权益，公司名称应客观真实反映公司基本情况尤其是公司的责任形式。《企业名称登记管理规定》第六条规定企业名称应依次由行政区划名称、字号、行业或者经营特点、组织形式组成。企业应当根据其组织结构或者责任形式，依法在企业名称中标明组织形式。

为此，本条明确规定，依照本法设立的有限责任公司，应当在公司名称中标明有限责任公司字样，也可简化为有限公司；依照本法设立的股份有限公司，应当在公司名称中标明股份有限公司字样，也可简化为股份公司。未依法登记为有限责任公司或股份有限公司而冒用的，由公司登记机关责令改正或者予以取缔。公司名称中应当标明其组织形式，不能只标明公司。根据本条，非依公司法设立的经济组织，不得使用"有限责任公司"或者"股份有限公司"的字样。

【相关规定】

《企业名称登记管理规定》第六条、第十条。

> **第八条 【公司住所】公司以其主要办事机构所在地为住所。**

【条文主旨】

本条是关于公司住所的规定。

【修改提示】

本条对应原法第十条的规定，本次修订内容未作变动。

【条文释义】

公司是法人，应当有住所。住所是法人设立的重要条件之一，是法人的法律关系的中心地。住所指为法律关系集中于一处而确定的民事法律关系主体的地址，公司住所是指法律上所确认的公司的主要经营场所。

公司住所是公司章程的绝对必要记载事项之一，也是公司注册登记的事项之一。需要办理法人登记的，应当将主要办事机构所在地登记为住所。本法明确公司以其主要办事机构所在地为住所。民法典和《最高人民法院关于适用〈中华人民共和国民事诉讼法〉的解释》[①] 等均规定法人原则上以主要办事机构所在地为其住所。办事机构所在地是指执行法人业务活动，决定和处理组织事务的机构所在地。只有一个办事机构时，该办事机构所在地应为住所。若有多个办事机构时，则应以其主要办事机构所在地为住所。主要办事机构所在地指统率法人业务的机构所在地，也即公司发出指令的业务中枢机构所在地。依照《中华人民共和国市场主体登记管理条例》第十条的规定，公司在登记机关登记的住所只能有一个，住所应在登记机关辖区内。

从法律上确定公司住所，具有多重意义：第一，可以据以确定诉讼管辖。民事诉讼法第二十二条规定，对法人提起的民事诉讼，由被告住所地人民法院管辖。公司是法人的一种形式，以公司为被告的民事诉讼，归公司住所地人民法院管辖。第二，可以据以确定法律文书的送达处所。公司

---

① 《最高人民法院关于适用〈中华人民共和国民事诉讼法〉的解释》，载最高人民法院网站，https：//www.court.gov.cn/jianshe-xiangqing-353651.html，最后访问时间：2024 年 1 月 9 日。

的法律文书送达处所应为公司住所地。第三，可以据以确定合同履行地和承担其他民事责任的履行地。民法典第五百一十一条第三项规定，履行地点不明确，给付货币的，在接受货币一方所在地履行……其他标的，在履行义务一方所在地履行。对公司来说，其所在地应为其住所地。此外，在行政管理方面，确定公司住所便于确定公司登记机关和税管机关，加强政府机关对企业的监管，便于对公司进行市场监管管理、社保管理、税务管理。

【相关规定】

《中华人民共和国民法典》第六十三条、第五百一十一条；

《中华人民共和国民事诉讼法》第二十二条、第八十八条、第八十九条；

《中华人民共和国市场主体登记管理条例》第八条、第十一条；

《最高人民法院关于适用〈中华人民共和国民事诉讼法〉的解释》第三条。

> **第九条　【公司经营范围】**公司的经营范围由公司章程规定。公司可以修改公司章程，变更经营范围。
>
> 公司的经营范围中属于法律、行政法规规定须经批准的项目，应当依法经过批准。

【条文主旨】

本条是关于公司经营范围的规定。

【修改提示】

本条在原法第十二条规定的基础上作出了修改，本条删除了"并依法登记""但是应当办理变更登记"有关登记的表述，删减的原因在于将原法中零散于不同条款项下的公司登记规定进行了体系化汇编，公司登记规定均统一放入新设的一章"公司登记"中。为避免重复规定，此处对原条文作出适当删减。

【条文释义】

经营范围是企业从事经营活动的业务范围，根据《中华人民共和国市场主体登记管理条例》规定，应当依法经企业登记机关登记。公司经营范围，指公司在经营活动中所涉及的领域，具体表现为生产项目、经营种类、服务事项等。公司依法享有经营自主权，公司的经营范围由公司自主决定，并由公司章程规定。公司经营范围作为章程的绝对记载事项，其变更也应当通过修改公司章程的形式。经营范围的选择，由公司设立人在法律许可的范围内自主选择。根据公司的正常经营规律，设立公司应当有一个主营范围，这一主营范围应当由公司设立时的股东确认。

赋予公司经营自主权并不代表对公司经营范围没有限制。本条第二款是关于公司经营范围须经批准的事项。所谓须经批准的项目，指应当具备特定的条件并经政府有关行政主管部门批准后方可经营的项目，须经批准的项目依照法律、行政法规的规定确定。按照《中华人民共和国市场主体登记管理条例》第十四条的规定，经营范围分为许可经营项目和一般经营项目。许可经营项目是指企业在申请登记前，应当报经有关部门批准的项目，市场主体应当在申请登记时提交有关批准文件。

【适用指南】

公司从事生产经营活动，应在公司章程中规定经营范围，并依法登记。变更经营范围的，应修改公司章程，并变更登记。公司的经营范围中属于法律、行政法规规定须经批准的项目，应当依法经过批准。按照《中华人民共和国市场主体登记管理条例》第十四条的规定，属于许可经营项目的，企业应在申请登记前报经有关部门批准。

【相关规定】

《中华人民共和国民法典》第五百零五条；
《中华人民共和国市场主体登记管理条例》第十四条。

> **第十条 【公司法定代表人】** 公司的法定代表人按照公司章程的规定，由代表公司执行公司事务的董事或者经理担任。

> 担任法定代表人的董事或者经理辞任的，视为同时辞去法定代表人。
>
> 法定代表人辞任的，公司应当在法定代表人辞任之日起三十日内确定新的法定代表人。

【条文主旨】

本条是关于公司法定代表人的产生办法及辞任的规定。

【修改提示】

本条在原法第十三条规定的基础上作出了修改，本条款删去了有关法定代表人办理变更登记的内容，将"依照"的表述改为"按照"，扩大了法定代表人的人选范围，删去"并依法登记。公司法定代表人变更，应当办理变更登记"的表述。此外，本条新增了关于法定代表人辞任的规定。

【条文释义】

公司法定代表人是指依照法律、公司章程的规定，代表公司行使职权的负责人，其以公司名义从事民商事活动，法律后果由公司承受。公司内部对法定代表人代表权的限制，不得对抗善意第三人。公司法定代表人对内负责企业的经营管理，对外代表企业，按照企业法人的意志进行民事活动，对企业的经营管理全面负责。公司法定代表人的选任是股东集体意志的体现，股东集体意志通过公司章程表现出来。公司法定代表人的选任事项属于公司章程强制记载事项。

按照民法典的规定，法人的法定代表人是依照法律或者法人章程的规定，代表法人从事民事活动的负责人。法定代表人只能是自然人，且该自然人只有代表法人从事民事活动时才具有这种身份。公司法第十条规定了法定代表人的产生方式，扩大了法定代表人的选任范围，概括性规定"由代表公司执行公司事务的董事或者经理"担任法定代表人，一定程度上给予了企业更多自行决定法定代表人的选择空间。

本条第二款、第三款规定了法定代表人的辞任制度。公司可以通过公司决议机关作出决议更换法定代表人。实践中存在免职、任职调整或不实际履行经营管理职责的"挂名"法定代表人，其在已经退出公司管理、未实际履行法定代表人职责时面临涤除登记困难的情况。公司不配合办理公司法定代表人变更登记，使得"挂名"法定代表人面临着不确定的法律风险。在企业拒不履行生效法律文书确定的给付义务时，法定代表人可能被采取限制消费、限制出境措施；企业作为被执行人，因不予配合法院的调查和执行工作，其法定代表人可能面临罚款、拘留等处罚甚至被依法追究刑事责任；此外，当企业违反相关行政法规或构成犯罪时，法定代表人还可能面临行政责任和刑事责任。本条通过新增法定代表人的辞任制度，使法定代表人的变更更加灵活。本条规定了法定代表人可以主动辞任，规定了法定代表人通过主动辞任的退出通道，一定程度上避免公司怠于变更公司法定代表人登记引起的纠纷，同时也有利于公司确定真正履行职责的法定代表人，便于公司的正常经营管理，避免公司陷入治理僵局。

【相关法条】

《中华人民共和国民法典》第六十一条、第八十一条；

《中华人民共和国公司法》第七十条；

《最高人民法院关于限制被执行人高消费及有关消费的若干规定》第三条①；

《最高人民法院关于适用〈中华人民共和国民事诉讼法〉执行程序若干问题的解释》第二十四条②；

《最高人民法院关于民事执行中财产调查若干问题的规定》第九条③。

> **第十一条　【法定代表人责任】**法定代表人以公司名义从事的民事活动，其法律后果由公司承受。
>
> 公司章程或者股东会对法定代表人职权的限制，不得对抗善意相对人。

---

① 《最高人民法院关于限制被执行人高消费及有关消费的若干规定》，载最高人民法院网站，https：//www.court.gov.cn/shenpan/xiangqing/1650.html，最后访问时间：2024年1月9日。

② 《最高人民法院关于适用〈中华人民共和国民事诉讼法〉执行程序若干问题的解释》，载最高人民法院网站，https：//www.court.gov.cn/shenpan-xiangqing-704.html，最后访问时间：2024年1月9日。

③ 《最高人民法院关于民事执行中财产调查若干问题的规定》，载最高人民法院网站，https：//www.court.gov.cn/zixun-xiangqing-37192.html，最后访问时间：2024年1月9日。

> 法定代表人因执行职务造成他人损害的，由公司承担民事责任。公司承担民事责任后，依照法律或者公司章程的规定，可以向有过错的法定代表人追偿。

【条文主旨】

本条是关于公司法定代表人从事民事活动的法律后果及职务侵权民事责任的规定。

【修改提示】

本条为本次公司法修订的新增条款。本条款吸收了民法典第六十一条第二款、第三款以及第六十二条的内容，把"法人"的表述修改为"公司"，把"法定代表人代表权"的表述修改为"法定代表人职权"，在公司法层面明确了公司法定代表人的民事活动的法律后果和民事责任。

【条文释义】

一、法定代表人权能的法律后果

本条第一款规定了公司法定代表人从事民事活动的法律后果。公司的法定代表人对外以法人名义进行民事活动时，其与法人之间是代表关系而非代理关系，且其来自法律的明确规定，不需要有法人的授权委托书。其对外的职务行为即为法人行为，法定代表人以公司名义从事的民事活动，由公司承受其法律后果。

该条款本质系沿用民法通则（已失效）第三十八条、2005年公司法第十三条所确立的专门设立公司对外机关——法定代表人制度，实质上就公司机关，除内设权力机关股东会、执行机关董事会或执行董事及监督机关监事会或监事外，特设法定代表人，对外代表公司开展民事活动，包括民事诉讼活动，行为效果由公司承受。法定代表人实际上作为公司实体或程序性的意思表示的表达机构，来实现法人主体的法律行为效果。

二、法定代表人权能的外部效力

本条第二款吸收了民法典第六十一条第三款规定，规定公司章程或者股东会对法定代表人职权的限制，不得对抗善意相对人，该款涉及法定代表人代表权能的外部效力。该款中不得对抗善意第三人之规定，是因考虑第三人之信赖保护与维护交易安全与效率，衡平股东权益与外部债权人等内外部利益主体。

章程及股东会决议作为公司内部的行为规范，在通常情况下不易被外部的人员所知道，所以在确定其外部效力方面，要考虑对善意相对人的权益保护。为此，本条第二款对公司章程的对外效力方面作了适当限制，以保护善意相对人的合法权益，以维护交易安全，降低交易对手的信息检索成本。关于善意相对人的判断，不仅要考量其事实上是否知道法人章程或权力机构对法定代表人代表权的限制，还要考量其是否应当知道这一情况。

三、法定代表人职务侵权责任

本条第三款是关于公司法定代表人职务侵权责任的规定。民法典第六十二条规定了法定代表人职务侵权责任由公司承担及公司向过错的法定代表人追偿的权利，公司法第十一条第三款将其纳入。因公司的法定代表人职务侵权产生的法人责任，法人承担责任后可向法定代表人追偿，但此处规定了两个追偿条件：一是法定代表人要存在过错，这里的过错不仅包括故意与重大过失，也包括一般过失；二是要有法律法规或法人章程明确规定。

【适用指南】

即使法人章程或股东会对法定代表人的权限进行了限制，但由于公司内部文件一般不对外公开，导致公司的交易相对方因信息不对称无法对交易的风险作出全面的判断，因此法律需要保护善意合同相对方，只要求与公司交易的其他公司或个人在交易中尽到一般理性人的合理审查义务，即认定其构成善意。此外，考虑到法定代表人在公司担任核心管理职务（董事长或执行董事、经理）的普遍情况，公司在确定法定代表人人选时应慎重，以避免因法定代表人滥用权利导致公司经济损失的风险。

【相关规定】

《中华人民共和国民法典》第六十一条、第六十二条、第五百零四条。

> **第十二条 【公司形式变更】** 有限责任公司变更为股份有限公司，应当符合本法规定的股份有限公司的条件。股份有限公司变更为有限责任公司，应当符合本法规定的有限责任公司的条件。
>
> 有限责任公司变更为股份有限公司的，或者股份有限公司变更为有限责任公司的，公司变更前的债权、债务由变更后的公司承继。

【条文主旨】

本条是关于公司形式变更的准则与债权债务承继的规定。

【修改提示】

本条对应原法第九条的规定，本次修订内容未作变动。

【条文释义】

一、公司形式变更的准则

公司形式变更又称为公司的组织变更，是公司法的一项重要制度。公司形式的变更是公司不中断法人资格而由某一类型公司转变为其他类型公司的法律行为。公司形式变更具有公司维持、营业持续、程序简化、降低成本的特点，具有公司法人资格的延续性、变更种类的特定性及变更程序的法定性的法律特征。公司形式变更的决议是全体股东意思自治的表示，然而为保护市场经济安全，法律要求变更具备一定的条件并按照严格的法定程序进行。公司法只规定了有限责任公司和股份有限公司两种类型的公司，所以我国公司转型只有这两种类型互相转变。

二、公司形式变更的债权债务承继

公司形式变更的目的往往是改变股东的责任，吸收更多的资金或扩大经营规模。公司形式变更只是一种公司组织形式的变更，不需经过解散、清算等程序，其民事主体资格一直保有，变更组织形态后的公司与原公司具有前后的一致性，其对外的权利义务并不因其组织形式变更而受影响，因此，公司法规定原公司的债权债务只能由变更后的公司概括承继。如公司形式变更后，原有限责任公司由以出资额为限转换成以所持股份为限对公司承担责任。因此，本条第二款明确了公司形式变更前的债权、债务由变更后的公司承继。变更后的有限责任公司或者股份有限公司，不得以并不是原来的股份有限公司或者有限责任公司为由，而拒绝承担原有的债务。当然，公司作为其债权人的，债务人也不得以公司形式出现变化而拒绝履行债务。

【适用指南】

本条对有限责任公司变更为股份有限公司作了原则性的规定，要求转换后的股份有限公司应当符合公司法规定的股份有限公司应当具备的条件，如发起人应当在一人以上二百人以下、重新制定公司章程、建立符合股份有限公司要求的组织机构等。除本法规定的设立股份有限公司的基本条件之外，本法第一百零八条还规定有限责任公司变更为股份有限公司时，折合的实收股本总额不得高于公司净资产额，为增加资本公开发行股份时，应当依法办理。由于股份有限公司社会性更为广泛，为保护社会公众的利益，股份有限公司的设立条件和程序要比有限责任公司严格。

【相关规定】

《中华人民共和国公司法》第九十二条、第九十五条、第一百零八条。

第十三条 【子公司与分公司】公司可以设立子公司。子公司具有法人资格，依法独立承担民事责任。

公司可以设立分公司。分公司不具有法人资格，其民事责任由公司承担。

【条文主旨】

本条是关于公司设立分公司与子公司的规定。

【修改提示】

本条在原法第十四条规定的基础上作出了修改，删去"设立分公司，应当向公司登记机关申请登记，领取营业执照"的表述，其删减原因同上文所述公司法第九条的删改原因，新法对原法中零散于不同条款项下的公司登记规定进行了体系化汇编，公司登记规定均统一放入新设的"公司登记"一章中。

【条文释义】

一、设立子公司

公司可以依法设立分公司和子公司。子公司是相对于母公司而言的，它是独立于向它投资的母公司而存在的主体。母公司是指持有另一公司一定比例以上的股份或通过协议方式能够对另一公司的经营实行实际控制的公司①。子公司是指受集团或母公司控制但在法律上独立的法人企业。子公司又可按股份控制的情形分为全资子公司和控股子公司。子公司虽然在经济上受母公司支配与控制，但在法律上具有独立法人资格，其独立性主要表现在拥有独立的公司名称和公司章程、具有独立的组织机构、拥有独立的财产、能以自己的名义开展经营活动、独立承担后果和责任。

二、设立分公司

除子公司外，公司还可设立分公司。分公司是指公司在其住所以外设立的从事经营活动的机构，不具有企业法人资格。公司根据经营需要，可以设立分公司。分公司是相对于总公司而言的，它是总公司的分支机构或者说是组成部分，分公司不具有企业法人资格，不是公司法规定的具有独立法人地位的公司，分公司经营范围不得超出公司的经营范围。

分公司本身不具有独立性，主要体现在如下几方面：一是不具有法人资格，不能独立享有权利、承担责任，行为后果及责任由总公司承担；二是一般没有独立的公司名称和章程，对外从事经营活动须以总公司名义，并遵守总公司章程；三是在人事、经营上没有自主权，主要业务活动由总公司决定或根据总公司授权进行，主要管理人员由总公司委任；四是无独立财产，其所有资产属总公司。也正因为分公司不具有法人资格，故民事责任由总公司承担。

虽然依照公司法规定分公司不具有法人资格，其民事责任由总公司承担，但分公司经依法登记并领取营业执照，具有相对的独立性。分公司虽不能成为最终民事责任的承担主体，但对于其债务，也应允许由其管理的财产先承担，不足部分再由总公司承担。民法典第七十四条第二款即对此进行了明确。如此规定，便于分公司债权人就近选择分公司主张权利，同时也可减轻业务范围覆盖广、拥有众多分公司的法人的负担。此外，根据

① 赵旭东主编：《公司法学》，高等教育出版社2015年版，第55页。

民事诉讼法第五十一条及《最高人民法院关于适用〈中华人民共和国民事诉讼法〉的解释》第五十二条的规定，依法设立并领取营业执照的法人的分支机构可以作为民事诉讼的当事人。因此，分公司可以单独作为原告起诉，而当分公司作为案件被告时，总公司往往被追加与分公司作为共同被告。

【适用指南】

分公司不具有企业法人资格，没有独立的财产，但其能够独立从事生产经营活动，相应民事责任由总公司承担。与分公司不同，子公司独立于公司，拥有独立的企业名称和财产，具有法人资格，依法独立承担民事责任。因此，相较于设立分公司，设立子公司更有利于降低公司的经营风险。分公司与子公司之间最大的区别在于是否具有独立的法人资格，由此导致对外责任承担主体的不同，公司可根据自身需求选择设立。

【相关规定】

《中华人民共和国民法典》第七十四条；

《中华人民共和国民事诉讼法》第五十一条；

《最高人民法院关于适用〈中华人民共和国民事诉讼法〉的解释》第五十二条。

第十四条 【公司转投资】 公司可以向其他企业投资。

法律规定公司不得成为对所投资企业的债务承担连带责任的出资人的，从其规定。

【条文主旨】

本条是关于公司转投资及其限制的规定。

【修改提示】

本条在原法第十五条规定的基础上作出了修改，本条对原但书内容进行修改，原法第十五条规定公司原则上不得成为对所投资企业的债务承担连带责任的出资人，本条将公司改为可以对所投资企业债务承担连带责任作为基本原则，将例外情形设计为由法律另行规定。

【条文释义】

公司转投资，指公司作为投资主体，以公司法人财产作为对另一企业的出资，从而使本公司成为另一企业成员的行为。公司可以向其他企业投资，这是因为公司是法人，享有自主经营的权利，能够自行承担责任，运用自己的财产进行投资是公司发展的正常要求。根据本条规定，公司不仅可以向其他有限责任公司或者股份有限公司投资，也可以向公司以外的其他企业投资。

2018 年公司法第十五条规定公司可以向其他企业投资，对外投资不得成为承担连带责任出资人是原则，本次修订后"不得成为对所投资企业的债务承担连带责任的出资人"不再是原则，而是例外。2018 年公司法的规定主要是考虑到公司对外投资有营利的机会，同时也有风险：对外投资失败，如果允许投资的公司承担无限责任，有可能直接导致公司的破产或利益受到重大损失，进而损害公司股东和债权人的利益，直接危害社会经济秩序的稳定，因此规定原则上对外投资不得成为承担连带责任出资人以保护公司债权人利益。

合伙企业法规定国有独资公司、国有企业、上市公司以及公益性的事业单位、社会团体不得成为普通合伙人，确立了公司可以成为对所投资企业的债务承担连带责任的普通合伙人。不过通常认为合伙企业法与 2018 年的公司法规定并不矛盾，合伙企业法第二条、第三条之规定属于 2018 年的公司法第十五条中"法律另有规定"的情形，即原则上公司不得作为出资人承担连带责任，但若是作为合伙企业的出资人，且不属于第三条规定的五类机构，则可以公司财产为限承担无限连带责任。修订后公司法第十四条表述相较 2018 年公司法内容明显更为缓和，对外投资禁止成为"连带责任的出资人"由原则改为例外，与合伙企业法的立法理念更保持一致。

【相关规定】

《中华人民共和国合伙企业法》第二条、第三条。

第十五条 【公司投资或提供担保的程序规定】公司向其他企业投资或者为他人提供担保，按照公司章程的规定，由董事会或者股东会决议；公司章程对投资或者担保的总额及单项投资或者担保的数额有限额规定的，不得超过规定的限额。

公司为公司股东或者实际控制人提供担保的，应当经股东会决议。

前款规定的股东或者受前款规定的实际控制人支配的股东，不得参加前款规定事项的表决。该项表决由出席会议的其他股东所持表决权的过半数通过。

【条文主旨】

本条是关于公司投资或提供担保程序的规定。

【修改提示】

本条在原法第十六条规定的基础上作出了修改，实质内容没有发生变动。

【条文释义】

一、公司向其他企业投资或为他人提供担保的规定

公司作为市场经济的主体，可以向其他企业投资或者为他人提供担保。担保是指以保证、抵押、质押、留置以及定金的方式确保债务履行的一种法律制度。公司提供担保的方式主要是保证、抵押、质押。保证是指保证人和债权人约定，当债务人不履行债务时，由保证人按照约定履行债务或者承担责任的行为。[①] 抵押是指债务人或第三人不转移占有而提供担保的财产，当债务人不履行债务或者发生当事人约定的实现抵押权的情形时，依法享有的就该财产变价的价款优先受偿。[②] 质押是指债务人或第三人将特定的财产移交债权人占有，作为债权的担保，在债务人不履行债务

---

① 王利明等：《民法学（第四版）》，法律出版社 2014 年版，第 416 页。
② 王利明等：《民法学（第四版）》，法律出版社 2014 年版，第 325 页。

时，债权人有权以该财产折价或者以拍卖、变卖所得价款优先受偿。①

公司向其他企业投资或者为他人提供担保，就要承担相应的责任，就会对公司和股东的利益产生影响。因此，有必要对公司向其他企业投资或者为他人提供担保作出严格的限制，本条第一款规定，公司向其他企业投资或者为他人提供担保，按照公司章程的规定，由董事会或者股东会决议；公司章程对投资或者担保的总额及单项投资或者担保的数额有限额规定的，不得超过规定的限额。根据这一规定：

第一，公司向其他企业投资或者为他人提供担保，按照公司章程的规定，由董事会或者股东会决议。首先，公司章程应当对向其他企业投资或者为他人提供担保作出明确的规定；其次，根据公司章程的规定，由董事会或股东会决定。未经董事会或者股东会依照公司章程作出决议的，公司向其他企业的投资或者为他人提供的担保无效。

第二，公司向其他企业提供的投资或者担保不得超过规定的限额。公司向其他企业投资或者为他人提供担保，应当遵守公司章程规定的限额。公司章程对投资或者担保总额、个人投资或者担保数额有限制的，董事会或者股东会作出担保决议时，不得超过规定的限额。超过公司章程规定限额的，超出部分无效。

二、公司为股东或者实际控制人提供担保的要求

为了防止少数股东损害公司和其他股东的利益，本条第二款规定，公司为公司股东或者实际控制人提供担保的，应当经股东会决议。所谓实际控制人，是指虽然不是公司的股东，但通过投资关系、协议或者其他安排，能够实际支配公司行为的人。根据这一规定：

第一，公司可以为公司股东或实际控制人提供担保——公司可以根据具体情况以公司资产为本公司股东或者实际控制人提供担保。

第二，公司为公司股东或者实际控制人提供担保应当经股东会决议通过。法律没有禁止公司为本公司股东或者实际控制人提供担保，但公司为其提供担保的，应当由股东会作出决议。没有股东会作出的有关为本公司股东或实际控制人提供担保的决议，以公司资产为其提供的担保无效。需要注意的是，公司为他人提供担保，需要董事会或股东会作出决议，而且要有公司章程的规定；而公司为股东或实际控制人提供担保，是法律特别规定应当经股东会决议，公司章程不得对此作出相反规定。

第三，股东会决议为股东或实际控制人提供担保的要求。公司为股东

---

① 王利明等：《民法学（第四版）》，法律出版社 2014 年版，第 355 页。

或实际控制人提供担保，应当经股东会决议。在决议表决时，该股东或受该实际控制人支配的股东，不得参加表决。同时，在排除上述股东的表决权后，决议的表决由出席会议的其他股东所持表决权的过半数通过，方能有效。

【相关规定】

《中华人民共和国民法典》第一百七十二条；

《最高人民法院关于印发〈全国法院民商事审判工作会议纪要〉的通知》① 第十七条、第十八条、第十九条、第二十条。

案例评析

违反公司法第十五条（原法第十六条）第二款，不能简单认定合同无效②

一、案情简介

原告甲公司因与被告乙公司、丙公司、丁公司、戊公司、己公司发生进出口代理合同纠纷，向北京市第二中级人民法院提起诉讼。

2005 年，原告甲公司接受被告乙公司委托，为其代理进口工业计算机系统和其他物品，并垫付有关费用。甲公司按照双方约定履行完进口代理义务后，乙公司未能及时履行合同义务，一直拖欠部分货款及各项费用。2006 年 10 月 10 日，原告甲公司、被告乙公司和被告丙公司签订一份《备忘录》，确认截至 2006 年 9 月 30 日，乙公司仍欠甲公司人民币共计18907936.92 元。《备忘录》中同时约定，丙公司为乙公司提供连带责任保证。此外，2006 年 10 月 19 日、2008 年 6 月 4 日以及 2008 年 6 月 6 日，被告丙公司、丁公司、戊公司与己公司分别向甲公司出具《承诺书》，承诺为乙公司对甲公司全部应偿还债务（包括但不限于本金及违约金、利息、追索债权费用）提供连带责任保证。

---

① 《最高人民法院关于印发〈全国法院民商事审判工作会议纪要〉的通知》，载最高人民法院网站，https://www.court.gov.cn/zixun/xiangqing/199691.html，最后访问时间：2024年1月9日。

② "甲公司与乙公司、丙公司、丁公司、戊公司、己公司进出口代理合同纠纷案"，载《最高人民法院公报》2011 年第 2 期。

被告戊公司一审辩称：戊公司不应承担连带保证责任。原戊公司法定代表人何某无权代表戊公司对外签署担保合同，未经董事会同意，擅自对外提供的担保无效。原告甲公司在签署《承诺书》过程中存在过失，没有审查涉案担保是否经戊公司董事会同意。

一审法院认为：《承诺书》对戊公司有效，戊公司应对被告乙公司的债务本息向原告甲公司承担连带清偿责任。

被告戊公司不服一审判决，向北京市高级人民法院提起上诉。认为一审法院关于何某是否有权代表公司对外提供担保的认定有误。其认为：第一，戊公司法定代表人何某对外提供担保，并没有经过股东会、股东大会或者董事会同意，故何某擅自对外担保因违反2005年公司法第十六条的强制性法律规定，应为无效担保。第二，甲公司未能尽到对涉案《承诺书》形式要件的审慎审查义务，甲公司不能作为善意第三人要求戊公司承担保证责任。

二、本案核心问题

上诉人戊公司是否构成合法有效的第三人保证问题。

三、法院裁判要旨

北京市高级人民法院二审认为：第一，上诉人戊公司提供担保的承诺应为有效。2005年公司法第十六条规定："公司向其他企业投资或者为他人提供担保，依照公司章程的规定，由董事会或者股东会、股东大会决议；公司章程对投资或者担保的总额及单项投资或者担保的数额有限额规定的，不得超过规定的限额。公司为公司股东或者实际控制人提供担保的，必须经股东会或者股东大会决议……"其一，该条款并未明确规定公司违反上述规定对外提供担保导致担保合同无效；其二，公司内部决议程序，不得约束第三人；其三，该条款并非效力性强制性的规定；其四，依据该条款认定担保合同无效，不利于维护合同的稳定和交易的安全。对于公司法定代表人越权对外提供担保的情形，公司对外仍应对善意第三人承担民事责任，故本案戊公司的担保责任不能免除。

第二，被上诉人应为善意第三人。有限责任公司的公司章程不具有对世效力，有限责任公司的公司章程作为公司内部决议的书面载体，它的公开行为不构成第三人应当知道的证据。强加给第三人对公司章程的审查义务不具有可操作性和合理性，第三人对公司章程不负有审查义务。第三人的善意是由法律所推定的，第三人无须举证自己善意；如果公司主张第三人恶意，应对此负举证责任。因此，不能仅凭公司章程的记载和备案就认定第三人应当知道公司的法定代表人超越权限，进而断定第三人恶意。故在上诉人戊公司不能举证证明被上诉人存在恶意的情形下，应当认定被上诉人为善意第三人，被上诉人已经尽到合理的审查义务。

综上，一审判决认定事实清楚，适用法律正确，应予维持。

四、评析

上述《最高人民法院公报》公布的案例中，法院明确了公司违反原法第十六条规定与他人订立担保合同的，不能简单认为合同无效。第一，该条并未明确规定公司违反上述规定对外提供担保导致担保合同无效。第二，公司内部决议程序，不得约束第三人。第三，该条款并非效力性强制性的规定。第四，依据该条款认定担保合同无效，不利于维护合同的稳定和交易的安全。因而，在该法未明确规定公司违反原法第十六条对外提供担保无效的情形下，对公司对外担保的效力应予确认。

公司法第十五条（原法第十六条）的立法目的并非旨在单纯限制公司对外担保或投资的行为，而是规范公司内部关于担保或投资事项的意思决定程序。实践中，争议点主要围绕：第一，违反公司法第十五条（原法第十六条）而出具的投资或担保协议是否有效；第二，该条文是否为效力强制性规定；第三，第三人是否具有审查义务。

对于争议点一而言，该条文没有明确对违反该规定出具的担保是否有效，《全国法院民商事审判工作会议纪要》第十七条规定："……法定代表人未经授权擅自为他人提供担保的，构成越权代表，人民法院应当根据《合同法》第50条关于法定代表人越权代表的规定，区分订立合同时债权人是否善意分别认定合同效力：债权人善意的，合同有效；反之，合同无效。"在审判实践中，一般认为对于公司法定代表人对外越权签订担保合同的行为，公司仍应对善意第三人承担担保责任。

对于争议点二而言，原法第十六条的规定并非效力性强制性的规定，而是管理性强制性规定，或者称为公司内部控制管理的规定。公司法本次修订后实质内容没有发生变动，在公司法没有明确规定公司违反公司法对外提供担保无效的情形下，公司对外担保的效力应予确认。

对于争议点三而言，第三人是否具有审查义务，应当区分关联担保和非关联担保的情形。在关联担保中，债权人主张担保合同有效，应当提供证据证明其在订立合同时对股东会决议进行了审查，决议的表决程序符合公司法的规定，即在排除被担保股东表决权的情况下，该项表决由出席会议的其他股东所持表决权的过半数通过，签字人员也符合公司章程的规定。在非关联担保中，只要债权人能够证明其在订立担保合同时对董事会决议或者股东会决议进行了审查，同意决议的人数及签字人员符合公司章

程的规定，就应当认定其构成善意，但公司能够证明债权人明知公司章程
对决议机关有明确规定的除外。

> **第十六条　【公司的职工保护义务】**公司应当保护职工
> 的合法权益，依法与职工签订劳动合同，参加社会保险，加
> 强劳动保护，实现安全生产。
> 　　公司应当采用多种形式，加强公司职工的职业教育和岗
> 位培训，提高职工素质。

【条文主旨】

本条是关于公司的职工保护义务的规定。

【修改提示】

本条在原法第十七条规定的基础上作出了文字修改。

【条文释义】

公司职工是直接从事生产经营的劳动者，其合法权益应当受到劳动
法、劳动合同法、社会保险法等法律的保护。公司在生产经营活动的过程
中依法保护职工的合法权益，这是公司作为用人单位的法定义务。

保护职工的合法权益，公司首先要依据劳动合同法与职工签订劳动合
同。劳动合同是劳动者与用人单位确立劳动关系、明确双方权利和义务的
协议。其次，要依据社会保险法参加社会保险，缴纳社会保险费，使职工
在年老、患病、失业、生育、工伤等时获得帮助和补偿。最后，公司要加
强劳动保护，为劳动者提供安全、卫生的劳动条件，消除和预防生产经营
过程中可能发生事故的危险。

此外，公司应加强职工的职业教育和岗位培训。职工素质对公司的生
产经营活动乃至公司的长远发展具有重要的影响。随着社会经济的发展，
对公司职工素质的要求也越来越高，公司应当采取多种形式，切实加强职
工的职业教育和岗位培训，以适应公司发展对职工素质的要求，创造平等
发展机会。

【适用指南】

依据劳动合同法第三十八条等规定，用人单位未依法为劳动者缴纳社会保险费的，劳动者可以解除劳动合同并要求用人单位支付经济补偿。此外，社会保险法规定用人单位应缴纳基本养老保险、基本医疗保险、工伤保险、失业保险、生育保险。为员工参加社会保险并缴纳社会保险费是单位的法定义务，且用人单位不得和职工通过约定予以放弃。劳动争议案件中很大一部分系由社保缴纳及劳动合同变更等纠纷所导致，为避免给企业造成更大的经济损失，企业应及时为员工缴纳社会保险。

【相关规定】

《中华人民共和国劳动法》第七十条；

《中华人民共和国劳动合同法》第十条、第十一条、第三十八条；

《中华人民共和国社会保险法》第二条、第四条；

《中华人民共和国职业教育法》第二十四条、第六十四条；

《中华人民共和国安全生产法》第四条、第六条。

第十七条　【公司组织工会】公司职工依照《中华人民共和国工会法》组织工会，开展工会活动，维护职工合法权益。公司应当为本公司工会提供必要的活动条件。公司工会代表职工就职工的劳动报酬、工作时间、休息休假、劳动安全卫生和保险福利等事项依法与公司签订集体合同。

公司依照宪法和有关法律的规定，建立健全以职工代表大会为基本形式的民主管理制度，通过职工代表大会或者其他形式，实行民主管理。

公司研究决定改制、解散、申请破产以及经营方面的重大问题、制定重要的规章制度时，应当听取公司工会的意见，并通过职工代表大会或者其他形式听取职工的意见和建议。

【条文主旨】

本条是关于公司职工依法组织工会、参与民主管理以及职工信息权的规定。

【修改提示】

本条在原法第十八条规定的基础上作出了修改，本条第二款增加了建立健全民主管理制度的表述，本条明确了我国公司工会的组织方式、法定职责、管理规则等基本制度。

【条文释义】

一、公司职工依法组织工会

本条第一款明确了工会是维护职工合法权益的主要渠道。公司职工有权依照工会法的规定组织工会，开展工会活动，公司职工依法组织工会的权利受到法律保护。通过工会，可以在一定程度上达到维护职工合法权益的目的，工会与公司签订集体合同可以有效避免因职工与公司不对等的地位而签订有损职工利益的合同。本条第一款在原法第十八条的基础上，增加了"休息休假""保险福利"的集体合同事项，对集体合同的法定内容进行了完善。

工会法、劳动法、社会保险法等对工会的职责作了具体规定。为本公司工会的活动提供必要条件是公司的义务，具体包括：为工会办公和开展活动提供必要设施和场所等物质条件；按规定向工会拨交经费；不侵占、挪用和任意调拨工会的财产、经费和国家拨给工会使用的不动产；确保工会工作人员的工资、奖励、补贴、劳动保险和其他福利待遇等得到安排等。

二、公司职工参与民主管理

本条第二款确认公司实行民主管理制度。为了保障公司经营活动正常进行，保证其经营决策必要的效率，公司应建立健全以职工代表大会为基本形式的民主管理制度，公司职工参与民主管理应当通过职工代表大会或其他民主形式进行，并应主要对经营决策中涉及职工切身利益的问题发表意见。

三、公司职工信息参与权

本条第三款是对职工信息参与权的确认，职工对与其利益密切相关的公司重大事项享有知情权和部分决策权。公司在作出重大决策时要听取工会和公司职工的意见和建议。公司在就经营目标、投资计划、利润分配、合并分立、解散破产等问题做出重大决策以及制定包括公司的奖励制度、工作纪律等方面的重要的规章制度时，应当听取公司工会和职工的意见。这些重大问题都直接关系到公司的生存和发展，对公司及其职工利益均有着巨大影响。该条规定的主要目的是保障劳动者的参与权，满足员工参与公司民主管理的需要。

【相关规定】

《中华人民共和国劳动合同法》第四条、第六条；

《中华人民共和国劳动法》第七条；

《中华人民共和国工会法》第六条、第四十六条、第四十七条；

《中华人民共和国社会保险法》第九条。

> **第十八条 【公司设立党组织】** 在公司中，根据中国共产党章程的规定，设立中国共产党的组织，开展党的活动。公司应当为党组织的活动提供必要条件。

【条文主旨】

本条是关于公司设立党组织的规定。

【修改提示】

本条对应原法第十九条的规定，本次修订内容未作变动。

【条文释义】

本条规定，在公司中设立党组织，开展党的活动；公司要为党组织的活动提供支持。本条在公司法层面给予公司中党组织明确的职责定位。公司有为其活动提供必要条件的义务。

《中国共产党章程》① 第三十条第一款明确规定："企业、农村、机关、学院、科研院所、街道社区、社会组织、人民解放军连队和其他基层单位，凡是有正式党员三人以上的，都应当成立党的基层组织。"对于企业中党组织的作用，《中国共产党章程》对国企党组织和非公经济的党组织做了明确区分，《中国共产党章程》第三十三条规定，国有企业和集体企业中党的基层组织，围绕企业生产经营开展工作。保证监督党和国家的方针、政策在本企业的贯彻执行；支持股东会、董事会、监事会和经理（厂长）依法行使职权；全心全意依靠职工群众，支持职工代表大会开展工作；参与企业重大问题的决策；加强党组织的自身建设，领导思想政治工作、精神文明建设、统一战线工作和工会、共青团、妇女组织等群团组织。非公有制经济组织中党的基层组织，贯彻党的方针政策，引导和监督企业遵守国家的法律法规，领导工会、共青团等群团组织，团结凝聚职工群众，维护各方的合法权益，促进企业健康发展。

公司法一百七十条规定了国家出资公司中党组织明确的职责定位，国家出资公司中党组织按照中国共产党章程规定发挥领导作用，研究讨论公司重大经营管理事项。

【相关规定】

《中华人民共和国公司法》第一百七十条；
《中国共产党章程》第三十条、第三十二条、第三十三条。

> **第十九条** **【公司义务】**公司从事经营活动，应当遵守法律法规，遵守社会公德、商业道德，诚实守信，接受政府和社会公众的监督。

【条文主旨】

本条是关于公司应当履行的义务的规定。

---

① 《中国共产党章程》，载中国政府网，https://www.gov.cn/xinwen/2022-10/26/content_ 5721797.htm，最后访问时间：2024年1月9日。

【修改提示】

本条在原法第五条第一款规定的基础上作出了修改，将"必须遵守法律、行政法规"的表述修改为"应当遵守法律法规"。

【条文释义】

公司作为民事主体，其合法权益受法律保护，同时也要求它承担一定的义务：民事主体从事经营活动应合法、正当。本条作为约束公司合法、正当营业的宣示条款，其设定的目的和制度功能在于确保公司的经营活动遵守法律法规，遵守社会公德、商业道德和诚实信用原则，不得危害国家安全、损害社会公共利益和人类环境利益。本条同合伙企业法第七条、个人独资企业法第四条第一款、《促进个体工商户发展条例》① 第三十四条的主旨基本一致，表明商事主体从事经营活动，应当遵守法律法规，遵守社会公德、商业道德，诚实守信，不得损害社会公共利益，接受政府和社会公众的监督，民法典第八十六条也有类似的规定。

根据本条规定，公司从事经营活动具有如下要求：其一，公司应当遵守法律法规，其各项经营活动都应依法进行，这是公司最重要的义务。其二，公司应当遵守社会公德和商业道德。社会公德是指各个社会主体在其交往过程中应当遵循的公共道德规范；商业道德是指从事商业活动应遵循的道德规范。这两种规范在市场主体的活动中相互交融，对法律起着较好的补充作用。公司作为一种与社会经济各个方面有广泛联系的实体，应当遵守社会公德和商业道德，接受这些规范的约束。在法律中明确规定应遵守社会公德和商业道德，使其成为一种法律规范，有利于促使公司形成良好的经营作风、树立商业信誉、维护社会公众利益和经济秩序。其三，公司从事经营活动，应当诚实守信。这是民事主体从事民事活动的基本原则，也是公司应当遵循的原则。其四，公司的经营活动要接受政府和社会公众的监督。公司的经营行为是否符合法律，是否符合商业道德规范，主要由行政机关和社会公众来进行监督。通过监督促使公司的行为规范化，更有效地维护国家利益、社会公众利益和公司自身的合法权益，维护市场秩序，促进公司的健康发展。

---

① 《促进个体工商户发展条例》，载中国政府网，https://www.gov.cn/zhengce/zhengceku/2022-10/25/content_5721592.htm，最后访问时间：2024 年 1 月 16 日。

【相关规定】

《中华人民共和国民法典》第七条、第八十六条；

《中华人民共和国合伙企业法》第七条；

《中华人民共和国个人独资企业法》第四条；

《促进个体工商户发展条例》第三十四条。

> **第二十条　【公司社会责任】**公司从事经营活动，应当充分考虑公司职工、消费者等利益相关者的利益以及生态环境保护等社会公共利益，承担社会责任。
>
> 国家鼓励公司参与社会公益活动，公布社会责任报告。

【条文主旨】

本条是关于公司社会责任的规定。

【修改提示】

本条为新增条款。本条为基于原法第五条第一款中公司"承担社会责任"而延伸制定的法条。本条系基于贯彻党的十八届四中全会决定有关要求，加强公司社会责任建设而强化公司社会责任的规定，新增社会责任报告制度，是对"绿色经济"等政策的积极回应。本条明确了各类公司的社会责任和履行社会义务方面的内容，鼓励公司践行社会责任，增强了公司法可操作性。

【条文释义】

2005 年的公司法全面修订，在第五条明确将"承担社会责任"写入，为公司履行社会责任提供了法律保障。社会责任作为一个专门术语，被纳入国家法律。公司社会责任是公司在创造经济利润、对股东和员工承担法律责任的同时，还要承担对消费者、社区和环境的责任，强调企业在生产服务过程中对人价值的关注，强调对环境、消费者、社会的贡献。① 本条款内容吸纳了《关于国有企业更好履行社会责任的指导意见》② 中的内容，进一步明确了公司应从职工、消费者、环境保护等方面对公众承担社会责任，并且还鼓励公司参加社会公益活动。公司法将引导企业更多关注社会责任，更全面、系统地认识社会责任的内涵与外延。

相较于以往公司法有关社会责任的表述内容，本条进一步强化了企业社会责任建设，该条具有以下三大特点：一是首次引入了企业社会责任中核心的"利益相关者"概念，并提出要充分考虑职工、消费者等利益相关方利益；二是社会责任范围有所扩大，从商业道德、公共利益扩大至包含生态环境保护、公益活动在内的全面责任；三是明确了社会责任信息披露的重要性，鼓励企业发布社会责任报告。企业社会责任报告是企业与利益相关方沟通的重要载体，是企业总结履行社会责任的理念、战略、制度、举措，并披露经营活动对经济社会发展创造价值的重要工具。公司法此次修订提出鼓励企业发布社会责任报告，必将引导更多企业采取行动，开展社会责任信息披露工作。这一点不仅是对民法典规定的"绿色原则"的具体落实，同时强调企业承担社会责任，更是有利于"共同富裕"目标的实现。

公司法此次修订为我国企业社会责任建设提供了更加系统的指引，将推动中国企业社会责任更好发展，进一步提升公司对社会责任的认识，带动更多企业投身公益事业，引导更多企业发布社会责任报告，为各类社会责任机构提供更加广阔的发展空间。公司的运作行为不仅关系股东、职工等内部利益关系人的利益，也对市场经济秩序和社会公共利益发挥着重要的影响。

【相关规定】

《关于国有企业更好履行社会责任的指导意见》。

---

① 李耕坤：《论公司社会责任法律制度——以〈公司法（修订草案）〉第十九条的理解展开》，载《北京科技大学学报（社会科学版）》2022 年第 4 期。

② 《关于国有企业更好履行社会责任的指导意见》，载国务院国有资产监督管理委员会网站，http：//www.sasac.gov.cn/n2588035/n2588320/n2588335/c20234205/content.html，最后访问时间：2024 年 1 月 2 日。

> **第二十一条　【股东禁止行为】**公司股东应当遵守法律、行政法规和公司章程，依法行使股东权利，不得滥用股东权利损害公司或者其他股东的利益。
>
> 公司股东滥用股东权利给公司或者其他股东造成损失的，应当承担赔偿责任。

【条文主旨】

本条是关于公司股东不得滥用权利的规定。

【修改提示】

本条在原法第二十条第一款和第二款的基础上作出了修改。

【条文释义】

本法本条侧重规定股东滥用权利对公司、其他股东承担的内部损害赔偿责任。公司股东在享受各项权利的同时，负有依法和依章程正当行使权利的义务。股东正当行使权利受法律保护，滥用权利将受到法律的制裁。股东在行使权利时，一是要遵守法律有关权利行使的规定，二是要依照法律规定的程序行使。股东权利来源、行使程序均合法，这是股东行使股东权利的应有之义。

公司股东故意违反法律或章程的规定，不正当地行使股东权利，损害公司或其他股东的利益，应当承担赔偿责任。根据本条第二款的规定，如能够认定股东的行为属于滥用权利损害公司利益或其他股东利益，则滥用权利的股东应承担赔偿责任。

【适用指南】

公司在日常经营过程中应加强对于股东、实际控制人权利的监督，依据公司章程及规章制度对其进行必要的约束，以避免滥用权利、关联交易等现象的发生。与此同时，股东、实际控制人如在工作中遇到涉及自身或亲属利益的决策事项，应进行必要的回避。

【相关规定】

《中华人民共和国民法典》第八十三条、第一百三十二条。

> **第二十二条 【关联关系的规制】**公司的控股股东、实际控制人、董事、监事、高级管理人员不得利用关联关系损害公司利益。
>
> 违反前款规定，给公司造成损失的，应当承担赔偿责任。

【条文主旨】

本条是关于规制关联关系的规定。

【修改提示】

本条对应原法第二十一条的规定，本次修订内容未作变动。

【条文释义】

公司法第二百六十五条对控股股东、实际控制人和关联关系的具体含义作了明确界定。关联关系是指公司控股股东、实际控制人、董事、监事、高级管理人员与其直接或者间接控制的企业之间的关系，以及可能导致公司利益转移的其他关系。关联关系并非必然禁止，只有损害公司利益的关联关系才需要被规制。

本条通过规制关联关系实现对不当关联交易的规制。关联交易实质上是公司与关联人之间发生的一切转移资源或者义务的法律行为。[1] 公司关联交易是一种经济行为，正常的关联交易，可以稳定公司业务，分散经营风险，有利于公司的发展，但实务中常有控制公司或者利用与从属公司的关联关系和控制地位，迫使从属公司与自己或其他关联方从事不当交易，损害从属公司和少数股东利益的现象。为此，从公司利益角度出发，本条规定公司的控股股东、实际控制人和董事、监事、高级管理人员利用关联关系给公司造成损失，应当就其损害承担赔偿责任。

---

[1] 李建伟：《关联交易的法律规制》，法律出版社 2007 年版，第 56 页、第 62 页。

依据《最高人民法院关于适用〈中华人民共和国公司法〉若干问题的规定（五）》① 第一条的规定，损害公司利益的关联交易即使已经履行了信息披露或经过股东会同意等法律、行政法规或者公司章程规定的程序，仍然需要承担赔偿责任，公司没有提起诉讼时，符合条件的股东可以为了公司的利益以自己的名义提起股东代位诉讼。

【相关规定】

《中华人民共和国民法典》第八十四条；

《中华人民共和国公司法》第二百六十五条；

《最高人民法院关于适用〈中华人民共和国公司法〉若干问题的规定（五）》第一条。

> **第二十三条　【公司的法人人格否认】**公司股东滥用公司法人独立地位和股东有限责任，逃避债务，严重损害公司债权人利益的，应当对公司债务承担连带责任。
>
> 股东利用其控制的两个以上公司实施前款规定行为的，各公司应当对任一公司的债务承担连带责任。
>
> 只有一个股东的公司，股东不能证明公司财产独立于股东自己的财产的，应当对公司债务承担连带责任。

【条文主旨】

本条是关于公司法人人格否认定义与适用情形的规定。

【修改提示】

本条在原法第二十条和第六十二条规定的基础上进行了修改，新法新增了第二款，新增股东通过控制公司滥用股东权利的情形，主要针对集团公司股东利用其控制公司滥用权利的现象，参考了《全国法院民商事审判

---

① 《最高人民法院关于适用〈中华人民共和国公司法〉若干问题的规定（五）》，载最高人民法院网站，http://gongbao.court.gov.cn/Details/34f6f88575001f2211d5d36707a206.html，最后访问时间：2024年1月9日。

工作会议纪要》① 中第十一条的规定，完善了法人人格否认制度，加大了对债权人的保护。

【条文释义】

一、法人人格否认制度

股东不得滥用公司法人独立地位和股东有限责任损害公司债权人的利益。为了保护和鼓励投资，维护公司运营的灵活与高效，公司法创设了股东有限责任和公司独立法人地位的制度。股东按照约定足额出资后，享受有限责任的待遇，不再对公司的债务承担责任；股东通过股东会依法定程序行使其权利，不直接干预公司的经营。② 股东投入到公司的财产作为公司的独立财产，公司利用该财产从事经营，创造利润，承担责任。但是，实践中存在股东通过各种方式对公司进行控制，擅自挪用公司的财产，或者与自己的财产混同、账目混同、业务混同，为自己赚取高额利润或逃避债务的现象。在上述情况下，公司的人格、财产、责任不再独立，独立法人地位成为股东追逐自身利益、逃避责任的工具，使得公司的债权人面临极大的交易风险。针对这一问题，一些国家在维护公司股东有限责任的基本原则的同时，本着权利义务相一致的原则，为切实保护债权人的利益，维护正常的交易秩序，创制了公司法人人格否认的制度，在普通法系国家称为"揭开公司面纱"（Piercing the corporate veil）。当符合法定条件，认定股东滥用公司法人独立地位和有限责任时，可以"揭开公司面纱"，将公司股东和公司视为一体，追究股东和公司共同的法律责任。

根据本条第二款，公司股东控制两个以上的公司，滥用关联公司的法人独立地位和股东有限责任，极大损害债权人利益的，也符合法人人格否认的条件，此时可以刺破各个关联公司的面纱，让实施滥用行为的公司股东对公司的债务承担连带责任。

根据本条第三款，只有一个股东的公司，股东需要证明公司财产独立于股东自己的财产，否则需要对公司债务承担连带责任，此类公司的人合性最强，除非证明公司的独立性，原则上适用法人人格否认，加大了对公司债权人的保护力度。

---

① 《全国法院民商事审判工作会议纪要》，载最高人民法院网站，https：//www.court.gov.cn/zixun/xiangqing/199691.html，最后访问时间：2024 年 1 月 9 日。

② 参见李琴：《建立企业规范化运作机制的法律对策》，载《河北法学》2001 年第 5 期。

二、法人人格否认的适用情形

公司法人独立和股东有限责任是公司法的基本原则，法人人格否认作为上述原则的例外，旨在矫正有限责任制度在特定情形下对债权人保护不足的现象。股东滥用公司法人独立地位和股东有限责任的，应当对公司债务承担连带责任。《全国法院民商事审判工作会议纪要》中提到，适用法人人格否认需把握以下几项原则：一是法人人格否认的适用需要严格满足法定条件，即股东有滥用的行为，该滥用的行为使得公司债权人的利益受到严重损害。债权人利益受到严重损害，主要是指股东的滥用行为使债权人的债权无法得到清偿。二是承担连带责任的主体范围限缩在有滥用行为的股东，而其他股东不应承担此责任。三是公司人格否认是在具体案件中认定，针对符合法定条件的情形否认法人独立资格和股东有限责任，而不是终极地否定法人资格。法院在个案中否认公司人格的判决也仅仅约束该诉讼的各方当事人，一般不适用于涉及该公司的其他诉讼，更不影响公司独立法人资格的存续。但如果其他债权人提起公司法人人格否认诉讼，基于便利当事人的原则，在已生效判决文书中认定的事实可以作为证据使用。四是本条规定的滥用行为，实践中常见的情形有人格混同、过度支配与控制、资本显著不足等。认定人格混同，最根本的判断标准是公司是否具有独立意思和独立财产，最主要的表现是公司的财产与股东的财产是否混同且无法区分；过度支配与控制主要是利用母子公司进行利益输送，或者为了逃避原公司债务，解散原公司或抽走原公司的资金并新设经营目的类似的公司，以及其他过度支配与控制的情形；资本显著不足指的是公司设立后在经营过程中，股东实际投入公司的资本数额与公司经营所隐含风险相比明显不匹配，表明其没有从事公司经营的诚意，其实质是恶意利用公司独立人格和股东有限责任将投资风险转嫁给债权人。

【相关规定】

《中华人民共和国民法典》第八十三条；

《全国法院民商事审判工作会议纪要》第十条、第十一条、第十二条、第十三条。

案例评析

关联公司的人员、业务、财务等方面交叉或混同，导致各自财产无法区分，丧失独立人格的，构成人格混同。关联公司人格混同，严重损害债权人利益的，关联公司相互之间对外部债务承担连带责任[①]

一、案情简介

原告甲公司诉称：乙公司拖欠其货款未付，而丙公司、丁公司与乙公司人格混同，三个公司实际控制人王某以及乙公司股东等人的个人资产与公司资产混同，均应承担连带清偿责任。请求判令：乙公司支付所欠货款及利息；丙公司、丁公司及王某等个人对上述债务承担连带清偿责任。

被告乙公司、丙公司、丁公司辩称：三个公司虽有关联，但并不混同，丙公司、丁公司不应对乙公司的债务承担清偿责任。

法院经审理查明：丙公司成立于 1999 年，至 2008 年，股东经多次变更后为王某、倪某。丁公司成立于 2004 年，至 2007 年，股东多次变更后为王某、倪某。乙公司成立于 2005 年，至 2008 年，股东经多次变更后为张某蓉（占 90% 股份）、吴某（占 10% 股份），其中张某蓉系王某之妻。在公司人员方面，三个公司经理均为王某，财务负责人均为凌某，出纳会计均为卢某，工商手续经办人均为张某；三个公司的管理人员存在交叉任职的情形，如过某兼任乙公司副总经理和丙公司销售部经理的职务，且免去过某乙公司副总经理职务的决定系由丙公司作出；吴某既是乙公司的法定代表人，又是丙公司的综合部行政经理。在公司业务方面，三个公司在工商行政管理部门登记的经营范围均涉及工程机械且部分重合，其中乙公司的经营范围被丙公司的经营范围完全覆盖；丙公司系甲公司在四川地区（攀枝花除外）的唯一经销商，但三个公司均从事相关业务，且相互之间存在共用统一格式的《销售部业务手册》、《二级经销协议》、结算账户的情形；三个公司在对外宣传中区分不明，2008 年 12 月 4 日重庆市公证处出具的《公证书》记载：通过因特网查询，乙公司、丁公司在相关网站上共同招聘员工，所留电话号码、传真号码等联系方式相同；乙公司、丁公司的招聘信息，包括大量关于丙公司的发展历程、主营业务、企业精神的

---

① 最高人民法院指导案例 15 号。

宣传内容；部分乙公司的招聘信息中，公司简介全部为对丁公司的介绍。在公司财务方面，三个公司共用结算账户，凌某、卢某、汤某、过某的银行卡中曾发生高达亿元的往来，资金的来源包括三个公司的款项，对外支付的依据仅为王某的签字；在乙公司向其客户开具的收据中，有的加盖其财务专用章，有的则加盖丁公司财务专用章；在与甲公司均签订合同、均有业务往来的情况下，三个公司于2005年8月共同向甲公司出具《说明》，称因丙公司业务扩张而注册了另两个公司，要求所有债权债务、销售量均计算在乙公司名下，并表示今后尽量以乙公司名义进行业务往来；2006年12月，乙公司、丁公司共同向甲公司出具《申请》，以统一核算为由要求将2006年度的业绩、账务均计算至乙公司名下。

二、本案核心问题

乙公司、丙公司和丁公司之间是否构成人格混同，是否对乙公司的债务承担连带清偿责任。

三、法院裁判要旨

二审法院认为，乙公司与丙公司、丁公司人格混同。一是三个公司人员混同。三个公司的经理、财务负责人、出纳会计、工商手续经办人均相同，其他管理人员亦存在交叉任职的情形，乙公司的人事任免存在由丙公司决定的情形。二是三个公司业务混同。三个公司实际经营中均涉及工程机械相关业务，经销过程中存在共用销售手册、经销协议的情形；对外进行宣传时信息混同。三是三个公司财务混同。三个公司使用共同账户，以王某的签字作为具体用款依据，对其中的资金及支配无法证明已作区分；三个公司与甲公司之间的债权债务、业绩、账务及返利均计算在乙公司名下。因此，三个公司之间表征人格的因素（人员、业务、财务等）高度混同，导致各自财产无法区分，已丧失独立人格，构成人格混同。

丙公司、丁公司应当对乙公司的债务承担连带清偿责任。公司人格独立是其作为法人独立承担责任的前提。2005年公司法第三条第一款规定："公司是企业法人，有独立的法人财产，享有法人财产权。公司以其全部财产对公司的债务承担责任。"公司的独立财产是公司独立承担责任的物质保证，公司的独立人格也突出地表现在财产的独立上。当关联公司的财产无法区分，丧失独立人格时，就丧失了独立承担责任的基础。2005年公司法第二十条第三款规定："公司股东滥用公司法人独立地位和股东有限责任，逃避债务，严重损害公司债权人利益的，应当对公司债务承担连带责任。"本案中，三个公司虽在工商登记部门登记为彼此独立的企业法人，但实际上相互之间界限模糊、人格混同，其中乙公司承担所有关联公司的债务却无力清偿，又使其他关联公司逃避巨额债务，严重损害了债权人的利益。上述行为违背了法人制度设立的宗旨，违背了诚实信用原则，其行为本质和危害结果与 2005 年公司法第二十条第三款规定的情形相当，故参照 2005 年公司法第二十条第三款的规定，丙公司、丁公司对乙公司的债务应当承担连带清偿责任。江苏省高级人民法院于 2011 年 10 月 19 日作出（2011）苏商终字第 0107 号民事判决：驳回上诉，维持原判。

四、评析

公司股东违反本法第二十三条第一款（原法第二十条第三款）的规定，滥用公司独立法人地位和股东有限责任，逃避债务，严重损害公司债权利益，应当否认法人的独立人格，滥用权利的股东与公司对公司债务承担连带责任。

上述指导案例中，法院认为，公司违反原第二十条第三款规定，符合公司人员、业务、财务混同，导致各自财产无法区分的，构成人格混同。根据《全国法院民商事审判工作会议纪要》第十条规定，认定公司人格与股东人格是否存在混同，最根本的判断标准是公司是否具有独立意思和独立财产，最主要的表现是公司的财产与股东的财产是否混同且无法区分。在认定是否构成人格混同时，应当综合考虑以下因素：股东无偿使用公司资金或者财产，不作财务记载的；股东用公司的资金偿还股东的债务，或者将公司的资金供关联公司无偿使用，不作财务记载的；公司账簿与股东账簿不分，致使公司财产与股东财产无法区分的；股东自身收益与公司盈利不加区分，致使双方利益不清的；公司的财产记载于股东名下，由股东占有、使用的……因而，人格混同的实质判断因素是财产的混同，业务混同和财务混同是辅助判断因素。同时，本案中乙公司、丙公司和丁公司之间属于缺乏独立人格的关联公司，根据公司法第二十三条第二款，公司股东利用其控制的两个以上公司实施滥用公司独立地位和法人有限责任损害债权人利益的行为的，各公司应对任何一个公司的债务承担连带责任。本案例发生在本次公司法修订前，江苏省高级人民法院依据法人制度设立宗旨和诚实信用原则参照当时有效的公司法规定，要求丙公司和丁公司承担连带责任，具有前瞻性，更加周延地保护了债权人利益。

> **第二十四条　【股东会、董事会、监事会会议与表决的电子通信方式】** 公司股东会、董事会、监事会召开会议和表决可以采用电子通信方式，公司章程另有规定的除外。

【条文主旨】

本条是关于公司股东会、董事会召开会议与表决可以采用电子通信方式的规定。

【修改提示】

本条是本次公司法修订的新增规定。明确了股东会、董事会、监事会召开会议与表决可以采用电子通信方式。

【条文释义】

投资者共同达成合意设立公司，召开会议是公司股东之间、董事之间达成合意的重要途径。公司法为通过会议达成合意作出决议提供了制度性的保护，从公司股东会、董事会会议的召集、主持、表决等，再到因会议决议的内容或程序存在违反法律、行政法规或公司章程规定，而导致决议的无效、可撤销、不成立的后果，提供了全过程性的保护。但在现实中，由于一些客观原因，股东会、董事会、监事会不能在线下正常召开，或者某些股东、董事或监事，因自身原因不能到场，导致会议无法按照法律或公司章程的规定合法召开，降低了公司决策的效率，不利于公司的正常运行，甚至是股东及其利益相关者权益的保护。

随着网络信息技术的不断发展，通过视频、语音等方式的网络线上会议技术已经非常成熟，并且在众多领域已经展开运用。因此，公司法明确了公司股东会、董事会、监事会召开会议和表决，可以采用电子通信方式，除非公司章程明确排除了电子通信方式，这体现了网络时代公司法的与时俱进。

采用电子通信方式召开会议和表决应当符合法律、行政法规以及公司章程的规定，否则该决议将存在被认定无效、可撤销或确定不成立的风险。

第二十五条 【公司决议的无效】公司股东会、董事会的决议内容违反法律、行政法规的无效。

【条文主旨】

本条是关于公司股东会、董事会决议无效的规定。

【修改提示】

本条对应原法第二十二条第一款的规定，有个别表述改动。

【条文释义】

公司股东会、董事会的决议内容违反法律、行政法规的决议为无效决议。

公司的股东会是公司的权力机构，应当依法行使职权。股东会行使职权的形式，就是对相关事项作出决议，并由公司执行机构执行。股东会作出的决议，内容上必须符合法律、行政法规的规定。否则，即为无效决议。股东会作出内容违反法律、行政法规的决议，自始无效。

董事会是公司的执行机构，作出的决议必须符合法律、行政法规的规定。董事会作出内容违反法律、行政法规的决议，为无效决议，自始无效。

请求确认股东会、董事会决议无效的案件，应当列公司为被告。股东会、董事会决议被人民法院判决确认无效或者撤销的，公司依据该决议与善意相对人形成的民事法律关系不受影响。

【相关规定】

《最高人民法院关于适用〈中华人民共和国公司法〉若干问题的规定（四）》[①] 第一条、第三条、第六条。

[①] 《最高人民法院关于适用〈中华人民共和国公司法〉若干问题的规定（四）》，载最高人民法院网站，http：//gongbao. court. gov. cn/Details/55c2e1c5ddeb2324bcd270eed66f48. html，最后访问时间：2024 年 1 月 9 日。

第二十六条 【公司决议的撤销】公司股东会、董事会的会议召集程序、表决方式违反法律、行政法规或者公司章程，或者决议内容违反公司章程的，股东自决议作出之日起六十日内，可以请求人民法院撤销。但是，股东会、董事会的会议召集程序或者表决方式仅有轻微瑕疵，对决议未产生实质影响的除外。

未被通知参加股东会会议的股东自知道或者应当知道股东会决议作出之日起六十日内，可以请求人民法院撤销；自决议作出之日起一年内没有行使撤销权的，撤销权消灭。

【条文主旨】

本条是关于公司股东会、董事会决议撤销的规定。

【修改提示】

本条在原法第二十二条规定的基础上作出了修改。这次修改删除了原法第二十二条第三款关于股东提起撤销决议之诉，人民法院可以应公司的请求，要求股东提供相应担保的规定，主要是考虑到实践中提起诉讼撤销决议的多为中小股东，删除有利于降低股东维权成本。本次修改明确了未被通知参加股东会的股东自知道或者应当知道股东会作出之日起六十日内，可以请求人民法院撤销；明确了仅有轻微瑕疵对决议未产生实质影响的除外事项；明确了撤销权的除斥期间为一年。

【条文释义】

一、股东会、董事会决议可撤销的情形

本条规定股东会、董事会会议的召集程序、表决方式违反法律、行政法规或者公司章程，或者决议内容违反公司章程的，可以请求人民法院撤销。

根据本条规定，符合以下条件的为可撤销决议：（1）关于召集程序。法律、行政法规以及公司章程规定了股东会、董事会会议的召集和主持程序，如果股东会、董事会的会议召集程序违反规定，则此次会议所通过的决议为可撤销的决议。（2）关于会议表决方式。法律、行政法规或者公司

章程规定了股东会、董事会会议的表决方式，其应当严格按照规定执行。如果表决方式违反法律、行政法规或公司章程的规定，则该通过的决议为可撤销的决议。（3）关于决议内容。股东会、董事会决议的内容应当符合法律、行政法规或者公司章程的规定，违反公司章程规定的，即为可撤销的决议，如果是违反法律、行政法规规定的，则属于无效的决议。

对于以上公司股东会、董事会会议决议的可撤销情形，公司法还作出了除外规定——股东会、董事会会议的召集程序或者表决方式仅有轻微瑕疵，对决议未产生实质影响的除外。这参考了《最高人民法院关于适用〈中华人民共和国公司法〉若干问题的规定（四）》[①]第四条的规定。由于决议可撤销制度的立法宗旨在于规范公司治理，而召集程序或者表决方式仅有轻微瑕疵且对决议未产生实质影响的，对公司治理规范影响较小，因此如撤销决议对实现立法宗旨意义不大。

根据本条规定，其行使应当同时具备三个条件：其一，股东会、董事会的会议召集程序、表决方式存在瑕疵或者决议内容违反公司章程规定。其二，召集程序或者表决方式有重大瑕疵，"仅有轻微瑕疵"不得撤销。其三，对决议产生实质影响。包括对决议能否通过、股东表决权是否得到充分保护的实质性影响。如通知的实际提前天数虽然比章程规定的提前天数少1天，但并未影响股东参加股东会等。

另外，在理解和适用上述三个条件时要注意将"仅有轻微瑕疵"和"对决议未产生实质影响"结合起来判断。例如，在判断会议程序瑕疵轻微与否时，必须根据是否对决议产生实质影响来判断。有些会议程序瑕疵可能在一般情况下都是轻微的，但在特殊情况下有可能对决议产生实质影响，因此必须根据个案情况进行综合判断。

二、公司股东会、董事会决议可撤销的程序

对于可撤销的公司股东会、董事会的决议，公司法明确规定了救济途径，股东自决议作出之日起六十日内，可以依法提起诉讼，请求人民法院撤销；未被通知参加股东会会议的股东自知道或者应当知道股东会决议作出之日起六十日内，可以依法提起诉讼，请求人民法院撤销。

三、撤销权的除斥期间为一年

民法典第一百九十九条规定："法律规定或者当事人约定的撤销权、解除权等权利的存续期间，除法律另有规定外，自权利人知道或者应当知

---

① 《最高人民法院关于适用〈中华人民共和国公司法〉若干问题的规定（四）》，载最高人民法院网站，http://gongbao.court.cn/Details/55c2e1c5ddeb2324bcd270eed66f48.html，最后访问时间：2024年1月9日。

道权利产生之日起计算，不适用有关诉讼时效中止、中断和延长的规定。存续期间届满，撤销权、解除权等权利消灭。"此条是除斥期间的规定，撤销权系形成权的一种，形成权是指权利人依单方意思表示就能使民事法律关系发生、变更与消灭的权利。形成权会使法律关系处于非常不稳定的状态因而受到限制，除斥期间就是其中一种限制方式，公司法第二十六条通过规定一年的除斥期间，既可以督促权利人及时行权，又避免法律关系长期处于不稳定的状态。

【相关规定】

《中华人民共和国民法典》第一百九十九条；

《最高人民法院关于适用〈中华人民共和国公司法〉若干问题的规定（四）》第二条、第三条、第四条。

> **第二十七条 【公司决议的不成立】** 有下列情形之一的，公司股东会、董事会的决议不成立：
>
> （一）未召开股东会、董事会会议作出决议；
>
> （二）股东会、董事会会议未对决议事项进行表决；
>
> （三）出席会议的人数或者所持表决权数未达到本法或者公司章程规定的人数或者所持表决权数；
>
> （四）同意决议事项的人数或者所持表决权数未达到本法或者公司章程规定的人数或者所持表决权数。

【条文主旨】

本条是关于公司股东会、董事会的决议不成立的规定。

【修改提示】

本条是本次公司法修订的新增规定。明确了公司股东会、董事会决议不成立的情形。

【条文释义】

根据本条，公司股东会、董事会决议不成立的情形主要有以下四种：

1. 未召开股东会、董事会会议作出的决议。公司决议的程序正当要求，决定了公司股东、董事成员需要在特定的时间、空间依照既定程序议事与表决。开会是决议形成的前提，没有召开会议，将欠缺形成决议的原因条件。实践中，存在控股股东没有召开股东会或者没有通知其他股东即形成股东会决议的情况，或许表决权数已达到多数决标准，但是，资本多数决原则只是决议正当性的来源之一，离开了程序正义的多数决同样难以产生结果正义。另外，会议程序还需要符合法律法规或公司章程所规定的条件，否则将属于决议可撤销的情形。

2. 股东会、董事会会议未对决议事项进行表决。表决是公司股东、董事在股东会、董事会做出意思合意的标志。如果会议没有对决议事项进行表决，则公司股东会、董事会所作出的该决议不成立。当然，表决也应当由适格主体做出，否则也无法认定为有效表决，从而所作出的决议同样不成立。

3. 出席会议的人数或者所持表决权数未达到本法或者公司章程规定的人数或者所持表决权数，即所谓"出席数不足"。公司决议必须由适格多数人作出，若出席人数不足，则不具有代表公司机关形成公司意志的正当性基础。例如，出席董事会会议的董事人数未达过半数，则此次董事会会议决议不成立。

4. 同意决议事项的人数或者所持表决权数未达到本法或者公司章程规定的人数或者所持表决权数，即所谓"表决数不足"。没有达到法定或者章程规定的表决数，同样不具有代表公司机关做出相应决定的正当性基础，因而不能被视为在事实上形成了决议。例如，本法规定有限责任公司董事会作出决议，应当经全体董事的过半数通过。若未经全体董事过半数通过，则该决议不成立。

【相关规定】

《最高人民法院关于适用〈中华人民共和国公司法〉若干问题的规定（四）》第一条、第三条、第五条。

> **第二十八条　【公司决议无效、被撤销与不成立的法律后果】**公司股东会、董事会决议被人民法院宣告无效、撤销或者确认不成立的，公司应当向公司登记机关申请撤销根据该决议已办理的登记。
>
> 　　股东会、董事会决议被人民法院宣告无效、撤销或者确认不成立的，公司根据该决议与善意相对人形成的民事法律关系不受影响。

【条文主旨】

本条是关于公司股东会、董事会决议被人民法院宣告无效、被撤销或者不成立的法律后果的规定。

【修改提示】

本条在原法第二十二条规定的基础上作出了修改。这次修改新增"股东会、董事会决议被人民法院宣告无效、撤销或者确认不成立的，公司根据该决议与善意相对人形成的民事法律关系不受影响"。

【条文释义】

公司决议被宣告无效、撤销或者确认不成立的法律后果：公司股东、董事、监事通过向人民法院提起诉讼，经人民法院依法审理后，分别作出宣告无效、撤销或者确认不成立的裁判。此时，如果公司已经按照股东会、董事会的决议办理了相关登记手续的，公司应当向公司登记机关申请撤销登记。

根据本条第二款规定，股东会、董事会决议被人民法院宣告无效、撤销或者确认不成立的，公司根据该决议与善意相对人形成的民事法律关系不受影响。本条第二款规定与《最高人民法院关于适用〈中华人民共和国公司法〉若干问题的规定（四）》第六条规定基本一致。股东会、董事会决议被人民法院判决确认无效或者撤销的，公司依据该决议与善意相对人形成的民事法律关系不受影响。若该相对人非善意，也即非不知情，则因此而形成的民事法律关系将会受到影响。

【相关规定】

《最高人民法院关于适用〈中华人民共和国公司法〉若干问题的规定
(四)》第六条。

第二章 公司登记

第二十九条 【公司的设立登记】设立公司，应当依法向公司登记机关申请设立登记。

法律、行政法规规定设立公司必须报经批准的，应当在公司登记前依法办理批准手续。

【条文主旨】

本条是关于公司设立登记的规定。

【修改提示】

本条在原法第六条规定的基础上作出了修改。这次修改将原规定"符合本法规定的设立条件的，由公司登记机关分别登记为有限责任公司或者股份有限公司；不符合本法规定的设立条件的，不得登记为有限责任公司或者股份有限公司"调整后单列为第三十一条。

【条文释义】

设立公司应当向公司登记机关申请设立登记。对于公司的设立，申请人只能向法律规定的公司登记主管机关提出申请，而不能向其他机关申请公司的设立，其他机关无权对公司的设立进行登记。依据《中华人民共和国市场主体登记管理条例》第五条规定，国务院市场监督管理部门主管全国市场主体登记管理工作。县级以上地方人民政府市场监督管理部门主管本辖区市场主体登记管理工作，加强统筹指导和监督管理。未经登记，不得以公司名义从事经营活动。法律、行政法规规定无需办理登记的除外。

公司登记机关应当按照法定条件决定是否准予公司登记。登记机关的登记本身是一种行政行为，受权力法定原则的约束。申请公司设立登记，符合法定设立条件的，应当登记为有限责任公司或者股份有限公司。

法律、行政法规明确规定设立公司必须报有关部门批准的，在公司登记前，应当依法办理批准手续。这就要求申请人在向公司登记机关提出设立公司的申请之前，必须依照法律、行政法规的规定，取得有关部门的批准；同时，这也是对公司登记机关的要求，即公司登记机关在接到公司设立申请后，应当按照法律、行政法规的规定审查申请人是否取得有关部门的批准，未取得批准的，不予登记。

【适用指南】

设立公司，可以提前通过咨询等方式，明确是否需要取得批准，取得哪些批准，从而提前规划，节约时间成本，提高公司设立登记的办事效率。

【相关规定】

《中华人民共和国市场主体登记管理条例》第三条、第五条。

第三十条 【公司设立登记的申请材料】 申请设立公司，应当提交设立登记申请书、公司章程等文件，提交的相关材料应当真实、合法和有效。

申请材料不齐全或者不符合法定形式的，公司登记机关应当一次性告知需要补正的材料。

【条文主旨】

本条是关于设立登记申请材料的规定。

【修改提示】

本条在原法第二十九条规定的基础上进行了修改。原第二十九条是有限责任公司设立登记方面的规定，由于新增公司登记一章，修改后可适用于有限责任公司和股份有限公司。这次修改要求公司对申请材料真实性负责，同时基于效率考量，要求登记机关一次性告知补正材料。

【条文释义】

申请设立公司，应当提交公司法定代表人签署的设立登记申请书、公司章程等文件。依据《中华人民共和国市场主体登记管理条例》第十六条规定，申请办理市场主体登记，应当提交下列材料：申请书、申请人资格文件或自然人身份证明、公司住所相关文件、公司章程等材料。国务院市场监督管理部门负有制定登记材料清单和文书格式样本并通过政府网站等公开渠道向社会公开的义务。登记机关能够通过政务信息共享平台获取的市场主体登记相关信息，不得要求申请人重复提供，体现了高效便民的行政原则。

公司作为设立登记的对象，其设立后对提交材料的真实性、合法性和有效性负责，真实性是指提供的申请材料与事实相符合，合法性是指提供的材料符合法律要求，取得材料过程中不存在违法违规行为，有效性是指材料具有合法效力，不具备无效情形。这也是《中华人民共和国市场主体登记管理条例》第十七条的规定。

依据《中华人民共和国市场主体登记管理条例》第十九条的规定，登记机关应当对申请材料进行形式审查。对申请材料齐全、符合法定形式的予以确认并当场登记。不能当场登记的，应当在 3 个工作日内予以登记；情形复杂的，经登记机关负责人批准，可以再延长 3 个工作日。申请材料不齐全或者不符合法定形式的，登记机关应当一次性告知申请人需要补正的材料。依据《中华人民共和国市场主体登记管理条例》第十六条第二款，国务院市场监督管理部门应当根据市场主体类型分别制定登记材料清单和文书格式样本，通过政府网站、登记机关服务窗口等向社会公开。因此，在申请公司设立登记时，可以提前在政府网站检索登记材料清单和文书样本，提高登记效率。

【相关规定】

《中华人民共和国市场主体登记管理条例》第八条、第十六条、第十七条、第十九条。

> **第三十一条　【公司设立登记的标准】** 申请设立公司，符合本法规定的设立条件的，由公司登记机关分别登记为有限责任公司或者股份有限公司；不符合本法规定的设立条件的，不得登记为有限责任公司或者股份有限公司。

【条文主旨】

本条是关于公司设立登记标准的规定。

【修改提示】

本条在原法第六条第一款规定的基础上作出了一定修改。

【条文释义】

一、公司设立条件

公司设立的实质条件，主要体现在公司法第三章第一节和第五章第一节，公司法第三章第一节规定了有限责任公司的设立条件，有限责任公司由一个以上五十个以下股东出资设立，设立有限责任公司应当由公司股东共同制定章程，股东的出资应当符合法定要求。公司法第五章第一节规定了股份有限公司的设立条件，设立股份有限公司，可以采取发起设立或募集设立的方式，本次修订后的公司法承认了一个自然人或法人以发起方式设立股份有限公司的有效性，丰富了公司设立方式，更好满足市场主体需求。同时在股份有限公司中引入了授权资本制，即股份有限公司设立时只需要发行部分股份，后续可以依据公司章程或股东会的授权，由董事会根据公司运营具体情形决定发行剩余股份，既方便了股份有限公司的设立，又给予股份有限公司发行新股募集资本更多选择，与此同时也对解决公司注册资本虚化的问题有所帮助。

公司设立的形式条件，主要体现在《中华人民共和国市场主体登记管理条例》第十六条等规定。申请办理公司登记，应当提交下列材料：（1）申请书；（2）申请人资格文件、自然人身份证明；（3）住所或者主要经营场所相关文件；（4）公司章程；（5）法律、行政法规和国务院市场监督管理部门规定提交的其他材料。

二、公司设立登记标准

满足本法规定的设立条件，登记机关应当依法履行职责，为申请人办理设立登记，这是依法行政原则的要求，对于不满足本法规定的设立条件的，包括实质性条件和程序性条件，依据公司法第三十条第二款的规定，登记机关应当一次性告知申请人需要补充的材料，当补充后的材料依然不符合本法规定的有限责任公司或股份有限公司的设立条件时，登记机关作为行政机关，不得登记。

【相关规定】

《中华人民共和国公司法》第四十二条、第九十一条、第九十二条；
《中华人民共和国市场主体登记管理条例》第十六条。

> **第三十二条　【公司登记事项】**公司登记事项包括：
> （一）名称；
> （二）住所；
> （三）注册资本；
> （四）经营范围；
> （五）法定代表人的姓名；
> （六）有限责任公司股东、股份有限公司发起人的姓名或者名称。
> 公司登记机关应当将前款规定的公司登记事项通过国家企业信用信息公示系统向社会公示。

【条文主旨】

本条是关于公司登记事项的规定。

【修改提示】

本条是本次公司法修订的新增条文。2018年公司法中曾出现查询登记事项、登记事项变更等表述，但对于哪些事项属于登记事项，并未在公司法中明确体现。本次修改将登记事项进一步明确，使得公司法的体系化逻辑更加完备。本条第二款在原第六条第三款规定的基础上作出了修改。这次修改将原条款中公众可以申请查询公司登记事项，公司登记机关有义务提供查询服务的内容删除，规定公司登记机关应当将公司登记事项公示。

【条文释义】

登记事项是指公司需要登记的各类事项。根据本条规定，登记事项包括公司名称、公司住所、注册资本、经营范围、法定代表人的姓名、有限责任公司股东、股份有限公司发起人的姓名或名称。

公司应当根据其组织结构或者责任形式，依法在企业名称中标明组织形式。依据《企业名称登记管理规定》第十一条规定，公司名称要严格符合法律规定，不能有法律、行政法规以及国家规定禁止的情形——公司名称不能有损害国家尊严或者利益，不能对社会公共利益或社会公共秩序有所妨害，不能使用外国国家（地区）、国际组织名称及其通用简称、特定称谓等。

公司的住所是公司主要办事机构所在地，主要办事机构需要综合公司主要业务部门、公司在交易活动或宣传中所载明的联系地址、主要员工工作地、场所的性质是自有还是租赁等因素判断，公司只能登记一个住所，公司的住所应当在其公司登记机关辖区内。

依据《中华人民共和国市场主体登记管理条例》第十三条第一款规定，除法律、行政法规或者国务院决定另有规定外，市场主体的注册资本或者出资额实行认缴登记制，以人民币表示。有限公司的注册资本实行认缴登记制，不要求在设立时实缴全部出资，但认缴期限过长可能加剧股东或者董事采取激进经营策略获取高额回报，牺牲债权人利益的动机[①]，因而本法第四十七条规定了五年实缴到位的期限限制，股份有限公司引入授权资本制，董事会可以根据经营决策决定筹集资本发行股份，但应当将已发行股份的股本总额作为注册资本进行登记。

公司的经营范围包括一般经营项目和许可经营项目。如果经营范围中存在登记前依法须经批准的许可经营项目，那么公司应当在申请登记时提交有关批准文件。公司应当按照登记机关公布的经营项目分类标准办理经营范围登记。

依据《中华人民共和国市场主体登记管理条例》第十二条的规定，有以下情形的没有资格担任公司的法定代表人：（1）无民事行为能力或者限制民事行为能力；（2）因贪污、贿赂、侵占财产、挪用财产或者破坏社会主义市场经济秩序被判处刑罚，执行期满未逾5年，或者因任何刑事犯罪

[①] 参见林一英：《公司注册资本认缴登记制的完善》，载《国家检察官学报》2023年第6期。

被剥夺政治权利，执行期满未逾 5 年；（3）担任破产清算的公司、非公司企业法人的法定代表人、董事或者厂长、经理，对破产负有个人责任的，自破产清算完结之日起未逾 3 年；（4）担任因违法被吊销营业执照、责令关闭的公司、非公司企业法人的法定代表人，并负有个人责任的，自被吊销营业执照之日起未逾 3 年；（5）个人所负数额较大的债务到期未清偿；（6）法律、行政法规规定的其他情形。因此，申请登记前，有限责任公司股东或者股份有限公司的发起人负有审查法定代表人是否符合法定条件的义务。

有限责任公司应当登记其股东的姓名或名称，股份有限公司应当登记发起人的姓名或名称。

公示行为既是公司登记机关的权力，也是公司登记机关的义务。公众无需申请，即可通过国家企业信用信息公示系统查询公司登记事项等公司基本信息，节约交易成本。

【相关规定】

《中华人民共和国市场主体登记管理条例》第十一条、第十二条、第十三条、第十四条；

《企业名称登记管理规定》第十一条。

> 　　**第三十三条　【公司营业执照的签发】**依法设立的公司，由公司登记机关发给公司营业执照。公司营业执照签发日期为公司成立日期。
>
> 　　公司营业执照应当载明公司的名称、住所、注册资本、经营范围、法定代表人姓名等事项。
>
> 　　公司登记机关可以发给电子营业执照。电子营业执照与纸质营业执照具有同等法律效力。

【条文主旨】

本条是关于公司营业执照签发的规定。

【修改提示】

本条第一款、第二款是原法第七条第一款、第二款的规定，第三款是本次公司法修订新增规定。明确了公司电子营业执照的签发和效力。

【条文释义】

一、公司营业执照签发

公司登记机关签发的营业执照是确认公司成立的法律文件，营业执照的签发日期为市场主体的成立日期。如果依据法律、行政法规规定设立公司须经批准的，那么该公司应当在批准文件的有效期内向登记机关申请登记，申请登记时若批准文件超出有效期的，则无法登记。

二、公司营业执照应当载明的事项

公司营业执照既是公司成立的法律证书，又是对外证明公司是依法设立的企业法人、有资格从事经营活动的资格证书。因而，营业执照具有公示性，增加了公司经营的透明度，便于让公众了解公司基本情况。目前，许多公司会在合同签订时审查交易相对方的营业执照，确认其有权从事相关经营行为。同时，若营业执照中载明从事某项特定的经营行为需要取得许可或批准，那么还应审查该公司是否取得相应的经营资质，这也是判断当事人是否尽到审查义务，从而构成善意相对人的条件之一。在公司尽调中，尽调者也会从营业执照出发，确认尽调对象公司的有效存续状态，并根据经营范围，初步判断相关经营资质的取得情况。总之，公司营业执照载明的登记事项是公司对外公示的基本信息，也是公司必不可少的信息。

三、电子营业执照的效力

电子营业执照是由市场监管部门依据国家有关法律法规、按照统一标准规范核发的有市场主体登记信息的法律电子证件，可以作为公司等市场主体具有法律效力和行政效力的专业性、凭证类市场主体电子身份证使用。依据《中华人民共和国市场主体登记管理条例》第二十二条第二款和第三款的规定，电子营业执照与纸质营业执照具有同等法律效力，国务院市场监督管理部门统一制定营业执照的样式和电子营业执照的标准。依据《电子营业执照管理办法（试行）》① 第六条规定，公司完成设立登记后，

---

① 《电子营业执照管理办法（试行）》，载中国政府网，https：//www.gov.cn/xinwen/2018-12/20/content_ 5350480. htm？eqid=d8b405f2000d9e5c000000066455fda3，最后访问时间：2024 年 1 月 9 日。

系统会即时生成电子营业执照并自动存储于电子营业执照库。电子营业执照可以通过手机等装载有电子营业执照应用程序的智能移动终端进行领取、下载和使用。下载、使用电子营业执照，采用真实身份信息登记制度。第七条规定，公司设立登记后首次领取和下载电子营业执照，以及办理变更登记后重新领取和下载电子营业执照，应由公司的经市场监管部门登记的法定代表人领取和下载。

【相关规定】

《中华人民共和国市场主体登记管理条例》第二十一条、第二十二条；《电子营业执照管理办法（试行）》第六条、第七条。

> **第三十四条　【公司登记事项的变更】**公司登记事项发生变更的，应当依法办理变更登记。
>
> 公司登记事项未经登记或者未经变更登记，不得对抗善意相对人。

【条文主旨】

本条是关于公司登记事项变更的规定。

【修改提示】

本条第一款对应原法第七条第三款，第二款对应原法第三十二条第三款。

【条文释义】

一、登记事项发生变更，应当变更登记

为了节约交易成本，保护安全，登记事项一经登记，便会产生公示效力，对外具有公信力。公司和股东以外的其他各方可以凭借登记主张权利。正是基于登记所产生的对世效力，登记事项发生变更的，公司应当及时依法办理变更登记。

二、登记对抗效力

公司登记事项是指公司法第三十二条规定的六项法定登记事项，若法

定登记事项未登记或登记事项的变更未进行变更登记，那么不得对抗善意相对人。2018 年公司法中第三十二条第三款规定："公司应当将股东的姓名或者名称向公司登记机关登记；登记事项发生变更的，应当办理变更登记。未经登记或者变更登记的，不得对抗第三人。"而民法典第六十五条规定："法人的实际情况与登记的事项不一致的，不得对抗善意相对人。"针对民法典的规定，公司法修正了登记对抗范围，未经变更登记，不得对抗善意相对人，但可以对抗非善意的相对人。对于善意的判断标准，公司法没有明确规定，在绝大多数的民事领域，只要自然人处于"不知情"的状态，就可被法律推定为善意，证明其非善意的证明责任归于相对方。而商人的理性能力与注意义务与民事主体的预设存在显著不同，商人的善意通常是一种积极的善意，包含了要积极履行商业审查义务的内涵。[①] 此处的审查义务是指形式审查义务，即相对人不对其审查材料的真实性负责，这也是节约交易成本，提高交易效率的要求。

【适用指南】

依据《中华人民共和国市场主体登记管理条例》第二十四条与第四十六条的规定，市场主体变更登记事项，应当自作出变更决议、决定或者法定变更事项发生之日起 30 日内向登记机关申请变更登记。市场主体变更登记事项属于依法须经批准的，申请人应当在批准文件有效期内向登记机关申请变更登记。市场主体未依照本条例办理变更登记的，由登记机关责令改正；拒不改正的，处 1 万元以上 10 万元以下的罚款；情节严重的，吊销营业执照。

【相关规定】

《中华人民共和国民法典》第六十五条。

> **第三十五条 【公司变更登记的程序要求】** 公司申请变更登记，应当向公司登记机关提交公司法定代表人签署的变更登记申请书、依法作出的变更决议或者决定等文件。

[①] 李建伟：《公司决议的外部效力研究——〈民法典〉第 85 条法教义学分析》，载《法学评论》2020 年第 4 期。

> 公司变更登记事项涉及修改公司章程的，应当提交修改后的公司章程。
>
> 公司变更法定代表人的，变更登记申请书由变更后的法定代表人签署。

【条文主旨】

本条是关于公司变更登记的程序性规定。

【修改提示】

本条是本次公司法修订的新增条款。明确了变更登记的一般的程序要求，同时对章程修改和变更法定代表人的特殊登记事项的变更提出了特别的程序性要求。

【条文释义】

一般来说，本法第三十二条规定的法定登记事项发生变更的，公司应当依据本法第三十四条的规定向登记机关申请变更登记，申请变更登记前，公司应当准备好法定代表人签署的变更登记申请书，这是公司向登记机关申请变更登记意思表示的体现，不仅如此，登记事项中有的变更需要董事会或股东会的决议，这样的程序性要求可能是公司法强制性规定，还可能是章程约定，例如公司章程的修改需要三分之二以上表决权的股东通过，因而需要公司提供依法作出的变更决议或决定等文件来证明变更登记申请的有效性。

本条第二款对章程修改提出了特殊的程序性要求，如果变更的登记事项是公司章程，除需要提交公司法定代表人签署的变更登记申请书、公司股东会依法作出的修改章程的变更决议外，还需要提交修改后的章程进行变更登记，这是变更登记的必要条件。

本条第三款对变更法定代表人提出了特殊的程序性要求，如果变更的登记事项是法定代表人，那么根据本条第一款的规定，公司需要提交法定代表人签署的变更登记申请书和依法作出的变更决议或者决定等文件，此时法定代表人已经根据公司的变更决议或决定变更，只是没有进行变更登记，没有产生登记的对抗效力，因而变更登记的申请书应当由变更后的法定代表人签署。

【相关规定】

《中华人民共和国公司法》第三十二条、第三十四条。

> **第三十六条　【公司营业执照的换发】** 公司营业执照记载的事项发生变更的，公司办理变更登记后，由公司登记机关换发营业执照。

【条文主旨】

本条是关于公司营业执照换发的规定。

【修改提示】

本条对应原法第七条第三款的规定，有个别文字变动。

【条文释义】

公司的营业执照，既是公司成立的法律依据，又是对外证明公司是合法设立的企业法人、有资格从事相关经营活动的资格证书。公司营业执照具有较强的公信力，故实践中，营业执照通常作为公司主体资格的证明文件，包括诉讼等各项活动的身份证明都要使用营业执照。但需要注意的是公司登记事项不仅包括营业执照上的记载事项，还包括其他登记事项，例如公司法第三十二条规定的有限责任公司股东和股份有限公司发起人的姓名或者名称是法定的公司登记事项，却不是营业执照的记载事项——依据公司法第三十三条第二款的规定，公司营业执照的记载事项不包括公司股东的姓名或名称，因而若有限责任公司股东或股份有限公司发起人发生变更，只需要依据公司法第三十四条的规定办理变更登记，不需要换发营业执照。

因为营业执照记载的事项是包含在法定登记事项之内的，登记事项变更需要依法及时申请变更登记，依据《中华人民共和国市场主体登记管理条例》第四十六条规定，公司未及时申请办理变更登记的，首先由登记机关责令改正，如果公司仍不申请办理变更登记，登记机关有权处以一万元以上十万元以下的罚款，具体罚款金额的确定由登记机关结合具体案件情况，综合考虑公司的违法情节严重程度、规模大小来决定。情节严重的，登记机关可以吊销公司的营业执照。

【相关规定】

《中华人民共和国公司法》第三十二条、第三十三条、第三十四条；
《中华人民共和国市场主体登记管理条例》第二十四条、第四十六条。

> **第三十七条　【公司注销登记】**公司因解散、被宣告破产或者其他法定事由需要终止的，应当依法向公司登记机关申请注销登记，由公司登记机关公告公司终止。

【条文主旨】

本条是关于公司注销登记的规定。

【修改提示】

本条是本次公司法修订的新增条文。

【条文释义】

公司因解散、被宣告破产或者其他法定事由需要终止的，应依法向公司登记机关申请注销登记，经过公司登记机关核准注销登记后，公司终止，公司法人资格消灭。依据《中华人民共和国市场主体登记管理条例》第三十一条第二款的规定，如果公司注销依法须经批准的，应当经批准后向登记机关申请注销登记。根据《中华人民共和国市场主体登记管理条例》第三十二条的规定，市场主体注销登记前依法应当清算的，清算组应当自成立之日起十日内将清算组成员、清算组负责人名单通过国家企业信用信息公示系统公告。清算组可以通过国家企业信用信息公示系统发布债权人公告。清算组应当自公司清算结束之日起三十日内向原公司登记机关申请注销登记。公司申请注销登记前，如果分支机构未办理注销登记的，应当依法办理分支机构的注销登记。根据《中华人民共和国市场主体登记管理条例》第三十四条的规定，人民法院裁定强制清算或者裁定宣告破产的，有关清算组、破产管理人可以持人民法院终结强制清算程序的裁定或者终结破产程序的裁定，直接向登记机关申请办理注销登记。依据《中华人民共和国市场主体登记管理条例》第三十七条第三款的规定，登记机关依法作出注销登记决定的，公司应当缴回营业执照。如果公司拒不缴回或者无法缴回营业执照的，登记机关应当通过国家企业信用信息公示系统公告营业执照作废。

【适用指南】

依据《中华人民共和国市场主体登记管理条例》第三十三条第一款、第二款规定，公司未发生债权债务或者已将债权债务清偿完结，未发生或者已结清清偿费用、职工工资、社会保险费用、法定补偿金、应缴纳税款（滞纳金、罚款），并由全体股东书面承诺对上述情况的真实性承担法律责任的，可以按照简易程序办理注销登记。公司应当将承诺书及注销登记申请通过国家企业信用信息公示系统公示，公示期为二十日。在公示期内无相关部门、债权人及其他利害关系人提出异议的，公司可以于公示期届满之日起二十日内向登记机关申请注销登记。

【相关规定】

《中华人民共和国市场主体登记管理条例》第三十一条、第三十二条、第三十四条、第三十七条。

> **第三十八条　【公司设立分公司】** 公司设立分公司，应当向公司登记机关申请登记，领取营业执照。

【条文主旨】

本条是关于公司设立分公司应领取营业执照的规定。

【修改提示】

本条在原法第十四条第一款规定的基础上作出了修改。删除"公司可以设立分公司"，保留第二句"公司设立分公司"，清晰明了。另外删除了"分公司不具有法人资格，其民事责任由公司承担"的规定，分公司不具有独立的法人资格已经是公司法的基础知识，且本章为公司登记专章，因而删去相关表述，使得公司法章节重点突出，表述简洁凝练。

【条文释义】

有限责任公司和股份有限公司根据生产经营的需要，可以设立分公司。分公司是与总公司相对的概念，分公司是总公司的一部分，不具有独立的法人地位。分公司的非独立性主要表现在以下方面：一是法人地位的非独立性，分公司不能独立地享有权利、履行义务和承担责任，不能以自己的名义从事经营活动；二是人事、经营方面的非独立性，分公司主要的管理人员和主要的业务活动都是由总公司基于总公司的章程决定和任免的；三是财产的非独立性，分公司的财产所有权归总公司所有，一并列入总公司的资产负债表中。正是基于上述特性，分公司不具有法人资格，其民事责任由总公司承担。设立分公司，应当向分公司所在地的公司登记部门申请登记，在登记后领取分公司的营业执照。

分公司的登记事项包括：名称、营业场所、负责人、经营范围。分公司的名称应当符合法律法规。公司设立分公司的，法律、行政法规规定必须报经有关部门批准的，应当在批准有效期内向公司登记机关申请登记。分公司经营范围中存在依据法律、行政法规规定在登记前必须取得批准的项目的，申请登记时还应当提交有关批准文件。分公司的公司登记机关准予登记的，发给营业执照。总公司应当及时到登记机关办理分公司的营业执照的备案手续。总公司注销登记前，应当先办理分公司的注销登记，分公司注销登记后，总公司才能向登记机关申请注销登记。

> **第三十九条　【公司登记的撤销】** 虚报注册资本、提交虚假材料或者采取其他欺诈手段隐瞒重要事实取得公司设立登记的，公司登记机关应当依照法律、行政法规的规定予以撤销。

【条文主旨】

本条是关于欺诈取得公司登记后撤销公司登记的规定。

【修改提示】

本条在原法第一百九十八条规定的基础上作出了修改。这次修改主要将原条文中关于欺诈取得公司登记的法律责任体现于公司法第二百五十条，并取消了撤销公司登记的"情节严重"的适用条件。

【条文释义】

本条规定欺诈取得公司登记的应当撤销公司登记。这是对撤销公司登记的规定。

通过欺诈取得公司登记的情形主要包括虚报注册资本、提交虚假材料或者采取其他欺诈手段隐瞒重要事实取得公司登记的情形。所谓"欺诈"，是指当事人在办理公司登记时，故意隐瞒有关公司登记的重要事实，使公司登记机关受骗，产生错误认识而使得公司取得登记。欺诈需要满足以下三个构成要件：其一，当事人应当具有欺诈的故意，即明知欺诈行为会使公司登记机关产生错误认识仍然希望或放任这种结果的发生；其二，当事人实施欺诈行为有明确的骗取公司登记的目的；其三，公司登记机关基于错误认识而办理了公司登记。需要注意的是，该处的登记包括设立登记、变更登记、注销登记以及设立分公司等公司登记。

虚报注册资本主要是指为骗取公司登记而故意夸大资本数额，这里的注册资本既包括公司设立时股东认缴的出资额，也包括成立后增加的资本额。

提交虚假材料中的虚假材料包括公司登记（设立登记、变更登记、注销登记）申请书、公司章程、验资证明等文件以及依法须经批准的批准文件等资料。

"采取其他欺诈手段隐瞒重要事实"是兜底性规定，为规范公司以其他欺诈手段取得公司登记的违法行为提供法律依据。

根据《中华人民共和国市场主体登记管理条例》第四十条的规定，提交虚假材料或者采取其他欺诈手段隐瞒重要事实取得市场主体登记的，受虚假市场主体登记影响的自然人、法人和其他组织可以向登记机关提出撤销市场主体登记的申请。此处的影响通常是指消极影响。撤销公司登记的程序可以依申请启动，也可以由公司登记机关依职权启动。登记机关受理撤销公司登记的申请或者依职权启动撤销公司登记的程序后，有责任积极深入调查，搜集各项证据。经完整调查后，若公司登记机关结合现有证据，能够认定存在虚假公司登记情形的，登记机关应及时撤销公司登记。

公司和相关人员无法联系或拒不配合的，登记机关可以将公司的登记时间、登记事项等通过国家企业信用信息公示系统向社会公示，公示期为四十五日。若公司及其利害关系人在公示期内未提出异议的，登记机关即可撤销公司登记。

【适用指南】

如果公司设立登记的利害关系人发现公司在取得设立登记过程中存在欺诈行为，利害关系人应当注意保留证据，向公司设立登记的机关申请撤销该公司的设立登记。为了避免该权利被滥用，一般需要提供欺诈的初步证据，比如批准文件不在有效期等，公司登记机关进行调查核实，从而进一步确认是否存在欺诈行为、是否应作出撤销登记的决定。

【相关规定】

《中华人民共和国公司法》第二百五十条；

《中华人民共和国市场主体登记管理条例》第四十条。

> **第四十条 【公司的公示事项】**公司应当按照规定通过国家企业信用信息公示系统公示下列事项：
>
> （一）有限责任公司股东认缴和实缴的出资额、出资方式和出资日期，股份有限公司发起人认购的股份数；
>
> （二）有限责任公司股东、股份有限公司发起人的股权、股份变更信息；
>
> （三）行政许可取得、变更、注销等信息；
>
> （四）法律、行政法规规定的其他信息。
>
> 公司应当确保前款公示信息真实、准确、完整。

【条文主旨】

本条是关于公司应当在企业信息公示系统公示事项的规定。

【修改提示】

本条是本次公司法修订的新增条文。与《企业信息公示暂行条例》①第十条有相似之处，进一步明确了公司应当通过统一的企业信用信息公示系统公示的事项。本条第二款明确了公司对公示信息真实、准确、完整的义务。

【条文释义】

依据公司法第三十二条的规定，公司登记机关应当将公司登记事项通过国家企业信用信息公示系统向社会公示。根据本条规定，公司还有义务将有限责任公司股东认缴和实缴的出资额、出资方式和出资日期，股份有限公司发起人认购的股份数；有限责任公司股东、股份有限公司发起人股权、股份变更信息；行政许可取得、变更、注销等信息；法律、行政法规规定的其他信息向社会公示。因此，公众可以通过国家企业信用信息公示系统查询到公司登记机关公示的信息和公司自主公示的信息。

我国实行资本认缴制，除有特殊规定外，公司设立时不要求股东实缴出资，本次修订进一步完善认缴登记制度，增加了有限责任公司认缴期限的规定，维护资本充实和交易安全。有限责任公司还应当通过国家企业信用信息公示系统公示股东认缴和实缴的出资额、出资时间和出资方式。股份有限公司可以通过发起设立或募集设立方式设立。发起设立是指由发起人认购设立公司时应发行的全部股份而设立公司，募集设立是指由发起人认购一部分，其余股份向特定对象募集或者向社会公开募集而设立公司。不论采取何种方式设立，股份有限公司设立中发起人认购的股份数应当通过国家企业信用信息公示系统公示。

有限责任公司不同于股份有限公司，具有很强的人合性，因而相较于股份有限公司来说，有限责任公司的股权转让有较多限制。一般来说，有限责任公司中股东股权转让会比较谨慎，股权变更对于公司交易和投融资都会产生影响，因而有限责任公司应当通过国家企业信用信息公示系统公示其股东股权转让等股权变更信息。股份有限公司的发起人股份变更信息对公司的经营方向和控制权稳定都会产生影响，因而应当及时公示发起人股份变更信息。

---

① 《企业信息公示暂行条例》，载中国政府网，https://www.gov.cn/zhengce/202203/content_ 3337919. htm，最后访问时间：2024 年 1 月 9 日。

行政许可的取得、变更、注销关系到公司自身的经营前景和市场竞争力，因而需要通过国家企业信用信息公示系统公示。

依据《企业信息公示暂行条例》第十条的规定，企业应当自上述信息形成之日起二十个工作日内通过企业信用信息公示系统向社会公示，除此之外，依据该条公示的信息还包括知识产权出质登记信息、受到行政处罚的信息，工商行政管理部门（现为市场监督管理部门）发现公司未履行公示义务的，应当责令其限期履行。

本条第二款规定了公司有义务保证上述公示信息的真实性、准确性与完整性，要求公示信息不得有虚假记载、误导性陈述或者重大遗漏。

【适用指南】

公司可以通过主动公示更多的企业信息，获得社会信用，这也是树立良好企业形象，打造特色企业品牌，增强企业社会影响力的有效方式。及时更新公示的信息，使得社会大众尤其是交易相对方和投资人加深加强对企业的了解，也有利于节约交易成本。

【相关规定】

《企业信息公示暂行条例》第十条。

第四十一条 【公司登记便利化】公司登记机关应当优化公司登记办理流程，提高公司登记效率，加强信息化建设，推行网上办理等便捷方式，提升公司登记便利化水平。

国务院市场监督管理部门根据本法和有关法律、行政法规的规定，制定公司登记注册的具体办法。

【条文主旨】

本条是关于提升公司登记便利化水平的规定。

【修改提示】

本条是本次公司法修订的新增规定。明确公司登记机关应当优化登记流程，提升公司登记便利化水平。

【条文释义】

党的十八大以来，党中央、国务院深入推进简政放权、放管结合、优化服务，持续改善营商环境①，本条规定要求公司登记机关优化登记流程，提升登记效率和便利化水平。《中华人民共和国市场主体登记管理条例》第六条第二款规定，县级以上地方人民政府承担市场主体登记工作的部门（登记机关）应当优化市场主体登记办理流程，提高市场主体登记效率，推行当场办结、一次办结、限时办结等制度，实现集中办理、就近办理、网上办理、异地可办，提升市场登记便利化程度。本次修法将相关规定上升为法律，明确了公司登记机关加强信息化服务建设的职能要求，同时授权国务院市场监督管理部门制定公司登记注册的具体办法，有助于将公司登记信息化建设工作落到实处，通过便捷的方式方法更好地为市场主体服务。公司登记办理流程一般包括：企业核名、提交材料、领取执照、刻章等几个步骤，登记机关应充分利用网络，加强信息化建设，推行网上办理，实现跨地域办理。同时，对满足简易注销条件的公司，即公司在存续期间未产生债务，或者已清偿全部债务，经全体股东承诺，可以通过简易注销程序注销登记。依据公司法第二百四十条第二款的规定："通过简易程序注销公司登记，应当通过国家企业信用信息公示系统予以公告，公告期限不少于二十日。公告期限届满后，未有异议的，公司可以在二十日内向公司登记机关申请注销公司登记。"

【相关规定】

《中华人民共和国公司法》第二百四十条；
《中华人民共和国市场主体登记管理条例》第六条。

---

① 参见《关于〈中华人民共和国公司法（修订草案）〉的说明》，载中国人大网，http：//www.npc.gov.cn/c2/c30834/202312/t20231229_433993.html，最后访问时间：2024年1月9日。

第三章 有限责任公司的设立和组织机构

第一节 设 立

第四十二条 【有限责任公司股东人数】有限责任公司由一个以上五十个以下股东出资设立。

【条文主旨】

本条是关于有限责任公司股东人数的具体规定。

【修改提示】

本条将原法第二十四条和第五十七条的规定整合为一条，在原法第二十四条有限责任公司股东人数的规定中增加下限"一个以上"。

【条文释义】

有限责任公司设立时股东的数量体现了有限责任公司资合性与人合性之间的博弈。资合性是指公司经营活动以其资本规模为基准，而人合性则是指股东之间基于彼此的了解和信任而建立起合作关系。为了兼顾资合性和人合性之间的平衡，股东人数不宜过多。这是因为股东人数过多会弱化全体股东的共识，增加决策成本，不利于股东之间通力合作。考虑到市场上大多数有限责任公司是中小型企业，提高经营和决策效率的需求较多、复杂决策的需求较少，将股东人数限制在五十人以下更有利于公司降低决策成本。

在法律规范中，"以上、以下、以内"均含本数，"不满、超过"均不含本数。因此，本条"一个以上"和"五十个以下"均包含本数，即设立时股东的数量可以是一人，也可以是五十人。值得注意的是，当一个自然人股东或者一个法人股东设立有限责任公司时，这样的公司被称为一人有限责任公司。传统的"公司是社团法人"的观念认为，公司是一定数量的人的聚合体，而一人有限责任公司由于突破了该认知，其一直存在争议。应当认识到，一人有限责任公司的存在有其合理性，主要体现为其诸多优点：一是从经济学上讲，设立、运营和监督一人有限责任公司的成本较低，可以帮助创业者尽快获得社会信用、更好满足大众创业的需求；二是一人有限责任公司有利于限制个人投资风险，促进市场经济可持续发展。

> **第四十三条　【设立协议】**有限责任公司设立时的股东可以签订设立协议，明确各自在公司设立过程中的权利和义务。

【条文主旨】

本条是关于有限责任公司设立时股东签订设立协议的规定。

【修改提示】

本条是本次公司法修订的新增条款。

【条文释义】

有限责任公司设立时的股东是为设立有限责任公司而签署有限责任公司章程、向有限责任公司认购出资并履行公司设立职责的人。

有限责任公司设立时的股东享有共同制定章程、认缴出资、行使优先购买权、委托公司登记代理人、随时了解公司的设立工作进展情况、签署公司设立过程中的法律文件、审核设立过程中筹备费用的支出、提名公司的董事候选人、提名公司的监事候选人等权利，可以在设立协议中详细规定，充分保障有限责任公司设立时的各股东权益。

有限责任公司设立时的股东不仅享有权利，还要履行义务。义务主要包括：提供设立公司的相关文件、设立公司时尽职尽责维护公司利益、及时足额出资等义务，违背上述义务还要承担相应的责任。

根据《最高人民法院关于适用〈中华人民共和国公司法〉若干问题的规定（三）》① 第四条的规定，如果公司未成立，设立时的股东对设立公司过程中产生的债务承担连带责任，内部责任承担比例的确定有约定依约定，没有约定依约定的出资比例，没有约定出资比例的按均等份额分担责任。因而有限责任公司设立时的股东可以在设立协议中，约定出资比例和公司未设立情况下发起人责任承担比例。

设立协议中通常还包含保密条款、争议解决条款等。保密条款通常约定有限责任公司设立时的股东保证对在讨论、签订、执行设立协议过程中所获悉的属于其他方的且无法自公开渠道获得的文件及资料（包括但不限于商业秘密、公司经营计划、财务信息、技术信息）予以保密。争议解决条款通常会明确设立协议在履行过程中如果发生争议，解决方式为诉讼或仲裁，同时约定争议解决的管辖和送达地址等信息。

【适用指南】

有限责任公司设立时的股东在签订设立协议时，应做好权利义务的分配，对违反义务的责任应当通过约定明晰，尤其是内部责任分配的方式，明确各股东在无过错时责任分担比例，从而及时处理公司设立时产生的各类纠纷，推动公司的设立。

在设立协议中约定保密条款时，可要求设立时的股东对设立公司过程中获悉的他方资料予以保密，避免公司因为侵害他人知识产权或商业秘密而涉诉，损害公司信用，进而阻碍公司发展。

在设立协议中约定争议解决条款时，实践中比较常见的是根据需求明确设立协议履行过程中发生纠纷的解决方式是仲裁或者诉讼。仲裁具有较高的私密性，裁决结果不公开，可以在解决纠纷的同时保护公司的企业形象，但仲裁的裁决一般具有终局性，对生效裁决不服的当事人缺乏救济措施。相较之下，诉讼更加透明，生效的诉讼文书一般需要公开，对于诉讼结果可以通过之前相似案例有所了解，诉讼结果具有一定的可预期性，同时对于一审的判决结果不服的当事人可以上诉，对终审判决不服的当事人可以申请再审，因而对于当事人的权利救济更加周延。

---

① 《最高人民法院关于适用〈中华人民共和国公司法〉若干问题的规定（三）》，载最高人民法院网站，https://www.court.gov.cn/shenpan/xiangqing/2500.html，最后访问时间：2024 年 1 月 9 日。

【相关规定】

《最高人民法院关于适用〈中华人民共和国公司法〉若干问题的规定（三）》第四条。

> **第四十四条　【有限责任公司设立中的责任承担】** 有限责任公司设立时的股东为设立公司从事的民事活动，其法律后果由公司承受。
>
> 公司未成立的，其法律后果由公司设立时的股东承受；设立时的股东为二人以上的，享有连带债权，承担连带债务。
>
> 设立时的股东为设立公司以自己的名义从事民事活动产生的民事责任，第三人有权选择请求公司或者公司设立时的股东承担。
>
> 设立时的股东因履行公司设立职责造成他人损害的，公司或者无过错的股东承担赔偿责任后，可以向有过错的股东追偿。

【条文主旨】

本条是关于有限责任公司设立过程中有关责任承担的规定。

【修改提示】

本条是本次公司法修订的新增条文。本条的第一款、第二款和第三款可视为在《中华人民共和国民法典》第七十五条关于法人设立责任承担的规定基础上修改而来，本条的第四款可视为在《最高人民法院关于适用〈中华人民共和国公司法〉若干问题的规定（三）》第五条的规定基础上修改而来，规定了有限责任公司设立中外部法律后果承受的一般原则与特殊规定、内部法律责任承担比例的确定方式等。

【条文释义】

一、公司设立法律后果承受的一般原则

本条第一款和第二款规定吸收了《中华人民共和国民法典》第七十五条第一款规定："设立人为设立法人从事的民事活动，其法律后果由法人承受；法人未成立的，其法律后果由设立人承受，设立人为二人以上的，享有连带债权，承担连带债务。"该规定体现了公司设立法律后果承受的一般原则，用一句话概括就是："成立的公司承担，未成立的股东连带。"

本条第一款规定，若公司成立，有限责任公司设立时的股东为设立公司从事民事活动，无论是以公司的名义，还是以设立时的股东的个人名义，其法律后果都由成立的公司承受。理论上，股东设立公司所从事的民事活动可以理解为债的发生过程。按照债的一般理论，债具有相对性，即债的关系只在债的当事人之间产生效力，对于债的当事人之外的第三人不具有约束力。因此，公司作为设立时的股东个人与相对人之债的第三人，不会受到债的约束。本法基于设立公司这一特殊目的，将公司纳入到债的主体中，形成法定之债，突破了债的相对性，能够更好地保护债权人的利益。

本条第二款规定，若公司没有成立，有限责任公司设立时的股东为设立公司从事活动，无论是以公司的名义，还是以设立时的股东的个人名义，其法律后果由设立时的股东承受。如果设立时的股东人数为二人及以上的，有限责任公司设立时的所有股东对外享有连带债权，承担连带债务。此处的连带债权，即有限责任公司设立时的股东为设立公司而享有的债权，部分或全部设立时的股东均可以请求债务人履行债务。根据《最高人民法院关于适用〈中华人民共和国公司法〉若干问题的规定（三）》第四条第一款的规定，若公司未成立，则债权人可以请求全体或部分设立时的股东对设立公司行为所产生的费用和债务承担清偿责任，此处即为连带债务。

二、公司设立活动民事责任的承担方式

本条第三款吸收了《中华人民共和国民法典》第七十五条第二款规定，规定了第三人针对公司设立活动请求承担责任的对象。有限责任公司设立时的股东为设立公司以自己的名义从事民事活动，公司设立的，作为债权人的第三人既可以选择请求公司承担责任，也可以请求以个人名义为设立公司而从事民事活动的股东承担责任。若公司未成立，第三人仅能请求以个人名义为设立公司而从事民事活动的股东承担责任。

三、公司和无过错的股东享有追偿权

本条第四款规定了公司或者无过错的股东享有追偿权。在公司成立的情况下，如果设立时的股东因履行设立公司的职责而损害他人合法利益，并且该损害是因为设立时的股东的过错造成，那么按照《最高人民法院关于适用〈中华人民共和国公司法〉若干问题的规定（三）》第五条第二款规定，公司和无过错的股东可以在承担赔偿责任后向有过错的股东追偿。

在公司未成立的情况下，有限责任公司设立时的股东对外承担连带责任后，可以根据具体情况请求其他设立时的股东分担。如果公司未成立的原因是部分设立时的股东的过错，根据本条第三款的规定，部分设立时的股东承担责任后可以向有过错的股东追偿，根据《最高人民法院关于适用〈中华人民共和国公司法〉若干问题的规定（三）》第四条第三款的规定，追偿的比例由人民法院根据过错情况确定。如果公司未成立的原因不是设立时股东的过错，部分设立时的股东承担责任后，可以向其他设立时的股东请求分担。根据《最高人民法院关于适用〈中华人民共和国公司法〉若干问题的规定（三）》第四条第二款的规定，责任承担比例约定优先，没有约定的按约定的出资比例确定，没有约定出资比例的按均等份额承担责任。

【适用指南】

相较于《中华人民共和国民法典》第七十五条和《最高人民法院关于适用〈中华人民共和国公司法〉若干问题的规定（三）》第四条、第五条的规定，本条的亮点在于舍弃了"发起人"的概念而采用了"设立时的股东"的概念。在此前司法实践中，发起人这一身份在裁判说理中往往需要得到认定，这就导致部分设立时的股东虽有认缴出资，但未参与公司发起活动、履行公司发起职责，因而难以被认定为发起人。本次修订将司法解释中的"发起人"扩张至"设立时的股东"，即公司在设立过程中的股东均为设立时的股东，不仅在概念上更为明晰，也更有利于保障公司债权人的利益。

【相关规定】

《中华人民共和国民法典》第七十五条；

《最高人民法院关于适用〈中华人民共和国公司法〉若干问题的规定（三）》第四条、第五条。

> **第四十五条 【有限责任公司章程制定】** 设立有限责任
> 公司，应当由股东共同制定公司章程。

【条文主旨】

本条是关于有限责任公司章程制定的规定。

【修改提示】

本条在原法第二十三条第三项规定的基础上作出了修改。这次修改将
第三项单列，突出了制定章程的重要性。

【条文释义】

按照《中华人民共和国市场主体登记管理条例》第十六条规定，申请
办理公司登记，应当提交公司章程。因此，要设立有限责任公司，必须先
制定公司章程；没有公司章程，就不能设立有限责任公司。公司章程应当
由全体股东共同制定，所谓共同制定是指，在制定公司章程时全体股东经
过协商达成一致同意，并在公司章程上签名盖章。公司章程是股东共同的
意思表示，体现全体股东的意志。

【适用指南】

由股东共同制定公司章程，是设立公司的先决条件。在制定公司章程
时，股东应当明确哪些事项是必须记载于章程的事项，这包括法定记载事
项，即本法第四十六条规定的事项，章程中如若缺少这些必备事项，在申
请公司设立登记时，登记机关可能会以章程不符合法定条件为由要求公司
补充。除此之外，公司章程的内容本身也需要合乎法律法规。为确保公司
章程合法合规，国家有关部门依法行使对公司章程的审查权。《中华人民
共和国市场主体登记管理条例》赋予公司登记机关审查公司章程的权力，
其中第二十条规定，"登记申请不符合法律、行政法规规定，或者可能危
害国家安全、社会公共利益的，登记机关不予登记并说明理由"。

【相关规定】

《中华人民共和国公司法》第四十六条；

《中华人民共和国市场主体登记管理条例》第十六条。

> **第四十六条　【公司章程记载事项】** 有限责任公司章程
> 应当载明下列事项：
> （一）公司名称和住所；
> （二）公司经营范围；
> （三）公司注册资本；
> （四）股东的姓名或者名称；
> （五）股东的出资额、出资方式和出资日期；
> （六）公司的机构及其产生办法、职权、议事规则；
> （七）公司法定代表人的产生、变更办法；
> （八）股东会认为需要规定的其他事项。
> 股东应当在公司章程上签名或者盖章。

【条文主旨】

本条是关于有限责任公司订立章程时必须记载事项的规定。

【修改提示】

本条在原法第二十五条规定的基础上作出了修改，主要有：一是将股东的"出资时间"修改为"出资日期"；二是将记载事项"公司法定代表人"修改为"公司法定代表人的产生、变更办法"；三是将"股东会会议认为"改为"股东会认为"；四是对股东"签名、盖章"的要求修改为"签名或者盖章"。

【条文释义】

公司章程对公司名称、经营场所、经营范围等具有普遍性的问题进行了规定，是公司确立法人地位、进行自治以及对外经营等的基本法律文件。作为公司章程的设立依据，本法规定了公司章程必须记载的内容，在实践中要求公司登记机关对有限责任公司章程法定记载事项进行严格把关，确保章程的规范化，从而有利于公司设立后依照章程自主和可持续运行。

第一，公司名称和住所。公司名称作为体现公司独特性的标志，必须以文字形式对外进行表示，以便于人们识别和称呼。公司住所是指公司进行经营的场所，是公司确定权利义务的归属以及确定诉讼管辖和文书送达的依据。

第二，公司经营范围。公司经营范围是指公司拟进入某行业、从事某项目的具体种类。载明公司经营范围是开展业务活动的前提，公司应在登记机关核准的经营范围内从事经营活动，以便于政府进行监督管理。

第三，公司注册资本。公司注册资本是以货币表示的各股东认缴出资额的总和，同时也代表股东对公司承担责任的限额。公司注册资本在一定程度上反映出公司的规模，并体现了公司对债务人的信用担保。

第四，股东的姓名或者名称。载明股东姓名或名称有助于股东依法享有权利和履行义务，同时也能够表明公司的投资者。自然人股东须载明姓名，而法人股东则须载明名称。

第五，股东的出资额、出资方式和出资日期。出资额是指股东进行认缴出资所对应的货币金额。出资方式是指出资的种类，包括货币财产和非货币财产。出资日期既包括股东首次出资的日期，也包括公司成立后股东按期缴足自己认缴出资的日期。

第六，公司的机构及其产生办法、职权、议事规则。公司的机构包括股东会、董事会、监事会等，其产生办法、职权、议事规则应当在公司章程中明确载明，从而完善公司治理结构。如董事会组成人数、董事会的职权、董事长的选举与任期等。

第七，公司法定代表人的产生、变更办法。法定代表人是代表公司行使职权的自然人，其可能会随着公司经营情况的变化发生人事变动。按照原有规定，公司章程需要记载法定代表人姓名，因而任免法定代表人的过程必然伴随着公司章程的修改。虽然变更法定代表人不属于公司重大事项，但修改公司章程可能会被认定为重大事项，需要经股东会三分之二以上表决权通过，这就为更换法定代表人的实际执行带来困难。因此，本次修订后本法规定仅须记载法定代表人的产生与变更办法，而不再要求记载法定代表人的姓名。

第八，股东会认为需要规定的其他事项。股东会会议可以决定其他需要记载的事项，使得公司治理结构与对外经营活动相适应。

股东在公司章程上签名或者盖章，是使公司章程生效的必要的程序性事项。本次修法不再要求股东签名并盖章，是对自然人股东签字、法人股东盖公章习惯的肯定。

【适用指南】

依法设立的章程是一个公司及公司股东意志的体现，往往被称为公司的"宪法"。作为调整公司组织与行为的基本文件，公司章程是调整公司活动的依据，其对公司经营、管理以及发展均具有重要作用，应当予以重视。除了本条规定的公司章程应当载明的事项之外，对于原始股东在设立协议或其他股东协议中一致约定须记载于章程中的事项，往往也需要记载于公司章程之中。这是因为，这些事项往往是结合公司设立目的、股东博弈等各类因素得到确定的事项，是股东基于约定而应履行的义务。若约定的事项未按约记载于公司章程中，制定公司章程中持反对记载意见的股东可能需要对其他股东承担违约责任。此外，除本条规定的公司章程的必备事项之外，公司可根据自身的经营规模和经营需求，自主决定需要记载于公司章程的其他事项。

从实践来看，公司章程的设计主要存在两方面的问题：一是不具备针对性，如直接照搬本法原文，没有照顾到公司个性化的商业需求，导致章程被束之高阁，无法发挥其明确治理规则、优化治理结构、细化权责归属、提供争议解决依据等方面的作用；二是不够严谨，如某些条款存在漏洞、条款相互之间存在冲突或者对一些重要事项没有约定，从而影响公司正常运营和决策活动，甚至可能导致公司陷入控制权争夺的混乱局面。

另外，在设计公司章程的时候，还应当注意：第一，公司章程的设计不应违背本法有关规定。例如，有的公司章程的条款限制了股东的查阅权，其本质上是在剥夺或变相剥夺股东权利，这就与本法保护股东合法权利的精神相抵触，因而该条款应被认定为无效。第二，对于法律另有规定的情况，从其规定。例如，针对上市公司，法律规定了其章程需要额外记载的事项，《中华人民共和国证券法》第九十一条第一款规定"上市公司应当在章程中明确分配现金股利的具体安排和决策程序，依法保障股东的资产收益权"。如果上市公司章程没有对该事项进行规定，则可能会被有关监管部门依法责令整改。

【相关规定】

《中华人民共和国公司法》第五条、第九条、第二十一条、第三十条；
《中华人民共和国证券法》第九十一条。

> **第四十七条** **【有限责任公司注册资本】**有限责任公司的注册资本为在公司登记机关登记的全体股东认缴的出资额。全体股东认缴的出资额由股东按照公司章程的规定自公司成立之日起五年内缴足。
>
> 法律、行政法规以及国务院决定对有限责任公司注册资本实缴、注册资本最低限额、股东出资期限另有规定的，从其规定。

【条文主旨】

本条是关于有限责任公司注册资本的规定。

【修改提示】

本条在原法第二十六条规定的基础上作出了修改，本次修订新增了股东认缴出资须自公司成立之日起五年内缴足的强制性要求，同时新增了法律、行政法规以及国务院决定可以对股东出资期限作另行规定的内容。

【条文释义】

一、注册资本制度的调整

本条第一款规定了有限责任公司注册资本制的三点内容：一是必须在公司登记机关进行登记；二是必须有固定的出资额，非货币出资须经过合法评估程序转化为固定的货币数额；三是出资额是全体股东认缴的出资而非实缴的出资，且股东认缴的出资需要股东自公司成立之日起五年内缴足。

2018 年公司法取消了有限责任公司注册资本的最低限额，并放宽了出资期限，体现了我国的注册资本从实缴制到认缴制的转变。实缴制意味着公司在注册时，全体股东必须将认缴数额的现金注入银行验资账户，并取得相应验资证明文件，方可取得登记；而认缴制实质上是将股东缴纳现金的义务替换为向公司承担认缴数额的债务，公司注册不再将验资程序作为必需事项。如此一来，股东可按照约定分期偿还，并且在偿还期内股东享受与认缴额度相适应的权利，避免资金闲置，提升了资本的运营效率。对于公司而言，认缴制由于在公司初设时舍去了烦琐的验资程序，能够有效降低公司的设立成本，并且公司在急需资金时，也可依照本法规定的催缴制度向股东催缴。可以说，认缴制基于股东与公司之间的章程约定，兼顾了公司资本的充实度与股东认缴资本的运用效率，以牺牲一定的资本管制为代价换取商事主体的营业自由。

同时，我们也要认识到，由于缺乏必要的制度约束，过往实践中频频出现"天价认缴"现象，即个别投资者在设立公司过程中认缴数额极高，但缴足出资的期限极长，甚至存在部分投资者利用认缴制恶意逃脱债务的情形。这就导致社会中许多资本充实度不足的公司，利用虚高注册资本的"华丽商事外表"而行欺诈之实，拉低了商事环境的诚信水平。本次修法新规定了股东认缴的最长缴足期限为五年，以及股东认缴出资加速到期的情形，对认缴制进行了必要的限制，旨在缓解认缴制被部分投资者滥用的现象，引导企业真实注资、打击不诚信注资行为，为公司资本充实保驾护航。同时，本次修法确定的五年实缴期限作为缓冲期，也有助于实现社会观念的平稳调整，迎来市场预期的合理转向，避免在短期内对公司正常经营活动造成冲击。

二、注册资本制度的例外情形

本条第二款规定了注册资本制度的例外情形。公司法对有限责任公司注册资本的最低限额没有要求，"一元钱注册公司"也符合法律规定。但是对于证券公司、商业银行、典当行、信托公司、建设工程类公司等特殊行业的公司，如果不为其设置资金准入门槛，将会产生"空壳公司"或"皮包公司"，为该行业带来较大的信用风险，因而相关法律、行政法规以及国务院决定为其设置了最低注册资本或实缴资本的要求。同时，法律、行政法规以及国务院决定也可以在综合考量不同行业实际情况的基础上，为公司设置特殊的股东出资期限。

【适用指南】

股东有五年内缴足出资的义务，依照本法第五十一条之规定，由董事会对未缴足出资的股东进行催缴。按照本条规定，公司设立满五年后，应当认为全体股东的认缴出资已全部转化为实缴出资，即公司在公司登记机关登记的资本就是其实缴资本。在该商事外观下，公司的债权人基于对公司的合理信赖进行交易，若公司的债权人发现仍有股东未缴足全部认缴出资的，则有权请求该股东或公司承担民事赔偿责任。

为避免承担民事赔偿责任，股东和公司应当高度关注股东认缴出资的履行情况，股东应当按期履行缴足出资的法定义务。对于股东而言，若股东认为自己的认缴资本虚高，则可按照本法第二百二十四条规定，主动申请减资并依法履行减资手续。对于公司而言，若公司发现股东自公司成立之日起五年内未缴足出资，则可参照本法第五十二条规定，由公司经董事会决议、向该股东发出失权通知，该股东丧失股权。对于该丧失的股权应当依法转让，或者相应减少注册资本并注销该股权；六个月内未转让或者注销的，由公司其他股东按照其出资比例足额缴纳相应出资。

【相关规定】

《中华人民共和国公司法》第五十一条、第五十二条、第二百二十四条。

> 第四十八条 【股东的出资方式与出资评估】股东可以用货币出资，也可以用实物、知识产权、土地使用权、股权、债权等可以用货币估价并可以依法转让的非货币财产作价出资；但是，法律、行政法规规定不得作为出资的财产除外。
>
> 对作为出资的非货币财产应当评估作价，核实财产，不得高估或者低估作价。法律、行政法规对评估作价有规定的，从其规定。

【条文主旨】

本条是关于股东出资方式、出资财产评估的规定。

【修改提示】

本条在原法第二十七条规定的基础上作出了修改，本次修法新增明确允许股东使用股权或债权进行出资。

【条文释义】

货币出资是股东出资便捷的、通用的形式。随着社会发展及人们认知的不断提升和丰富，为增加资源的利用效率，法律允许股东进行非货币形式的出资。但考虑到非货币财产的价值具有较强的主观性及不确定性，为使其具有公允价值，同时也是为了落实资本维持原则，法律规定非货币的出资必须是能够用货币估价的财产。并且一旦非货币出资出现不可转让的情形，即视为未履行出资义务，不利于公司债务的实现，因而法律同时规定非货币的出资必须是可转让的财产。目前，法律将非货币形式的出资限定于原材料、生产设备、货物等实物，商标权、著作权、专利权等知识产权，以及土地使用权、股权和债权。有些财产是法律、行政法规明确规定不得作为出资的财产，如《中华人民共和国市场主体登记管理条例》第十三条第二款所规定的劳务、信用、自然人姓名、商誉、特许经营权或者设定担保的财产，就不能用于作价出资。

为保护全体股东及债权人的合法权益，防止出现股东使用"注水"资产出资的现象，对于非货币财产的出资，应委托专业的评估机构进行核实并作出合理的估价。另外，法律、行政法规对评估机构、评估程序、评估方法等有特殊安排的，如针对国有资产，则从其规定。

【适用指南】

由非货币财产出资所导致的股东出资不实，是实务中产生出资纠纷的主要事由之一。为避免纠纷，出资者应遵守以下原则：一是优先使用自有货币财产进行出资；二是使用股权、债权、土地使用权等非货币财产出资的，须关注权利的可转让性或可执行性，以及权利定价的合理性，并由专门机构对该部分财产出具价格评估报告。

【相关规定】

《最高人民法院关于适用〈中华人民共和国公司法〉若干问题的规定（三）》第九条、第十条、第十三条、第十六条、第十八条、第二十八条。

案例评析

公司财产视为个人财产进行出资的行为无效①

一、案情简介

甲、乙、丙于 2007 年发起成立有限责任公司，三人出资均为货币实缴出资。2015 年该公司召开股东会，乙、丙将其全部股份转让给甲，甲通过股权受让的方式成为该公司的一人股东。此后，新股东丁、戊、己进入公司，作为加入公司的条件，新股东须认可老股东甲将公司的设备及无形资产折价 300 万元，作为其实缴出资。当时，甲的出资事项经股东会通过，相关内容在当时形成的《股东会决议》中均有记载，在公司章程中也有所标注，并有签字为证。2020 年，有股东以公司名义提起诉讼，请求法院判决甲承担出资不实的责任。

二、本案核心问题

本案核心问题是，将公司财产混同为个人财产进行出资的行为是否有效。

三、法院裁判要旨

法院认为，本案应当援引 2018 年《中华人民共和国公司法》第二十七条和第一百七十八条第一款作为衡量的法律依据。尽管本案中公司章程对甲的出资进行了标注，但无货币出资凭证和非货币出资评估作价凭证。另外，甲虽主张该出资系公司设备、技术、注册证等财产作价后出资，但该主张违背了公司财产独立的原则。作为企业法人的公司，享有独立的法人财产与财产权，这是公司法治的一项基本原则。因此，法院在一审和二审中对甲已实缴 300 万元出资的主张不予支持。

四、评析

在本案中，值得关注的有两个问题。一是规范出资程序的问题。以非货币财产出资的，应当依法进行价值评估，并及时将该部分财产转移到公司名下。二是非货币出资存在权利瑕疵的问题。甲由于股权受让成了公司

---

① 河北省石家庄市中级人民法院（2020）冀 01 民终 6598 号民事判决书，载中国裁判文书网，https://wenshu.court.gov.cn/website/wenshu/181107ANFZ0BXSK4/index.html？docId=8aVj9YFuxeVDMz1E6wTctPnAw46WLG12+GlO+y7H1OCIJdUOyr/kQZO3qNaLMqsJcik1KsEFWhQyBjYgTalW5bS2C8NbEk0iqoPXci/kks5Lr6sfvg5VVb+9KKIqsdIo，最后访问时间：2024 年 1 月 15 日。

中的唯一股东，该公司也在该期间成为一人有限责任公司。将公司财产视为个人财产进行出资，在后续股东加入时构成了对这些股东权益的侵害，是不当增加个人利益的行为，因而属于无效出资。事实上，在实践中一人有限责任公司由于唯一的股东缺乏必要约束，在财务方面往往出现将公司财产和个人财产混同的情况。对此，应进行严格区分公司财产和个人财产，以避免相关法律风险。

> **第四十九条 【股东的出资义务】**股东应当按期足额缴纳公司章程规定的各自所认缴的出资额。
>
> 股东以货币出资的，应当将货币出资足额存入有限责任公司在银行开设的账户；以非货币财产出资的，应当依法办理其财产权的转移手续。
>
> 股东未按期足额缴纳出资的，除应当向公司足额缴纳外，还应当对给公司造成的损失承担赔偿责任。

【条文主旨】

本条是关于股东缴纳出资的义务及其履行方式的规定。

【修改提示】

本条在原法第二十八条规定的基础上作出了修改，主要将未按期足额缴纳出资的股东"向已按期足额缴纳出资的股东承担违约责任"修改为"对给公司造成的损失承担赔偿责任"。

【条文释义】

一、股东负有出资义务

公司章程中记载了股东的出资额、出资方式以及出资期限，按期足额缴纳所认缴的出资额属于股东的法定义务，股东应积极履行义务，否则会构成违约行为。

二、股东出资的方式方法

股东以货币出资的，应当将货币出资足额存入公司银行账户中，而非直接使用现金交付，如此规定的意义在于：一是银行转账记录保存时间久，可以作为出资证明被方便、快捷地调取；二是银行可以对资金来源进行审查，一旦发现资金是通过非法途径获得的，则视为无效出资，此时公司可要求股东补缴相应的出资额。

股东以非货币财产出资的，应当及时将财产权转移到公司名下[①]。以动产进行出资的，应当向公司移交实物；以知识产权进行出资的，应当签订知识产权转让协议、向公司提交相关技术文件和权属证明文件，并经由有关部门办理权属变更登记手续；以土地使用权进行出资的，应当签订土地使用权转让合同，并经由有关部门办理土地使用权转让手续；以债权进行出资的，应当向公司交付债权凭证，履行相应转让程序（如记名债券须依背书方式进行转让），并及时通知债务人债权转让的情况；以股权进行出资的，应当签订股权出资协议，并按照认缴期限及时办理股权过户。

三、股东不履行出资义务的责任

股东未依照公司章程按期履行出资义务，其形式在实践中呈现出多种样态，可能是完全不履行，可能是部分不履行，可能是虚假履行，可能是超期履行等。凡是没有按照公司章程所规定的时间和金额履行出资义务，给公司造成损失的，股东均应承担相应的违约责任：

1. 继续履行出资义务。股东未按期缴纳出资，违反公司章程规定，不能因此免除或者减轻其按照公司章程规定应当履行缴纳出资义务的责任，而应当继续履行足额缴纳公司章程中规定的自己所认缴出资额的义务。

2. 对公司造成的损失承担赔偿责任。未按期缴纳出资的股东作为违约方，因不履行或不完全履行出资义务给公司造成损失的，应当承担相应的损害赔偿责任。这里的损失一般是指实际损失，不包括可预见的利润损失、孳息损失等期待损失。原有规定侧重于维护已缴纳出资的股东的权益，而对于公司遭受的损失则没有明确的强制补偿机制。本次修法明确未按期足额缴纳出资的股东对公司损失的赔偿责任，强化了对公司权益的保护，公司可以通过司法程序请求未按期缴纳出资的股东承担违约损害赔偿责任，以确保公司权益的实现。

---

① 白慧林：《公司法判例与制度研究》，法律出版社 2016 年版，第 124 页。

> **第五十条　【股东未足额出资的责任】** 有限责任公司设立时，股东未按照公司章程规定实际缴纳出资，或者实际出资的非货币财产的实际价额显著低于所认缴的出资额的，设立时的其他股东与该股东在出资不足的范围内承担连带责任。

【条文主旨】

本条是关于公司设立时的股东未履行足额缴纳出资义务时，责任如何承担的规定。

【修改提示】

本条对应原法第三十条，有较大修改。

【条文释义】

鼓励多样的资本形态进入公司是我国公司法修订的趋势。非货币财产实际价额的认定涉及第三方资产评估机构进行价值评估，如果评估额与认缴出资的价额相差较大，影响到公司注册资本的充实性，就可以视为"显著低于"所认缴的出资额。对此，以非货币出资的股东应当补足非货币资产实际价额与对应认缴出资额之间的差额。公司设立时的其他股东知晓公司设立时非货币财产出资的事实情况，应当积极监督，保证公司存续期间资本的充足性。否则，在该股东已无力承担补足差额的责任时，其他公司成立时的股东仍需对该差额部分承担连带责任。值得注意的是，根据《最高人民法院关于适用〈中华人民共和国公司法〉若干问题的规定（三）》第十五条的规定，出资人以合法的非货币财产出资后，因市场原因或其他因素导致其价值出现贬损，一般不构成请求该出资人补足出资的必要理由，但当事人另有约定的除外，如出资人对非货币财产的价值进行了保证等。

【相关规定】

《最高人民法院关于适用〈中华人民共和国公司法〉若干问题的规定（三）》第五条、第十三条、第十六条。

> 第五十一条 【股东出资的核查与催缴】有限责任公司成立后，董事会应当对股东的出资情况进行核查，发现股东未按期足额缴纳公司章程规定的出资的，应当由公司向该股东发出书面催缴书，催缴出资。
>
> 未及时履行前款规定的义务，给公司造成损失的，负有责任的董事应当承担赔偿责任。

【条文主旨】

本条是关于有限责任公司成立后对股东认缴出资进行核查和催缴的规定，以及股东未按期足额缴纳出资的法律后果。

【修改提示】

本条为本次公司法修订的新增条文。第一款规定了董事会对股东出资情况进行核查的义务，以及对未履行或者未全面履行出资义务的股东的催缴义务；第二款规定了董事会未尽催缴义务使得公司遭受损失的情形下，负责任的董事应当承担相应的赔偿责任。

【条文释义】

一、催缴出资的基本内容

在认缴制下，法律赋予股东认缴出资的权利，本质上保护的是股东出资的期限利益。由于掌握着充分的出资自主权，股东可能会不积极缴纳出资。对于公司内部而言，公司与股东属于私人间的契约关系，股东迟延出资的情况下是否要进行催缴，遵循公司自己的商业判断。但对于公司外部而言，股东承诺的出资构成了公司的组成财产，公司的清偿担保也取决于股东出资是否已经到位，如若允许公司自由判断，那么极有可能导致公司通过随意处分对股东的债权，从而损害外部第三人的利益。对此必须对公司自治予以必要的制约，将催缴出资的义务上升为法定义务。催缴出资制度正是落实资本认缴制下设立的配套制度，也是坚持资本维持原则的必要举措。通过对未履行或者未全面履行出资义务的股东进行催缴出资，并在催缴不成的情况下限制或者剥夺股东的权利，能够兼顾公司资本充实与股东权利保护，维系各方利益的平衡。

二、董事会行使催缴职能的正当性

由董事会来行使催缴职能，是本次修法的一大亮点。股东未按期按照章程规定足额缴纳出资，本质上是一种违约行为，它不仅可能导致公司缺乏必要的运营资金，影响公司经营计划、日常开支等管理事务的运行，还可能降低公司债权人等对该公司履约能力的信任，同样也不利于董事会制订公司未来的发展计划、行使决策权。为了改善公司财务状况，制订对公司有利的发展计划，董事会有动力代表公司行使催缴职能。并且，考虑到董事会对内掌管公司事务、对外代表公司的经营决策和业务执行，充分了解出资应缴未缴的情况，可以认为董事会完全具备行使催缴职能的能力。因此，作为公司利益的维护者，董事会具备了催缴出资的职能。[①]

三、董事未尽催缴义务应承担赔偿责任

股东的非货币出资不足给公司带来损失的，应当承担损失赔偿责任。董事是公司制度的执行主体，负有注意义务。所谓注意义务是指董事在处理公司事务过程中，应当尽可能地做到审慎且合理，充分考虑到可能导致公司利益受损的情况。股东全面履行出资是公司正常经营的基础，董事会监督股东履行出资义务，是保障公司正常经营的需要。在股东出资不足或者迟延出资的前提下，董事会成员因怠于行使催告权，任由公司资本的瑕疵不断扩大，容易使公司错过商业机会，抑或是使公司陷入经营困难。因此在本次修法中，董事会应当积极行使催缴出资的法定职能，否则可能会承担赔偿责任。

对于本条第二款，有两个问题值得关注。一是如何确定负有责任的董事。一般而言有两个途径：通过股东会推举，抑或由法院根据事实认定。二是赔偿责任承担金额的认定应当以公司的实际损失（而非预期损失）为标准。另外，在负责任的董事承担赔偿责任后，其催缴义务并不当然归于消灭。股东足额缴纳出资，或者是公司向未履行出资义务的股东发出失权通知，方构成催缴义务消灭的法定事由。

【相关规定】

《最高人民法院关于适用〈中华人民共和国公司法〉若干问题的规定（三）》第十三条。

[①]　王瑜：《董事勤勉义务在公司催缴出资中的适用》，载《社会科学家》2020 年第 9 期。

案例评析

股东出资期限到期后，董事承担积极催告股东缴纳出资的勤勉义务，未尽该勤勉义务的董事将承担连带补缴出资责任①

一、案情简介

本案原告甲公司，是乙公司出资设立的外国法人独资有限公司。2005年1月5日，股东乙公司签署甲公司章程，认缴注册资本额为1600万美元。甲公司成立后，先后由胡某、薄某、史某、贺某、王某、李某担任该公司董事。甲公司章程规定："公司成立后90天内股东应缴付出资300万美元，第一次出资后一年内应缴付出资1300万美元；公司成立之日即为董事会生效日，董事会由六名成员组成，均为股东公司的董事，以反映股东董事会的意愿；董事会是公司最高权力机关，拥有法律赋予的最终决定权，并承担对公司决定有关经营管理和事务之总休政策的责任；董事会拥有和行使所有属于公司或与公司有关的事项的最后决定权，并且决定所有与公司有关的重大事项；每次董事会的法定出席人数不得少于5人，法定出席人数不足的董事会议通过的决议无效。"股东乙公司于2005年3月16日至2005年11月3日分多次出资后，仍欠缴出资5000020美元。2011年8月31日，一审法院作出（2010）深中法民四初字第54号民事裁定书，裁定追加乙公司为被执行人，在5000020美元范围内对甲公司债权人丙公司承担清偿责任。经强制执行，甲公司股东乙公司仍欠缴出资4912376.06美元。因乙公司没有其他可供执行的财产，一审法院于2012年3月21日裁定终结该次执行程序，此后甲公司被债权人丙公司申请破产清算。甲公司在《关于（2015）深中法初字第8号案件诉讼请求的说明》中明确，甲公司所遭受的损失金额即为甲公司股东所欠缴的出资4912376.06美元，诉讼请求第一项修改为：胡某等六名董事对甲公司股东欠缴出资所造成甲公司的损失4912376.06美元承担连带责任。

---

① 最高人民法院（2018）最高法民再366号民事判决书，载中国裁判文书网，https://wenshu. court. gov. cn/website/wenshu/181107ANFZ0BXSK4/index. html？docId=Rjlsv3zRAPCK+P18jzpOLJNsvyN3BEV+G2esSg58fO4BL04meWP2YpO3qNaLMqsJcik1KsEFWhQyBjYgTalW5bS2C8NbEk0iqoPXci/kks6xvzPHKWhRohVxw+5z0svU，最后访问时间：2024年1月15日。

二、本案核心问题

追缴股东出资是否属于董事勤勉义务的范围。

三、法院裁判要旨

本案的争议在于胡某等六名董事是否应当对甲公司股东乙公司欠缴出资所造成的损失承担连带赔偿责任。一审法院认为，董事会未作出追缴股东欠缴出资的决定，与股东欠缴出资并无必然联系，也即胡某等六名董事消极未履行追缴股东应缴出资的勤勉义务，并不是股东欠缴出资的必然原因。二审法院同样认为，当股东未全面履行出资义务与董事以消极不作为的方式未尽忠实勤勉义务不具有直接因果关系时，要求董事承担责任缺乏事实和法律依据。再审法院则认为，尽管2018年的公司法没有列举董事勤勉义务的具体情形，但是董事负有向未履行或未全面履行出资义务的股东催缴出资的义务，这是由董事的职能定位和公司资本的重要作用决定的。根据董事会的职能定位，董事会负责公司业务经营和事务管理，董事会由董事组成，董事是公司的业务执行者和事务管理者。股东全面履行出资是公司正常经营的基础，董事监督股东履行出资是保障公司正常经营的需要。一审法院于2012年3月21日裁定终结执行程序后，甲公司被债权人丙公司申请破产清算，可见股东乙公司未缴清出资的行为实际损害了甲公司的利益，胡某等六名董事消极不作为放任了实际损害的持续。因而胡某等六名董事未履行向股东催缴出资义务的行为与甲公司所受损失之间存在法律上的因果关系。

四、评析

本案将董事的勤勉义务应用到公司催缴出资过程中，追究董事未尽催缴义务的责任，一定程度上推动了董事、监事和高级管理人员催缴出资的义务成为法定义务。本法本次修订之前，《最高人民法院关于适用〈中华人民共和国公司法〉若干问题的规定（三）》第十三条第四款仅规定董事和高级管理人员对增资股东负有积极催缴出资义务，而不问初始股东的积极催缴出资义务，因而一审二审法院判决均认为董事不应承担法律责任。本次修法是对"在其位而谋其政"这一理念的恪守，董事的勤勉义务则充分体现了董事这一职位的内在要求，即董事应充分运用自己的知识和经验，为公司创造利润、为股东创造价值，这进一步要求董事需要时刻勤勉尽责，督促初始股东出资同样是董事履职的表现。董事只要积极采取客观可行的催缴行为，无论结果上成功与否，都应认定履行了勤勉义务①。未尽催缴出资义务的董事应承担连带补缴出资责任，董事在承担责任后可向未履行出资义务的股东追偿。

> 第五十二条 【股东出资宽限期与失权】股东未按照公司章程规定的出资日期缴纳出资，公司依照前条第一款规定发出书面催缴书催缴出资的，可以载明缴纳出资的宽限期；宽限期自公司发出催缴书之日起，不得少于六十日。宽限期届满，股东仍未履行出资义务的，公司经董事会决议可以向该股东发出失权通知，通知应当以书面形式发出。自通知发出之日起，该股东丧失其未缴纳出资的股权。
>
> 依照前款规定丧失的股权应当依法转让，或者相应减少注册资本并注销该股权；六个月内未转让或者注销的，由公司其他股东按照其出资比例足额缴纳相应出资。
>
> 股东对失权有异议的，应当自接到失权通知之日起三十日内，向人民法院提起诉讼。

【条文主旨】

本条是关于催缴出资过程中设定缴纳出资的宽限期，以及未足额缴纳出资的股东丧失股权及其后续处置的规定。

【修改提示】

本条为本次公司法修订的新增条文。第一款规定了公司可以向逾期未缴出资的股东发出催缴通知和失权通知的相关程序，第二款规定了股东丧失股权后，公司可以将该股权转让或注销，在规定期限内未转让或注销的，由公司其他股东按比例足额缴纳出资，第三款规定了失权股东的救济途径。

---

① 董淳锷：《股东诚信出资的法律保障机制研究——以公司资本制度改革为背景》，载《中山大学学报（社会科学版）》2015 年第 3 期。

【条文释义】

催缴出资本质上属于一种程序法意义上的缓冲机制，它是在限制甚至剥夺股东实体权利之前的一种必要的程序性安排。股东催缴出资类似于民法体系中债的催告制度，当债务人迟延履行债务时，从程序上看，债权人应当及时催告债务人，并在催告中给予债务人合理的履行期限。同理，当股东尚未履行出资义务的时候，不宜直接限制股东权利，而是需要为其设立一个宽限期，给予股东必要的时间进行资金调度或作出相应安排。

在向股东发出的书面催缴书中，一般包括以下内容：一是股东欠缴出资款项的本金及其利息；二是股东可以采取的支付方式；三是股东享有的支付期限，不得少于六十日；四是股东逾期未缴的法律后果。书面催缴书一般通过邮寄的方式送达到股东的最新通信地址，通信地址有误或不明的，则应采取公告送达的方式。公司经董事会决议，可以以书面形式向未按期足额缴纳出资的股东发出失权通知。

丧失的股权本质上属于公司虚增的财产。为维护公司资本充实，防止公司在资本不实的情况下侵害第三人的信赖利益，应对丧失股权及时作出处置。本条第二款规定，股东由于未按期足额缴纳出资而丧失的股权，应采用转让或注销的方式进行处置。而对于丧失的股权在六个月内既不转让也不注销的，则由公司其他股东按照出资比例进行补足。

本条第三款为失权股东提供了救济途径，失权股东不服公司失权决议的，可以向人民法院提起诉讼。

【相关规定】

《最高人民法院关于适用〈中华人民共和国公司法〉若干问题的规定（三）》第十三条、第十四条、第十六条、第十七条；

《中华人民共和国刑法》第一百五十九条。

> **第五十三条 【股东抽逃出资的责任】** 公司成立后，股东不得抽逃出资。
>
> 违反前款规定的，股东应当返还抽逃的出资；给公司造成损失的，负有责任的董事、监事、高级管理人员应当与该股东承担连带赔偿责任。

【条文主旨】

本条是关于公司成立后股东抽逃出资及有关责任承担的规定。

【修改提示】

本条在原法第三十五条规定的基础上作出了修改，本次修法新增了第二款，规定了股东抽逃出资的法律责任，同时也规定了董事、监事、高级管理人员对前款行为未采取必要措施的连带赔偿责任。

【条文释义】

一、抽逃出资的概念与认定标准

抽逃出资是指股东在完成出资之后，擅自将出资撤回的行为。抽逃出资构成对公司资本维持原则的破坏。所谓资本维持原则，是指公司在存续过程当中应当维持与公司资本总额相当的财产。① 公司成立后，股东缴纳的出资不再属于个人财产，而是转化成为公司财产。股东若选择收回自己的出资，应当采取本法第四章规定的转让和收购的方式，而不能自行将公司财产取回。

由于公司业务往来的有关记录、财务报表等关键证据通常都保存在公司内部，因而股东抽逃出资的行为往往不易被察觉，一直以来是司法实务当中的难点。《最高人民法院关于适用〈中华人民共和国公司法〉若干问题的规定（三）》第十二条规定了抽逃出资的认定标准——"公司成立后，公司、股东或者公司债权人以相关股东的行为符合下列情形之一且损害公司权益为由，请求认定该股东抽逃出资的，人民法院应予支持：（一）制作虚假财务会计报表虚增利润进行分配；（二）通过虚构债权债务关系将其出资转出；（三）利用关联交易将出资转出；（四）其他未经法定程序将出资抽回的行为"。

二、股东抽逃出资的责任

公司章程记载了股东身份及出资信息，股东签订公司章程表明股东与公司之间达成意思一致，章程对股东具备约束力。如前所述，股东抽逃出资的行为直接损害了公司的财产权，构成了对公司章程约定履行出资义务的违反。对此，股东应当首先承担违约责任，及时返还抽逃的出资并追加

---

① 柯芳枝：《公司法论》，中国政法大学出版社 2004 年版，第 127 页。

相应利息，公司也有权主张该股东返还出资，该请求不受诉讼时效限制；其次，如若股东抽逃出资的行为进一步影响了公司的经营或偿债能力，给公司带来损失或进一步扩大公司损失的，该股东应当对此承担损害赔偿责任。另外，在公司成立后，若公司发起人、股东存在抽逃出资的情况，该发起人或股东还可能会承担刑事责任。《最高人民检察院、公安部关于公安机关管辖的刑事案件立案追诉标准的规定（二）》① 第四条规定了对股东未交付货币、实物或者未转移财产权、虚假出资，或者在公司成立后抽逃出资等违法行为进行立案追诉的具体标准。

三、董监高不作为的法律责任

《最高人民法院关于适用〈中华人民共和国公司法〉若干问题的规定（三）》第十四条第二款规定："公司债权人请求抽逃出资的股东在抽逃出资本息范围内对公司债务不能清偿的部分承担补充赔偿责任、协助抽逃出资的其他股东、董事、高级管理人员或者实际控制人对此承担连带责任的，人民法院应予支持……"可见，股东存在抽逃出资行为并对公司造成损失时，人民法院应支持董事、监事、高级管理人员等对股东出资负有监督义务的主体承担连带赔偿责任。

【相关规定】

《中华人民共和国公司法》第二百五十三条；

《最高人民法院关于适用〈中华人民共和国公司法〉若干问题的规定（三）》第十二条、第十四条；

《中华人民共和国刑法》第一百五十九条；

《最高人民检察院、公安部关于公安机关管辖的刑事案件立案追诉标准的规定（二）》第四条。

> **第五十四条　【股东出资加速到期】**公司不能清偿到期债务的，公司或者已到期债权的债权人有权要求已认缴出资但未届出资期限的股东提前缴纳出资。

---

① 《最高人民检察院、公安部关于公安机关管辖的刑事案件立案追诉标准的规定（二）》，载最高人民检察院网站，https://www.spp.gov.cn/spp/xwfbh/wsfbt/202204/t20220429_555906.shtml#2，最后访问时间：2024 年 1 月 9 日。

【条文主旨】

本条是关于股东出资义务加速到期情形的规定。

【修改提示】

本条为本次公司法修订的新增条文。规定了公司在不能清偿到期债务的情形下，公司或已到期债权的债权人要求未届出资期限的股东提前缴纳出资的权利。

【条文释义】

股东出资义务加速到期，是指在特定的情形下，股东应当早于公司章程所记载的股东出资期限履行认缴的出资。自我国将资本实缴制变更为资本认缴制以来，股东滥用资本认缴制的情形时有发生，如股东设定过高的认缴资本、设置过长的认缴出资的期限，甚至在认缴出资的期限到期之后选择再度延长，从而极大地增加了股东履行出资义务的不确定性。本法在本次修订之前，依据企业破产法第三十五条和《最高人民法院关于适用〈中华人民共和国公司法〉若干问题的规定（二）》第二十二条第一款，我国股东出资义务加速到期制度仅在公司进入破产程序时方可适用，然而，申请公司破产的过程存在周期长、投入大、回报小的问题，往往不符合经济效益，难以形成对资本认缴制的有效制约。随着司法实践中相关争议越来越多，《全国法院民商事审判工作会议纪要》第六条对股东出资应否加速到期的问题予以解答："在注册资本认缴制下，股东依法享有期限利益。债权人以公司不能清偿到期债务为由，请求未届出资期限的股东在未出资范围内对公司不能清偿的债务承担补充赔偿责任的，人民法院不予支持。但是，下列情形除外：（1）公司作为被执行人的案件，人民法院穷尽执行措施无财产可供执行，已具备破产原因，但不申请破产的；（2）在公司债务产生后，公司股东（大）会决议或以其他方式延长股东出资期限的。"可见，在司法实践中股东出资的期限利益已受到制约。本次修法通过直接设置非破产情形下的股东出资义务加速到期制度，明确了公司和已到期债权的债权人作为催缴主体，在弥补了实缴期限过长致使公司偿债能力不足的缺陷的同时，也更符合经济效益，诉请股东出资义务加速到期也会节约司法成本，从而更好地维护资本维持原则、保护债权人利益以及维护市场经济秩序。

> **第五十五条　【有限责任公司的出资证明书】**有限责任
> 公司成立后，应当向股东签发出资证明书，记载下列事项：
> 　　（一）公司名称；
> 　　（二）公司成立日期；
> 　　（三）公司注册资本；
> 　　（四）股东的姓名或者名称、认缴和实缴的出资额、出资
> 方式和出资日期；
> 　　（五）出资证明书的编号和核发日期。
> 　　出资证明书由法定代表人签名，并由公司盖章。

【条文主旨】

本条是关于有限责任公司向股东签发出资证明书的规定。

【修改提示】

本条在原法第三十一条规定的基础上作出了修改，本次修法变动主要
有两处：一是出资证明书记载事项在原法第三十一条第二款第四项的基础
上，将缴纳的出资额明确为"认缴和实缴的出资额"，并新增"出资方
式"；二是在第三款原有规定"出资证明书由公司盖章"的基础上，新增
了"法定代表人签名"。

【条文释义】

出资证明书是能够证明股东按照公司章程记载履行出资义务的文件，
它能够表明有限责任公司股东的地位或权益，属于要式证券和有价证券。
在有限责任公司成立后，公司应当按照法律规定的记载内容，向股东签发
出资证明书。

出资证明书的内容由法律明确规定，具体包括以下事项：一是公司名
称。载明公司名称，能够明确出资证明书的签发主体；二是公司成立日
期。公司营业执照签发日期即为公司的成立日期，自公司成立之日起，签
发的出资证明书开始具有法律效力；三是公司注册资本，能够确定股东出
资在总注册资本中的比例；四是股东的姓名或者名称、认缴和实缴的出资
额、出资方式和出资日期，能够确定出资权利义务的归属和大小；五是出

资证明书的编号和核发日期。其中，载明编号是为了使出资证明书具有唯一性，便于保管、核对，而载明核发日期则是为了确定股东享有股东权利的起始时间。

出资证明书由法定代表人签名，并盖公司公章，是其符合法律形式要件并具备法律效力的必要前提，本次修法新增了"法定代表人签名"，提高了严谨度与公信力。

【适用指南】

实践中，出于多种原因，出资人可能不会直接参与公司的经营管理，而是委托他人代为行使股东的有关权利。因而在有限责任公司当中，可能会出现股东权利的实际享有人同出资证明书的记载存在不一致的情况。其中，出资证明书记载的股东被称为显名股东，其背后实际享有股东权利的人被称为隐名股东，二者往往签署有股权代持协议，成立股权代持的法律关系。

关于股权代持协议的效力。根据《最高人民法院关于适用〈中华人民共和国公司法〉若干问题的规定（三）》第二十四条规定，有限责任公司的实际出资人与名义出资人订立合同，约定由实际出资人出资并享有投资权益，以名义出资人为名义股东，实际出资人与名义股东对该合同效力发生争议的，如无法律规定的无效情形，人民法院应当认定该合同有效。

关于股权代持的风险，可分别从显名股东和隐名股东的角度看待。从显名股东来看，显名股东须承担未履行出资的补充赔偿责任。根据《最高人民法院关于适用〈中华人民共和国公司法〉若干问题的规定（三）》第二十六条第一款规定，公司债权人以登记于公司登记机关的股东未履行出资义务为由，请求其对公司债务不能清偿的部分在未出资本息范围内承担补充赔偿责任，股东以其仅为名义股东而非实际出资人为由进行抗辩的，人民法院不予支持。显名股东在承担赔偿责任后，可依照股权代持协议的有关约定向隐名股东追偿。

从隐名股东来看，隐名股东须承担显名股东处分股权的法律后果，符合善意取得规定的，处分行为有效。根据《最高人民法院关于适用〈中华人民共和国公司法〉若干问题的规定（三）》第二十五条规定，名义股东将登记于其名下的股权转让、质押或者以其他方式处分，实际出资人以其对于股权享有实际权利为由，请求认定处分股权行为无效的，人民法院可以参照民法典第三百一十一条的规定处理。实践中，隐名股东往往难以控制显名股东质押股份乃至转让股份的行为，并且当显名股东存在个人债务无力清偿的时候，债权人也可请求法院判决变卖显名股东的股份用于清偿债务。对此，隐名股东只得请求显名股东承担股权代持协议的违约责任。

另外，在实践中也出现了冒用他人名义进行出资的现象，对此，《最高人民法院关于适用〈中华人民共和国公司法〉若干问题的规定（三）》第二十八条规定，冒用他人名义出资并将该他人作为股东在公司登记机关登记的，冒名登记行为人应当承担相应责任；公司、其他股东或者公司债权人以未履行出资义务为由，请求被冒名登记为股东的承担补足出资责任或者对公司债务不能清偿部分的赔偿责任的，人民法院不予支持。

> **第五十六条　【股东名册】** 有限责任公司应当置备股东名册，记载下列事项：
> （一）股东的姓名或者名称及住所；
> （二）股东认缴和实缴的出资额、出资方式和出资日期；
> （三）出资证明书编号；
> （四）取得和丧失股东资格的日期。
> 记载于股东名册的股东，可以依股东名册主张行使股东权利。

【条文主旨】

本条是关于有限责任公司置备股东名册的规定。

【修改提示】

本条在原法第三十二条规定的基础上作出了修改，本次修法有两处变动：一是在原法条第三十二条第一款第二项"股东的出资额"的基础上，细化为"认缴和实缴的出资额"，并新增了"出资方式"和"出资日期"；二是在第一款新增第四项"取得和丧失股东资格的日期"。

【条文释义】

股东名册是公司记载股东基本信息及其股权状况的文件。对公司而言，股东名册是公司对股东发出通知、确认股东以及确认出资转让效力的依据；对股东而言，股东名册是其参与股东会、参与利润分配等行使股东基本权利的依据；对外部者而言，股东名册是公司登记机关、公司主管机关、公司债权人以及投资者了解公司人事状况的"窗口"，并依此决定是否对公司进行投资、交易或者采取监管措施。鉴于股东名册的重要作用，置备股东名册是有限责任公司的法定义务，股东名册的记载事项也同样由法律规定，具体包括以下四项：

一是股东的姓名或者名称及住所。股东为自然人的，应当记载其身份证或户口簿上的姓名和住址；股东为法人的，应当记载其营业执照上的名称和地址。

二是股东的认缴和实缴的出资额、出资方式和出资日期。股东名册应当载明认缴和实缴的出资额、出资方式和出资日期，有助于董事对未按期足额缴纳出资的股东进行督促和催缴。

三是出资证明书编号。股东名册应当记载公司成立后签发给股东的出资证明书编号。

四是取得和丧失股东资格的时间。取得和丧失股东资格的时间应当优先以公司章程的记载为准。

由于股东名册随时可能更新，因而不必签名或盖章，一般陈列于公司，供相关人员查询。

【相关规定】

《中华人民共和国公司法》第八十六条、第八十七条。

第五十七条 【股东的查阅、复制权】 股东有权查阅、复制公司章程、股东名册、股东会会议记录、董事会会议决议、监事会会议决议和财务会计报告。

股东可以要求查阅公司会计账簿、会计凭证。股东要求查阅公司会计账簿、会计凭证的，应当向公司提出书面请求，说明目的。公司有合理根据认为股东查阅会计账簿、会计凭证有不正当目的，可能损害公司合法利益的，可以拒绝提供查阅，并应当自股东提出书面请求之日起十五日内书面答复股东并说明理由。公司拒绝提供查阅的，股东可以向人民法院提起诉讼。

　　股东查阅前款规定的材料，可以委托会计师事务所、律师事务所等中介机构进行。

　　股东及其委托的会计师事务所、律师事务所等中介机构查阅、复制有关材料，应当遵守有关保护国家秘密、商业秘密、个人隐私、个人信息等法律、行政法规的规定。

　　股东要求查阅、复制公司全资子公司相关材料的，适用前四款的规定。

【条文主旨】

本条是关于股东查阅所在公司有关材料的权利的规定。

【修改提示】

本条在原法第三十三条规定的基础上作出了修改，主要有以下变动：一是将股东名册新纳入到股东查阅、复制权的行使对象；二是允许股东向公司提出查阅会计凭证的要求；三是在公司拒绝提供查阅的情况下，将原"股东可以请求人民法院要求公司提供查阅"的规定改为"股东可以向人民法院提起诉讼"；四是新增第三款，规定了股东行使查阅权可以委托中介机构的权利；五是新增第四款，规定了股东及其委托的中介机构查阅、复制有关材料时，应遵守国家秘密、商业秘密、个人隐私、个人信息等法律、行政法规规定的义务；六是新增第五款，规定了股东在查阅、复制公司全资子公司相关材料时，适用前四款规定。

【条文释义】

一、股东查阅、复制权的基本内容

股东是公司的真实所有者，依法享有对公司的各项权利。其中，股东知情权是指股东了解公司有关信息的权利，其目的在于减轻股东与管理者之间的信息不对称，使股东更好地了解公司情况，同时也是股东行使其他权利的重要依据和保障。股东查阅和复制有关材料的权利是股东知情权的重要组成部分，具体包括以下内容：

一是查阅、复制公司章程的权利。公司章程规定了一个公司组织与活动的基本准则，是规范公司活动的"宪法"，章程的生效需要全体股东认可并签名。公司章程一般置备于公司内，股东可向公司有关负责人提出查阅、复制公司章程的请求。

二是查阅、复制股东名册的权利。股东名册记载了全体股东的身份信息和出资信息，赋予股东查阅、复制股东名册的权利，不仅能够充分了解股东变动的最新情况，也能方便股东行使征集委托表决权、联合其他股东发起派生诉讼等其他股东权利。股东名册一般置备于公司内，供股东查阅、复制。

三是查阅、复制股东会会议记录的权利。股东会会议记录是指股东会按照本法第六十四条第二款的规定，将会议中股东的出席情况、讨论情况以及表决情况等内容记载下来所形成的文字记录。股东会会议记录是证明股东会依照法律和公司章程行使职权的文件，同时也是公司经营管理活动的重要依据。为便利股东回顾会议情况，本法赋予股东向公司请求查阅、复制股东会会议记录的权利。

四是查阅、复制董事会会议决议的权利。董事会由股东会选举产生的董事组成，对股东会负责，掌管公司的决策制订及业务执行。董事会应按照本法第七十三条第四款的规定举行会议并形成记录。赋予股东向公司请求查阅、复制董事会会议记录的权利，有助于股东了解公司的日常经营情况及未来发展导向。

五是查阅、复制监事会会议决议的权利。监事会是公司的监督机构，由股东代表和职工代表所任的监事组成，直接对股东会负责。按照本法第八十一条的规定，监事会每年度应至少召开一次会议，并且应对所议事项的决定作成会议记录。赋予股东向公司请求查阅、复制监事会会议记录的权利，有助于股东了解公司监督工作的具体情况。

六是查阅、复制财务会计报告的权利。根据本法第二百零八条的规定，公司应当在每一会计年度终了时编制财务会计报告。财务会计报告是对公司经营管理活动的综合反映，体现了公司的财务关系与经营成果。赋予股东向公司请求查阅、复制财务会计报告的权利，有助于股东更好地了解公司的经济与财务状况。

股东在行使上述查阅、复制权时，公司不得拒绝，否则股东可以知情权受侵害为由，向人民法院提起诉讼。

二、股东可申请查阅会计账簿与会计凭证

会计账簿是能够反映公司在日常经营活动中的资金、财产使用情况以及公司收支情况的档案。会计凭证则是记录经济业务完成情况的单据，也是制作会计凭证的依据。从某种程度上看，会计凭证相对于会计账簿更能够反映公司真实的经营状况。为使股东了解公司的真实经营情况，本条第二款赋予了股东请求公司查阅会计账簿与会计凭证的权利。但不同于本条第一款规定的是，股东必须向公司提出书面请求并说明目的，公司认为股东目的不正当、可能损害公司利益的，可以拒绝提供查阅并说明理由，股东申请查阅、复制有关资料被拒绝的，可向人民法院提起诉讼。另外股东也无权请求复制会计账簿与会计凭证。按照《最高人民法院关于适用〈中华人民共和国公司法〉若干问题的规定（四）》第八条的规定，人民法院认定"不正当目的"主要包括下列情形：（1）股东自营或者为他人经营与公司主营业务有实质性竞争关系业务的，但公司章程另有规定或者全体股东另有约定的除外；（2）股东为了向他人通报有关信息查阅公司会计账簿，可能损害公司合法利益的；（3）股东在向公司提出查阅请求之日前的三年内，曾通过查阅公司会计账簿，向他人通报有关信息损害公司合法利益的；（4）股东有不正当目的的其他情形。

三、股东可委托中介机构代为行使查阅、复制权

股东自己行使查阅、复制权，可能因为事务繁忙而无法亲力亲为，也可能因为查阅内容专业性太强而力有不逮。有鉴于此，本法规定股东可委托会计师事务所、律师事务所等依据执业行为规范并且负有保密义务的中介机构代为行使该项权利。

四、股东和中介机构应遵守保密义务

股东在行使知情权的过程中，可能会泄露公司有关信息，包括国家秘密、公司商业秘密、股东信息等。对此，法律要求股东和中介机构应当履行保密义务，对于上述信息泄露导致公司与其他股东合法权益受到损害的，应承担相应的损失赔偿责任。

五、股东有权要求查阅、复制公司全资子公司的材料

公司的全资子公司是公司的附属实体，其经营状况和财务状况同样对公司具有举足轻重的影响。本次修法通过赋予股东查阅、复制公司全资子公司有关资料的权利，合理扩大股东知情权的范围，有助于增强股东的监督能力，从而更好地维护股东的合法权益。

【相关规定】

《最高人民法院关于适用〈中华人民共和国公司法〉若干问题的规定（四）》第七条、第八条、第九条、第十条、第十一条、第十二条。

第二节 组 织 机 构

> **第五十八条 【股东会的组成与地位】**有限责任公司股东会由全体股东组成。股东会是公司的权力机构，依照本法行使职权。

【条文主旨】

本条是关于有限责任公司股东会组成与地位的规定。

【修改提示】

本条对应原法第三十六条的规定，本次修订内容未作变动。

【条文释义】

一、有限责任公司股东会的组成

股东会由全体股东组成。参与股东会会议是股东的法定权利，体现了股东作为投资人平等参与公司治理、知悉和决策公司重大事项的权益。股东会会议是股东会履行职权的表现形式，全体股东应亲自到场参加会议。股东因特殊原因不能出席股东会会议的，按照本法第一百一十八条规定，可以委托他人出席并代为行使股东权利，但应当提交股东授权委托书，并在授权范围内行使表决权。

二、有限责任公司股东会的地位

股东会是有限责任公司内部由全体股东组成、代表全体股东意志、按照法律和公司章程的规定决策公司的重大事项的机构。股东会作为权力机构，主要负责公司报告、计划、方案等重大事项的审批和决定，区别于执行机构（负责执行公司的具体业务），也区别于监督机构和咨询机构。股东会依照本法第六十三条的规定召开会议，而一般不设置常驻的办事机构和办公人员，这既是股东会在公司内的最高权力地位所决定的，同时也是现代公司制度所有权与经营权相分离的基本原理所决定的。股东会的权力须严格限制于法律和公司章程的规定，不能无限扩张，否则将影响到公司经营权的行使，打破权利的平衡状态，不利于公司长远发展。

> **第五十九条** 　【股东会的职权】股东会行使下列职权：
>
> （一）选举和更换董事、监事，决定有关董事、监事的报酬事项；
>
> （二）审议批准董事会的报告；
>
> （三）审议批准监事会的报告；
>
> （四）审议批准公司的利润分配方案和弥补亏损方案；
>
> （五）对公司增加或者减少注册资本作出决议；
>
> （六）对发行公司债券作出决议；
>
> （七）对公司合并、分立、解散、清算或者变更公司形式作出决议；
>
> （八）修改公司章程；
>
> （九）公司章程规定的其他职权。
>
> 股东会可以授权董事会对发行公司债券作出决议。
>
> 对本条第一款所列事项股东以书面形式一致表示同意的，可以不召开股东会会议，直接作出决定，并由全体股东在决定文件上签名或者盖章。

【条文主旨】

本条是关于股东会行使职权、授权事项以及行使职权简易程序的规定。

【修改提示】

本条在原法第三十七条规定的基础上作出了修改，主要有五点变动：一是删除了原第一款第一项"决定公司的经营方针和投资计划"和第五项"审议批准公司的年度财务预算方案、决算方案"；二是将原第四项"审议批准监事会或者监事的报告"修改为现第三项"审议批准监事会的报告"；三是新增第二款"股东会可以授权董事会对发行公司债券作出决议"；四是将不召开股东会会议、直接作出决定的简易程序适用范围限缩在本条第一款第一项"选举和更换董事、监事，决定有关董事、监事的报酬事项"；五是在原第二款"全体股东在决定文件上签名、盖章"的基础上修改为"全体股东在决定文件上签名或者盖章"。

【条文释义】

一、股东会行使的职权

股东会是有限责任公司的最高权力机构，其基本职权由法律规定，不得变更或让渡权力给其他机构，这种由法律进行职权分配的模式被称作职权法定主义或职权专属主义。其他机构擅自行使股东会的职权，给公司造成损失的，应当承担相应的法律责任。具体而言，本条第一款规定的股东会职权可以归纳为以下五个方面：

一是董事、监事任免权，对应第一项的内容。股东会代表公司全体股东的意志，由股东会行使该项权力，是本法第四条规定的公司股东对公司依法享有"选择管理者"的权利的具体体现。股东会有权选任公司非职工代表担任的董事和监事，也可以罢免不合格的董事和监事。董事和监事由股东会选举产生，受公司股东会委任，负责履行本法和公司章程规定的职权，并对股东会负责。董事和监事的报酬事项同样由股东会一并决定。

二是重大事项审批权，对应第二项、第三项、第四项的内容。董事会的报告、公司年度财务预算和决算方案、利润分配方案和弥补亏损方案属于董事会履职所形成的重要文件，这些文件是否要批准通过，同全体股东权益有着密切联系。为防止董事会滥用职权，以及保证公司按股东预期方向发展，作为最终决定主体的股东会应当慎重行使审批权。监事会的报告则反映了监事会的活动情况，包括监督检查公司财务会计活动、董事会以及高级管理人员履职情况等活动所形成的意见，股东会也应当对监事会的报告行使审批权。

三是重大事项决议权，对应第五项、第六项、第七项的内容。公司增加或减少注册资本、发行公司债券以及公司合并、分立、解散、清算或变更公司形式属于公司的重大事项，应当由股东会进行决议。其中，公司增加或减少注册资本涉及公司扩大或者缩小经营规模；发行公司债券是公司进行融资的方式之一，用于缓解资金紧张或扩大经营规模，但会导致公司债务增加，滥发公司债券的行为将有损股东利益；公司合并是指两个及以上的公司不经清算程序合并为一个公司，一个公司可以合并其他公司，其自身也可以成为被合并的对象；公司分立是指一个公司不经清算程序分立为两个及以上的公司；公司解散是指公司因符合法律原因或公司章程规定的事由出现而停止对外经营活动，并开启公司清算程序；公司清算则是指公司解散后成立清算组，依法终结公司作为当事人的各种法律关系，清算完成后公司的法人人格归于消灭；变更公司形式是指公司由有限责任公司变更为股份有限公司，或者由股份有限公司变更为有限责任公司。

四是公司章程修改权，对应第八项的内容。公司章程作为规范公司行为的"宪法"，涉及较多关于权力与利益分配的内容，这些内容在公司的发展过程中，可能不再符合公司经营管理的需要，抑或是可能违反法律规定，对此应当及时修改。修改公司章程是公司的重大事项，应当经过股东会讨论通过。

五是公司章程规定的其他职权，对应第九项的内容。除上述法定职权之外，法律允许公司章程对股东会的其他职权予以规定，这些职权的行使同样受到法律保护，如公司重大交易和关联交易的审批权。值得注意的是，股东会的其他职权不得与法定职权相抵触，也不得违反有关法律、法规的强制性规定。

二、股东会可授权董事会对发行公司债券作出决议

股东会的授权行为引发股东会与董事会之间权利义务的变动。本次修订前公司法没有规定股东会授权董事会的相关内容，体现了我国公司治理股东会中心主义的倾向。采取股东会中心的治理模式是因为股东作为公司的出资人和所有者，承担着公司运营的最终风险。可以说，没有人比股东自身对自己利益能够作出更好的判断。因此，作为体现全体股东意志的股东会，更适合成为公司内部进行重大决策时的权利行使主体。相较之下，董事会的角色则定位于战略管理，是股东会决议下被动的执行者。

本次修法允许股东会授权董事会对发行公司债券作出决议，实质上是对股东会中心治理模式的突破，实现了董事会角色从消极到积极的转变。其优势在于：一是能够更好调动董事会的积极性，发挥董事商业判断的专业能力，克服股东会决策的局限性；二是增加发行公司债的决策效率，避免股东会更长的决策程序延误发行公司债的时机。

其实，《上市公司治理准则》① 第十四条"上市公司应当在公司章程中规定股东大会对董事会的授权原则，授权内容应当明确具体。股东大会不得将法定由股东大会行使的职权授予董事会行使"已经出现了股东会可以通过公司章程授权董事会的规定。尽管该文件效力层级较低，但这一规定并不违反作为其上位法的 2018 年公司法规定，因为 2018 年公司法第四十六条第十一项已经允许董事会按照公司章程的规定履行相应职权。当然，本次修法允许股东会授权董事会发行公司债券，也不意味着股东会能

---

① 《上市公司治理准则》，载中国证券监督管理委员会网站，http：//www.csrc.gov.cn/csrc_ en/c102034/c1372459/1372459/files/P020190415336431477120.pdf，最后访问时间：2024年1月9日。

够将所有经营性的权利一概授权给董事会行使，而应当是有限度的、有选择性的，例如要区分授权属于基础性权力还是非基础性权力，并且授权内容也要具体而不能概括性授权，这样才能够持续维护股东会在公司中的最高地位。

三、股东会履职的简易程序

本条第三款规定了股东会履职的简易程序。一般情况下，股东会履行上述职权需要按照本法第六十一条至第六十四条的规定召开股东会会议，通过投票表决的方式决定是否通过。然而，召开股东会会议的初衷在于便利股东充分讨论公司的重要事项，保护股东参与公司议事的基本权利，并确保股东会的职权得到充分履行。如若所有股东已经达成共识，通过书面形式表示同意通过这些事项，那么该事项就没有必要在股东会会议上进行讨论和表决了，可直接以股东会的名义作出决定，并由全体股东在决定文件上签名或者盖章。

> **第六十条　【一人有限责任公司股东决议】**只有一个股东的有限责任公司不设股东会。股东作出前条第一款所列事项的决定时，应当采用书面形式，并由股东签名或者盖章后置备于公司。

【条文主旨】

本条是关于一人有限责任公司股东行使股东会职权的特殊规定。

【修改提示】

本条在原法第六十一条规定的基础上作出了修改。原法规定一人有限责任公司的股东在行使职权时所作出的书面决定应由股东签名。本次修订主要明确了一人有限责任公司是指"只有一个股东的"有限责任公司，并将"股东签名"修改为"股东签名或者盖章"。

【条文释义】

一、一人有限责任公司不设股东会

一人有限责任公司只有一名股东，是有限责任公司的特殊形式，公司一切决定均由该股东进行取舍。如若为此类公司设置股东会，在审议或决议中由于只有一名股东，不会产生任何不同的意见，无法起到传统有限责任公司中权力制衡的效果。为简化公司内部法律关系、降低公司运营成本、提升公司运行效率，法律规定一人有限责任公司不设股东会，表明此类公司不必照搬有限责任公司的一般组织模式进行机构设置。

二、一人有限责任公司行使职权的办法

尽管一人有限责任公司不设置股东会，但其仍然需要履行股东会的有关职权。为防止唯一股东随意决定公司的重大决议事项、侵害公司的商事外表，更好保护公司外部债权人或交易相对方的利益，本条规定了一人有限责任公司行使本法第五十九条中有关职权的具体办法。

一是股东在作出决定时，应当采取书面形式，以便于对外公示。书面形式是指使用文字进行意思表达的形式，文字的载体当然不限于传统的纸质载体，在信息技术高度发达的现代，股东也可以将决定文件以数据形式存储到信息设备当中。股东应当在纸质决定文件上签字，或者盖公司公章。值得注意的是，以数据形式记录决定的，在使用电子签名或电子印章时应遵循《中华人民共和国电子签名法》第十三条第一款的规定："电子签名同时符合下列条件的，视为可靠的电子签名：（一）电子签名制作数据用于电子签名时，属于电子签名人专有；（二）签署时电子签名制作数据仅由电子签名人控制；（三）签署后对电子签名的任何改动能够被发现；（四）签署后对数据电文内容和形式的任何改动能够被发现。"

二是股东在作出决定后，应当将所形成的书面材料置备于公司。这是一人有限责任公司公示制度的具体体现，可使公司债权人与交易相对方更方便地查阅公司的决议资料，保障其知情权。其目的在于使这些公司外部主体更充分地了解该公司，形成合理预期，进而更好地规划自己的行为。

第六十一条　【首次股东会会议召集与主持】 首次股东会会议由出资最多的股东召集和主持，依照本法规定行使职权。

【条文主旨】

本条是关于首次股东会会议召集和主持的规定。

【修改提示】

本条对应原法第三十八条的规定，本次修订内容未作变动。

【条文释义】

首次股东会会议是指公司成立以来，第一次召开的由全体股东参与议事的股东会会议。按照本法第六十三条规定，股东会会议一般由董事会召集、董事长主持，但在首次股东会会议召开之前，董事会尚未成立，公司董事也尚未通过选举程序产生。对此，本条规定由出资最多的股东召集和主持。所谓出资最多，是指向公司认缴的出资额最多，出资最多的股东一般称为第一大股东。出资最多的股东召集与主持的办法应当按照本法有关规定进行，如股东会会议通知的办法应按照本法第六十四条进行，股东会会议的审议或决议事项应按照本法第五十九条进行。首次股东会会议举办之后，会议的召集办法应当按照本法第六十三条规定以及公司章程所规定的相关程序进行。

> **第六十二条 【股东会会议类型与召开】**股东会会议分为定期会议和临时会议。
>
> 定期会议应当按照公司章程的规定按时召开。代表十分之一以上表决权的股东、三分之一以上的董事或者监事会提议召开临时会议的，应当召开临时会议。

【条文主旨】

本条是关于股东会会议的类型及其召开方式的规定。

【修改提示】

本条对应原法第三十九条的规定。

【条文释义】

一、定期会议的召开

定期会议是指由公司章程决定的、公司在固定时间召开的股东会会议[①]。本法未对定期会议的举行时长、举行次数等具体事项作出强制性规定，因此公司章程可以按照公司经营情况自行决定，但一般而言一年不少于一次。董事会应当严格按照公司章程所记载的召开办法，履行股东会会议召开的相应程序。

二、临时会议的召开

临时会议是指由公司相关人员提议的、不定期召开的股东会会议[②]。一般而言，临时会议仅在涉及突发的、重大的、亟须股东会讨论的事项时，由法定主体依照法定程序提议方可召开，一般性的问题往往在定期会议中提出并得到解决。按照本条第二款规定，股东、董事、监事会均可成为提议召开临时会议的主体。

为减少或避免因少数人不成熟的意见导致会议召开所造成的浪费，尤其是为适应具有经济实力的特定股东召开会议的需要，根据本条规定，代表十分之一以上表决权的股东可以提议召开临时股东会会议。

当董事作为提议人时，应满足超过三分之一的董事同意的条件。董事会是股东会决议的执行机关，由股东会产生，其不仅负责制订公司经营的决策，同时也对股东会负责。赋予董事会提议召开临时会议的权利是必要的，其有助于董事会及时向股东会报告工作，及时处理公司的重大事项，本条规定三分之一以上的董事可提议召开股东会会议。

监事会是负责监督公司日常经营活动和指正董事、经理、高级管理人员等违反法律法规或公司章程行为的常设机构，由股东会产生，并直接对股东会负责。为更好地履行监事会的职能，完善公司的制衡机制，从而保障公司和股东的合法权益，本条第二款赋予监事会提议召开临时会议的权利，这是十分必要的。

在满足上述主体条件的情况下，临时会议一经提议召开，即必须召开。依照本条第二款规定，提议人有权请求负责召开临时会议的主体及时开展会议。

---

① 赵旭东主编：《商法学》，高等教育出版社 2016 年版，第 163 页。
② 赵旭东主编：《商法学》，高等教育出版社 2016 年版，第 163 页。

> **第六十三条 【股东会会议的召集与主持】** 股东会会议由董事会召集，董事长主持；董事长不能履行职务或者不履行职务的，由副董事长主持；副董事长不能履行职务或者不履行职务的，由过半数的董事共同推举一名董事主持。
>
> 董事会不能履行或者不履行召集股东会会议职责的，由监事会召集和主持；监事会不召集和主持的，代表十分之一以上表决权的股东可以自行召集和主持。

【条文主旨】

本条是关于股东会会议的召集与主持方式的规定。

【修改提示】

本条在原法第四十条规定的基础上作出了修改。按照本法第七十五条规定，规模较小的有限责任公司在不设董事会的情况下，可设一名董事，行使本法关于董事会的职权。本次修订不再沿用原法"执行董事"的表述，关于"执行董事"的职权也完全被董事或者经理所吸收。

【条文释义】

本法第六十一条规定了首次股东会会议的召集与主持办法，在董事会、监事会等公司部门产生后，应当按照本条规定进行召集和主持股东会会议。

原则上，股东会会议的主持由董事会召集、董事长主持。董事长由于生病、出差等事由客观不能主持或者是不愿主持的情况下，则顺位由副董事长主持。而当副董事长也出现上述不主持的情形时，则须由过半数的董事共同推举一名能够胜任主持任务的董事进行主持。当董事会无法履行股东会会议召集职责时，说明公司经营决策层可能已经出现问题，难以发挥正常作用。此时为了能够使公司顺利运转，避免出现公司僵局，本条第二款规定了补救程序，即应当由监事会召集和主持股东会会议。当监事会也不履行召集和主持职责时，说明公司治理已经出现严重问题，此时法律允许代表十分之一以上表决权的股东自行召集和主持，是对股东通过自力途径维持公司运转的一种鼓励。

值得注意的是，本条须严格按照次序进行适用，在前序方法无法实现股东会会议召集与主持的情况下，才能够适用后序方法。例如，允许代表十分之一以上表决权的股东必须在董事会和监事会均无法履行召集和主持股东会会议的职责的情况下，才可以自行召集和主持股东会会议，否则该会议作出的决定将可能因违反法定程序而被撤销。

> **第六十四条　【股东会会议的通知与记录】** 召开股东会会议，应当于会议召开十五日前通知全体股东；但是，公司章程另有规定或者全体股东另有约定的除外。
>
> 股东会应当对所议事项的决定作成会议记录，出席会议的股东应当在会议记录上签名或者盖章。

【条文主旨】

本条是关于股东会会议召开的通知时间与形成会议记录的规定。

【修改提示】

本条在原法第四十一条规定的基础上作出了修改。这次修改在第二款中规定出席会议的股东应当在会议记录上"签名或者盖章"，增加了"盖章"的选项。

【条文释义】

一、会议通知的规定

关于通知时间的规定。本条第一款规定股东会会议召开十五日前通知全体股东，主要基于以下考虑：一是充分保障股东名册上所有股东行使表决权的基本权利；二是便于股东了解会议地点，方便股东进行行程安排；三是便于股东准备决议事项的有关问题，以及准备相关材料；四是为通知的送达与接收预留空间。

关于例外情形的规定。本条第一款但书"公司章程另有规定或者全体股东另有约定的除外"，是对公司自治原则的充分肯定。

二、会议记录的规定

会议记录是指公司召开股东会会议时，对会议的议题、股东的讨论过程以及最后的决策过程进行文字梳理，并最终形成的文字记录，它是证明会议程序正当以及决议内容存在的重要材料。一般而言，股东会会议召集人需要安排专门人员负责股东会会议的记录工作，并且股东会负有妥善保存会议记录的义务。

出席会议的股东应当在会议记录上签名或者盖章，其原因在于：一是具备核实作用，记录者形成的文字可能同股东的表述存在不一致的情况，需要股东进一步核实，从而保证股东意思传达的准确性；二是具备效力作用，出席股东全体签名或者盖章意味着对会议记录的认可，因而对公司内部具备约束力，董事会、监事会、经理等可以按照会议记录内容实施活动；三是具备证明作用，全体股东签名或者盖章的会议记录是对公司内部决议活动的有效见证，其本身对于非公司人员具有一定的证明作用，如外部审查机关可通过该会议记录了解股东会会议程序是否合法、内容是否合法，新加入公司的股东同样也可以通过查阅该会议记录了解公司此前的决策情况。

> **第六十五条　【股东的表决权】** 股东会会议由股东按照出资比例行使表决权；但是，公司章程另有规定的除外。

【条文主旨】

本条是关于股东会会议中股东行使表决权的规定。

【修改提示】

本条是原法第四十二条的规定，本次修订内容未作变动。

【条文释义】

股东表决权是指股东就股东会会议中的决议事项提出主张（同意或异议）的权利。股东表决权属于股东的一项法定的、基本的权利，也是股东参与公司治理的重要方式。股东可以在股东会会议中，就公司的经营方式和重大决策提出自己的看法，任何单位和个人不得阻碍或排除股东表决权的行使。

本条规定了股东表决权的行使规则，在公司章程没有另行规定的情况下，有限责任公司当中的表决权应当按照股东认缴出资的比例进行分配。例如，公司注册资本 100 万元，股东甲认缴出资 80 万元，股东乙认缴出资 20 万元，并且约定一共有 100 个表决权，那么甲占总注册资本的 80% 就持有 80 个表决权，而乙则持有 20 个表决权。该规则是"少数服从多数"思想的体现，其基础是资本多数决原则。所谓资本多数决原则，是指股东按照出资比例或所持股份对决议事项行使表决权，并经多数表决权的一方通过，方能形成决议。从资本多数决原则来看，按出资比例分配股东表决权是一项经济且高效的方法，它统一了公司背后众多股东的不同意见，并将其转化为公司的统一意志，该原则已被世界多数国家的公司法所吸纳。

　　然而，按出资比例分配表决权并非对所有公司都是科学有效的方法。例如，公司在经过出资比例调整后可能会产生控股股东，所谓控股股东，是指出资额占有限责任公司资本总额 50% 以上的股东。若按照上述方式进行表决，可能会造成控股股东"一言堂"的现象。再如，公司原始股东既希望通过引进新股东扩大经营规模，又不想降低自己对公司的控制权，这在上述表决方式中是难以实现的。对此，考虑到公司的多样化需求，本条设计了但书，"公司章程另有规定的除外"，即公司在制订或修改章程的时候可以自行设计表决权的计算方式，给予了公司更大的自治空间。

> 　　**第六十六条　【股东会的议事方式与表决程序】** 股东会的议事方式和表决程序，除本法有规定的外，由公司章程规定。
> 　　股东会作出决议，应当经代表过半数表决权的股东通过。
> 　　股东会作出修改公司章程、增加或者减少注册资本的决议，以及公司合并、分立、解散或者变更公司形式的决议，应当经代表三分之二以上表决权的股东通过。

【条文主旨】

　　本条是关于有限责任公司股东会会议议事方式与表决程序的规定。

【修改提示】

　　本条在原法第四十三条规定的基础上作出了修改。主要是增加了第二款"股东会作出决议,应当经代表过半数表决权的股东通过"。

【条文释义】

有限责任公司股东会的议事方式和表决程序,有限责任公司股东会的议事方式是指公司股东会就公司重大问题进行讨论并作出决议的方式。表决程序是指公司股东会会议表决通过某一特定决议的程序性规定。

股东会由全体股东组成,依法行使股东会的职权,其议事方式和表决程序一般由公司章程自行规定,但对于特别决议事项,应当严格遵守本法的规定。股东会的决议可以分为两种:一种是普通决议,它是股东会对公司一般事项作出的决议,只需经代表过半数表决权的股东通过。另一种是特别决议,它是股东会就公司的重大事项作出的决议,关系到公司的存续和发展,因此法律对此作出特别规定[1]。根据本条的规定,股东会就下列事项作出决议,须经代表三分之二以上表决权的股东的通过:(1)修改公司章程;(2)公司增加或减少注册资本;(3)公司合并;(4)公司分立;(5)公司解散;(6)变更公司形式。

与股份有限公司相比,有限责任公司的人合性更强,不同公司通常具有不同的方式。为了保护各方的合法权益,公司法明确了相关基本规定和法定要求,股东和股东会必须严格遵守。本法关于股东会特别决议表决程序的规定具有强制性,公司章程不得作出与此相抵触的规定,否则无效。除本法另有规定外,有限责任公司股东会的议事方式和表决程序,公司章程可以自由作出规定。

> **第六十七条 【董事会的定位与职权】**有限责任公司设董事会,本法第七十五条另有规定的除外。
>
> 董事会行使下列职权:
>
> (一)召集股东会会议,并向股东会报告工作;
>
> (二)执行股东会的决议;
>
> (三)决定公司的经营计划和投资方案;
>
> (四)制订公司的利润分配方案和弥补亏损方案;

---

[1] 李东方:《公司法》,北京大学出版社 2019 年版,第 61 页。

（五）制订公司增加或者减少注册资本以及发行公司债券的方案；

（六）制订公司合并、分立、解散或者变更公司形式的方案；

（七）决定公司内部管理机构的设置；

（八）决定聘任或者解聘公司经理及其报酬事项，并根据经理的提名决定聘任或者解聘公司副经理、财务负责人及其报酬事项；

（九）制定公司的基本管理制度；

（十）公司章程规定或者股东会授予的其他职权。

公司章程对董事会职权的限制不得对抗善意相对人。

【条文主旨】

本条是关于有限责任公司董事会的定位与职权的规定。

【修改提示】

本条在原法第四十六条规定的基础上作出了修改。这次修改删除了"（四）制订公司的年度财务预算方案、决算方案"，第十项增加了"或者股东会授予的其他职权"。另外，将原第四十四条中的"有限责任公司设董事会"延续到该条之中。并且明确了公司内部对董事会权力限制的对外效力，即不得对抗善意相对人。

【条文释义】

一、有限责任公司董事会的定位

有限责任公司原则上应当设董事会。例外情况如规模较小的有限责任公司，可以不设董事会，设一名董事，行使本法规定的董事会的职权。

董事会是公司的执行机构。

二、有限责任公司董事会的职权

本次公司法修改保留了对有限责任公司董事会具体职权的列举规定，但删除了"董事会对股东会负责"的表述，在一定程度上扩大了有限责任公司公司章程对董事会职权设定的任意性空间。但是这种任意性空间也受到两方面的限制，具体而言：

第一，本法和公司章程规定属于股东会职权之外的职权。依据本法第五十九条规定，有限责任公司股东会的具体职权为：（1）选举和更换董事、监事，决定有关董事、监事的报酬事项；（2）审议批准董事会的报告；（3）审议批准监事会的报告；（4）审议批准公司的利润分配方案和弥补亏损方案；（5）对公司增加或者减少注册资本作出决议；（6）对发行公司债券作出决议；（7）对公司合并、分立、解散、清算或者变更公司形式作出决议；（8）修改公司章程；（9）公司章程规定的其他职权。对于有限责任公司董事会的职权设定而言，公司章程中只能规定除上述股东会法定职权之外的职权。

第二，董事会必须具有的职权，即召集股东会会议、决定公司的经营计划和投资方案、决定公司内部管理机构的设置。民法典第八十一条第二款规定"执行机构行使召集权力机构会议，决定法人的经营计划和投资方案，决定法人内部管理机构的设置，以及法人章程规定的其他职权"。按照本条规定，公司章程必须按照公司法所列举的董事会职权进行规定：（1）召集股东会会议，并向股东会报告工作；（2）执行股东会的决议；（3）决定公司的经营计划和投资方案；（4）制订公司的利润分配方案和弥补亏损方案；（5）制订公司增加或者减少注册资本以及发行公司债券的方案；（6）制订公司合并、分立、解散或者变更公司形式的方案；（7）决定公司内部管理机构的设置；（8）决定聘任或者解聘公司经理及其报酬事项，并根据经理的提名决定聘任或者解聘公司副经理、财务负责人及其报酬事项；（9）制定公司的基本管理制度；（10）公司章程规定或者股东会授予的其他职权。

另外，公司章程对董事会权力的限制不得对抗善意相对人。根据民法典第六十一条第三款规定"法人章程或者法人权力机构对法定代表人代表权的限制，不得对抗善意相对人"。公司法首次以法条的形式明确了公司内部对董事会权力限制的对外效力，即不得对抗善意相对人。

【相关规定】

《中华人民共和国民法典》第六十一条、第八十条、第八十一条；
《中华人民共和国外商投资法》第三十一条。

> **第六十八条 【公司职工代表与董事会的组成】**有限责任公司董事会成员为三人以上，其成员中可以有公司职工代表。职工人数三百人以上的有限责任公司，除依法设监事会并有公司职工代表的外，其董事会成员中应当有公司职工代表。董事会中的职工代表由公司职工通过职工代表大会、职工大会或者其他形式民主选举产生。
>
> 董事会设董事长一人，可以设副董事长。董事长、副董事长的产生办法由公司章程规定。

【条文主旨】

本条是关于有限责任公司职工代表与董事会组成的规定。

【修改提示】

本条在原法第四十四条规定的基础上作出了修改。这次修改删除了有关有限责任公司董事会成员人数的上限限制。另外，不再按照公司所有制类型而是按照公司规模对公司职工代表的设置提出要求，扩大了董事会设置职工代表的公司范围。

【条文释义】

一、有限责任公司董事会中的公司职工代表

有限责任公司的职工代表属于董事会中的董事组成人员，其参与公司的经营管理、监督其他董事的决策行为，因此也被称为职工董事[①]。2018年公司法在公司职工代表的设置方面，只对国有独资和国有全资的有限责任公司提出了要求。为更好保障职工参与公司民主管理、民主监督，本法扩大设置职工代表的公司范围，并不再按公司所有制类型对职工代表的设置提出要求。考虑到本法已规定规模较小的公司不设董事会，并综合考虑中型企业划分标准等因素，因此规定对于两种规模不同的公司，其职工代表的设置要求呈现强制和任意的两种态度：其一，规模较大的公司，即职工人数三百人以上的公司，董事会成员中应当有职工代表；其二，规模较

---

① 杜云：《论公司治理中的职工参与制》，载《法学杂志》2009 年第 9 期。

小的公司，其公司董事会成员中可以有职工代表。

另外，职工代表的产生方式不同于其他董事。董事会成员是由股东会选举产生和更换的。但是董事会中的公司职工代表，不应当由股东会任命或更换，而是由公司职工通过职工代表大会、职工大会或者其他形式民主选举产生。

二、有限责任公司董事会的组成

董事会由董事组成，公司可以根据经营规模的大小和实际需要确定董事会的组成人员人数，但不得违反法律强制性规定。有限责任公司董事会成员的人数不再受上限十三人的强制性限制，只规定了董事会成员应为三人以上，也即不得少于三人，具体人数可以由公司章程进行规定，赋予有限责任公司根据公司自身情况而适当决定董事会成员人数的自由。

董事会行使职权，以董事会会议的形式作出决定，需要董事会日常事务负责人。因此，本法规定，董事会根据需要设董事长和副董事长。董事长、副董事长由董事会成员担任，非董事会成员不得担任董事长、副董事长。董事长、副董事长的产生办法由公司章程规定。董事长和副董事长在董事会中享有与其他董事同等的法律地位。在董事会决议的表决中，既没有增加表决权，也没有最终决策权。董事会决议实行一人一票制，明确董事会是公司集体行使职权的内部执行机构，而不是董事长或副董事长个人负责的机构。每位董事可以单独负责，但董事会对股东会负责。

【适用指南】

董事会决议采取董事会成员一人一票的方式，为预防董事会决议出现赞成和反对票数相等从而导致无法作出决议的情况，公司章程可以规定董事的人数为单数，以提高董事会行使职权和作出决议的效率。

> **第六十九条　【董事会的审计委员会】** 有限责任公司可以按照公司章程的规定在董事会中设置由董事组成的审计委员会，行使本法规定的监事会的职权，不设监事会或者监事。公司董事会成员中的职工代表可以成为审计委员会成员。

【条文主旨】

本条是关于有限责任公司董事会中设置审计委员会的规定。

【修改提示】

本条是本次公司法修订的新增规定。有限责任公司董事会中可以设置由董事组成的审计委员会。在董事会中设审计委员会的有限责任公司，可以由其行使监事会的职权，不设监事会或者监事。公司董事会成员中的职工代表可以成为审计委员会成员。

【条文释义】

一、有限责任公司董事会中审计委员会的设置与组成

对于有限责任公司董事会中的审计委员会，公司法授权公司章程进行规定，公司可以根据自身经营规模的大小和实际需要来选择是否设置该委员会。设置审计委员会是建立健全公司内部约束机制的一项重要措施，可以保证公司持续、规范、健康地发展，进一步完善公司治理结构，加强董事会决策科学性，提高重大投资的效率和决策水平，做到事前审计、专业审计，确保董事会对公司经营管理和财务状况的深入了解和有效控制，实现对管理层的有效监督。

选择在董事会中设置审计委员会的公司，其组成人员应当是董事会中的董事。公司董事会成员中的职工代表可以成为审计委员会成员。对于有限责任公司而言，本法没有具体规定董事会中的审计委员会人数、专业背景、董事性质、议事方式、表决程序等内容，公司可以根据自身实际情况和需要，在公司章程中进行规定。但就该委员会的性质而言，组成人员中应当有会计审计专业知识背景的董事。

二、审计委员会的职权

本法规定有限责任公司可以按照公司章程的规定在董事会中设置审计委员会。顾名思义，审计委员会主要是对公司的财务、会计进行监督。公司财务主要包括公司资金管理、成本费用的计算、营业收入的分配、货币的管理、公司的财务报告、公司的清算及公司纳税等方面。公司会计是指会计记账、会计核算等方面，它是公司生产经营过程中各种财务制度的具体反映。具体而言，借鉴《上市公司治理准则》第三十九条及《上海证券交易所上市公司自律监管指引第 1 号——规范运作》① 第 2.2.5 条至第

① 《上海证券交易所上市公司自律监管指引第 1 号——规范运作》，载上海证券交易所网站，http：//www.sse.com.cn/lawandrules/sselawsrules/stocks/mainipo/c/c_ 20231215_ 5733 508.shtmll，最后访问时间：2024 年 1 月 31 日。

2.2.12 条的规定，有限责任公司董事会中的审计委员会的职责可以包括但不限于：（1）监督及评估外部审计机构工作，提议聘请或者更换外部审计机构；（2）监督及评估内部审计工作，负责内部审计与外部审计的协调；（3）审阅公司的财务信息并对其发表意见；（4）监督及评估内部控制的有效性；（5）负责法律法规、公司章程和董事会授权的其他事项。

另外，本次公司法修订的一大亮点，是允许有限责任公司选择单层制治理模式。在董事会中设审计委员会的有限责任公司，可以不设监事会或者监事，可以由其行使监事会的职权。因此，在这种情况下，公司章程还可以规定审计委员会承担监事会或监事的相关职权。具体而言，根据本法第七十八条规定，包括但不限于：（1）检查公司财务；（2）对董事、高级管理人员执行职务的行为进行监督，对违反法律、行政法规、公司章程或者股东会决议的董事、高级管理人员提出解任的建议；（3）当董事、高级管理人员的行为损害公司的利益时，要求董事、高级管理人员予以纠正；（4）提议召开临时股东会会议，在董事会不履行本法规定的召集和主持股东会会议职责时召集和主持股东会会议；（5）向股东会会议提出提案；（6）对董事、高级管理人员提起诉讼；（7）公司章程规定的其他职权。

【相关规定】

《中华人民共和国公司法》第七十条；

《上市公司治理准则》第三十九条；

《上海证券交易所上市公司自律监管指引第 1 号——规范运作》第 2.2.5 条至第 2.2.12 条。

> **第七十条　【董事任期】** 董事任期由公司章程规定，但每届任期不得超过三年。董事任期届满，连选可以连任。
>
> 董事任期届满未及时改选，或者董事在任期内辞任导致董事会成员低于法定人数的，在改选出的董事就任前，原董事仍应当依照法律、行政法规和公司章程的规定，履行董事职务。
>
> 董事辞任的，应当以书面形式通知公司，公司收到通知之日辞任生效，但存在前款规定情形的，董事应当继续履行职务。

【条文主旨】

本条是关于有限责任公司董事任期的规定。

【修改提示】

本条在原法第四十五条规定的基础上作出了修改。这次修改主要增添了第三款的规定，明确了董事辞任的程序和生效的时间节点。

【条文释义】

一、董事的任期

董事任期是指董事的任职期限。根据本条规定，由公司章程规定董事的任职期限。公司章程可以根据公司的情况，规定董事的具体任期，但是每届任期不得超过三年。因此，董事的法定最长任期不得超过三年，但可以规定董事的任职期限少于三年。

董事的任期届满，应当退任。但是董事任期届满，可以连选连任。连选是指董事本届任期届满后，又被股东会或者职工选举为下一届的董事；连任是指董事本届任期届满后，继续担任下一届的董事。若在此之间相隔一届，则不属于连选连任。法律允许董事连任的前提条件是必须获得连选。对于董事连任的次数，法律没有作出限制性的规定，可以由公司章程根据公司情况作出规定。

二、董事任期届满的规定

董事任期届满，公司应当及时进行改选，选举下一任董事。但是，有可能出现公司因为某种原因未能及时改选的情况。因此，本条第二款明确规定，董事任期届满未及时改选，在改选出的董事就任前，原董事仍应按照法律、行政法规和公司章程的规定，履行董事职务。也即董事虽然任期届满，但不能以此为由拒绝履行职务，董事应当按照规定继续履行职务。这是董事任职期限届满后的一项法定义务，截止时间为改选出的董事就任之时。

三、董事辞任的规定

担任公司董事这一职位的人，在任职期限内可以辞任。董事辞任应当以书面形式通知公司，并办理相应的工作交接。本条第三款明确规定，公司收到通知之日辞任生效，但存在前款规定情形的，董事应当继续履行职务。

> **第七十一条　【董事的解任方式】**股东会可以决议解任董事，决议作出之日解任生效。
>
> 无正当理由，在任期届满前解任董事的，该董事可以要求公司予以赔偿。

【条文主旨】

本条是关于有限责任公司董事的解任方式的规定。

【修改提示】

本条是本次公司法修订的新增规定。明确了有限责任公司股东会可以决议解任董事。

【条文释义】

有限责任公司董事的解任方式，本次公司法修订，突出了董事会在公司治理中的核心地位，赋予了董事会更大范围的权力空间。但这种方式，进一步加剧了公司所有权与经营权的分离，提高了防范代理人的成本。董事作为股东的代理人，承担公司日常经营决策的责任，但由于道德风险和逆向选择问题的客观存在，需要强化作为所有者的股东的控制权。本条新规意在明确股东会作为公司的最高权力机构，有权作出解任董事的决议。在一定程度上，约束董事行为，督促其依法尽到忠实义务和勤勉义务。有限责任公司的股东会解任董事有两种方式：

第一，有限责任公司的股东会有正当理由解任董事。当公司董事违反法律法规，未尽到忠实义务和勤勉义务，侵害公司利益，损害股东以及其他利益相关者权益，股东会有正当理由解除该名董事的职务，并且该董事无权要求公司予以赔偿。

第二，有限责任公司的股东会无正当理由解任董事。依据本条规定，股东会也可以在董事任期内无故解除董事职务。但是无正当理由，在任期届满前解任董事的，该董事可以要求公司予以赔偿。赋予了股东会对董事的无因解除权以及董事的损害赔偿请求权。

另外，辞任和解任的含义不同，前者是董事主动向公司辞去董事职务，后者是董事公司股东会决议辞去该名董事的职务。因此，即便是解任董事后导致董事会成员低于法定人数的，被解任的董事也不能再按照本法第七十条的规定"在改选出的董事就任前，原董事仍应当依照法律、行政法规和公司章程的规定，履行董事职务"，也即一旦被解任，该名董事就不能再履行公司的董事职务了。解任董事后，董事会成员不足三人，低于法定人数的，公司应当尽快召开股东会，重新选举出新的董事。

> **第七十二条　【董事会会议的召集与主持】** 董事会会议由董事长召集和主持；董事长不能履行职务或者不履行职务的，由副董事长召集和主持；副董事长不能履行职务或者不履行职务的，由过半数的董事共同推举一名董事召集和主持。

【条文主旨】

本条是关于有限责任公司董事会会议的召集与主持的规定。

【修改提示】

本条是原法第四十七条的规定，新法只是将"半数以上"修改为"过半数"的文字表达，其余没有发生变动。

【条文释义】

一、董事长召集与主持董事会会议

董事会作为一个集体，是公司实行经营决策权的执行机构，需要有人召集和主持会议。董事长一般由大股东或者大股东推选的人担任，同时还可以担任公司的法定代表人，对外代表公司。因此，本条首先规定董事会会议由董事长召集和主持。

二、董事长不能履职时董事会会议的召集和主持

原则上，董事长应当承担董事会的召集和主持的工作，但有可能出现董事长不能履职或懈怠履职的情况，导致董事会集体决策的机制失效。为了充分发挥董事会的作用，保障董事会依法行使职权。在董事长不能履行职务或者不履行职务的前提下，本条规定在具体的应用场景中表现为：

情况一，设副董事长的有限责任公司，按照本条的规定，当董事长不召集和主持董事会会议时，由副董事长召集和主持。情况二，未设副董事

长的有限责任公司，由过半数的董事共同推举一名董事召集和主持。情况三，如果副董事长也不召集和主持董事会会议，由过半数的董事共同推举的董事就可以直接召集和主持董事会会议。

从侧面来说，由过半数的董事共同推举的一名董事支持召开董事会的，即使董事长或者副董事长对召开会议有相反意见，董事会会议也能够召开，也能够保障公司执行机构的运行。

第七十三条 【董事会的议事方式与表决程序】 董事会的议事方式和表决程序，除本法有规定的外，由公司章程规定。

董事会会议应当有过半数的董事出席方可举行。董事会作出决议，应当经全体董事的过半数通过。

董事会决议的表决，应当一人一票。

董事会应当对所议事项的决定作成会议记录，出席会议的董事应当在会议记录上签名。

【条文主旨】

本条是关于有限责任公司董事会的议事方式与表决程序的规定。

【修改提示】

本条在原法第四十八条规定的基础上作出了修改。新法增添了第二款，"董事会会议应当有过半数的董事出席方可举行。董事会作出决议，应当经全体董事的过半数通过"。另外，将原法有关董事会决议表决方式的规定，即"实行一人一票"，修改为"应当一人一票"。

【条文释义】

一、有限责任公司董事会的议事方式与表决程序

董事会会议的议事方式与表决程序，是保证董事会会议顺利进行的一个重要前提。议事方式和表决程序包括如何通知董事参加会议，会议的召集和主持，讨论问题的方式，有效出席人数，议事议程的提出和确定，审议规则，表决方式，表决通过票数等。

有关董事会的议事方式与表决程序的规定必须详尽、明确，具有可实施性，促使董事会会议能够顺利召开并作出决定。但因为各公司的实际情况不同，法律对董事会会议议事方式与表决程序的要求也不可能十分详细、具体。为此，本条第一款明确规定，董事会的议事方式和表决程序，除本法有规定的外，由公司章程规定。

公司法明确了有限责任公司董事会的有效出席人数，必须有过半数的董事出席，董事会会议才能举行。此处的过半数，是指必须超过董事会人数的一半，不包括本数。例如，某有限责任公司的董事会人数总共为五人，至少有三名董事出席。再如，某有限责任公司的董事会人数总共为十人，至少需要有六名董事出席，董事会会议才能举行。

董事会作出决议，需要由董事投票决议，根据本条第三款的规定，董事会决议的表决，应当一人一票，即包括董事长、副董事长、职工董事在内的董事会全体成员，每个人只有一票的投票权，彼此不存在投票权大小的差别。

公司法明确了有限责任公司董事会作出决议，应当经全体董事的过半数通过。需要注意的是，董事会作出合法有效决议的前提是，该决议必须是经过全体董事的过半数通过，而不是出席董事会会议的董事过半数通过。例如某有限责任公司的董事会人数总共为五人，有三名董事出席董事会会议，因此只有这三名董事全部通过该项决议，该项董事会决议才有效。

二、有限责任公司董事会的会议记录

董事会会议应当对所议事项的决定做成会议记录。董事会会议记录的内容应当包括董事会会议讨论的事项和议后所得出的结论，具体包括会议召开的时间、地点、参会人员、讨论的内容、董事的意见、投票表决情况等。

董事应当积极履行自己的忠实义务和勤勉义务，出席董事会会议，并为公司的利益最大化献计献策。为准备日后的质询，参加会议的董事应当在会议记录上签名。董事必须履行签署董事会会议记录的职责，这是其的一项法定义务。与此同时，这也是董事的一项权利，任何人不得剥夺其签名的权利，董事会会议的召集人、主持人，特别是董事长要保障董事签名的权利。

> **第七十四条　【经理的设立与职权】**有限责任公司可以设经理，由董事会决定聘任或者解聘。
>
> 　　经理对董事会负责，根据公司章程的规定或者董事会的授权行使职权。经理列席董事会会议。

【条文主旨】

本条是关于有限责任公司经理的设立与职权的规定。

【修改提示】

本条在原法第四十九条规定的基础上作出了修改。这次修改将原来列举式的经理职权，改为经理"根据公司章程的规定或者董事会的授权行使职权"。

【条文释义】

一、有限责任公司经理的设立

在有限责任公司的内部机构中，股东会是最高权力机构、董事会是执行机构、监事会是监督机构。经理是公司的高级管理人员，是董事会的具体执行机构。

经理是公司具体业务的执行者，由董事会决定聘任或解任，因此经理对董事会负责，向董事会报告工作。

二、有限责任公司经理的职权

公司法取消了对有限责任公司经理职权的列举式规定，经理的职权由公司章程规定或者由董事会授权，赋予了公司自治更大的选择空间。公司章程由股东会制定和修改，是公司中的根本章程规范。公司章程可以根据公司自身情况赋予经理职权。

同时，董事会也可以授权经理行使职权。虽然法律规定董事会为公司的执行机关，但董事会对公司的经营管理主要是决策性的，有限责任公司的经理将承担起具体事务的执行职责，以维持公司的正常运转。但值得注意的是，若公司章程中规定了经理的职权，董事会授权经理的职权不能与公司章程相冲突。

根据本条第二款的规定，有限责任公司的经理可以依照法律规定，列席董事会会议。这既是经理的权利，也是经理的义务。这是由于经理经董事会选聘，应当按照董事会的要求，承担具体经营决策的执行工作，经理有义务向董事会报告工作，接受质询，提出建议或方案。除非出现董事兼任经理的情况，否则经理在董事会会议上没有表决权。

> **第七十五条　【不设董事会设董事】** 规模较小或者股东人数较少的有限责任公司，可以不设董事会，设一名董事，行使本法规定的董事会的职权。该董事可以兼任公司经理。

【条文主旨】

本条是关于有限责任公司不设董事会设董事的规定。

【修改提示】

本条在原法第五十条规定的基础上作出了修改。规定在不设董事会的情况下，允许有限责任公司设一名董事，而不再强调只能设执行董事这一种方式。明确了该名董事行使本法规定的董事会的职权。该董事可以兼任公司经理。

【条文释义】

一、有限责任公司仅设董事的情形

有限责任公司原则上应当设董事会，但对于规模较小或股东人数较少的有限责任公司，可以只设一名董事，而不一定设立董事会。这主要是考虑到董事会成员的法定人数为三人以上，对于规模较小的有限责任公司，其内部组织机构应当更为精干、灵活，所以没有必要强制要求其必须设立人数不少于三名董事所组成的董事会。本条第一款规定，规模较小的有限责任公司可以不设董事会，而只设一名董事，这表明即便公司不设董事会，仍然需要设置类似董事会的机构。

根据本条规定，规模较小的有限责任公司，可以不设董事会。2013 年修改后的公司法取消了法定最低注册资本限额的规定，小规模的公司迅速增加。此类公司可以不设董事会，只设一名董事。同时，保留了原公司法"股东人数较少"的认定标准。但在实践中，有一部分有限责任公司虽然股东人数较少，但其注册资本雄厚，规模较大，若没有一个完善的公司内部机构设置，充分发挥董事会的议事和监督作用，将增加风险。可见，股东人数较少不一定代表其公司规模小。公司法保留"股东人数较少"这一认定标准意在为公司提供更多的选择空间，为有需求的公司提供法律上的支持。

董事会是公司的执行机构，经理是董事会的具体执行机构。在不设置董事会的有限责任公司中，设一名董事，行使本法规定的董事会的职权，实际上就是将该名董事设置为公司的执行机构，承担作为执行机构的职责。

二、有限责任公司仅设董事或经理的职权

规模较小的有限责任公司不设董事会仅设董事，虽然只有一人，但其法律地位与董事会相同，是公司的执行机构和业务决策机关，对股东会负责。

董事基本上要行使董事会的职权，行使本法规定的董事会的职权，也即行使本法和公司章程规定属于股东会职权之外的职权。另外，兼任经理的董事同时需要履行经理的相关职责。

【相关规定】

《中华人民共和国民法典》第八十一条；

《中华人民共和国公司法》第一百二十八条。

> **第七十六条　【监事会的定位、组成以及召集与主持】**有限责任公司设监事会，本法第六十九条、第八十三条另有规定的除外。
>
> 监事会成员为三人以上。监事会成员应当包括股东代表和适当比例的公司职工代表，其中职工代表的比例不得低于三分之一，具体比例由公司章程规定。监事会中的职工代表由公司职工通过职工代表大会、职工大会或者其他形式民主选举产生。
>
> 监事会设主席一人，由全体监事过半数选举产生。监事会主席召集和主持监事会会议；监事会主席不能履行职务或者不履行职务的，由过半数的监事共同推举一名监事召集和主持监事会会议。
>
> 董事、高级管理人员不得兼任监事。

【条文主旨】

本条是关于有限责任公司监事会的定位、组成以及召集与主持程序的规定。

【修改提示】

本条在原法第五十一条规定的基础上作出了修改。这次修改改变了监事会成员人数的表达方式，改为"监事会成员为三人以上"。删除了"股东人数较少或者规模较小的有限责任公司，可以设一至二名监事，不设监事会"，相关内容在本法第八十三条具体规定。

【条文释义】

一、有限责任公司监事会的定位与设立

监事会是公司的监督机构。监事会代表公司监督公司董事会、董事以及经理依法履行职责的情况①。

设监事会，是建立健全公司内部约束机制的一项重要措施。本条第一款规定，有限责任公司设监事会。有限责任公司原则上应当设监事会，但按照本法第六十九条的规定，董事会中设审计委员会的有限责任公司，可以不设监事会或监事。因此，有限责任公司设监事会为原则，不设为例外。有限责任公司不设监事会的，必须符合法律规定。

二、有限责任公司监事会的组成

1. 监事会成员的人数要求。根据本条第二款的规定，监事会成员为三人以上。因此，设立监事会的有限责任公司必须由三人以上组成监事会，具体人数法律授权公司在公司章程中具体作出规定。

2. 监事会成员的身份要求。监事会的性质决定了监事会成员必须具有特定的身份。因此，本条第二款明确规定，监事会成员应当包括股东代表和适当比例的公司职工代表。

监事会成员中的股东代表，只能由公司股东担任。如何确定股东代表人选，可以由公司章程作出规定。

监事会成员中的职工代表，只能由公司职工担任。法律对股东代表与职工代表的要求是不同的：其一是职工代表在监事会中的比例，不得低于

---

① 赵旭东主编：《商法学》，高等教育出版社 2016 年版，第 171 页。

全体监事会成员的三分之一，此为法定最低比例，公司可以确定高于三分之一的比例，但不得低于该比例。至于具体的比例，则由公司章程规定。其二是职工代表的产生，职工代表只能由公司职工通过职工代表大会、职工大会或者其他形式民主选举产生，而不能由董事长、经理等指定。

此外，公司的董事、高级管理人员，也应当是公司的职工，但因其担任特定的职务，履行特定的职权，属于被监督的对象，所以本法明确规定董事、高级管理人员不得兼任监事。

三、有限责任公司监事会的召集与主持

监事会按照法律规定和公司章程规定行使职权。监事会行使职权需要通过会议形式进行。召开监事会会议则需要有召集人和主持人。因此，监事会设主席一人，召集和主持监事会会议。监事会主席由全体监事过半数选举产生。监事会主席的选举办法，可由公司章程规定。监事会主席必须认真履行职责，但当监事会主席不能履行职务或不履行职务情况出现时，由过半数的监事共同推举一名监事召集和主持监事会会议。

【相关规定】

《中华人民共和国公司法》第一百三十条。

> **第七十七条　【监事的任期】** 监事的任期每届为三年。监事任期届满，连选可以连任。
>
> 监事任期届满未及时改选，或者监事在任期内辞任导致监事会成员低于法定人数的，在改选出的监事就任前，原监事仍应当依照法律、行政法规和公司章程的规定，履行监事职务。

【条文主旨】

本条是关于监事任期的规定。

【修改提示】

本条对应原法第五十二条的规定。

【条文释义】

一、有限责任公司监事的任期

监事任期是指担任监事职务的时间限制。根据本条第一款规定，监事的任职期限每届为三年。此与董事的任期要求不同，董事的任期由公司章程规定，每届不得超过三年。

监事的三年任职期限届满后，应当退任。但是，监事任期届满，连选可以连任。连选是指监事这一届的任期届满时，又被股东会或职工选举为下一届的监事；连任是指监事这一届的任期届满时，接着担任下一届的监事。如果中间隔了一届，则不属于连选连任。公司法没有限制监事连任，但前提条件是必须获得连选。

二、有限责任公司监事任期届满及辞职后的履职义务

根据本条第二款的规定，在下列情况下，监事必须继续履行监事职务：

第一，任期届满后。监事任期届满，公司应当及时进行改选，选举下一任监事。但是，有可能出现公司因为某种原因未能及时改选的情况。因此，本条第二款明确规定，监事的任职期限届满但未及时改选，在改选出的新监事就任前，原监事仍应按照法律、行政法规和公司章程的规定，履行监事职务。也即监事虽然任期届满，但不能以此为由拒绝履行职务，应当按照规定继续履行职务。这是监事任职期限届满后的一项法定义务，履行监事职务截止时间为改选出的新监事就任之时。

第二，提前辞职后。担任公司监事这一职位的人，在任职期限内可以辞职。监事辞职后应当按照有关规定办理相关手续、交接有关工作。监事辞职后职位出现了空缺，若导致监事会成员人数低于法定三人的限制，为满足监事会成员人数的法定要求，公司必须及时进行补选。但是，有可能出现公司因为某种原因未能及时补选的情况。因此，本条第二款明确规定，监事在任期内辞职导致监事会成员低于法定人数的，在改选出的新监事就任前，原监事仍应按照法律、行政法规和公司章程的规定，履行监事职务。也即监事虽然任期届满，但不能以此为由拒绝履行职务，应当按照规定继续履行职务。这是监事任职期限届满后的一项法定义务，截止时间为改选出的新监事就任之时。

> 第七十八条 【监事会的职权】监事会行使下列职权：
>
> （一）检查公司财务；
>
> （二）对董事、高级管理人员执行职务的行为进行监督，对违反法律、行政法规、公司章程或者股东会决议的董事、高级管理人员提出解任的建议；
>
> （三）当董事、高级管理人员的行为损害公司的利益时，要求董事、高级管理人员予以纠正；
>
> （四）提议召开临时股东会会议，在董事会不履行本法规定的召集和主持股东会会议职责时召集和主持股东会会议；
>
> （五）向股东会会议提出提案；
>
> （六）依照本法第一百八十九条的规定，对董事、高级管理人员提起诉讼；
>
> （七）公司章程规定的其他职权。

【条文主旨】

本条是关于有限责任公司监事会职权的规定。

【修改提示】

本条在原法第五十三条规定的基础上作出了修改。主要是按照公司法的相关规定，对条文作出了调整，删除了原第五十三条中的"不设监事会的公司的监事"。

【条文释义】

有限责任公司监事会的职权，根据本条的规定，监事会行使下列职权：

1. 检查公司财务。检查公司财务主要是审核、查阅公司的财务会计报告和其他财务会计资料。财务会计报告是公司董事会制作的反映公司一定期限内财务状况和经营成果的书面文件，主要是对公司资产负债表、损益表等表册的说明。其他财务会计资料是指资产负债表、损益表、财务状况变动表（或现金流量表）、附表及会计报表附注和财务状况的说明书等。审核、查阅公司的财务会计报告和其他财务会计资料，是指监事会有权对公司的财务会计报告和其他财务会计资料进行审核与核实，看其所制作表册的内容是否合法、是否符合公司章程的规定。

2. 监督董事、高级管理人员履职情况及提出解任建议。为确保董事、高级管理人员依法履职，监事会应当对董事、高级管理人员执行职务的行为进行监督。如果发现董事、高级管理人员在执行职务的过程中，存在违反法律、行政法规、公司章程或股东会决议情形的，有权提出解任董事、高级管理人员的建议。建议解任董事的，应当向产生该董事的机构如股东会提出；建议解任高级管理人员的，应当向董事会提出。

3. 要求董事、高级管理人员纠正其损害公司利益的行为。监事会应当认真履行监督董事、高级管理人员执行公司职务的行为，当发现董事、高级管理人员的行为损害公司的利益时，应当及时向该董事、高级管理人员提出，要求其予以纠正。

4. 提议召开及召集、主持临时股东会会议。监事会在监督工作中，因情况紧急，如董事、高级管理人员实施严重违法行为并拒绝监事会要求纠正的意见，不予制止将对公司产生重大利益影响的，有权提议召开临时股东会。如果董事会不履行召集和主持股东会会议的职责的，监事会有权直接召集和主持股东会会议。

5. 向股东会会议提出提案。监事会有权直接向股东会会议提出提案，如提出建议罢免董事的提案等。

6. 依法对董事、高级管理人员提起诉讼。公司董事、高级管理人员在执行公司职务时，违反法律、行政法规或者公司章程的规定，给公司造成损害的，监事会有权依法对董事、高级管理人员提起诉讼，要求其赔偿公司损失。

7. 公司章程规定的其他职权。除了上述职权外，监事会还行使公司章程规定的其他职权。

【相关规定】

《最高人民法院关于适用〈中华人民共和国公司法〉若干问题的规定（四）》第二十三条。

第七十九条　【监事的质询建议权与调查权】 监事可以列席董事会会议，并对董事会决议事项提出质询或者建议。

> 监事会发现公司经营情况异常，可以进行调查；必要时，可以聘请会计师事务所等协助其工作，费用由公司承担。

【条文主旨】

本条是关于有限责任公司监事的质询建议权与调查权的规定。

【修改提示】

本条在原法第五十四条规定的基础上作出了修改。这次修改主要是按照公司法的相关规定，对条文作出了调整，删除了原第五十四条第二款中的"不设监事会的公司的监事"。

【条文释义】

一、有限责任公司监事的列席权与质询建议权

作为由股东或员工选举产生的负责监督董事和高级管理人员履行职责的人，如果他们不了解公司的业务决策和业务执行情况，就很难履行监督职责。为了提高监督的有效性，确保监事能进行有针对性的监督，应建立监事了解公司经营决策和业务执行情况的机制。因此，本条第一款明确规定，监事可以列席董事会会议。这是法律赋予监事的权利，应由董事会予以保障。召开董事会会议前，应当及时通知监事列席会议。

监事的列席权只是以法律的形式赋予监事出席董事会会议的权利。但董事会决议有可能损害公司或者股东利益，侵害职工合法权益的，需要进一步赋予监事相应的权利。因此，本条第一款还规定，监事列席董事会会议时，有权对董事会决议提出质询或建议。也就是说，法律赋予监督者质询和提议的权利。列席董事会会议的监事，在了解董事会会议情况的基础上，认为董事会会议决议的事项存在问题的，有权提出质询或建议。董事会应当认真对待监事提出的问题，予以答复或者说明；监事的建议应当认真研究，及时采纳。

二、有限责任公司监事的调查权

监事会履行监督职责时应当了解相关情况，需要公司董事、经理及其他高级管理人员的配合和协助。但是在现实中，公司董事、高级管理人员不愿配合、协助监事会进行监督，有的甚至公开拒绝、阻碍监事会履行监

督职责。为了保证监事会依法履行监督职责，有必要赋予监事会一定的调查权。因此，本条第二款规定，监事会可以对公司的异常经营进行调查；必要时，可以聘请会计师事务所协助，费用由公司承担。

监事会行使调查权的条件是公司经营异常。异常是指公司经营发生异常变化。监事会有权进行调查，公司有关机构和人员应当配合、协助，不得拒绝、阻挠。必要时，监事会有权聘请会计师事务所协助调查。聘请会计师事务所的费用由公司承担。

> **第八十条　【董事、高管人员的配合义务】**监事会可以要求董事、高级管理人员提交执行职务的报告。
> 董事、高级管理人员应当如实向监事会提供有关情况和资料，不得妨碍监事会或者监事行使职权。

【条文主旨】

本条是关于监事会对董事、高级管理人员履职情况的监督权以及公司高级管理人员对监事会职权的配合义务的规定。

【修改提示】

本条在原法第一百五十条第二款规定的基础上作出了修改。除基于本法第七十六条的修改作出了调整外，主要增加了"监事会可以要求董事、高级管理人员提交执行职务的报告"的规定，明确了监事会拥有可以要求董事、高级管理人员提交履职报告的职权。

【条文释义】

一、监事会的履职监督权

根据本法第七十八条的规定，监事会行使对董事、高级管理人员履职情况进行监督的职权。本条明确了监事会行使履职监督权的主要手段，即可以要求董事、高级管理人员提交执行职务的报告，以使监事会能够切实了解其履职情况。

二、董事、公司高级管理人员的配合义务

本条第二款明确了董事、公司高级管理人员对监事会行使职权配合的

义务，规定其应当如实向监事会提供有关情况和资料，对妨碍监事会行使职权的行为作出了禁止性规定，以保障监事会能够依法有效行使职权。

第八十一条 **【监事会会议制度】** 监事会每年度至少召开一次会议，监事可以提议召开临时监事会会议。

监事会的议事方式和表决程序，除本法有规定的外，由公司章程规定。

监事会决议应当经全体监事的过半数通过。

监事会决议的表决，应当一人一票。

监事会应当对所议事项的决定作成会议记录，出席会议的监事应当在会议记录上签名。

【条文主旨】

本条是关于监事会会议相关制度的规定。

【修改提示】

本条在原法第五十五条规定的基础上作出了修改。本条第三款将监事会决议程序要求由原法"经半数以上监事通过"修改为"经全体监事的过半数通过"，明确了监事会决议通过须以全体监事数量（而非参加监事会会议的监事数量）为基数的过半数为标准。本条第四款新增了对监事会表决制度的规定，明确实行"一人一票"。

【条文释义】

一、监事会会议的召开

根据本条第一款的规定，监事会定期会议至少每年召开一次，以防止监事会虚设；在定期会议之外，监事可根据情况需要提议召开临时会议。公司章程可以对会议的召开时间、召开方式进行进一步规定。

二、监事会会议的议事方式和表决程序

议事方式和表决程序，是监事会会议顺利召开的重要前提。议事方式是指会议讨论议题所采用的形式，表决程序是对议题作出决议的步骤、方式的要求。

根据本条第二款的规定，监事会的议事方式和表决程序由公司章程规定。公司可根据自身实际情况在章程中明确监事会会议具体的议事方式和表决程序。公司章程就此进行具体规定有利于监事会会议的顺利召开和作出有效决议。

根据本条第三款，监事会会议决议应当经全体监事数量过半数以上的监事通过。这意味着，参与表决的监事数量未达全体监事数量的半数，则监事会会议无法作出有效决议。

根据本条第四款，监事会决议应当采取"一人一票"的表决方式。该款为本次修订新增，以强制性规定的方式明确了监事会表决实行"一人一票"而不得另行约定。

三、监事会决议的形式

监事会的履职关系公司和股东利益以及职工的合法权益，因此监事会会议针对议题作出的决议的真实性、合法性、有效性需要得到相关会议记录的印证。相关主体亦可通过查阅监事会会议记录对决议进行确认。

根据本条第五款，监事会应当就所议事项的决定作成会议记录，出席会议的监事应当在会议记录上签名。会议记录应当包括会议所议事项及其结论，还应当包括会议召开时间、地点、出席人员、讨论意见、决议通过情况等内容。对于出席会议的监事而言，在会议记录上签名既是其义务也是其权利。签名情况将成为明确有关法律责任的重要依据。

> **第八十二条　【监事会履职费用承担】** 监事会行使职权所必需的费用，由公司承担。

【条文主旨】

本条是关于监事会履职费用承担的规定。

【修改提示】

本条在原法第五十六条规定的基础上作出了修改，系伴随本法第七十六条的修改作出的相应调整，删除了"不设监事会的公司的监事"。

【条文释义】

根据本条规定，监事会行使职权过程中产生的必需费用，由公司承担。对于虽在监事会履职过程中产生，但属非必需的费用，公司无需承担。而相关费用是否属于必需费用，可由公司作出具体规定。

> **第八十三条　【有限责任公司不设监事会的条件】**规模较小或者股东人数较少的有限责任公司，可以不设监事会，设一名监事，行使本法规定的监事会的职权；经全体股东一致同意，也可以不设监事。

【条文主旨】

本条是关于规模较小的有限责任公司监事设置的规定。

【修改提示】

本条在原法第五十一条第一款规定的基础上作出了修改。本次修订将本条置于有限责任公司监事会相关条文的最后，增加了"行使本法规定的监事会的职权"的规定，明确了不设监事会的有限责任公司其监事的职权与监事会相关职权等同。另外，本条新增规定，规模较小或股东人数较少的有限责任公司经全体股东一致同意，可不设监事会或监事。

【条文释义】

根据本条规定，有限责任公司可以不设置监事会，但必须符合两个条件：

第一，"规模较小"或"股东人数较少"的前提条件。由于我国不同地区经济发展水平不一，不同地区、不同行业的公司的发展情况亦不相同，为了增强法律的适用性，因此本条采取了相对抽象的规定，未就"规模较小"作出具体规定。企业在具体执行时，可参考《中小企业划型标准规定》① 的规定，按照不同的行业，根据资产规模、营业收入、从业人员数量等方面确定自身是否属于本条规定的规模较小的有限责任公司范畴。同时，本条亦未就"股东人数较少"的具体标准进行规定，有待后续解释

---

① 《中小企业划型标准规定》，载工业和信息化部网站，https://www.miit.gov.cn/jgsj/cws/zfcg/art/2020/art_ 641b052914d94d87a0110e802a8fa7c6.html，最后访问时间：2024年1月1日。

或相关规定予以明确。

　　第二，如不设置监事会，则须设置"一名监事"，或"经全体股东一致同意"后不设置监事。本条的修改，进一步增加了有限责任公司在公司治理结构选择上的自由。如仍需保留"监事"这一架构，则可设少量监事依法行使监督职权；如希望选择仅以董事会为中心的"单层治理结构"，不再设置监事，则必须得到公司全体股东的"一致同意"，以保障公司少数股东的利益。同时，根据本条规定，该监事有权行使监事会的职权。因此，不设监事会的有限责任公司的监事的职权可依据本法第七十六条至第八十二条关于监事会职权的规定进行确定。

第四章　有限责任公司的股权转让

> **第八十四条　【股权转让一般规定】**有限责任公司的股东之间可以相互转让其全部或者部分股权。
>
> 股东向股东以外的人转让股权的，应当将股权转让的数量、价格、支付方式和期限等事项书面通知其他股东，其他股东在同等条件下有优先购买权。股东自接到书面通知之日起三十日内未答复的，视为放弃优先购买权。两个以上股东行使优先购买权的，协商确定各自的购买比例；协商不成的，按照转让时各自的出资比例行使优先购买权。
>
> 公司章程对股权转让另有规定的，从其规定。

【条文主旨】

本条是关于有限责任公司股权转让的一般性规定。

【修改提示】

本条在原法第七十一条规定的基础上作出了修改。主要在第二款删除了原条文中对外股权转让应当"经其他股东过半数同意"的要求，改为规定转让股东应当履行对其他股东的通知义务，明确了其他股东对拟转让股权享有"优先购买权"，即在同等条件下可优先于外部人购买拟转让股权，将其他股东收到书面通知后三十日未答复的后果明确为"视为放弃优先购买权"。

依据原法第七十一条，其他股东如若不同意对外转让，应当购买拟转让股权，否则视为同意，其最终效果与行使优先购买权相同；而同意对外转让，其他股东亦享有优先购买权。同时，参照《最高人民法院关于适用

〈中华人民共和国公司法〉若干问题的规定（四）》第十七条至第二十一条的规定，转让股权的股东仍应通知其他股东转让股权的同等条件。因此，本次修订删除了征求其他股东同意的规定，其他股东的同意与否，可以通过是否行使优先购买权来表达，其实际的效果并未发生改变，但使得本条规定和规定的适用更为简明和简便。此外，本次修订明确了转让股权的股东应书面通知的具体内容，使其通知义务和同等条件的确定有了根据，使得本条的规定更加清晰易行，其他股东的优先购买权得到了更好的保障。

【条文释义】

一、股东之间可以自由转让股权

公司股东之间的股权转让，无论是部分转让还是全部转让，都仅会引起股东之间的出资比例变化，而不会使新的股东进入公司。因此，股东之间的转让，不会使股东之间的伙伴关系发生变化，不会影响有限责任公司的人合性，也就无需作出限制。所以，本条没有对股东之间的股权转让作出限制性的规定。如实践中认为有必要对股东之间的股权转让进行限制，可以在章程中进行规定。

二、对外转让股权应当遵守法定程序

对公司股东之外的人转让股权，将会引入新的股东。考虑到新股东和其他股东之间并不一定存在相互信任的关系，为了避免影响有限责任公司的人合性，本条第二款对对外转让股权的程序作出了规定。

（一）应就股权转让事项书面通知其他股东

转让股权的股东应书面通知其他股东。本条未规定通知的具体内容，可由该股东自行决定。但考虑到其他股东可能行使优先购买权，通知内容可以包含股权转让的基本条件，如拟转让股权的数量、价格、支付方式和期限等事项，以使得其他股东能够知悉股权转让的具体情况，考虑是否采取下一步行动。

（二）其他股东享有优先购买权

对于对外转让的股权，其他股东享有优先购买权。但根据本条规定，优先购买权的行使需符合两个法定条件：（1）需与对外转让具备同等条件。为了维护转让股权的股东的利益，其他股东行使优先购买权需要在数量、价格、支付方式和期限等条件与外部购买者等同。即需要以转让股权的股东的书面通知为基础，确定同等条件。（2）需在接到转让股权股东的书面通知之日起三十日内行使，否则将被视为放弃优先购买权。其他股东

在收到转让股权具体情况的书面通知后，已经可以对是否行使优先购买权进行考量。考量应当在合理时间内进行，否则可能将影响到转让股权的股东的利益。因此本条规定优先购买权需要在三十日内行使权利，否则视为放弃优先购买权。

除此之外，如两个以上其他股东都要行使优先购买权，可先行协商确定各自购买的比例。如协商不成，则按照股权转让时各自持有公司股权的比例确定各自可优先购买的股权。

三、章程可就股权转让作出其他规定

考虑到股权转让是一种商事行为，法律需尊重当事人的意思。因此，本条第三款规定，公司章程对股权转让另有规定的，从其规定。这意味着，无论是对股东之间的股权转让还是对外的股权转让，公司章程都可以根据实际情况作出与本条第一款、第二款不同的规定。

【相关规定】

《最高人民法院关于适用〈中华人民共和国公司法〉若干问题的规定（四）》第十六条、第十八条、第二十二条。

第八十五条　【强制执行中的股权转让】人民法院依照法律规定的强制执行程序转让股东的股权时，应当通知公司及全体股东，其他股东在同等条件下有优先购买权。其他股东自人民法院通知之日起满二十日不行使优先购买权的，视为放弃优先购买权。

【条文主旨】

本条是关于有限责任公司股权因被法院强制执行而转让的规定。

【修改提示】

本条对应原法第七十二条的规定，本次修订内容未作变动。

【条文释义】

一、股权可以成为强制执行的标的

股权作为一种财产权，可以依法作为强制执行的标的。当债务人未能主动向债权人履行生效法院判决、决定或者法律规定由人民法院强制执行的其他法律文书所确认的债权时，其所拥有的股权可以被强制执行，但需经过一定的法律程序。

二、强制执行中股权转让的法定程序

为了在实现债权的同时尽可能维护有限责任公司的人合性，人民法院在强制执行程序中转让有限责任公司股权应当遵守法定程序。

（一）人民法院应当通知公司及全体股东

通知公司是为了使其协助执行，通知其他股东则是为了保障其优先购买权的行使。只有当法院将依法转让股东股权的有关事项如股权转让的时间、地方等告知其他股东，其他股东的优先购买权方才具备行使的条件。如若未通知，则会导致在原股东不知情或者未表示同意的情况下，让股东之外的人成为新股东，从而影响有限责任公司的人合性。

（二）其他股东在同等条件下享有优先购买权

人民法院就强制执行中股权转让事项通知全体股东后，公司其他股东如愿意以股东之外的人所出条件购买待转让股权的，该股东较之股东之外的人有优先购买权。但该优先购买权应当在接到法院通知之日起二十日内行使，否则就视为其他股东放弃优先购买权。此时，股东以外的人有权购买法院强制执行所转让的股东股权。

【相关规定】

《最高人民法院关于适用〈中华人民共和国公司法〉若干问题的规定（四）》第二十二条；

《最高人民法院关于人民法院强制执行股权若干问题的规定》①。

---

① 《最高人民法院关于人民法院强制执行股权若干问题的规定》，载最高人民法院网站，https：//www.court.gov.cn/fabu-xiangqing-337921.html，最后访问时间：2024 年 1 月 1日。

> **第八十六条 【股东请求变更公司登记权】** 股东转让股权的，应当书面通知公司，请求变更股东名册；需要办理变更登记的，并请求公司向公司登记机关办理变更登记。公司拒绝或者在合理期限内不予答复的，转让人、受让人可以依法向人民法院提起诉讼。
>
> 股权转让的，受让人自记载于股东名册时起可以向公司主张行使股东权利。

【条文主旨】

本条是关于股权转让中请求公司变更登记的权利及股权变动效力发生时点的规定。

【修改提示】

本条为本次公司法修订的新增条款。考虑到实践中一方面存在股东未及时将股权转让事项通知公司从而影响相关权利的行使导致纠纷的情况，另一方面亦存在股权转让的变更事项未能得到公司的有效配合从而难以实现的情况，本次修订可视为在参考了《最高人民法院关于适用〈中华人民共和国公司法〉若干问题的规定（三）》第二十三条的基础上新增本条，明确了公司应股东请求及时完成股东变更名册的登记义务，并赋予转让人、受让人就此事项寻求司法救济的权利。同时，为明确股权转让时变动效力发生的时点，本次修订立足于原法第三十二条的规定，明确受让人可以自记载于股东名册时起向公司主张行使股东权利。

【条文释义】

一、股东请求变更公司登记权

根据本法第三十四条，股权的变动须经登记机关变更登记方才具有公示效力，因此股权转让的最终完成还需要经过变更登记这一程序。另外，股东名册是股东权利的重要依据，股东名册的变更记载亦是确认股权转让的必要环节。因此，本条第一款规定，转让人和受让人均拥有请求公司变更股东名册并向公司登记机关办理变更登记的权利，公司有相应的配合变更的义务。

二、变更公司登记权的行使

根据本条第一款规定，股东转让其股权的，应当采用书面的方式通知公司，这是行使请求变更公司登记权利的形式要件。同时，通知的内容应当包含股权转让的具体内容，如转让份额、转让时间等，还应当同时附上相应的证明材料。否则，在无法确认股权转让真实性的情况下公司将无法予以配合，构成拒绝的正当理由。

如若公司拒绝或者在合理期限内不予答复，转让股权的股东或是受让该股权的人均可以向法院提起诉讼以实现权利。股权未能实现变更，将同时影响转让股权的股东和受让人的利益，因此他们均可以向法院提起诉讼。本条将公司在合理期限内不予答复的行为视同拒绝，该合理期限的确定需要依靠法院的裁量确定。

三、股权变动效力发生的时点

关于股权转让的变动效力，原法未作出明确规定，理论和实践中亦存在意思主义和形式主义的分歧。本次修订在本条中设置了第二款，明确受让人可以自记载于股东名册时起向公司主张行使股东权利。这一规定采取了形式主义的立场，以股东名册的记载为要件使得股权变动效力发生的判断更为简便明确。

【相关规定】

《最高人民法院关于适用〈中华人民共和国公司法〉若干问题的规定（三）》第二十三条、第二十七条。

> **第八十七条　【股权转让的变更记载】** 依照本法转让股权后，公司应当及时注销原股东的出资证明书，向新股东签发出资证明书，并相应修改公司章程和股东名册中有关股东及其出资额的记载。对公司章程的该项修改不需再由股东会表决。

【条文主旨】

本条是关于股权转让后公司应履行的变更记载程序的规定。

【修改提示】

本条在原法第七十三条规定的基础上进行了修改，主要对表述进行了调整，对公司应当注销原股东出资证书等变更记载行为增加了"及时"的要求，以促进股权转让的顺利实现。

【条文释义】

一、公司变更记载的程序性义务

根据本条规定，有限责任公司股东转让股权后，公司应当履行变更记载的程序性义务，主要包含两项内容：

第一，注销原股东的出资证明书并向新股东颁发出资证明书。出资证明书是股东对公司享有权利、承担责任的重要依据。因此股权转让后，理应注销原股东出资证明书，同时为因受让股权成为公司新股东的人颁发出资证明书。

第二，根据股东变动情况修改公司章程和股东名册中有关股东及其出资额的记载。这一修改是为了使公司章程和股东名册能够反映公司股东的真实情况，使股东及其他相关人的合法权益能够得到保障。

此外，本条对前述两项程序义务作出了"及时"的时间要求。虽然实践中根据股权转让情况的不同，其具体的交割方式和时间也不尽相同，故不宜对公司履行变更记载的程序性义务的时间作出严格限定，但为了保障新股东权利能够尽快实现，防止因为股东权利归属不明导致的纠纷，公司应当在合理的时间内尽快完成。

二、修改股权转让相应章程记载无需股东会表决

依照本法第五十九条规定，修改公司章程的行为属于股东会的职权范围，需要经过股东会的审议和表决。但考虑到本条中公司对公司章程的修改只是反映股权转让的客观结果，且依据本法第八十四条，股权转让中股东之间已形成了同意或者被视为同意的一致意见，故本条规定对公司章程的该项修改无需再由股东会表决。

> **第八十八条　【瑕疵股权转让时的出资责任】** 股东转让已认缴出资但未届出资期限的股权的，由受让人承担缴纳该出资的义务；受让人未按期足额缴纳出资的，转让人对受让人未按期缴纳的出资承担补充责任。
>
> 　　未按照公司章程规定的出资日期缴纳出资或者作为出资的非货币财产的实际价额显著低于所认缴的出资额的股东转让股权的，转让人与受让人在出资不足的范围内承担连带责任；受让人不知道且不应当知道存在上述情形的，由转让人承担责任。

【条文主旨】

本条是关于瑕疵股权转让时转让人和受让人出资责任承担的规定。

【修改提示】

本条为本次公司法修订的新增条款。我国在公司资本制度上选择了认缴资本制，因此股东并不必须一次性履行其对公司的出资义务，而是可以分期履行。这意味着公司资本存在未能缴足或未能按期缴足的风险，影响公司利益。股权的转让同时伴随着其出资义务的转移。为了使出资责任得以落实，本次修订在本法第四十七条就最长出资期限进行规定的基础上，在本条中特别明确了瑕疵股权转让时转让人及受让人出资责任的承担方式，在股权转让环节中加强了对股东出资行为的规范，完善了公司的资本制度，有利于维护公司及公司债权人的利益。

【条文释义】

一、股权转让的受让人承担未缴足股权的出资义务

根据本条第一款规定，如受让的股权未届缴资期限，则受让人应对公司承担缴纳出资义务。股权转让，该股权所包含的将于未来出资的义务也应当一同转移，故本条明确受让人作为未缴足股权出资义务的直接责任人，有利于明确出资责任以维护公司利益。

本款进一步规定，在受让人未按期足额缴纳出资的情况下，由转让人就未按期缴纳的部分承担补充责任。这进一步强化了未完成实缴出资义务

的股权出让人对该部分出资缴付的责任，避免转让人利用股权转让逃避出资义务套取转让收益，以维护公司和公司债权人的利益。

二、受让人明知瑕疵出资需承担连带责任

根据本条第二款的规定，对于已届缴资期限但未按期缴足的股权和以非货币财产出资但实际价额显著低于认缴出资额的股权，受让人在知道或者应当知道存在以上情形的情况下受让该股权，需在出资不足的范围内与转让人承担连带责任。一方面，对于转让前即已到期未缴足的股权和以非货币财产出资不足额的股权，其主要责任在于转让人。另一方面，股权转让后，受让人已成为公司股东，直接承担相应股权的出资义务。因此，为了防止股东以转让股权的方式逃避出资义务，同时考虑到保证交易效率，本条规定受让人需在出资不足的范围内与转让人承担连带责任。

【适用指南】

该条规定将股权转让的受让人作为未缴足股权直接责任人和瑕疵出资的连带责任人，这要求受让人在股权交易中需要更加注意其拟转让股权是否存在权利瑕疵，通过尽职调查等手段明确拟转让股权的出资情况以防止自身利益受损。同时，虽然受让人须依据本条承担出资义务或者连带责任，但受让人仍可在股权转让交易中针对因本条规定产生的风险预先作出安排，如与转让人就最终责任承担作出约定或要求其提供担保等。

【相关规定】

《最高人民法院关于适用〈中华人民共和国公司法〉若干问题的规定（三）》第十八条。

第八十九条　【异议股东的收购请求权】 有下列情形之一的，对股东会该项决议投反对票的股东可以请求公司按照合理的价格收购其股权：

（一）公司连续五年不向股东分配利润，而公司该五年连续盈利，并且符合本法规定的分配利润条件；

（二）公司合并、分立、转让主要财产；

（三）公司章程规定的营业期限届满或者章程规定的其他解散事由出现，股东会通过决议修改章程使公司存续。

> 自股东会决议作出之日起六十日内，股东与公司不能达成股权收购协议的，股东可以自股东会决议作出之日起九十日内向人民法院提起诉讼。
>
> 公司的控股股东滥用股东权利，严重损害公司或者其他股东利益的，其他股东有权请求公司按照合理的价格收购其股权。
>
> 公司因本条第一款、第三款规定的情形收购的本公司股权，应当在六个月内依法转让或者注销。

【条文主旨】

本条是关于有限责任公司股东在特殊情况下可以请求公司收购其股权而退出公司的规定。

【修改提示】

本条在原法第七十四条规定的基础上作出了修改。本次修订主要新增了两款规定，其中第三款增加了异议股东可行使收购请求权的情形，即"控股股东滥用股东权利，严重损害公司或者其他股东利益"；第四款对公司收购的股权增加了转让或者注销的时间限制。同时，第二款对表述进行了调整，将原条文中"股东会会议决议通过"改为"股东会决议作出"，与本法第二十六条等条文的表述保持一致。

【条文释义】

一、异议股东的收购请求权

有限责任公司的人合性要求股东共同致力于公司的经营，不得随意退出公司。但实践中常常出现大股东利用其表决权的优势操纵股东会决议，作出不分配利润或者高风险投资等决议，损害中小股东的权益。在这种情况下，中小股东可以通过异议股东收购请求权退出公司，以实现对自身利益的救济。

二、异议股东的收购请求权的法定情形

由于异议股东的收购请求权是通过公司收购其股权的方式实现退出公司，其实质不是股权转让，而是股东收回出资退出公司的行为，因此异议

股东的收购请求权的适用需要有严格的限制。本条规定了两种异议股东的收购请求权需要满足法定的情形。

第一，根据本条第一款，股东会作出了影响股东权益的特定决议，股东就决议投出反对票，则该股东可以请求公司按照合理价格收购其股权。前述决议包括：

1. 公司连续五年不向股东分配利润，而公司该五年连续盈利，并且符合本法规定的分配利润条件。该情形下，股东要求分配利润的主张是合理合法的，但持有公司多数表决权的股东通过决议的形式否定股东分配股利的诉求，阻碍了其合理利益的实现。

2. 公司合并、分立、转让主要财产。该情形下，公司的主要资产出现了重大变化，必将影响到公司的经营，公司可能出现重大的经营风险。尽管股东会以资本多数决通过了相关决议，但相关决议却与少数反对股东对于公司经营的合理期待相背离，此时应当允许其退出公司。

3. 公司章程规定的营业期限届满或者章程规定的其他解散事由出现，股东会通过决议修改章程使公司存续。章程规定的解散事由出现，公司本应解散，股东可以实现退出，这是章程订立时股东的意愿。但持有公司多数表决权的其他股东通过决议的形式修改公司章程使公司继续存续，这与少数反对股东在章程订立时的意愿相违背，应当允许其退出公司，不能要求其继续承担公司经营需要面临的风险。

第二，根据本条第三款，控股股东滥用股东权利严重损害公司或者其他股东利益的，其他股东有权请求公司按照合理价格收购其股权。实践中，股权结构比较集中的公司的大股东滥用权利损害公司及其他中小股东的情形比比皆是。而中小股东想要退出公司的渠道有限，难度较大。因此，本次修订为了贯彻产权平等的政策要求，加强中小股东的保护，新增了该项异议股东收购请求权的情形，为中小股东提供了救济途径。

三、异议股东的收购请求权的法定程序

根据本条第二款，异议股东请求公司收购其股权以退出公司需要遵循法定的程序：

（一）请求公司收购股权

异议股东要求退出公司时应当首先请求公司收购其股权。请求收购的价格应当是合理价格，即公开市场上一般人认可的价格，这样才能在保护异议股东权益的同时不损害公司及其他股东的权益。

（二）向人民法院提起诉讼

异议股东请求公司收购其股权应当首先以协商的方式进行，但若异议股东与公司未能就股权收购达成协议，则既可能影响异议股东权益，又可能影响公司的生产经营。为此，本条赋予了异议股东诉权，规定在股东会决议作出之日起六十日内不能与公司达成股权收购协议的，异议股东可以自股东会决议作出之日起九十日内向人民法院提起诉讼，由人民法院对股权收购事项依法作出裁判。需要注意的是，根据《最高人民法院关于适用〈中华人民共和国公司法〉若干问题的规定（一）》第三条的规定，异议股东超出法定期限，向人民法院提起诉讼，人民法院不予受理。

四、公司收购自身股权后转让和注销的时间限制

公司依据异议股东的请求或者依据法院判决收购自身股权后，公司的实际资本减少，因此公司需要尽快对公司资本作出调整。故本条第四款规定，公司按照本条第一款规定收购公司股权后，应当在六个月内依法转让收购的股权或者注销该股权。

【相关规定】

《最高人民法院关于适用〈中华人民共和国公司法〉若干问题的规定（一）》第三条；
《中华人民共和国市场主体登记管理条例实施细则》第三十六条。①

> **第九十条　【股东资格的继承】** 自然人股东死亡后，其合法继承人可以继承股东资格；但是，公司章程另有规定的除外。

【条文主旨】

本条是关于自然人死亡后其股东资格继承的规定。

【修改提示】

本条对应原法第七十五条的规定，本次修订内容未作变动。

---

① 《中华人民共和国市场主体登记管理条例实施细则》，载国家市场监督管理总局网站，https：//www.samr.gov.cn/cms_files/filemanager/samr/www/samrnew/djzcj/zcfg/gz/202203/t20220322_340660.html，最后访问时间：2024年1月1日。

【条文释义】

一、自然人死亡后其股东资格继承

股东的出资额是股东个人的合法财产，理应按照民法典继承编的规定，由其继承人依法继承。但考虑到股权具有人身专属性，不同于一般财产，故股东资格的继承问题有必要在公司法中作出规定。

本条规定了股权继承的一般原则，即自然人股东的合法继承人可以继承股东资格。这是因为股东资格基于股东的财产权而产生，因此应当伴随其财产权利的转移而转移。同时，考虑到被继承人对于公司的贡献，以及我国的继承传统，由继承人继承股东资格对公司的人合性影响有限，具备合理性，其他股东亦能接受。这一规定也和域外的一般原则相同。

二、公司章程可规定股东资格继承办法

根据本条规定，公司章程可另行规定股东资格的继承办法。这主要考虑到有限责任公司具有人合性，公司的成立、经营均基于股东之间的信任与合作。而自然人死亡后，其继承人并不一定能够获得公司其他股东的信任和认可，可能引发公司股东之间的纠纷，甚至引起公司僵局的出现。为此，从实际出发，应当允许公司章程规定不同的继承办法，解决股东资格的继承问题。公司章程中未就继承作出规定，应当按照本条规定的一般原则由继承人继承股东资格。

【适用指南】

实践中因为股东资格的继承问题引起的纠纷屡见不鲜。为了避免纠纷，股东可在制定章程时充分考虑股权的继承问题。如可以约定股东的继承人只有在满足章程设定的某些条件后方能成为公司股东，未能获得股东资格的，可以将股权转让。需要注意的是，公司章程只能就继承中股东资格的获得作出限制，不能违背民法典有关继承的一般原则，剥夺继承人获得与股权价值相对应的财产对价的合法权利。

第五章　股份有限公司的设立和组织机构

第一节　设　　立

> **第九十一条　【股份有限公司的设立方式】**设立股份有限公司，可以采取发起设立或者募集设立的方式。
>
> 发起设立，是指由发起人认购设立公司时应发行的全部股份而设立公司。
>
> 募集设立，是指由发起人认购设立公司时应发行股份的一部分，其余股份向特定对象募集或者向社会公开募集而设立公司。

【条文主旨】

本条是关于股份有限公司的设立方式的规定。

【修改提示】

本条在原法第七十七条规定的基础上作出了修改。由于本次修订在股份有限公司资本制度中引入授权资本制，即股份有限公司设立时只需发行部分股份，公司章程和股东会可以作出授权，由董事会根据公司实际运营需要决定发行剩余股份。因此，本条主要依据授权资本制的要求进行了修改，对发起人认购股份范围增加了"设立公司时应发行"的限定，为授权资本制下公司成立后继续发行股份留下空间。

【条文释义】

根据本条规定，股份有限公司的设立方式包括发起设立和募集设立两种。

第一，发起设立。发起设立是指公司发起人认购公司在设立时应发行的全部股份的一种设立方式。即发起设立时公司的应发行全部股份由发起人认购，而不另向他人发行，这也是发起设立和募集设立的最大区别。

发起设立方式设立的股份有限公司，在其发行新股之前，公司的全部股东都是设立公司的发起人。由于不涉及向社会公开募集股份，因此发起设立股份有限公司的程序相对简便。

第二，募集设立。募集设立是指由发起人认购公司设立时应发行股份的一部分，剩余部分采用向特定对象募集或者向社会公开募集的一种设立方式。也即，募集设立时认购公司应发行股份的不仅包括发起人，还有发起人以外的其他投资者。其他投资者包含两种：一是向特定对象募集股份，即在一定范围内向特定主体募集股份，如某公司职工或者特定机构投资者等；二是向不特定对象募集股份，这种方式由于涉及社会公众，需要受到比较严格的限制。

【相关规定】

《中华人民共和国证券法》第十一条；

《最高人民法院关于适用〈中华人民共和国公司法〉若干问题的规定（三）》第一条至第六条。

> **第九十二条　【发起人的人数及资格条件】** 设立股份有限公司，应当有一人以上二百人以下为发起人，其中应当有半数以上的发起人在中华人民共和国境内有住所。

【条文主旨】

本条是关于发起人的人数及其资格条件的规定。

【修改提示】

本条在原法第七十八条规定的基础上作出了修改。主要将股份有限公司设立的人数要求的下限由"二人以上"修改为"一人以上"，并将"中国境内"的表述调整为"中华人民共和国境内"。

本次修订降低了股份有限公司的最低人数限制，降低了股份有限公司的设立门槛，允许设立一人股份有限公司，有利于进一步激发市场活力。

【条文释义】

一、发起人的人数限制

根据本条规定，在我国设立股份有限公司，发起人人数最低为一人，最高为二百人。不符合该人数限制的，不得设立股份有限公司。本条明确允许设立一人股份有限公司。

值得注意的是，公司法历次修改在股份有限公司设立时的最低人数限制上体现出了放宽趋势。1993年公司法规定，设立股份有限公司应当有五人以上为发起人。2005年公司法修改时将最低人数限制降为二人。而本次修订取消了股份有限公司设立的最低人数限制，进一步放宽了准入条件。而在最高人数限制方面，1993年公司法未就最高人数进行限制。但在后来实践中出现了以发起设立股份有限公司为名义，实际进行非法集资的活动[1]。同时，发起人人数较多，意见和行动难以统一，不利于公司的筹办以及相关事务的开展。因此，2005年公司法开始规定发起人数的最高限制为二百人。

二、发起人的资格限制

本条规定未对发起人是自然人还是法人及其国籍作出限制，因此自然人和法人、中国人和外国人均具备作为股份有限公司发起人的资格。

根据本条规定，发起人需有半数以上在中华人民共和国境内有住所。对发起人的住所要求，一方面是考虑到设立过程中应有足够的人处理公司设立相关事务办理相关手续；另一方面也是为了便于对发起人及其设立公司的行为进行监督管理，防止非法集资等行为危害社会公众利益。发起人在中华人民共和国境内有住所，就中国公民为其户籍所在地或经常居住地在中国境内；就外国公民为其经常居住地在中国境内；就法人为其主要办事机构所在地在中国境内。

三、一人股份有限公司

根据本条规定，允许设立一人股份有限公司。这是本次修订的重要变化之一。在此之前，我国公司法只承认一人有限责任公司，包括设立时的一人有限责任公司和设立后的一人有限公司（即有限公司成立后，因股东退出导致公司仅余一名股东的情况）。本次修订增加一人股份有限公司，

---

① 胡俊明、正新：《重拳出击 治理金融"三乱"》，载《政策》1999年第2期。

有助于降低投资者经营风险，维持企业，保护交易安全；减少纠纷，降低交易成本。①

> **第九十三条　【发起人的义务】** 股份有限公司发起人承担公司筹办事务。
>
> 发起人应当签订发起人协议，明确各自在公司设立过程中的权利和义务。

【条文主旨】

本条是关于发起人筹办公司事务和签订发起人协议的规定。

【修改提示】

本条对应原法第七十九条的规定，本次修订内容未作变动。

【条文释义】

一、发起人筹办公司事务

股份有限公司的设立相关事务有赖于其最初的人员——发起人进行筹办。本条规定，股份有限公司的发起人应当承担公司筹办事务，包括公司成立所需的材料准备、申请手续的办理，制定章程，召开创立大会等程序性事务。

二、发起人应当签订发起人协议

发起人协议是发起人之间签订的，明确各发起人在公司设立过程中的权利和义务的协议。除一人股份有限公司以外，股份有限公司的多个发起人各自在公司设立过程中的权利和义务，如认购的股份、出资方式、违约责任，公司设立过程中的分工，设立失败的责任承担等均须依据发起人协议确定。发起人的协议应当符合本法的相关规定，还需要受到民法典合同编等相关法律的规范。

---

① 施天涛：《公司法论》，法律出版社 2020 年版，第 47~48 页。

> **第九十四条 【股份有限公司设立时章程的制定主体】**
> 设立股份有限公司，应当由发起人共同制订公司章程。

【条文主旨】

本条是关于股份有限公司设立时公司章程制定主体的规定。

【修改提示】

本条为本次公司法修订的新增条款。

【条文释义】

公司章程是公司治理的重要文件，自公司成立伊始即应当为公司的运营发挥规范作用，对公司所有成员产生约束，理应由公司设立时的全体成员共同制定。基于此，本次修订新增股份有限公司设立时公司章程制定主体的规定，要求公司章程应当由发起人共同制定。

> **第九十五条 【股份有限公司章程的内容】** 股份有限公司章程应当载明下列事项：
> （一）公司名称和住所；
> （二）公司经营范围；
> （三）公司设立方式；
> （四）公司注册资本、已发行的股份数和设立时发行的股份数，面额股的每股金额；
> （五）发行类别股的，每一类别股的股份数及其权利和义务；
> （六）发起人的姓名或者名称、认购的股份数、出资方式；
> （七）董事会的组成、职权和议事规则；
> （八）公司法定代表人的产生、变更办法；
> （九）监事会的组成、职权和议事规则；
> （十）公司利润分配办法；

> （十一）公司的解散事由与清算办法；
>
> （十二）公司的通知和公告办法；
>
> （十三）股东会认为需要规定的其他事项。

【条文主旨】

本条是关于股份有限公司章程的内容的规定。

【修改提示】

本条在原法第八十一条规定的基础上作出了修改。

第一，本次修订为配合引入授权资本制、无面额股制度，在第四项对章程应记载的相应内容作出了相应变更。

第二，本次修订引入了类别股制度，本条相应地新增"发行类别股的，每一类别股的股份数及其权利和义务"的规定作为本条第五项。将原第五项及其后他项置于其后。

第三，删除了原第五项（现第六项）中发起人"出资时间"的规定。发起人的出资时间属于发起人之间可由发起人协议约定的事项，一般情况下不会影响发起人之外的主体，如其作为章程必要记载事项，则在需要变更时存在程序上的困难。因此，本次修订删除了出资时间的规定，将其交由发起人自行约定。

第四，将原第七项（现第八项）"公司法定代表人"修改为"公司法定代表人的产生、变更办法"。根据原法规定，公司法定代表人为章程的必要记载内容，而修改公司章程必须经出席股东会三分之二以上表决权同意。因此无论公司法定代表人的变更方式为何，由于法定代表人系章程应记载的重大事项，均需经过股东会三分之二以上表决权表决通过而实现变更。本次修订，不再将法定代表人列为章程的必要记载事项，即变更法定代表人无需对章程进行修改，更具灵活性。但相应地，本次修订应当在公司章程中明确法定代表人的产生、变更办法，有利于避免因法定代表人确定方式存在争议而引起的纠纷。

第五，将原第十二项（现第十三项）中"股东大会会议"的表述调整为"股东会"。

【条文释义】

公司章程是法律规定的记载公司组织重大事项和行动基本规则的必备文件，其对公司及其全体人员均具有约束力，因此法律有必要对其内容作出规定。根据本条规定，股份有限公司章程的法定内容包括：

1. 公司的名称和住所。公司的名称是公司用以代表自身并区别于其他公司的文字符号。根据本法第七条，公司名称应当标明股份有限公司或股份公司字样。同时，公司名称还受到《企业名称登记管理规定》的规范。

公司的住所是公司的主要办事机构所在地。公司章程载明公司住所其法律意义在于可以据以确定公司债务的履行地、管理机关、通知送达、诉讼管辖等事项。

2. 公司的经营范围。公司的经营范围反映公司业务活动的生产经营的方向，是其活动范围的法律界限，是公司作为法人的权利能力和行为能力的核心内容，因此需要在章程中载明。

3. 公司的设立方式。公司的设立方式即须载明股份有限公司是采取发起设立还是募集设立。公司以何种方式设立，关系到公司是否需要向发起人以外的人发行股份，还涉及公司成立的程序问题。

4. 公司的注册资本、已发行股份数和公司设立时应发行的股份数、发行面额股的每股金额。由于本次修订引入授权资本制，公司可在设立时发行部分股份，后续股份可在公司成立后另行发行。故章程须载明已发行的股份数和设立时发行的股份数。设立时发行的股份数即设立时应当由发起人认购或向他人募集的股份数额。

5. 发行类别股的，每一类别股的股份数及其权利和义务。由于本次修订引入类别股制度，不同类别股权在公司财产分配和投票权等方面具有不同的安排，有必要在章程中载明。因此本条规定，公司发行类别股的，应当在章程中载明每一类别股的股份数及其权利和义务。该项与第一百四十四条至第一百四十六条类别股的有关规定相衔接，有利于保障类别股股东的权益。

6. 发起人姓名或名称、认股的股数、出资方式。发起人的姓名和名称是识别发起人的根据，对自然人而言为其姓名，对法人而言为其名称。发起人认购的股数是指每一个发起人在公司设立时认购的股份的具体数额。出资方式是指发起人是以货币出资，还是以实物、知识产权、土地使用权等非货币财产出资。由于发起人在公司设立过程中需承担公司筹办事务，因此公司章程需要记载公司发起人及其认股数量、出资方式，以使与公司发生关系的民事主体了解发起人情况。

7. 董事会的组成、职权和议事规则。董事会的组成即董事会的具体人员构成，包括董事长及其他董事。董事会的职权是指董事会具体职权范围。董事会的议事规则是指董事会举行会议以及作出决议应当遵守的规则。董事会是公司的执行机构，在公司的治理中发挥着中心作用，因此章程有必要明确其组成、职权和议事规则。

8. 法定代表人的产生、变更办法。本次修订后，法定代表人的具体人员不再作为章程的必要记载内容，因此法定代表人的变更无需按照章程修订程序要求股东会三分之二以上表决权通过。章程仅需明确法定代表人的产生、变更办法，意味着公司在人事方面有了更大的灵活性。

9. 监事会的组成、职权和议事规则。监事会的组成即监事会的具体人员构成。监事会的职权指监事会的具体职权范围。监事会的议事规则是指监事会举行会议以及作出决议应当遵守的规则。监事会是公司的监督机构，其履职关系到公司的有效运转，因此其组成、职权和议事规则需要在章程中明确。

10. 公司利润分配办法。按照本法第二百一十条规定，公司的税后利润需要弥补亏损、提取公积金后方可分配，公司利润分配办法即就可分配利润向股东分配具体的分配方案。股东入股公司的目的是获得利润，而公司利润分配办法直接关系到股东这一目的的实现，因此需要在公司章程予以明确以保障股东利益。

11. 公司的解散事由与清算办法。解散事由是指可能导致公司解散的时间、情况。公司的清算办法是指公司解散后如何进行清算活动。公司的解散事由和清算办法是公司消灭必须确定的事项，因此有必要在公司章程中予以载明。

12. 公司的通知和公告办法。公司的通知和公告办法是指公司进行通知和公告的具体方式，如邮件、专人送达、官网告知、在报纸或有关网站上登载等。公司的通知和告知办法，关系到股东、债权人等利益相关人及时获取公司的相关信息，明确公司意思并据以作出行为，所以应当在公司章程中明确。

13. 股东会认为需要规定的其他事项。除前述必须记载的事项外，股东会可根据公司具体情况将其认为需要在章程中规定的重要事项在章程中记载。

> **第九十六条　【股份有限公司的注册资本】** 股份有限公司的注册资本为在公司登记机关登记的已发行股份的股本总额。在发起人认购的股份缴足前，不得向他人募集股份。
>
> 法律、行政法规以及国务院决定对股份有限公司注册资本最低限额另有规定的，从其规定。

【条文主旨】

本条是关于股份有限公司注册资本的规定。

【修改提示】

本条在原法第八十条规定的基础上作出了修改。相较于修改前，修改后本条第一款对股份有限公司的注册资本将不再区分股份有限公司的设立方式是发起设立还是募集设立，统一为在公司登记机关登记的已发行股份的股本总额。其中，主要将原"全体发起人认购的股本总额"改为"已发行股份的股本总额"，这是为了引入授权资本制所做的相应调整，本条第二款删除了"注册资本实缴"的规定，进一步落实了资本认缴制。

【条文释义】

一、股份有限公司的注册资本

股份有限公司具有资合性，股东以其认购的股份对公司承担有限责任，公司以其全部财产对公司的债务承担责任。因此，公司本身的财产不仅是公司生产经营所依赖的物质基础，还是公司债权人利益的保证。因此，公司的资本既需要被确定和维持，也需要向社会公示，使与公司发生关系、开展交易的各类主体能够掌握公司的信用情况，并依此调整行动。

由于本次修订引入了授权资本制，公司的股本总额会因公司成立后发行股份的行为而变化，因此本条规定，股份有限公司的注册资本为在公司登记机关登记的已发行股份的股本总额。

股份有限公司可以向发起人之外的人，特别是可以向社会公开募集股份。如若发起人尚未缴足股份即可向他人募集股份，那么就极有可能存在一些人利用募集股份的名义进行投机活动，损害其他投资者利益的情况。因此本条规定，在发起人认购的股份缴足前，不得向他人募集股份。

二、其他法律法规对股份有限公司最低注册资本的限制

本条第二款规定，法律、行政法规以及国务院决定对股份有限公司注册资本最低限额另有规定的，从其规定。根据不同行业的情况，许多法律、行政法规都对特定行业的公司注册资本最低限额作出了明确要求，如证券法、保险法、商业银行法等。

【适用指南】

引入授权资本制是本次公司法修订的重要内容，股份有限公司可以依照相关规定在公司章程中对公司后续发行股份进行融资作出预先安排。但需要注意的是，公司成立后后续的股份发行行为仍需遵循相关法律的规定。如本条即要求后续的股份发行须以发起人缴足认购的股份为前提，后续发行如采取公开发行的方式还需要符合证券法的相关规定。

此外，由于授权资本制下公司注册资本的概念发生了变化，因此还需要关注公司注册资本登记相关规定的变化情况。

【相关规定】

《最高人民法院关于适用〈中华人民共和国公司法〉若干问题的规定（二）》第二十二条；

《中华人民共和国证券法》第一百二十一条；

《中华人民共和国保险法》第六十九条；

《中华人民共和国商业银行法》第十三条；

《中华人民共和国市场主体登记管理条例》①；

《中华人民共和国市场主体登记管理条例实施细则》第三十六条。

> **第九十七条　【发起人的认股要求】** 以发起设立方式设立股份有限公司的，发起人应当认足公司章程规定的公司设立时应发行的股份。

---

① 截至本书定稿时，该条例尚未就本次公司法修订中注册资本相关规定的变化进行修改，因此需注意该规定可能的后续变化。

> 以募集设立方式设立股份有限公司的，发起人认购的股份不得少于公司章程规定的公司设立时应发行股份总数的百分之三十五；但是，法律、行政法规另有规定的，从其规定。

【条文主旨】

本条是关于股份有限公司设立时发起人认购股份的要求的规定。

【修改提示】

本条在原法第八十三条、第八十四条规定的基础上作出了修改。本次修订主要将原条文中关于发起人认购股份的要求集成为一条，并根据授权资本制的要求将"股份"调整为"公司设立时应发行的股份"。

【条文释义】

一、发起设立时发起人的认股要求

根据本条第一款的规定，以发起设立方式设立股份有限公司，全体发起人应当认购公司章程规定的在设立时应发行的全部股份。同时根据本法第九十五条，发起人认购的股份数也是章程应载明的内容，故对于单个发起人而言，其应当按照章程规定由其认购股份。

二、募集设立时发起人的认股要求

由于在以募集方式设立公司时，相较于购买该公司股份的社会公众或特定对象，发起人还承担着公司设立相关事务的筹办工作。发起人的工作直接关系着公司是否能够顺利设立，正常进入运营状态。若发起人仅认购极少的股份，那么相应的其承担的责任也很小，这不利于发起人尽职开展公司设立的相关事务，甚至会出现发起人利用设立公司之机，对其他投资者进行欺诈活动损害其合法权益。因此本条第二款规定，以募集设立方式设立股份有限公司，全体发起人应当认购的股份的最低限额为公司章程规定的在设立时应当发行的股份总数的百分之三十五。

此外，其他法律法规根据其调整的行业不同，可以对其规范范围内的股份有限公司设立时发起人认购股份的最低限额作出不同规定。

> **第九十八条 【发起人的出资要求】** 发起人应当在公司成立前按照其认购的股份全额缴纳股款。
>
> 发起人的出资,适用本法第四十八条、第四十九条第二款关于有限责任公司股东出资的规定。

【条文主旨】

本条是关于股份有限公司发起人出资行为的规定。

【修改提示】

相较于原法第八十三条、第八十四条,本条对于股份有限公司发起人的出资行为的要求将不再区分设立方式,而以本条作为发起人出资行为的一般规则。

【条文释义】

一、发起人应在公司成立前全额缴纳股款

本次修订将在公司设立时发起人应承担的认缴义务变更为实缴义务,发起人应当在公司成立前就全额缴纳股款。这一方面是考虑到授权资本制度下公司可以灵活调整资本额,给予发起人出资的期限利益不再必要。另一方面则是为了挤出注册资本中的"水分",使得注册资本能够更为真实地反映公司出资的现实情况。

二、发起人的出资方式、出资评估和缴纳方式

本条第二款规定了发起人的出资方式、出资评估和缴纳方式适用本法第四十八条、第四十九条第二款规定的有限责任公司股东出资的相关规定。发起人亦是公司的股东,股份有限公司的股东出资在出资方式、评估方式、出资缴纳上与有限责任公司并无区别,因此可以直接适用其规定。

> **第九十九条 【发起人的瑕疵出资责任】** 发起人不按照其认购的股份缴纳股款,或者作为出资的非货币财产的实际价额显著低于所认购的股份的,其他发起人与该发起人在出资不足的范围内承担连带责任。

【条文主旨】

本条是关于股份有限公司发起人瑕疵出资时，其他发起人的连带责任的规定。

【修改提示】

本条是在原法第九十三条规定的基础上进行的修改。本条将原法第九十三条的两款规定压缩为一款，使得条文更加精简，并明确其他发起人与瑕疵出资发起人在"出资不足的范围内"承担连带责任。同时，本条删除了原条文中"股份有限公司成立后"的限定，这是因为本次修订后，股份有限公司的注册资本全面实施实缴制，根据本法第九十八条规定，发起人按照其认购的股份全额缴纳股款，是股份有限公司得以成立的前提。此外，本条亦依照本法第九十八条的规定，对表述进行了相应调整。

【条文释义】

发起人在承担足额缴纳出资的基础上，还负有确保公司资本充实的义务，需要对其他发起人的瑕疵出资行为承担连带责任。这是因为股份有限公司以发起人的出资作为物质基础，发起人履行出资义务的情况关系到公司的偿债能力，从而影响到债权人的利益。一方面，在公司设立中，发起人是作为一个整体对外代表设立中的公司执行事务，因而也应当作为一个整体对外承担责任。另一方面，发起人间达成的设立公司的协议具有合伙协议性质，发起人因此成为合伙成员，因而发起人须与作为合伙成员的瑕疵出资发起人，就设立公司的行为所产生的债务对外承担连带责任。

该条规定也与本法第五十条规定的有限责任公司设立时出现股东瑕疵出资的责任承担方式保持一致。

【相关规定】

《最高人民法院关于适用〈中华人民共和国公司法〉若干问题的规定（三）》第二十三条。

> **第一百条　【招股说明书及认股书】** 发起人向社会公开募集股份，应当公告招股说明书，并制作认股书。认股书应当载明本法第一百五十四条第二款、第三款所列事项，由认股人填写认购的股份数、金额、住所，并签名或者盖章。认股人应当按照所认购股份足额缴纳股款。

【条文主旨】

本条是关于公告招股说明书和制作认股书的规定。

【修改提示】

本条在原法第八十五条规定的基础上作出了修改。主要根据其他条文的修改，调整了认股书应记载事项所依据的条文，并将签章要求由"签名、盖章"调整为"签名或者盖章"。

【条文释义】

一、发起人应当公告招股说明书

招股说明书在经过核准后必须向社会公众公告，根本目的在于使社会公众了解公司真实的经营状况，便于投资者做出选择，保护投资者利益，防止发起人或公司以不正当手段进行融资。

公司法没有对采取何种方式进行公告作出明确规定，根据证券法第八十六条明确规定："依法披露的信息，应当在证券交易场所的网站和符合国务院证券监督管理机构规定条件的媒体发布，同时将其置备于公司住所、证券交易场所，供社会公众查阅。"

二、发起人应当制作认股书

为了便于公众认购公司股份，通过募集设立公司的发起人应当制作认股书。根据本条规定，认股书应当根据本法第一百五十四条第二款、第三款，附有公司章程并载明以下事项：（1）发行的股份总数；（2）发行面额股的，每股的票面金额和发行价格，发行无面额股的，股份发行价格；（3）募集资金的用途；（4）认股人的权利和义务；（5）股份种类及其权利和义务；（6）本次募股的起止日期及逾期未募足时认股人可以撤回所认股份的说明。投资人决定认股时应当在认股书上填写认购的股份数、金额和住所，以签名或盖章的方式进行确认。

【相关规定】

《中华人民共和国公司法》第一百五十四条；

《中华人民共和国证券法》第八十六条。

> **第一百零一条 【股款缴足后须出具验资证明】** 向社会公开募集股份的股款缴足后，应当经依法设立的验资机构验资并出具证明。

【条文主旨】

本条是关于股款缴足后须出具验资证明的规定。

【修改提示】

本条在原法第八十九条第一款规定的基础上作出了修改。本次修订将原法第八十九条出具验资证明和召开公司成立大会的规定划分成现本法第一百零一条及第一百零三条进行表述。

【条文释义】

截至招股说明书载明的募股时间，发起人向社会公开募集的股份发售完毕，所有股款缴纳至代收股款的银行后，该股款应当经过法定验资机构验资并出具验资证明。该规定旨在确保公司资本的足额缴纳、真实合法，最大可能避免虚假出资的情况发生。根据《中华人民共和国注册会计师法》第十四条第二款的规定："注册会计师依法执行审计业务出具的报告，具有证明效力。"验资机构检验的内容包括股东出资是否符合法律、行政法规和公司章程的规定，是否存在不诚信行为，非货币出资的评估作价是否公允合理，非货币出资是否已经办理权利转移登记手续等。

【相关规定】

《中华人民共和国注册会计师法》第十四条。

【适用指南】

公开募股的股款缴足后公司应当及时请依法设立的验资机构进行验资并出具证明。避免出资不实、抽逃出资等情形出现。

> **第一百零二条　【股东名册】** 股份有限公司应当制作股东名册并置备于公司。股东名册应当记载下列事项：
>
> （一）股东的姓名或者名称及住所；
> （二）各股东所认购的股份种类及股份数；
> （三）发行纸面形式的股票的，股票的编号；
> （四）各股东取得股份的日期。

【条文主旨】

本条是关于股东名册的规定。

【修改提示】

本条在原法第一百三十条规定的基础上作出了修改。主要是为了匹配对种类股的发行许可，将第二项细化为认购的股份种类和股份数，第三项中只有发行纸面形式股票的需要在股东名册上记载股票编号，删去了原法第一百三十条中对发行无记名股票的规定。

【条文释义】

根据公司法第一百四十七条的规定，股份有限公司发行的股票应当为记名股票。为了便于股东行使股东权利，同时使公司了解掌握股票数量和流向情况，公司应当置备股东名册。

股东名册对于公司治理意义重大。第一，法律推定股东名册上的股东为真正的股东，无论其实际出资人是否有变；第二，公司通知股东参加股东会以股东名册所载股东住所为送达目的地；第三，公司分配股息和红利时以股东名册中所载股东为受益人；第四，股东一般享有相关信息知情权，股东名册即为其中一项重要渠道。

由于资本市场的不断更新变化，股票形式也已经不再局限于纸面形式，因此对于已经在依法设立的证券登记结算机构登记的股份不需要再置备股东名册。

根据公司法第一百四十四条的规定，公司可以发行以下类别股：（1）优先或者劣后分配利润或者剩余财产的股份；（2）每一股的表决权数多于或者少于普通股的股份；（3）转让须经公司同意等转让受限的股份；（4）国务院规定的其他类别股。因此在置备股东名册时需要详细记录股东所持有股份的种类，便于区分各类股东。

【适用指南】

公司在发生股权转让后，应当及时办理工商变更登记手续，防止公司利益受损。

【相关规定】

《中华人民共和国公司法》第一百四十四条、第一百四十七条。

> **第一百零三条 【公司成立大会】**募集设立股份有限公司的发起人应当自公司设立时应发行股份的股款缴足之日起三十日内召开公司成立大会。发起人应当在成立大会召开十五日前将会议日期通知各认股人或者予以公告。成立大会应当有持有表决权过半数的认股人出席，方可举行。
>
> 以发起设立方式设立股份有限公司成立大会的召开和表决程序由公司章程或者发起人协议规定。

【条文主旨】

本条是关于公司成立大会的规定。

【修改提示】

本条在原法第八十九条第一款和第九十条第一款规定的基础上作出了修改。主要将原法第八十九条中的"创立大会"修改为"成立大会"。成立大会的举行前提由"代表股份总数过半数的发起人、认股人出席"修改为"有持有表决权过半数的认股人出席"。新增规定"以发起设立方式设立股份有限公司成立大会的召开和表决程序由公司章程或者发起人协议规定"。

【条文释义】

一、召开公司成立大会

在发行股份的股款在招股书规定的截止期限前全部缴足后，发起人应当自股款缴足之日起三十日内召开成立大会。成立大会是在股份有限公司成立前，由全体发起人、认股人参加决定是否设立公司、公司设立过程中以及成立后重大事项的决策机构。因此，如果发起人自股款缴足之日起三十日内没有召开成立大会，则公司不得成立，认股人有权要求发起人返还其缴纳的股款以及与该股款在银行同期存款可得利息相等数额的款项。

二、举行成立大会的程序

成立大会由发起人负责召集，发起人确定会议召开日期后应当提前十五日以上通知各个认股人，可以通过公告方式，在国家有关部门规定的报刊上或在专项出版的公报上刊登，同时置备于公司、证券交易所，方便社会公众查阅。

根据本条规定，成立大会应有持有表决权过半数的认股人出席，方可举行。成立大会由全体认股人参加，但无需所有认股人出席成立大会，只需要符合法定要求的持有表决权过半数的认股人出席，成立大会方可举行。相反，如果无法达到这一要求，成立大会就不能举行。

第一百零四条　【公司成立大会的职权和表决程序】 公司成立大会行使下列职权：

（一）审议发起人关于公司筹办情况的报告；

（二）通过公司章程；

（三）选举董事、监事；

（四）对公司的设立费用进行审核；

（五）对发起人非货币财产出资的作价进行审核；

（六）发生不可抗力或者经营条件发生重大变化直接影响公司设立的，可以作出不设立公司的决议。

成立大会对前款所列事项作出决议，应当经出席会议的认股人所持表决权过半数通过。

【条文主旨】

本条是关于公司成立大会的职权和表决程序的规定。

【修改提示】

本条在原法第九十条第二款、第三款规定的基础上作出了修改。主要将"创立大会"改为"公司成立大会"，将原来第三项、第四项"选举董事会成员""选举监事会成员"合并为一项"选举董事、监事"。

【条文释义】

一、公司成立大会的职权

公司成立大会的职权包括：审议发起人关于公司筹办情况的报告；通过公司章程；选举董事、监事；对公司的设立费用进行审核；对发起人非货币财产出资的作价进行审核；发生不可抗力或者经营条件发生重大变化直接影响公司设立的，可以作出不设立公司的决议。

成立大会与股东会行使的职权类似，都是公司重大事项的决议机关，成立大会的存在时间在公司成立前，股东会则是在公司成立后。

二、成立大会的决议程序

因为公司成立大会决议的事项较为重大，因此要求出席会议的认股人所持表决权过半数通过。在决议形成后，由所有出席会议的认股人按照所持有的表决权进行表决，如果出席会议的认股人所持表决权过半数表示同意，则决议通过。

第一百零五条　【发起人、认股人不得任意抽回股本】
公司设立时应发行的股份未募足，或者发行股份的股款缴足后，发起人在三十日内未召开成立大会的，认股人可以按照所缴股款并加算银行同期存款利息，要求发起人返还。

发起人、认股人缴纳股款或者交付非货币财产出资后，除未按期募足股份、发起人未按期召开成立大会或者成立大会决议不设立公司的情形外，不得抽回其股本。

【条文主旨】

本条是关于公司发起人、认股人不得任意抽回股本的规定。

【修改提示】

本条在原法第八十九条第二款、第九十一条规定的基础上作出了修改。主要将原法第八十九条第二款中规定的股份募集时间"超过招股说明书规定的截止期限"修改为"公司设立时",原表述"创立大会"修改为"成立大会"。

【条文释义】

根据公司法第五十三条第一款规定,公司成立后,股东不得抽逃出资。根据本条规定,股份有限公司的发起人和认股人也负有相同的义务。当发起人、认股人将股款转入公司账户或将其他财产作价出资后,经过法定验资机构的验资,发起人、认股人便不能随意将这些出资抽回。如果发起人和认股人在完成出资后又将资本抽回,实际上相当于股份有限公司的股份未被完全认购,会导致股东虚假出资的情况,违反资本维持原则,会对债权人的利益造成威胁。

在实践中,发起人、认股人抽回股本的表现形式与股东抽逃出资的表现形式相同,具体见本法第五十三条的解释。

需要注意的是,发起人、认股人抽回股本并不是在所有情况下都被禁止。只有在股份有限公司成立的情况下,发起人、认股人成为股东,其出资作为公司资本才不得抽回,如果公司最终没有成立,即未按期募足股份、发起人未按期召开成立大会或者成立大会决议不设立公司的情形出现,发起人、认股人缴纳的股款或者交付抵作股款的出资才可以予以返还。

【相关规定】

《中华人民共和国公司法》第五十三条。

> **第一百零六条 【申请设立登记】**董事会应当授权代表，于公司成立大会结束后三十日内向公司登记机关申请设立登记。

【条文主旨】

本条是关于公司申请设立登记的规定。

【修改提示】

本条在原法第九十二条规定的基础上作出了修改。主要删去了原法第九十二条中列举的报送文件，删去了"以募集方式设立股份有限公司公开发行股票的，还应当向公司登记机关报送国务院证券监督管理机构的核准文件"。

【条文释义】

本条是关于股份有限公司申请设立登记的规定，需要注意以下两点：在时间上，应当在公司成立大会结束后三十日内申请；在人选上，申请人应当是董事会授权代表。

与原条文相比，删去了对报送文件的规定，在《中华人民共和国市场主体登记管理条例》中有对报送材料的具体操作规定，申请办理市场主体登记，应当提交下列材料：申请书；申请人资格文件、自然人身份证明；住所或者主要经营场所相关文件；公司、非公司企业法人、农民专业合作社（联合社）章程或者合伙企业合伙协议；法律、行政法规和国务院市场监督管理部门规定提交的其他材料。

【相关规定】

《中华人民共和国市场主体登记管理条例》第十六条。

> **第一百零七条** 【股份有限公司股款缴纳】本法第四十四条、第四十九条第三款、第五十一条、第五十二条、第五十三条的规定，适用于股份有限公司。

【条文主旨】

本条是关于股份有限公司股款缴纳的规定。

【修改提示】

本条为本次公司法修订的新增法条。

【条文释义】

根据公司法第四十四条之规定，有限责任公司设立时的股东为设立公司从事的民事活动，其法律后果由公司承受。公司未成立的，其法律后果由公司设立时的股东承受；设立时的股东为二人以上的，享有连带债权，承担连带债务。设立时的股东为设立公司以自己的名义从事民事活动产生的民事责任，第三人有权选择请求公司或者公司设立时的股东承担。设立时的股东因履行公司设立职责造成他人损害的，公司或者无过错的股东承担赔偿责任后，可以向有过错的股东追偿。

根据公司法第四十九条第三款之规定，股东未按期足额缴纳出资的，除应当向公司足额缴纳外，还应当对给公司造成的损失承担赔偿责任。

根据公司法第五十一条之规定，有限责任公司成立后，董事会应当对股东的出资情况进行核查，发现股东未按期足额缴纳公司章程规定的出资的，应当由公司向该股东发出书面催缴书，催缴出资。未及时履行前款规定的义务，给公司造成损失的，负有责任的董事应当承担赔偿责任。

根据公司法第五十二条之规定，股东未按照公司章程规定的出资日期缴纳出资，公司依照前条第一款规定发出书面催缴书催缴出资的，可以载明缴纳出资的宽限期；宽限期自公司发出催缴书之日起，不得少于六十日。宽限期届满，股东仍未履行出资义务的，公司经董事会决议可以向该股东发出失权通知，通知应当以书面形式发出。自通知发出之日起，该股东丧失其未缴纳出资的股权。依照前款规定丧失的股权应当依法转让，或者相应减少注册资本并注销该股权；六个月内未转让或者注销的，由公司其他股东按照其出资比例足额缴纳相应出资。股东对失权有异议的，应当自接到失权通知之日起三十日内，向人民法院提起诉讼。

根据公司法第五十三条之规定，公司成立后，股东不得抽逃出资，抽逃出资的股东，股东应当返还抽逃的出资；给公司造成损失的，负有责任的董事、监事、高级管理人员应当与该股东承担连带赔偿责任。

另外，在公司成立后，若公司发起人、股东存在抽逃出资的情况，该发起人或股东还可能会承担刑事责任。《最高人民检察院、公安部关于公安机关管辖的刑事案件立案追诉标准的规定（二）》第四条规定了检察院、公安部门对股东未交付货币、实物或者未转移财产权、虚假出资，或者在公司成立后抽逃出资等违法行为进行立案追诉的具体标准。

【相关规定】

《中华人民共和国公司法》第四十四条、第四十九条第三款、第五十一条、第五十二条、第五十三条。

> 第一百零八条　【有限责任公司变更股份有限公司】有限责任公司变更为股份有限公司时，折合的实收股本总额不得高于公司净资产额。有限责任公司变更为股份有限公司，为增加注册资本公开发行股份时，应当依法办理。

【条文主旨】

本条是关于有限责任公司变更股份有限公司的规定。

【修改提示】

本条对应原法第九十五条的规定。

【条文释义】

本条是关于有限责任公司变更为股份有限公司的规定。公司性质变更不属于公司设立行为，应当以原有限责任公司的全部资产作为新股份有限公司的资产。

在股本的计算问题上，折合的实收股本总额应当不高于公司的净资产额，因为在公司运营过程中，会有资产和负债，股份有限公司的注册资本为在登记机关登记的实收股本总额，因此公司资产应当减去负债部分。

该条文的主要目的在于使有限责任公司整体变更时不夸大股本。有限责任公司在变更为股份有限公司时，可以自行决定注册资本的数额，可以不将其所有净资产全部作为股份有限公司的股本，因此本条规定有限责任公司变更为股份有限公司时折合的实收股本总额只需满足不高于公司净资产额的要求即可。此外，公司可以通过公开发行股份的方式增加股本，具体的操作方式应当依据证券法和《首次公开发行股票注册管理办法》① 的规定进行办理。

> **第一百零九条　【股份有限公司文件置备】** 股份有限公司应当将公司章程、股东名册、股东会会议记录、董事会会议记录、监事会会议记录、财务会计报告、债券持有人名册置备于本公司。

【条文主旨】

本条是关于股份有限公司文件置备的规定。

【修改提示】

本条在原法第九十六条规定的基础上作出了修改，主要将"股东大会会议记录"修改为"股东会会议记录"，删除了"公司债券存根"，增加了"债券持有人名册"。

【条文释义】

本条规定的是股份有限公司重要资料置备的义务。由于股份有限公司具有一定的公开性，股份转让具有自由性，资本具有高度分散的特点，股东数量多、分布广，因此需要定期披露一些经营信息，有义务公开其部分重要资料，方便股东查询。股东依据这些信息做出判断，决定是否依法转

---

① 《首次公开发行股票注册管理办法》，载中国证券监督管理委员会网站，http://www.csrc.gov.cn/csrc/c101953/c7121923/content.shtml#:~:text，最后访问时间：2024 年 1 月 6 日。

让自己持有的股份，对公司股东会的决议持何种态度。为了保证股份有限公司股东的权利实现，这些资料包括公司章程、股东名册、股东会会议记录、董事会会议记录、监事会会议记录、财务会计报告、债券持有人名册。

【适用指南】

为保障股东利益，股份有限公司应当将章程、股东名册、债券持有人名册、股东会会议记录、董事会会议记录、监事会会议记录、财务会计报告等重要文件置备于公司，方便股东查阅。

> 第一百一十条 【股东知情权】股东有权查阅、复制公司章程、股东名册、股东会会议记录、董事会会议决议、监事会会议决议、财务会计报告，对公司的经营提出建议或者质询。
>
> 连续一百八十日以上单独或者合计持有公司百分之三以上股份的股东要求查阅公司的会计账簿、会计凭证的，适用本法第五十七条第二款、第三款、第四款的规定。公司章程对持股比例有较低规定的，从其规定。
>
> 股东要求查阅、复制公司全资子公司相关材料的，适用前两款的规定。
>
> 上市公司股东查阅、复制相关材料的，应当遵守《中华人民共和国证券法》等法律、行政法规的规定。

【条文主旨】

本条是关于股东知情权、股东查阅权和保密义务的规定。

【修改提示】

本条第一款在原法第九十七条规定的基础上作出了修改。第二款至第四款为新增内容。

【条文释义】

本条规定股东有权查阅、复制公司章程、股东名册、股东会会议记录、董事会会议决议、监事会会议决议、财务会计报告，对公司的经营提出建议或者质询，实质上是对股东知情权的规定，股东出席股东会，对审议事项进行表决，但是因为股份有限公司股东数量多、分布广，股东不直接参与公司日常运营管理，对公司经营状况并不了解，因此需要设置制度保证股东可以通过一定途径获取相应的资料。

本条还规定股东有权就公司经营提出质询和建议，由于公司的经营状况直接关系到股东的利益，股东有权向公司提出建议和质询也有利于公司改善经营。

股份公司股东查询公司会计账簿、会计凭证应满足以下条件：首先，查阅主体方面，需要是连续一百八十日以上单独或者合计持有公司3%以上股份的股东；其次，第五十七条第二款列示了公司拒绝提供查阅的情形：公司有合理根据认为股东查阅会计账簿、会计凭证有不正当目的，可能损害公司合法利益的，但应当自股东提出书面请求之日起十五日内书面答复股东并说明理由。

同时，本条明确除了章程、股东名册、股东会会议记录、董事会会议决议、监事会会议决议、财务会计报告之外的其他文件材料，同样适用于该规则，上市公司股东知情权应当遵守《中华人民共和国证券法》等法律、行政法规的规定。

第二节　股　东　会

> **第一百一十一条　【股份有限公司股东会】** 股份有限公司股东会由全体股东组成。股东会是公司的权力机构，依照本法行使职权。

【条文主旨】

本条是关于股份有限公司股东会的规定。

【修改提示】

本条在原法第九十八条规定的基础上作出了修改，将"股东大会"修改为"股东会"。

【条文释义】

本条规定了股份有限公司股东会的地位与组成，股份有限公司股东会由全体股东组成，所有股东都有权参加股东会，股东会是公司的权力机构，行使法定职权。

公司作为股东实现自身利益的工具，其行为不能偏离股东的要求，要实现全体股东的共同意志，股东会是形成全体股东共同意志的机构，因此也是公司最高权力机构。而既然股东会要形成全体股东的共同意志，就应当由全体股东共同形成。

需要注意的是，股东会仅在重要事项决策过程中是公司的权力机构，不能以公司名义对第三人做出意思表示。股东与公司各自具有独立的法律人格，只有公司的代表机关以公司名义进行的行为才是公司的行为。

> **第一百一十二条　【股份有限公司股东会职权】** 本法第五十九条第一款、第二款关于有限责任公司股东会职权的规定，适用于股份有限公司股东会。
>
> 本法第六十条关于只有一个股东的有限责任公司不设股东会的规定，适用于只有一个股东的股份有限公司。

【条文主旨】

本条是关于股份有限公司股东会职权的规定。

【修改提示】

本条在原法第九十九条规定的基础上作出了修改，主要将"股份有限公司股东大会"修改为"股份有限公司股东会"。新增了第二款关于一人股份有限公司不设股东会的规定。

【条文释义】

股东会是股份有限公司的权力机关，其职权范围与有限责任公司的股东会职权范围是基本相同的，具体参见本法第五十九条。

一人有限责任公司在公司法 2005 年修订时加入，并设置专节。本次删除了专节地位和一定数量的特殊性管制规定，并允许设立一人股份有限公司。一人股份有限公司与一人有限责任公司一样适用不设股东会的规定。

第一百一十三条　【股东会年会与临时股东会】 股东会应当每年召开一次年会。有下列情形之一的，应当在两个月内召开临时股东会会议：

（一）董事人数不足本法规定人数或者公司章程所定人数的三分之二时；

（二）公司未弥补的亏损达股本总额三分之一时；

（三）单独或者合计持有公司百分之十以上股份的股东请求时；

（四）董事会认为必要时；

（五）监事会提议召开时；

（六）公司章程规定的其他情形。

【条文主旨】

本条是关于股东会年会与临时股东会的规定。

【修改提示】

本条在原法第一百条规定的基础上作出了修改，主要将"临时股东大会"修改为"临时股东会会议"。删除了原法第一百条第二项"公司未弥补的亏损达实收股本总额三分之一时"中对"实收"的要求。

【条文释义】

股东会是公司权力机构，通过召开股东会来行使自己的权利，根据股东会召开时间的不同，分为股东会年会和临时股东会。

在两次年会期间，公司在经营过程中会出现一些临时特殊情况，因此需要股东会进行审议决定这些重大事项，此时需要召开临时股东会。召开临时股东会的情形主要有六点：

一是董事人数不足本法规定人数或者公司章程所定人数的三分之二，依据公司法第一百二十条规定，股份有限公司董事会成员为三人以上。三人为最低线，当董事会人数少于三人时应当召开股东大会补足人数。此外，当董事会人数少于章程规定的三分之二时，也应当在两个月内召开临时股东会补足人数。

二是公司未弥补的亏损达股本总额三分之一，这是基于公司健康稳健运营提出的要求，在亏损占公司资本一定比例时，公司运营的资金会出现紧张，公司基本业务无法正常进行，股东利益面临威胁。因此需要股东会作出决议弥补亏损以及判断减少或增加注册资本。需要注意的是，本次修改时删去了"实收"一词，这是资本注册制的要求。

三是单独或者合计持有公司百分之十以上股份的股东请求。当股东认为需要召开临时大会对某一事项作出决议时，可以请求公司召开临时大会，但为了防止股东滥用权力，对股东持股数额进行限制，需要单独或合计持有10%以上股份。这一项规定保护了中小股东的利益。

四是董事会认为必要，董事会作为公司业务的执行机构，对公司的业务状况较为了解，当董事会认为有必要时，一般是发生了较为重大的事项需要股东会作出决议，因此需要召开股东会。

五是监事会提议召开，监事会作为监督机关在行使职权过程中发现需要召开临时股东会的情形时也可以提出召开临时股东会。

六是公司章程规定的其他情形。上述第一点、第二点是公司的人事、资产发生了重大变化，第三点、第四点、第五点是公司的特定人、机构认为有必要召开临时会议。

在实践中，年会的主要审议事项包括公司经营方针、投资计划；董事、监事的选举和报酬事项；审议董事会报告、监事会或监事的报告；公司年度财务预算、决算；公司利润分配方案和弥补亏损方案。

【适用指南】

当本条规定的情形发生时应当及时召开临时股东会，以保证公司的稳健运营。

> **第一百一十四条　【股东会会议】**股东会会议由董事会召集，董事长主持；董事长不能履行职务或者不履行职务的，由副董事长主持；副董事长不能履行职务或者不履行职务的，由过半数的董事共同推举一名董事主持。
>
> 董事会不能履行或者不履行召集股东会会议职责的，监事会应当及时召集和主持；监事会不召集和主持的，连续九十日以上单独或者合计持有公司百分之十以上股份的股东可以自行召集和主持。
>
> 单独或者合计持有公司百分之十以上股份的股东请求召开临时股东会会议的，董事会、监事会应当在收到请求之日起十日内作出是否召开临时股东会会议的决定，并书面答复股东。

【条文主旨】

本条是关于股东会会议的规定。

【修改提示】

本条在原法第一百零一条规定的基础上作出了修改，特别是第三款为本次修订新增。

【条文释义】

股东会由董事会召集。董事会不能履行或不履行的，监事会应当及时召集，监事会不召集的，连续九十日以上单独或合计持有公司 10%以上股东可以自行召集。

股东会由董事长主持。董事长不能主持或不主持的，由副董事长主持，副董事长不能履行职务或不履行职务的，由过半数董事共同推举一名董事主持。监事会召集的股东会由监事会主持，由连续九十日以上单独或合计持有公司 10%以上股份的股东召集的股东大会由股东自行主持。

【适用指南】

公司在召开股东会时应当严格按照公司法要求的人员、方式进行召集，否则决议无效。

【相关规定】

《上市公司股东大会规则》① 第七条、第八条、第九条、第十条、第十一条、第十二条。

> **第一百一十五条　【股东会会议】** 召开股东会会议，应当将会议召开的时间、地点和审议的事项于会议召开二十日前通知各股东；临时股东会会议应当于会议召开十五日前通知各股东。
>
> 单独或者合计持有公司百分之一以上股份的股东，可以在股东会会议召开十日前提出临时提案并书面提交董事会。临时提案应当有明确议题和具体决议事项。董事会应当在收到提案后二日内通知其他股东，并将该临时提案提交股东会审议；但临时提案违反法律、行政法规或者公司章程的规定，或者不属于股东会职权范围的除外。公司不得提高提出临时提案股东的持股比例。
>
> 公开发行股份的公司，应当以公告方式作出前两款规定的通知。
>
> 股东会不得对通知中未列明的事项作出决议。

【条文主旨】

本条是关于股东会会议的规定。

---

① 《上市公司股东大会规则》，载中国证券监督管理委员会网站，http：//www.csrc.gov.cn/csrc/c101954/c1719966/content.shtml，最后访问时间：2024 年 1 月 10 日。

【修改提示】

本条在原法第一百零二条规定的基础上作出了修改，主要是将"股东大会"修改为"股东会"，删除了对发行无记名股票的规定，第二款中将原来"单独或者合计持有公司百分之三以上股份的股东"修改为"单独或者合计持有公司百分之一以上股份的股东"，新增了第三款的规定。

【条文释义】

依照本条第一款的规定，股东会会议应当在二十日前将会议召开的时间、地点以及审议事项通知股东，临时股东会会议应当在会议召开十五日前通知。

本次修改较为实质的地方是第二款，即股东提案的规定，将原来单独或者合计持有百分之三以上股份的股东扩大至单独或者合计持有百分之一以上股份的股东。这一修改扩大了股东提案权的适用主体，更有利于中小股东向公司提出意见，保护中小股东的利益。对于符合条件和程序要求的议案，董事会应当在收到后两日内通知其他股东，并提交股东会审议。并且临时提案的内容应当属于股东会职权范围。同时，股东会不能对通知中没有列明的事项进行决议。

第三款对公开发行股份的公司的通知方式作出规定，应当以公告方式做出通知。

【适用指南】

公司在召开股东会时应当严格按照公司法要求的时间、方式、内容进行通知和提案，否则决议无效。

【相关规定】

《上市公司股东大会规则》第十四条、第十五条、第十六条、第十七条、第十八条、第十九条。

> **第一百一十六条　【股东会决议】**股东出席股东会会议，所持每一股份有一表决权，类别股股东除外。公司持有的本公司股份没有表决权。
>
> 股东会作出决议，应当经出席会议的股东所持表决权过半数通过。
>
> 股东会作出修改公司章程、增加或者减少注册资本的决议，以及公司合并、分立、解散或者变更公司形式的决议，应当经出席会议的股东所持表决权的三分之二以上通过。

【条文主旨】

本条是关于股东会决议的规定。

【修改提示】

本条在原法第一百零三条规定的基础上作出了修改，主要将"股东大会"修改为"股东会"，新增了对类别股股东的规定。

【条文释义】

原法中股份有限公司的股本被划分成等额股份，以股东所持份额的占比来计算表决权，股东投资多，持股份额多，享有的表决权就多，同股同权，本次修法中延续了这一原则，但为类别股"打开口子"，允许类别股对表决权有另外的规定。公司在特定情况下可以依法取得自己的股份，但是由于他是独立法人，股东应当是独立的第三人，否则会造成公司和股东之间人格的混同，所以虽然公司可以持有自己的股份，但是不能依照所持股份享有表决权。

股份有限公司股东会的决议方式基本和有限责任公司的决议方式一致，对一般事项过半数通过即可，对修改公司章程，增减资，公司合并、分立、解散或者变更公司性质的需要三分之二以上通过。唯一与有限责任公司不同的是股份有限公司要求的是出席会议的股东所持表决权的过半数和三分之二以上，有限责任公司要求的是所有股东所持表决权的过半数和三分之二以上。

> 第一百一十七条 【累积投票制】股东会选举董事、监事，可以按照公司章程的规定或者股东会的决议，实行累积投票制。
>
> 本法所称累积投票制，是指股东会选举董事或者监事时，每一股份拥有与应选董事或者监事人数相同的表决权，股东拥有的表决权可以集中使用。

【条文主旨】

本条是关于累积投票制的规定。

【修改提示】

本条在原法第一百零五条规定的基础上作出了修改，主要是将"股东大会"修改为"股东会"。

【条文释义】

股份有限公司的表决以每股有一表决权为原则，在选举董事、监事的时候亦是如此，为了防止持股数额较大，处于控制地位的股东将董事、监事的选举权掌握在少数人手中，使中小股东提名的董事、监事丧失机会，因此适用累积投票制。具体方式如下，在选举董事或者监事时，每一股份拥有与应选董事或监事人数相同的表决权，股东可以集中表决权向其中一名候选人投票，也可以分配给数名候选人，以得票多者当选。通过累积投票制可以使中小股东提名的人选有机会进入董事会、监事会，参与公司的经营和监督。

例如，股东 A 有 1000 股表决股份，其他股东总计拥有 3000 股。在选举中需要选出 3 名董事，根据累积投票法，股东 A 有 3000 票，他可以向每位候选人投出 1000 票，也可以将全部 3000 票投给某一位候选人。

但是，累积投票制并不是当然适用的，只有在公司章程有明确规定或者股东会有明确决议时才能适用。

【适用指南】

为维护中小股东利益，防止控制股东滥用支配地位，公司可以通过公司章程或者股东会决议形式规定股东会选举董事、监事采用累积投票制。

> **第一百一十八条　【出席股东会的代理】**股东委托代理人出席股东会会议的，应当明确代理人代理的事项、权限和期限；代理人应当向公司提交股东授权委托书，并在授权范围内行使表决权。

【条文主旨】

本条是关于股东可以委托代理人代其出席股东会会议并行使表决权的规定。

【修改提示】

本条在原法第一百零六条规定的基础上作出了修改。这次修改主要将"股东大会"的文字表述改为"股东会"，新增股东委托出席股东会会议时委托书应明确的内容。

【条文释义】

一、股东可以委托代理人代其出席股东会会议并行使其表决权

出席股东会会议、行使其表决权为股东固有之权利。为确保股东可以充分行使该权利，在股东因患病、在外出差、业务繁忙或者路途遥远无法出席股东会会议时，依据本条，股东可委托他人为其代理人出席股东会会议并行使表决权

二、代理人必须提交书面的股东授权委托书才可代股东出席股东会会议

首先，如股东无法按期出席股东会会议行使表决权，其委托代理人代其出席应当出具书面形式的授权委托书。除书面的授权委托书外，口头授权或电话授权等委托方式均属无效授权，仅持口头或电话授权，代理人无权代理股东出席股东会会议并行使表决权。但法人股东的法定代表人根据法定代理权行使表决权或无行为能力的股东行使表决权除外，这两种情况可不出具授权委托书。其次，代理人要代理股东出席股东会会议，应当先提交由股东出具的书面授权委托书，必须经由公司审查认定为有效时才可

出席股东会会议，行使表决权。最后，为避免代理人多次重复代理或超出授权范围代理给股东会决议造成负面影响，尽最大可能遵循股东的真实意思表示，维护股东权益，股东应当在书面的授权委托书中明确委托人的姓名、代其出席的股东会会议名称、授权代理人就何事项进行表决、授权期限等，以确保股东会决议真实有效。

三、代理人行使表决权不得超越股东授权的范围

基于代理的原理，代理人仅限于在委托人授权的范围内行使其代理权。在授权范围内作出的代理行为才可对被代理人发生法律效力。超出授权代理的行为未经被代理人追认，则该代理行为无效。代理人应当在股东的授权范围内行使表决权，如超越授权范围行使表决权，须经股东予以追认，否则代理人须承担由此给股东造成损失的赔偿责任。

【适用指南】

出席股东会会议并依法行使表决权是股东最重要的权利，应得到法律的保障。当股东由于健康问题、交通不便、时间不便等原因不能出席股东会会议时，可以委托代理人出席股东会会议，以保证其表决权的行使。

【相关规定】

《上市公司治理准则》第十五条[①]；
《上市公司股东大会规则》第二十条；
《非上市公众公司监督管理办法》第十条。

---

① 《上市公司治理准则》，载中国证券监督管理委员会网站，http：//www.csrc.gov.cn/csrc/c101864/c1024585/content.shtml，最后访问时间：2024 年 1 月 16 日。

案 例 评 析

代理股东拥有授权委托书，
并在授权范围内行使的表决权有效[①]

一、案情简介

2014 年 7 月 8 日，原告陈某认缴额 192 万元，第三人丁某认缴额 192 万元、冯某认缴额 216 万元注册甲公司。公司章程载明："股东会会议分为定期会议和临时会议，并应当于会议召开 15 日前通知全体股东；股东会会议应对所议事项作出决议，决议应有代表三分之二以上表决权的股东通过。对所决议事项的决定出会议记录，出席会议的股东应当在会议记录上签名。"2016 年 6 月 25 日，甲公司召开股东会会议，将公司注册资本变更为 2000 万元，并将原告陈某认缴额增至 640 万元，第三人丁某认缴额增至 640 万元、冯某认缴额增至 720 万元。

二、本案核心问题

丁某是否有权代理原告陈某出席股东会会议并在公司会议纪要和章程修正案上代原告签字。

三、法院裁判要旨

首先，原告庭审中称其没有给丁某出具过个人授权委托书，庭后第三人冯某提交了陈某向第三人丁某出具的个人委托书原件，经原告质证对该证据的真实性无异议，结合法院从工商部门调取的个人授权委托书，可以证实原告在召开股东会会议前向第三人丁某出具了个人授权委托书，委托丁某全权代表原告办理作为甲公司股东签署的一切文件，根据原公司法第一百零六条规定，股东可以委托代理人出席股东会会议，代理人应当向公司提交股东授权委托书，并在授权范围内行使表决权。其次，原告亦未提交证据证明代理人丁某的代理行为超过了授权委托书记载的代理权限，故一审法院认定被告甲公司于 2016 年 6 月 25 日召开股东会会议时，丁某代原告出席股东会会议并在公司会议纪要以及章程修正案上代原告签字的行为属有权代理；关于公司召开股东会是否履行了通知股东的义务，结合原

---

① 宁夏回族自治区吴忠市中级人民法院（2021）宁 03 民终 232 号民事判决书，载中国裁判文书网，https://wenshu.court.gov.cn/website/wenshu/181107ANFZ0BXSK4/index.html？docId=81uw4q6F26cBco0FbjEZ6Ylotk4Sd9TrwdWOt6zAaTOUPPQk+Rc3AJ/dgBYosE2gyHqaLhqRtIbRKefZFinkr7UAyNiUgNoQmzsLkjuCb4ZkD5sTl555hSy4gUCWPHs4，最后访问时间：2024 年 1 月 9 日。

告在诉状中陈述"甲公司成立后，一切经营事务均由股东丁某、冯某把控，原告并不参与公司管理至今"和丁某以原告出具的个人授权委托书代原告出席股东会议，可以证实原告对召开股东会会议是知晓的，至少说明原告的委托代理人丁某是收到了公司召开股东会通知的；关于股东会会议议事方式和表决程序是否符合法律规定和公司章程规定，丁某持原告出具的授权委托书出席股东会会议，出席股东会会议的人数和股东所持表决权均符合法律规定和公司章程规定。综上，一审法院认为甲公司股东会会议的召开程序、议事方式和表决程序符合公司法以及公司章程的相关规定。故对原告要求确认被告及第三人冯某、丁某于 2016 年 6 月 25 日作出的股东会决议和章程修正案不成立的诉讼请求不予支持。综上，依照《中华人民共和国民法通则》第六十三条、第六十五条，《中华人民共和国公司法》第四十一条、第四十三条、第一百零六条，《最高人民法院关于适用简易程序审理民事案件的若干规定》第三十条规定，判决：驳回原告陈某的诉讼请求。案件受理费 100 元，减半收取计 50 元，由原告陈某负担。

四、评析

首先，出席股东会会议的代理人须提交书面的股东授权委托书。授权委托书上应当载明代理人的名字以及授权的范围。本案中丁某出具了具有真实性的个人授权委托书，委托书上载明了陈某的名字及丁某可代理陈某作出表决的授权范围。

其次，代理人应当在授权范围内行使表决权。本案中原告亦未提交证据证明代理人丁某的代理行为超过了授权委托书记载的代理权限，视为代理人丁某未超出陈某授予其的代理范围。

综上，根据公司法第一百零六条的规定，丁某有权代理原告陈某出席股东会会议并在公司会议纪要和章程修正案上代原告签字。

> **第一百一十九条　【股东会会议记录】**股东会应当对所议事项的决定作成会议记录，主持人、出席会议的董事应当在会议记录上签名。会议记录应当与出席股东的签名册及代理出席的委托书一并保存。

【条文主旨】

本条是关于股东会会议记录要求及其保存的规定。

【修改提示】

本条在原法第一百零七条规定的基础上作出了修改。将"股东大会"的文字表述改为"股东会"。

【条文释义】

一、股东会应制作会议记录就所议事项的决定进行记载

股份有限公司的股东会会议记录，是载明股东会对所议事项作出的决定的书面文件。股东会在举行会议时，负责召集会议的董事会以及主持会议的董事长应当安排人员，详细记录会议的情况。2016 年中国证监会发布的《上市公司股东大会规则》规定股东会会议记录由董事会秘书负责，会议记录应记载必要的内容。

二、会议记录由主持人、出席会议的董事签名

主持人、出席会议的董事为证明其实际出席股东会，且对其会议行为负责，须在会议记录上署名。股东会一般由董事会召集并由董事长主持，会议的主持人以及出席会议的董事的行为，对股东会的进行有着重要的影响，同时也对股东会的召开及决议起着重要的见证作用。为确保会议记录内容的真实性、准确性和完整性，主持人、出席会议的董事应当在会议记录上签名，以确保其对会议事项及决定所应承担的义务和责任。

三、会议记录与签名册及委托书一并保存

会议记录应当置备于本公司，以便于没有出席会议的股东以及以后的新股东了解股东会的内容，便于出席会议的股东在今后能够更加确切地了解股东会的内容。此外，股东会作成会议记录，也为将来在某种情况下，需要了解股东会的情况时提供了有利的条件。中国证监会要求，会议记录、签名册及委托书的保存期限不少于十年。

【适用指南】

会议记录的内容一般包括：（1）会议的时间、地点、议程和召集人姓名或者名称；（2）会议主持人以及出席或列席会议的董事、监事、董事会秘书、经理和其他高级管理人员的姓名；（3）出席会议的股东和代理人人数、所持有表决权的股份总数及占公司股份总数的比例；（4）对每一提案

的审议经过、发言要点和表决结果;[1] (5) 股东的质询意见或建议以及相应的答复或说明;(6) 律师及计票人、监票人姓名;(7) 公司章程规定应当载入会议记录的其他内容。

主持人、出席会议的董事在会议记录上署名,以确保会议记录的真实、完整和准确,主持人和出席会议的董事对其所做决议负责。

会议记录的存放方式为与现场出席股东的签名册和代理出席的委托书以及其他有效资料一并保存。会议记录的保存期限应当不少于十年。

【相关规定】

《上市公司股东大会规则》第四十一条;

《企业年金基金管理办法》第二十条[2];

《最高人民法院关于适用〈中华人民共和国公司法〉若干问题的规定(四)》第五条。

第三节　董事会、经理

第一百二十条　【董事会组成、职权、任期辞职和解任】股份有限公司设董事会,本法第一百二十八条另有规定的除外。

本法第六十七条、第六十八条第一款、第七十条、第七十一条的规定,适用于股份有限公司。

【条文主旨】

本条是关于股份有限公司组成、职权、任期辞职和解任的规定。

【修改提示】

本条在原法第一百零八条规定的基础上作出了修改。如将董事会成员

---

[1] 程琛:《股东直接诉讼制度概述》,载《知识经济》2012 年第 6 期。

[2] 《企业年金基金管理办法》,载中国政府网,https://www.gov.cn/flfg/2011-02/23/content_1808854.htm,最后访问时间:2024 年 1 月 16 日。

组成的人数由"五人至十九人"改为三人以上。

【条文释义】

一、股份有限公司的董事会

股份有限公司股东众多，每个股东对公司的经营管理都可能存在自己的意见。如果每个股东都可以对公司进行具体的经营管理，那么就会因为股东意见的纷纭而使公司无所适从，从而造成公司经营管理的混乱。如果每个股东都通过股东会对公司进行具体的经营管理，则会因为股东会举行的不便而使公司应当立即决定的事项不能决定，从而影响到公司的经营管理。所以，许多国家的公司法都规定，股份有限公司设董事会，依法对公司进行经营管理。董事会作为公司的决策和执行机构，是一个合议体，决议时应当贯彻"少数服从多数"的原则。

二、董事会中可以有职工代表

董事会成员中可以有公司职工代表，突出了对职工权益的保障。职工代表大会、职工大会是目前公司实行民主管理的基本形式，是职工行使民主管理权利的机构。考虑到不同类型的公司职工民主管理的途径和方式有所不同，本条第二款规定，董事会的职工代表由公司职工通过职工代表大会、职工大会或者其他形式民主选举产生。董事会成员中可以有公司职工代表属于任意性规范。

三、董事任期

股份有限公司董事的任期由公司章程规定，但每届任期有时间限制。[①] 董事任期届满，连选可以连任。董事任期届满未及时改选，或者董事在任期内辞职导致董事会成员低于法定人数的，在改选出的董事就任前，董事仍应当按照法律、行政法规和公司章程的规定，履行董事的职务，以免董事会因董事缺额而无法履行职权，影响公司的正常运营。

四、董事会职权

董事会是股份有限公司的执行机关，它负责公司经营活动的指挥和管理，其中包括代表公司对各种业务事项作出意思表示或者决策，以及组织实施和贯彻执行这些决策。因此，在一定程度上讲，董事会是股东会的执行机关，是公司的业务决策机关。股份有限公司董事会对股东会负责，行使下列职权：

---

① 马羿：《我国上市公司章程中的反收购条款适用浅析》，载《海南大学学报（人文社会科学版）》2009年第1期。

1. 召集股东会会议，并向股东会报告工作。董事会由董事组成，董事由股东会选举产生，董事会对股东会负责。因此，召集股东会会议，并向股东会报告工作，既是董事会的一项职权，也是董事会的一项义务。董事会应当依照法律规定和公司章程规定，及时召集股东会会议，并向股东会报告自己的工作情况。

2. 执行股东会的决议。股东会作为公司的权力机构，是公司的最高决策机关，依照法律规定和公司章程规定决定公司的重大问题。股东会对公司生产经营方面作出的决议，由董事会执行。因此，执行股东会的决议，是董事会的一项职权，其实也是董事会的一项义务。董事会应当认真贯彻执行股东会的决议。

3. 决定公司的经营计划和投资方案。董事会负责公司经营活动的指挥和管理，因此对于公司的经营计划和投资方案，董事会均有决策权。

4. 制订公司的利润分配方案和弥补亏损方案。公司经过一段时间的经营活动，或者产生利润，或者产生亏损，或者收支相抵没有盈亏。当公司出现利润时，应当进行分配；出现亏损时，应当进行弥补。根据法律规定，审议批准公司的利润分配方案和弥补亏损方案，是股东会的职权。而制订公司的利润分配方案和弥补亏损方案，则是董事会的职权。董事会应当按照规定及时制订公司的利润分配方案和弥补亏损方案，并提交股东会会议审议批准。

5. 制订公司增加或者减少注册资本以及发行公司债券的方案。公司根据经营情况的需要，可以增加注册资本，也可以减少注册资本，还可以依照法律规定发行公司债券。根据法律规定，公司增加或者减少注册资本以及发行公司债券的方案，由股东会作出决议。而提出增加或者减少注册资本以及发行公司债券的方案，则是董事会的职权。董事会应当根据公司经营需要，及时制订公司增加或者减少注册资本以及发行公司债券的方案，并提请股东会会议审议，作出决议。

6. 制订公司合并、分立、解散或者变更公司形式的方案。合并、分立、变更公司形式以及解散，都是公司的重大问题，关系到公司是否继续存在、以何种形式存在、股东权利义务变化等，依照法律规定，由股东会作出决议。但是，公司与谁合并、怎样分立、变更为什么样的股份有限公司以及解散的具体方案，由董事会拟订，然后提请股东会会议进行审议并作出决议。

7. 决定公司内部管理机构的设置。董事会作为公司的业务执行机关，负责公司经营活动的指挥和管理，所以有权决定公司管理机构的设置。董事会决定内部管理机构设置，是指董事会有权根据本公司的具体情况，确定内部的管理机构设置，如设立事业开发部、市场营销部、综合管理部、客户服务部等具体的业务部门、行政管理部门等。

8. 决定聘任或者解聘高级管理人员并决定报酬事项①。聘任或者解聘高级管理人员，是指董事会有权决定聘任或者解聘公司经理，并根据经理的提名决定聘任或者解聘公司的副经理、财务负责人等高级管理人员。同时，董事会有权决定经理、副经理、财务负责人等高级管理人员的报酬事项，如报酬标准、支付时间、支付方式等。

9. 制定公司的基本管理制度。所谓公司的基本管理制度，是指保证公司能够正常运营的基本的管理体制。基本管理制度涉及公司内部运行的方方面面，董事会应当依照国家法律、公司章程等的要求，及时制定，保证公司具有良好的生产经营秩序。

10. 除了上述九项职权外，董事会还行使公司章程规定的其他职权。董事会行使的职权，概括起来，可以分为宏观决策权（如经营计划、投资方案）、经营管理权（如制订年度财务预算方案、决算方案）、机构与人事管理权（如内部管理机构设置、聘任经理），以及基本管理制度制定权。这些职权体现了董事会在公司内部组织机构中的地位，体现了董事会作为公司业务执行和业务决策机关应当享有的权利和承担的职责。

【适用指南】

董事会作为一个机构，由创立大会或者股东会选举的全体董事组成。由于董事会的行为决定了公司的经营状况，关系到每个股东的利益，所以，集思广益，为了使公司得到良好的经营管理，同时也为了避免少数股东操纵董事会，损害其他股东的利益，股份有限公司董事会的人数应该适中。董事会成员人数通常应为单数，以防止董事会在作出决定时出现赞成、反对各半的僵局。

【相关规定】

《上市公司治理准则》第二十一条至第二十八条。

---

① 宋燕妮、赵旭东主编：《中华人民共和国公司法释义》，法律出版社 2018 年版，第 354 页。

> **第一百二十一条　【股份有限公司审计委员会的人员组成与任职】** 股份有限公司可以按照公司章程的规定在董事会中设置由董事组成的审计委员会，行使本法规定的监事会的职权，不设监事会或者监事。
>
> 审计委员会成员为三名以上，过半数成员不得在公司担任除董事以外的其他职务，且不得与公司存在任何可能影响其独立客观判断的关系。公司董事会成员中的职工代表可以成为审计委员会成员。
>
> 审计委员会作出决议，应当经审计委员会成员的过半数通过。
>
> 审计委员会决议的表决，应当一人一票。
>
> 审计委员会的议事方式和表决程序，除本法有规定的外，由公司章程规定。
>
> 公司可以按照公司章程的规定在董事会中设置其他委员会。

【条文主旨】

本条是关于股份有限公司审计委员会的人员组成和任职要求的规定。

【修改提示】

本条是本次公司法修订的新增条文。本条明确了股份有限公司审计委员会的人员组成和任职要求，完善了审计委员会的规定，对审计委员会的组成及成员的独立性作出进一步规定。这次修改强调审计委员会由董事组成。明确董事会成员中的职工代表的任职资格。规定审计委员会的表决方式为一人一票。赋予公司章程规定审计委员会议事、表决和其他委员会设置的法定权利。

【条文释义】

一、股份有限公司审计委员会的设置、议事和表决依据为公司章程

股份有限公司通过制定公司章程，可以设置审计委员会等专门委员

会，为审计委员会的设置提供正当性依据。

二、股份有限公司审计委员会取代监事会或者监事，发挥监督功能

本条新增设置审计委员会的规定，以审计委员会来替代监事职能，让公司的监督机制得到法律支持。根据股份有限公司的公司治理实践，为我国企业"走出去"及外商到我国投资提供便利[①]。本条明文规定股份有限公司可以选择单层制治理模式，即只设董事会，不设监事会或者监事。设立审计委员会打破了股东会、董事会和监事会权力制衡的公司治理结构，优化了公司组织机构的设置。

三、股份有限公司审计委员会的人员组成

股份有限公司审计委员会的人数要求为三名以上。本条设置股份有限公司审计委员会的目的在于行使审计委员会的监督作用，需要保证其独立性。审计委员会的成员应该保持独立性，为了防止利益冲突，本条禁止过半数的审计委员会成员担任上市公司除董事以外的其他职务。审计委员会成员独立履行职责，不受上市公司主要股东、实际控制人或者其他与上市公司存在利害关系的单位或个人的影响，不得与管理层有任何会影响他们作为审计委员会成员独立判断的关系。此外，特别规定董事会成员中的职工代表具备成为审计委员会成员的任职资格。

四、股份有限公司审计委员会的决议

股份有限公司审计委员会成员就公司事项的决议必须经过审计委员会成员的过半数通过才可生效。

五、股份有限公司审计委员会决议的表决

本条明确规定审计委员会决议的表决方式为一人一票，每位审计委员会成员平等地行使表决权，不存在审计委员会成员表决权的差异化。

六、可以在董事会中设置其他委员会

股份有限公司可按照公司章程在董事会中设置除了审计委员会以外的其他委员会，共同与审计委员会行使职能，可以与审计委员会相互配合，也可以与审计委员会互相制衡。

【适用指南】

根据国有独资公司、国有资本投资运营公司董事会建设的实践，并为我国企业"走出去"及外商到我国投资提供便利，这次修改摒弃强制设置

---

① 于莹：《公权力嵌入国有公司治理：理据及边界》，载《政法论坛》2024年第1期。

监事会或者监事的规定，允许公司选择单层治理模式①。本法的重要修改之一是规定公司可以选择单层制治理模式，即只设董事会，不设监事会。为此需有配套制度支持，即审计委员会取代监事会行使监督职能。

该条使得监事会完全退出公司结构的历史舞台，有效地减少了来自资本意志的控制，强化了董事会的地位。公司选择只设董事会的，应当在董事会中设置由董事组成的审计委员会负责监督；股份有限公司审计委员会的成员人数必须为三人以上，其中过半数的审计委员会成员在公司中只能担任董事职务，不得兼任其他职务。在此基础上，还需符合不存在其他任何可能影响其独立性这一除外要件。

审计委员会作出决议的比例是审计委员会成员的过半数通过。并且表决权为一人一票，不存在差异化表决。

股份有限公司审计委员会的设置、组成、任职、议事、表决、决议均由公司章程规定。此外，董事会除了设置审计委员会外，还可设置其他委员会。其他委员会的设置亦由公司章程规定。

【相关规定】

《上市公司治理准则》第三十八条、第三十九条、第四十九条至第五十一条②；

《证券公司监督管理条例》第二十条③；

《上市公司独立董事管理办法》第五条④。

---

① 在域外公司法治理模式中，美国、英国为典型的单层治理模式，即仅设置董事会作为一元的管理机关，以董事忠实义务和信义义务为基础，强调公司的治理效率。

② 《上市公司治理准则》，载中国证券监督管理委员会网站，http：//www.csrc.gov.cn/csrc/c101864/c1024585/content.shtml，最后访问时间：2024 年 1 月 10 日。

③ 《证券公司监督管理条例》，载中国政府网，https：//www.gov.cn/gongbao/content/2008/content_ 987911.htm，最后访问时间：2024 年 1 月 10 日。

④ 《上市公司独立董事管理办法》，载中国证券监督管理委员会网站，https：//neris.csrc.gov.cn/falvfagui/rdqsHeader/mainbody? navbarId=3&secFutrsLawId=05eece872b6741aca6efae9d6681e723&body=，最后访问时间：2024 年 1 月 10 日。

> **第一百二十二条　【董事长的产生及职权】**董事会设董事长一人，可以设副董事长。董事长和副董事长由董事会以全体董事的过半数选举产生。
>
> 董事长召集和主持董事会会议，检查董事会决议的实施情况。副董事长协助董事长工作，董事长不能履行职务或者不履行职务的，由副董事长履行职务；副董事长不能履行职务或者不履行职务的，由过半数的董事共同推举一名董事履行职务。

【条文主旨】

本条是关于股份有限公司的董事长、副董事长的产生及其职权，以及董事会会议的召集和主持的规定。

【修改提示】

本条在原法第一百零九条规定的基础上作出了修改，这次修改将"副董事长不能履行职务或者不履行职务的，由半数以上董事共同推举一名董事履行职务"的表述修改为"副董事长不能履行职务或者不履行职务的，由过半数的董事共同推举一名董事履行职务"，将"半数以上董事"修改为"过半数的董事"。

【条文释义】

一、董事会董事长以及副董事长的设置

董事会设置董事长，董事长人数为一人。针对董事长一人有时难以履行其全部职责的情况，公司可设置副董事长以协助董事长工作。但值得注意的是，副董事长并非公司的必设职务，而是各个公司根据不同的实际情况及运营需要而设置以行使辅助董事长的功能。各公司的董事会根据公司的实际情况，可自主决定设立或者不设副董事长。此外，公司董事会决定副董事长人数的设置。

二、董事长和副董事长的选举产生

董事长和副董事长需由董事会以全体董事的过半数选举方可产生。由此可见，董事长和副董事长由选举产生，而非经由某个人或者某个机构指

定。有且只有董事会才能选举董事长和副董事长，除此之外的任何机构，甚至作为公司最高权力机构的股东会，也无权选举董事长和副董事长。此外，董事会在选举董事长和副董事长时，必须由全体董事的过半数表示同意，选举结果才算有效。

三、董事长、副董事长的职权以及董事会会议的召集和主持

1993 年公司法较为突出董事长的职权，直接规定董事长为公司的法定代表人，并专条规定了董事长的职权，包括主持股东会和召集、主持董事会会议，检查董事会决议的实施情况，签署公司股票、公司债券三项职权。2005 年修改公司法时，各方面普遍反映，应当突出董事会的集体决策作用，强化对董事长权利的制约。因此，2005 年公司法取消了董事长为公司的法定代表人的强制性规定，与之相适应，董事长也不再当然享有应当由法定代表人行使的签署公司股票、公司债券的职权；[1] 经过此次修改，本条仅规定了董事长有两方面的职权：一是召集和主持董事会会议；二是检查董事会决议的实施情况。副董事长协助董事长工作，副董事长在以下两种情况下履行职务：一是董事长不能履行职务，二是董事长不履行职务。如副董事长也不能履行职务或者不履行职务的，则由过半数的董事共同推举一名董事履行职务。

【适用指南】

董事会作为股份有限公司法定、必备且常设的集体行使公司经营决策权的机构，采取会议体制，有必要设置董事长，在董事会内部负责董事会会议的召集、主持等程序性事务，以及检查董事会决议的执行情况。公司还可以根据实际需要设副董事长，协助董事长工作。[2] 董事长、副董事长均为董事会成员，享有两项职权，一项是召集、主持董事会的事务性职权，另一项是检查董事会决议的实施情况。首先应由董事长履行职务，如发生董事长无法履行职务或者不履行职务的情况，由副董事长履行职务。如果副董事长依然无法履行职务或者不履行职务，最后才能由过半数的董事共同推举一名董事暂代董事长或者副董事长履行职务。

【相关规定】

《中华人民共和国民法典》第八十一条；

---

[1]　宋燕妮、赵旭东主编：《中华人民共和国公司法释义》，法律出版社 2018 年版，第 231 页。

[2]　安建主编：《中华人民共和国公司法释义》，法律出版社 2005 年版，第 178 页。

《中华人民共和国证券法》第八十条；

《企业国有资产监督管理暂行条例》第十七条①。

> **第一百二十三条　【董事会会议的召集】** 董事会每年度至少召开两次会议，每次会议应当于会议召开十日前通知全体董事和监事。
>
> 代表十分之一以上表决权的股东、三分之一以上董事或者监事会，可以提议召开临时董事会会议。董事长应当自接到提议后十日内，召集和主持董事会会议。
>
> 董事会召开临时会议，可以另定召集董事会的通知方式和通知时限。

【条文主旨】

本条是关于董事会的类型、通知、召集和主持的规定。

【修改提示】

本条对应原法第一百一十条的规定，本次修订将"董事会临时会议"修改为"临时董事会会议"。

【条文释义】

一、董事会会议的次数

本条规定董事会会议召开的次数为每年度两次或两次以上，在董事会职权范围内就各个事项作出决议。特别指出，本条所指的每年度至少应当召开两次的董事会会议，是指公司章程规定的董事会的定期会议，即例行董事会会议，而不包括董事会的临时会议。临时董事会会议是指根据特定主体的提议而临时召开的董事会。在例行董事会之间，公司的经营活动可能发生重大变化，特定主体可以提议召开临时董事会会议。②

---

① 《企业国有资产监督管理暂行条例》，载中国政府网，https://www.gov.cn/gongbao/content/2019/content_ 5468931. htm，最后访问时间：2024 年 1 月 10 日。

② 宋燕妮、赵旭东主编：《中华人民共和国公司法释义》，法律出版社 2018 年版，第 232 页。

二、临时董事会会议的提议召开

临时董事会会议的提议召开的主体主要有三类，第一类主体是代表十分之一以上表决权的股东，即单独或者合计持有公司 10% 以上股权的股东；第二类主体是三分之一以上的董事；第三类主体是监事会。总而言之，即达到法定条件的股东、董事和监事会三大主体。本条赋予达到法定条件的股东、董事以及监事会召开临时董事会会议的权利，以应对在公司经营发展过程中出现的重大事件或者突发状况。一般情况下，董事会例行会议召开的时间都相对固定，且次数较少。该条款的规定有效地弥补了例行董事会会议的不足，赋予了股东、董事和监事会根据公司实际经营情况召开董事会的权利，以便公司在可能遭遇重大经营变化时及时决策，作出调整，有利于公司的平稳发展。在以上达到法定条件的主体提议召开临时董事会会议时，负责召集和主持临时董事会会议的主体是董事长。临时董事会会议召开的限期是董事长自接到提议后的十日内。

三、董事会会议的通知方式和时限

董事会会议有两种形式，一类是定期董事会会议（例行董事会会议），另一类是临时董事会会议。根据《上市公司章程指引》① 第一百一十七条的规定，董事会会议通知应当包括会议日期和地点、会议期限、事由及议题、发出通知的日期四项内容。首先，就定期董事会会议与临时董事会会议的通知形式而言，定期董事会会议应当严格按照公司章程规定的通知方式（比如邮寄或由专人送达通知书等）通知全体董事和监事，而临时董事会会议可另定召集董事会的通知方式，可采用书面、邮件等常见形式。值得注意的是，在公司遭遇特别紧急事件时，召开临时董事会会议不必拘泥于以上常见的通知形式，可随时采用电话或者口头等方式进行会议通知，但召集人需要在临时董事会会议上作出说明。其次，就定期董事会会议与临时董事会会议的通知时限而言，本条第一款规定的通知时限，即"应当于会议召开十日前通知"的规定适用于定期董事会会议，而本条第三款明确规定临时董事会会议可以另定通知时限，灵活性更强，赋予临时董事会会议更大的自由选择权以应对可能出现的突发事件及情况。

【适用指南】

董事会会议分为定期会议和临时会议两大类。每年定期董事会会议召

---

① 《上市公司章程指引》，载中国证券监督管理委员会网站，https：//neris. csrc. gov. cn/falvfagui/rdqsHeader/mainbody？navbarId＝3&secFutrsLawId＝756948dd467f4ba489b60576f4e9976f&body＝，最后访问时间：2024 年 1 月 10 日。

开的次数必须等于或者大于两次，通常董事会每年的上半年度和下半年度各召开一次定期会议。临时董事会会议的召开次数没有明确规定，代表十分之一以上表决权的股东、三分之一以上董事或者监事会中的其中一类主体提议召开临时董事会会议均可召开。定期董事会会议和临时董事会会议的通知时限与通知方式也大有不同。定期董事会会议的通知时限为会议召开十日前，而临时董事会会议的通知时限为自接到提议后十日内。定期董事会会议的通知方式应当严格按照公司章程的规定，而临时董事会会议的通知方式可以另行规定，灵活性更强。

【相关规定】

《证券交易所管理办法》第二十条①；

《上市公司章程指引》第一百一十七条②；

《证券投资者保护基金管理办法》第十一条③。

第一百二十四条　【董事会会议的议事规则及会议记录】
董事会会议应当有过半数的董事出席方可举行。董事会作出决议，应当经全体董事的过半数通过。

董事会决议的表决，应当一人一票。

董事会应当对所议事项的决定作成会议记录，出席会议的董事应当在会议记录上签名。

【条文主旨】

本条是关于董事会会议举行、决议通过、决议表决以及制作会议记录的规定。

---

① 《证券交易所管理办法》，载中国证券监督管理委员会网站，http：//www.csrc.gov.cn/csrc/c106256/c1653990/content.shtml，最后访问时间：2024年1月10日。

② 《上市公司章程指引》，载中国证券监督管理委员会网站，https：//neris.csrc.gov.cn/falvfagui/rdqsHeader/mainbody? navbarId=3&secFutrsLawId=756948dd467f4ba489b60576f4e9976f&body=，最后访问时间：2024年1月10日。

③ 《证券投资者保护基金管理办法》，载中国证券监督管理委员会网站，https：//neris.csrc.gov.cn/falvfagui/rdqsHeader/mainbody? navbarId=3&secFutrsLawId=e6af71c957044c67b783abc0e41a4731&body=，最后访问时间：2024年1月10日。

【修改提示】

本条在原法第一百一十一条、第一百一十二条第二款规定的基础上作出了修改。

【条文释义】

一、董事会会议的出席人数

董事会会议出席人数的要求为应当有过半数的董事出席。根据《上市公司章程指引》第一百一十八条、第一百一十九条的规定，为了确保董事会决议代表大多数董事的意见，避免出现少数人决策重要事项的情况，本条首先对出席董事会的董事人数作出了明确规定，即应当有过半数的无关联关系董事出席董事会时方可举行董事会。如果举行董事会时，出席会议的董事人数小于或者等于半数的情况则不能举行董事会。在此情况下，即使举行董事会且作出了决议，该决议无效。同时，本条对通过董事会决议亦作出了明确规定，即应当经全体董事的过半数的无关联关系董事通过，决议方可生效，此时的决议才能代表多数董事的意志。

二、董事会决议的表决

相较于股东会会议"一股一票"的表决方式，董事会会议的表决形式应当为"一人一票"。公司股东会的决议方式包括一人一票的人头多数决与一股一票的资本多数决。从公司法的发展历史看，人头多数决与资本多数决并非并存的关系，而是后者取代前者的关系。[1] 董事会会议在作出决议时，每位董事仅能行使一票表决权。在董事会决议的表决实践中，董事会董事的表决票通常表现为赞成票、否决票和弃权票三种形式。

在举行董事会会议时，会议的召集人和主持人应当安排人员记录会议的举行情况，包括会议举行的时间、地点、召集人、主持人、出席人、会议的主要内容等。董事会作出决议的，应当对所决议的事项、出席会议董事及表决情况、决议结果等作成董事会会议记录。董事会会议记录应当由出席会议的董事签名，以保证董事会会议记录及董事会决议的真实性和效力。[2]

---

① 宋智慧：《资本多数决》，中国社会科学出版社 2011 年版，第 37 页。

② 宋燕妮、赵旭东主编：《中华人民共和国公司法释义》，法律出版社 2018 年版，第 235 页。

【适用指南】

为保证董事会决议符合大多数股东的真实意志，本条规定了董事会出席的人数和比例要求。董事会举行的法定条件是过半数无关联关系的董事出席。董事就董事会会议事项作出决议时，须经全体董事的过半数通过，而不仅仅是出席董事会董事的过半数通过，决议才能生效。

在进行董事会决议的表决时，以董事的人数为单位，每位董事有一票表决权，应当贯彻"一人一票"的投票原则。

本条新增董事会会议记录的规定，董事会会议的会议记录应当就所议事项的决定作出明确的书面记录，作为公司档案加以安全保存。为确保董事会所议事项作出决定的真实性、准确性及完整性，出席会议的董事需在董事会结束后查看并核对会议记录所记载的内容，并在会议记录上签字。根据《上市公司章程指引》第一百二十二条的规定，董事会会议记录的保存期限为不少于十年。公司应当根据具体情况，在章程中规定会议记录的保管期限。

【相关规定】

《上市公司章程指引》第一百二十二条；

《上市公司独立董事管理办法》第四十六条；

《非上市公众公司监督管理办法》第十条①；

《证券投资者保护基金管理办法》第十一条。

> **第一百二十五条　【董事出席会议、责任承担及免除】**
> 董事会会议，应当由董事本人出席；董事因故不能出席，可以书面委托其他董事代为出席，委托书应当载明授权范围。

---

① 《非上市公众公司监督管理办法》，载中国证券监督管理委员会网站，https：// neris. csrc. gov. cn/falvfagui/rdqsHeader/mainbody？ navbarId＝3&secFutrsLawId＝85b0037456f04f3 699b0687da344a39b&body＝，最后访问时间：2024 年 1 月 10 日。

> 董事应当对董事会的决议承担责任。董事会的决议违反法律、行政法规或者公司章程、股东会决议，给公司造成严重损失的，参与决议的董事对公司负赔偿责任；经证明在表决时曾表明异议并记载于会议记录的，该董事可以免除责任。

【条文主旨】

本条是关于董事出席或代为出席董事会会议、董事责任及董事责任免除的规定。

【修改提示】

本条在原法第一百一十二条第一款、第三款规定的基础上作出了修改。这次修改将"应由董事本人出席"的表述修改为"应当由董事本人出席"；将"委托书中应载明授权范围"的表述修改为"委托书应当载明授权范围"；将"股东大会"的表述修改为"股东会"；将"致使公司遭受严重损失的"的表述修改为"给公司造成严重损失的"。修改了"但书"规定，将"但经证明在表决时曾表明异议并记载于会议记录的"的表述修改为"经证明在表决时曾表明异议并记载于会议记录的"。

【条文释义】

一、董事会会议的出席

出席董事会会议既是董事的权利，亦是董事必须履行的义务。董事应当履行忠实和勤勉尽责的义务，出席董事会便是董事恪守勤勉尽责义务的基本体现，因此本条规定应当由董事本人出席董事会会议，以尽职尽责的态度就董事会所决议事项进行充分讨论，发表意见，最终根据超过法定比例的多数董事意见形成有效的决议表决。但本条亦作了例外规定，当董事因某些特殊缘故，如因病住院、因公出差、时间不便、被立案调查或者被采取强制措施等原因无法出席董事会会议时，为充分保障其行使权利，本条规定因故无法出席董事会的董事可委托其他董事代为出席，本条规定应当书面委托，其他委托方式如口头、邮件、电话等委托形式无效。书面委托的形式为委托书，该文书中应当载明委托董事的信息、受委托董事信息、代理事项以及授权范围，并由委托董事在委托书上签字或者盖章，以便受委托董事在委托事项范围内代委托董事充分行使其权利，实现其真实意志。

二、董事对董事会决议的责任承担及责任豁免

董事对董事会的决议负责，对董事会的决议承担责任。董事会的决议结果是多数董事集体意志的体现，是集体决策的结果①，是经由全体董事过半数通过才可作出有效决议，因此董事应当对其集体作出的决策结果承担法律责任。在同时满足以下三个要件时，参与决议的董事应当对公司承担赔偿责任：一是董事会的决议违反法律、行政法规或者公司章程、股东会决议；二是给公司造成严重损失；三是董事实际参与董事会决议但未发表异议。此外，本条规定了董事免除责任的情形，同时满足以下三个要件的董事可免除责任，一是在表决时曾表明异议；二是记载于会议记录；三是经过会议记录等书面材料的证明并得以证实。

【适用指南】

基于董事的勤勉尽责和善良管理义务，应当由董事本人出席董事会会议，但如果出现健康问题、异地出差、时间无法安排或者本人被采取强制措施等缘故无法出席董事会，可以通过载明受托人信息、委托事项以及授权范围的书面委托书，委托其他董事代为出席。因董事会一般就公司的重大经营事项作出决议，甚至涉及公司的商业秘密，因此，未能出席董事会的董事委托出席的对象只能是公司的其他董事，不可委托其他除董事以外的人员。

董事对董事会决议承担个人责任。董事会决议虽然是董事会集体决策的结果，但参与决议的董事应当对董事会决议承担个人责任，其责任可能涉及民事责任和行政责任等。参与决议的董事承担个人赔偿责任的情形为董事会作出的决议违反法律、行政法规或者公司章程、股东会决议并且给公司造成严重损失，此处的"给公司造成严重损失"并未作出细化规定，需要根据公司的实际情况加以判定。本条也规定了无需为董事会决议承担个人赔偿责任的情形，即持有异议并明确记载于会议记录，会后可通过会议记录等书面材料证明的董事可以免除责任。

---

① 刘俊海：《论〈公司法〉的法典化：由碎片化走向体系化的思考》，载《法律科学（西北政法大学学报）》2024年第1期。

【相关规定】

《证券基金经营机构董事、监事、高级管理人员及从业人员监督管理办法》第二十三条①；

《上市公司独立董事管理办法》第二十条、第二十一条。

第一百二十六条　【股份有限公司经理的设置与职权】

股份有限公司设经理，由董事会决定聘任或者解聘。

经理对董事会负责，根据公司章程的规定或者董事会的授权行使职权。经理列席董事会会议。

【条文主旨】

本条是关于股份有限公司经理的设置、聘任或者解聘以及职权的规定。

【修改提示】

本条在原法第一百一十三条规定的基础上作出了修改。这次修改将原法"本条第四十九条关于有限责任公司经理职权的规定，适用于股份有限公司经理"的笼统表述，具体明确为"经理对董事会负责，根据公司章程的规定或者董事会的授权行使职权。经理列席董事会会议"的规定，明确股份有限公司的经理职权由公司章程或董事会授予。

【条文释义】

一、股份有限公司设置经理

经理是指应当在公司中设置以辅助董事会执行业务、进行日常经营管理的人员。经理由董事会任免，对董事会负责。本法对公司经理的任职资

---

① 《证券基金经营机构董事、监事、高级管理人员及从业人员监督管理办法》，载中国证券监督管理委员会网站，https：//neris. csrc. gov. cn/falvfagui/rdqsHeader/mainbody？navbarId＝3&secFutrsLawId＝0a824db02bc24dd592dcad74ed8dc99a&body＝，最后访问时间：2024 年 1 月 10 日。

格作出了明确的规定。经理由董事会聘任或者解聘。①

二、股份有限公司经理的聘任或解聘

决定股份有限公司经理的聘任或者解聘的机构是董事会，经理需对董事会负责。董事会以经营管理能力、工作年限与经验和创收能力等方面为衡量指标，结合公司具体运营情况，聘任本公司经理，并决定经理的薪资报酬及其支付方式。当股份有限公司的经理不适合继续担任职务或者出现不履行或不能履行经理义务时，董事会可以依法召开董事会会议，决定解聘该经理。

三、经理行使职权的依据

经理职权的来源主要有以下两种：一是公司章程的规定；二是董事会的授权。股份有限公司经理职权的确定方式，由原法的法定与意定相结合的方式修改为通过公司章程的规定或者董事会的授权。作为董事会的辅助机关，经理一般从属于董事会，听从董事会的指挥和监督。经理的职权范围来自董事会的授权，只能在公司章程的规定事项或董事会授权的范围内对外代表公司。

四、明确规定董事会会议需有经理列席

股份有限公司经理的设置规范具有任意性，股份有限公司经理的设置由原来的强制性规范修改为本条的任意性规范，股份有限公司可以根据公司的特点自行决定是否设置经理。

【适用指南】

本条明确股份有限公司的经理职权由公司章程或董事会授予。原法对经理职权的规定是法定制，采取折中做法，即经理的职权由法律明文规定、公司章程和董事会规定。本次修改取消了对经理职权的法定限制，将其完全下放给董事会和公司章程，赋予了股份有限公司更大的自治空间。

【相关规定】

《中华人民共和国证券法》第一百零二条；

---

① 宋燕妮、赵旭东主编：《中华人民共和国公司法释义》，法律出版社 2019 年版，第237 页。

《上市公司章程指引》第一百二十四条①。

> **第一百二十七条　【董事会成员兼任经理】** 公司董事会可以决定由董事会成员兼任经理。

【条文主旨】

本条是关于董事会成员兼任经理的规定。

【修改提示】

本条对应原法第一百一十四条的规定，本次修订内容未作变动。

【条文释义】

本条赋予公司董事会对于董事会成员兼任经理事项的选择权以及决策权。公司的最高决策机构——董事会有权决定是否让董事会的成员同时担任公司的经理职务。公司董事会可以根据公司的需要和实际情况，决定让董事会成员同时担任公司的经理职务。

这一规定的目的为保证公司的高效运作和管理。董事会成员对公司的运营和发展具有深入的了解和经验，其可以更好地协调公司的各项工作，提高决策效率和执行力。同时也有助于避免公司管理层的冗余和重复工作。董事会成员兼任经理也需要遵循法定规范和程序。根据本法第一百二十四条的规定，董事会召开会议，必须有过半数的董事出席，并经全体董事过半数同意，方可作出任命董事会成员为经理的决议。

【适用指南】

董事会成员兼任经理需要明确其职责、公开透明、保证其独立性以及确保企业合规。首先，兼任经理的董事会成员需要明确自身角色和职责。②

---

① 《上市公司章程指引》，载中国证券监督管理委员会网站，https://neris.csrc.gov.cn/falv-fagui/rdqsHeader/mainbody? navbarId = 3&secFutrsLawId = 756948dd467f4ba489b60576f4e9976f&body = ，最后访问时间：2024年1月10日。

② 邢海宝、李东阳：《董事谨慎义务：从信义法回归》，载《河北法学》2024年第1期。

作为董事会成员，其需要参与公司的战略决策，监督公司的运营。作为经理，其需要管理公司的日常运营。这两种角色可能会产生冲突，因此，需要其对双重角色加以平衡。其次，董事会成员兼任经理，公司的决策过程需要更加透明。因为他们既是决策者又是执行者，可能会影响其他董事和股东的权益。因此，他们需要公开披露他们的决策过程和动机。再次，董事会成员兼任经理可能会影响董事会的独立性。因此，公司需要考虑是否需要设立一个独立的监督机构来监督兼任经理的董事会成员的行为。最后，在决定董事会成员是否兼任经理时，公司还需要考虑相关的法律和法规，确保符合法律法规的规定。根据某些国家或地区的规定，公司的董事会成员不能兼任经理。

【相关规定】

《中华人民共和国企业国有资产法》第二十五条；

《上市公司章程指引》第九十六条。

第一百二十八条　【小规模股份有限公司董事的设立及职权】 规模较小或者股东人数较少的股份有限公司，可以不设董事会，设一名董事，行使本法规定的董事会的职权。该董事可以兼任公司经理。

【条文主旨】

本条是关于规模较小或者股东人数较少的股份有限公司董事的设立、职权及职务的规定。

【修改提示】

本条是本次公司法修订的新增条文。

【条文释义】

一、设立董事会非必要

董事会是公司的必设机构，但对于规模较小或者股东人数较少的股份有限公司，可以设立一名董事作为公司的执行机关，而不一定必须设立董事会。本条规定，股份有限公司可以不设立董事会，而只设一名董事，这表明即便公司不设董事会，仍然需要设置类似董事会的机构，即一名董事。董事虽然只有一人，但其法律地位与董事会相同，是公司的执行机关和经营决策机关，对股东会负责。设立董事会，实行集体决策，主要是出于保护公司股东利益的考虑，让所有股东都能够通过代表其利益的董事参加董事会，参与公司的经营决策。但是，实践中有些股份有限公司的规模较小，虽然股东有多人，但股东都认为并无必要专门设立董事会，由一个他们都信任的人作为执行董事来负责公司的经营管理工作即可，还可提高公司的运作效率。因此本条规定，对于规模较小或者股东人数较少的股份有限公司，可以不设立董事会，而是设立一名董事，由该名董事负责执行公司业务。

二、小规模或者股东人数较少的股份有限公司董事的主要职权

小规模或者股东人数较少的股份有限公司如设立一名董事，不设立董事会，则该名董事行使与董事会相同的职权。依据本法第六十七条及第一百二十条的规定，小规模或者股东人数较少的股份有限公司的董事可行使以下职权：召集股东会会议，并向股东会报告工作；执行股东会的决议；决定公司的经营计划和投资方案；制订公司的利润分配方案和弥补亏损方案；制订公司增加或者减少注册资本以及发行公司债券的方案；制订公司合并、分立、解散或者变更公司形式的方案；决定公司内部管理机构的设置；决定聘任或者解聘公司经理及其报酬事项，并根据经理的提名决定聘任或者解聘公司副经理、财务负责人及其报酬事项；制定公司的基本管理制度；公司章程规定或者股东会授予的其他职权。

三、小规模或者股东人数较少的股份有限公司的董事任职

小规模或者股东人数较少的股份有限公司的董事可同时担任公司经理职务，可一董事任二职，同时享有两个职位的权利和义务。

【适用指南】

依据本法第六十七条的规定，有限责任公司董事会可行使的职权共有十项。依据本法第一百二十条的规定，本法第六十七条的规定同样适用于股份有限公司的董事会。小规模或者股东人数较少的股份有限公司的董事取代董事会，行使董事会的职权，主要包括以下十个方面：（1）负责召集股东会会议，并向股东会报告工作。股东会不属于常设权力机构，股东们只有在会议召开时才行使自己的权利。因而当公司重大事项需要股东会决策时，必须通过会议的形式。而股东们又分散于各地，董事会有义务召集各股东参加股东会会议。以使股东们了解公司的经营管理情况，及时调整方针政策，董事会有义务将自己的经营活动及公司情况向股东会报告。（2）执行股东会的决议。股东会的决议是股东意志的集中体现，决定着公司的发展方向。决议一旦形成必须得到落实，但由于股东会不直接执行自己形成的决议，而是由代表股东利益的董事会落实执行。股东会的决议是董事会据以执行业务的指导方针。董事会不得以任何借口拒绝执行。股东和监事会有权监督和检查董事会执行决议的情况。（3）决定公司的经营计划和投资方案。董事会是公司的法人代表，全权领导和管理公司的一切经营活动。在股东会会议决定的公司经营方针和投资计划指导下，董事会有权安排公司生产、销售等经营计划，有权决定公司的生产经营方式，有权确定公司资产流向，向其他公司或生产经营单位投资。但董事会的经营计划和投资方案不得超越股东会的经营方针和投资计划，否则属越权行为，由此带来的损失由董事会承担。（4）制订公司的年度财务预算方案、决算方案。董事会对公司的管理内容十分广泛，涉及生产、技术、劳动、设备、物资供应、财务等。特别是财务管理，运用价值形式对公司整个生产经营活动进行综合性管理，是董事会的主要职责。制订公司年度财务预算、决算方案是董事会财务管理的内容之一。财务预算是对公司财务收入和支出的计划，而决算则是对年度预算执行结果的总结。年度财务预算、决算方案关系到公司资金安排是否合理、使用是否恰当，关系到资金的利用率，故董事会应当切实、科学地编制公司年度财务预算、决算方案，并提请股东会审议批准。（5）制订公司的利润分配方案和弥补亏损方案。这也是董事会对公司财务管理的内容之一。公司的利润分配主要有两大部分：公积金和股利。公积金又包括法定公积金、法定公益金和任意公积金。利润分配除法定公积金比例固定外，其余的由董事会制订法定公益金、任意公积金以及股利的比例和分配的具体形式。利润分配直接涉及公司、股东、生产者以及第三人的利益，因此董事会应制订详细的方案，提请股东会批准后方能进行。为了维持公司的生产经营，当公司经营出现亏损时，公司在利润分配之前首先要弥补亏损，由董事会制订亏损弥补的方案，经股东会同意后实施。（6）制订公司增加或者减少注册资本的方案。公司注册资本的增加或者减少，直接影响公司生产经营的稳定性、股东和债权人权利义务的变化，因而公司一般不得随意增资或减资。为了扩大公司生产规模，或者巩固公司的财政基础，或者适应市场变化，公司确实需要增加或减少注册资本的，董事会应该提出详细的方案，包括增加或减少注册资本的原因、目的、方式、额度、用途以及后果、补救方法等，确保公司、股东、债权人的利益得到维护。董事会提出增资或减资方案后，经股东会审议批准，修改公司章程中注册资本条款后，才能实施。（7）拟订公司合并、分立、变更公司形式、解散的方案。公司合并、分立、变更公司形式、解散涉及许多法律、法规、政策规定，极其复杂，如果处理不好，会影响多方利益，故首先应由董事会拟定进行上述重大事项的具体方案。以公司的合并为例，若采取吸收合并方式，合并各方公司董事会应就合并后公司的名称、合并的条件等拟定详细的方案，交由本公司股东会决定，经股东会决定后可将决议交付对方董事会，双方进行合并活动。未经股东会审议，不得擅自进行合并，签订合并合同。（8）决定公司内部管理机构的设置。为有效地领导和管理公司，董事会有权决定设置一定的内部管理机构，包括日常业务经营机构和一定的咨询机构。前者是指在经理领导下的各部门业务机构，包括生产、销售、采购等部门，后者指协助董事会决策的各专门委员会，如执行、生产、销售、财务等委员会。这些内部管理机构设置按董事会开展工作的需要和公司规模的大小而定。（9）聘任或者解聘公司经理。聘任或者解聘公司的经理、财务负责人，决定其报酬事项。随着经济发展，经营管理公司需要有专门人才。让擅长企业经营管理的专家担任高级职务，是现代公司发展的必然结果。董事会通过聘任有经营管理能力的人担任经理或解聘经营能力差的经理，提高公司的效率。副经理、财务负责人作为经理的主要助手，配合经理工作，因而保留经理的提名权，以保证公司的领导系统高效有序。（10）制定公司的基本管理制度。公司得以存在与发展壮大，依赖于董事会的有效管理。董事会的管理涉及人、财、物、产、供、销各方面。为了保证管理日常化和制度化，董事会应该制定一整套行之有效的基本管理制度，以提高管理效率，促进公司发展。①

【相关规定】

《期货交易所管理办法》第四十二条；②

《证券投资者保护基金管理办法》第十条。

---

① 郑乾：《公司法修订背景下公司机会规则的逆向排除建构——从有效抗辩事由的"司法路径"切入》，载《河南财经政法大学学报》2024年第1期。

② 《期货交易所管理办法》，载中国证券监督管理委员会网站，https：//neris.csrc.gov.cn/falvfagui/rdqsHeader/mainbody？navbarId=3&secFutrsLawId=55f9642324094faf98cac3a265b4648e&body=，最后访问时间：2024年1月10日。

> **第一百二十九条　【董监高的报酬披露】**公司应当定期向股东披露董事、监事、高级管理人员从公司获得报酬的情况。

【条文主旨】

本条是关于披露董事、监事、高级管理人员报酬的规定。

【修改提示】

本条对应原法第一百一十六条的规定，本次修订内容未作变动。

【条文释义】

一、披露对象

股东作为公司的所有者，有权了解这些重要管理人员从公司获得报酬的情况，以判断公司是否给予了适当的报酬，以及这些报酬是否合理。因此，公司有义务定期向股东披露董事、监事、高级管理人员从公司获得报酬的情况。需要向股东披露情况的对象主要有三类：第一类是董事；第二类是监事；第三类是高级管理人员。

二、披露频率

公司应当规定披露董事、监事、高级管理人员报酬情况的时间和频率，例如每季度或每年。一般来说，每年至少进行一次披露。

三、披露内容

公司应当披露董事、监事、高级管理人员从公司获得的报酬总额、详情、任何相关的条件、待遇或奖励安排以及扣减社会保险费用后的实际收入等内容。

四、披露方式

披露方式可以是书面报告，也可以是电子公告或者其他公开透明的方式。公司可以选择适合的方式披露报酬情况，例如通过公司网站、年度报告、股东会等方式进行披露。

五、违反披露规定的后果

如果公司未按照规定履行信息披露义务，可能会被监管部门责令改正，并对直接负责的主管人员和其他直接责任人员给予罚款等惩处；可能还需承担违反法律规定或合同约定的法律责任。

【适用指南】

在上市公司年度报告中，公司需要披露董事、监事、高级管理人员的报酬情况，包括薪酬、津贴、奖金、股权激励等。这些报酬信息应当详细列示，包括具体金额、支付方式、支付时间等。股东可以通过查阅公司的年度报告了解董事、监事、高级管理人员的报酬情况，以评估公司的治理结构和董事、监事、高级管理人员的履职情况。此外，在公司股东会上，公司也需要向股东披露董事、监事、高级管理人员的报酬情况。股东可以通过参加股东会了解董事、监事、高级管理人员的报酬情况，并对其进行监督和评价。本条的实际应用可以通过公司的年度报告和股东会等场合进行。

【相关规定】

《中华人民共和国企业所得税法实施条例》第三十四条；
《上市公司股权激励管理办法》第三条①。

第四节　监　事　会

第一百三十条　【监事会的组成及任期】股份有限公司设监事会，本法第一百二十一条第一款、第一百三十三条另有规定的除外。

监事会成员为三人以上。监事会成员应当包括股东代表和适当比例的公司职工代表，其中职工代表的比例不得低于三分之一，具体比例由公司章程规定。监事会中的职工代表由公司职工通过职工代表大会、职工大会或者其他形式民主选举产生。

---

① 《上市公司股权激励管理办法》，载中国证券监督管理委员会网站，https：//neris. csrc. gov. cn/falvfagui/rdqsHeader/mainbody？navbarId=3&secFutrsLawId=e99d86b7cc4147eca23b8a19a8f90a34&body=，最后访问时间：2024 年 1 月 10 日。

> 　　监事会设主席一人，可以设副主席。监事会主席和副主席由全体监事过半数选举产生。监事会主席召集和主持监事会会议；监事会主席不能履行职务或者不履行职务的，由监事会副主席召集和主持监事会会议；监事会副主席不能履行职务或者不履行职务的，由过半数的监事共同推举一名监事召集和主持监事会会议。
>
> 　　董事、高级管理人员不得兼任监事。
>
> 　　本法第七十七条关于有限责任公司监事任期的规定，适用于股份有限公司监事。

【条文主旨】

本条是关于股份有限公司监事会设立、监事会成员的组成和职务设置、监事会会议召集和主持、兼任禁止以及监事任期的规定。

【修改提示】

本条在原法第一百一十七条规定的基础上作出了修改，原法第一百一十七条规定监事会成员不得少于三人，本次修改为"监事会成员为三人以上"。原法"监事会应当包括股东代表和适当比例的公司职工代表"的表述修改为"监事会成员应当包括股东代表和适当比例的公司职工代表"。原法"监事会副主席不能履行职务或者不履行职务的，由半数以上监事共同推举一名监事召集和主持监事会会议"的表述修改为"监事会副主席不能履行职务或者不履行职务的，由过半数的监事共同推举一名监事召集和主持监事会会议"。"半数以上"修改为"过半数"，排除了正好半数的情况，必须由过半数的监事共同推举一名监事召集和主持监事会会议。

【条文释义】

一、股份有限公司监事会的设置

公司组建时，公司章程需要明确设立监事会，并详细规定监事会成员的选举方式和职务设置。监事会是公司内部的监督机构，主要负责监督公司的财务状况以及公司董事、高级管理人员的履职情况，以确保公司的合法、合规运营。① 股份有限公司需要设立监事会，但是法律另有规定的情形除外。

二、监事会成员的人数和构成

监事会的成员数量应当为三人以上，监事会成员应当包含股东代表和适当比例的公司职工的代表，其中职工代表的比例不能低于三分之一，具体的比例由公司章程加以规定。

三、职工代表选举

监事会中的公司职工代表要通过职工代表大会、职工大会或者其他民主形式选举产生。监事会中的职工代表是由全体公司职工选举产生，公司需要建立完善的选举程序，确保选举的公开、公正。

四、监事会组织架构

监事会内部设有主席，人数为一位。可以设副主席。这些职务的设立旨在加强监事会的组织和决策功能，也需要明确指出职务的职责和权利。监事会主席和副主席的选出，是通过全体监事过半数选举产生，需要确保全体监事参与投票，确保公正公平。

五、监事会会议的召集和主持

本条规定了股份有限公司的监事会会议的召开和主持方式。首先，监事会主席负责召集和主持监事会会议。其次，如果监事会主席不能履行职务或者不履行职务的，由监事会副主席代为召集和主持监事会会议。最后，如果监事会副主席也不能履行职务或者不履行职务的，则由过半数的监事共同推举一名监事来召集和主持监事会会议。

六、不得兼任监事的主体

对于公司高级管理人员兼任监事的问题，该条文明确规定，董事、高级管理人员不得兼任监事。这一规定是为了防止公司内部权力过于集中，确保公司决策的公正性和公平性。

七、监事任期

本法第七十七条关于有限责任公司监事任期的规定，也适用于股份有限公司的监事，依据本法第七十七条，股份有限公司监事的任期每届为三年。监事任期届满，连选可以连任。

【适用指南】

对于股份有限公司而言，设立监事会是必要的，除非法律特殊规定免

---

① 贺茜：《实体与程序双重视角下股东权益的司法保护——以"股东代表诉讼"为切入点》，载《法学论坛》2024 年第 1 期。

除设立。在设立过程中，公司需要确保监事会的成员构成符合法律规定，特别是在职工代表的比例上满足法定要求。设立监事会时，公司应当在其章程中明确监事会的具体构成比例、职能、权限和运作方式。职工代表的选举须体现民主原则，确保职工的意见和利益在监事会中得到代表和体现。对于监事会的组织架构而言，公司需要通过民主程序选举出监事会的主席及其副主席（如设立）。这确保监事会能高效运作，并对公司董事、高级管理层的行为进行监督。对于监事会会议的召集和主持以及董事、高级管理人员不得兼任监事的规定，目的是防止公司管理层与监事之间存在利益冲突，确保监事能够独立、公正地行使监督职权。股份有限公司监事的任期适用有限责任公司监事任期的规定，任期均为三年，监事任期届满，连选可以连任。综上所述，符合这些规定的监事会能更好地发挥监督作用，提升公司治理透明度和有效性，是促进公司健康稳定发展的重要组成部分。

【相关规定】

《中华人民共和国民法典》第八十二条；

《中华人民共和国证券法》第八十二条；

《中华人民共和国商业银行法》第十八条。

> **第一百三十一条　【监事会的职权及费用】**本法第七十八条至第八十条的规定，适用于股份有限公司监事会。
>
> 监事会行使职权所必需的费用，由公司承担。

【条文主旨】

本条是关于监事会职权以及监事会行使职权费用承担的规定。

【修改提示】

本条在原法第一百一十八条规定的基础上作出了修改，这次修改将原法第一百一十八条的"本法第五十三条、第五十四条关于有限责任公司监事会职权的规定，适用于股份有限公司监事会"的表述修改为"本法第七十八条至第八十条的规定，适用于股份有限公司监事会"。

【条文释义】

一、股份有限公司监事会的职权

依据本法第七十八条的规定，股份有限公司监事会的职权主要包括：（1）检查公司财务。主要是检查公司财务会计制度是否健全，检查和审查会计凭证、会计账簿、财务会计报告是否真实、是否符合国家财务会计制度的规定。[1]（2）对董事、高级管理人员执行公司职务行为的合法性、合规性进行监督，即对董事、高级管理人员执行公司职务时违反法律、行政法规、公司章程或者股东会决议的行为进行监督，并可以向股东会提出罢免董事、高级管理人员的建议。（3）要求董事、高级管理人员纠正其损害公司利益的行为。当董事、高级管理人员的行为损害公司的利益时，监事会应当及时要求其纠正，以维护公司及股东利益。（4）提议或者召集并主持股东会会议。当监事会发现董事、高级管理人员执行职务的行为违反法律、行政法规、公司章程或者股东会决议，或者对公司未尽忠实或者注意义务，或者出现应当召开股东会的情形时，监事会有权向董事会提议召开临时股东会会议，并在董事会不履行召集和主持股东会职责时，有权召集和主持股东会会议，让股东知悉公司董事、高级管理人员的行为和公司的情况，并及时做出处理决策。（5）向股东会会议提出提案。监事会在履行监督职责的过程中，对公司事务以及董事、高级管理人员是否尽职的情况比较了解，监事会根据其掌握的情况向股东会提出有针对性的提案，有利于增强监督实效，切实维护公司及股东利益。（6）代表公司向董事、高级管理人员提起诉讼。根据本法第一百八十八条的规定，董事、高级管理人员执行职务时违反法律、行政法规或者公司章程的规定，给公司造成损失的，应当承担赔偿责任。股份有限公司连续一百八十日以上单独或者合计持有公司1%以上股份的股东，可以书面请求监事会向人民法院提起诉讼。在这一诉讼中，由监事会代表公司。（7）公司章程规定的其他职权。公司章程还可以授权监事会行使其他一些监督职权，比如有权要求董事、经理报告公司营业情况，对董事会编制的公司年度财务会计报告及盈余分配方案进行审查，提出审查报告并向股东会报告，召集董事会会议等。[2]

二、监事的质询或建议权

依据本法第七十九条的规定，监事可以列席董事会会议，并对董事会

---

[1] 冯素玲：《论会计稽查的地位与重点》，载《经济研究导刊》2010年第29期。

[2] 安建主编：《中华人民共和国公司法释义》，法律出版社2005年版，第188～189页。

决议事项提出质询或者建议。监事会发现公司经营情况异常，可以进行调查；必要时，可以聘请会计师事务所等协助其工作，费用由公司承担。

三、监事监督董事、高级管理人员

依据本法第八十条的规定，监事会可以要求董事、高级管理人员提交执行职务的报告。董事、高级管理人员应当如实向监事会提供有关情况和资料，不得妨碍监事会或者监事行使职权。

四、股份有限公司承担监事会行使职权的必要费用

通常情况下，监事会履行以下职权时，其费用应由公司承担：（1）聘请会计师事务所对财务会计报告进行审计的报酬等费用；（2）以公司名义起诉董事、高级管理人员支付的诉讼费用和律师代理费用；（3）依法召集和主持股东会会议支付的会议经费；（4）监事会履职的报酬和日常费用等。

【适用指南】

本条规定有限责任公司关于监事会职权的规定适用于股份有限公司监事会，因此，股份有限公司监事会享有本法第七十八条至第八十条规定的各项职权，这些规定包括监事会的组成、职权、任期、议事规则等相关内容。这是因为股份有限公司和有限责任公司在性质上都属于公司法人，其基本法律制度应当保持一致。此外，本条还规定，监事会行使职权所必需的费用，由公司承担。这一规定是为了保障监事会能够正常履行其监督职责，维护公司和股东的合法权益。值得注意的是，公司承担的必须是监事会行使职权"所必需的费用"，行使职权必需费用以外的开支，公司可以拒绝承担。

【相关规定】

《上市公司监事会工作指引》第二十条[①]；

《中国银保监会关于印发银行保险机构公司治理准则的通知》第六十五条[②]。

---

① 《上市公司监事会工作指引》，载中国上市公司协会网站，https：//www.capco.org.cn/hyzl/zthd/zlzz/201910/20191009/j_ 20191009172655000157061329535 91603.html，最后访问时间：2024 年 1 月 10 日。

② 《中国银保监会关于印发银行保险机构公司治理准则的通知》，载国家金融监督管理总局网站，https：//www.cbirc.gov.cn/cn/view/pages/governmentDetail.html？docId＝989061&itemId＝861&generaltype＝1，最后访问时间：2024 年 1 月 10 日。

> **第一百三十二条 【监事会的会议制度】** 监事会每六个月至少召开一次会议。监事可以提议召开临时监事会会议。
>
> 监事会的议事方式和表决程序，除本法有规定的外，由公司章程规定。
>
> 监事会决议应当经全体监事的过半数通过。
>
> 监事会决议的表决，应当一人一票。
>
> 监事会应当对所议事项的决定作成会议记录，出席会议的监事应当在会议记录上签名。

【条文主旨】

本条是关于监事会会议的频率、类型、决议比例，监事会的议事方式、表决程序、表决机制及会议记录的规定。

【修改提示】

本条在原法第一百一十九条规定的基础上作出了修改，这次修改将"监事会决议应当经半数以上监事通过"的表述修改为"监事会决议应当经全体监事的过半数通过"，还新增了"监事会决议的表决，应当一人一票"的规定。

【条文释义】

一、监事会的会议频率和召开方式

监事会是一个公司的监督机构，负责对公司的经营管理进行监督。为了保证监督工作的有效性，本条规定监事会应每六个月至少召开一次正式会议，以确保对公司的监督和管理。此外，任何一名监事都有权提议召开临时监事会会议，以应对突发或重要的情况。

二、监事会的议事方式和表决程序

监事会的议事方式和表决程序可以由公司章程规定，但必须符合本法的规定。如果本法已有相关规定，则应当适用本法的规定，不可由公司章程规定。本条对监事会的议事方式和表决程序作了适用优先级规定，首先适用本法的规定，本法没有规定的，才可由公司章程规定，限定了公司章程的适用范围。

三、监事会决议的通过标准

只有当超过半数的监事同意时，决议才能通过。为了保证监事会决议的公正性和合理性，要求监事会决议必须经过全体监事过半数的同意。

四、监事会决议的表决方式

为了确保每个监事的权益，规定监事会决议的表决采用一人一票的方式。每个监事都有平等的投票权，即监事每人只有一次表决权，坚持"一人一票"原则。

五、监事会对会议内容的管理责任

为了保证监事会决议的透明度和可追溯性，会议的所有决定和讨论都应详细记录，要求监事会对所议事项的决定作成会议记录，并要求出席会议的监事在会议记录上签名，以保证会议记录的真实性和准确性。

【适用指南】

公司应根据业务需要和实际情况，确保监事会每六个月至少召开一次正式会议，并根据需要召开临时会议。公司应在章程中明确规定监事会的议事方式和表决程序，确保决策过程的透明性和公正性。在制定监事会决议时，应确保得到过半数监事的支持和同意。在监事会决议的表决过程中，所有监事都应享有平等的投票权，充分体现每位监事的意愿和想法。监事会会议记录应当由出席会议的监事签名，以保证会议记录及决议的真实性和效力，明确各位监事的责任。

【相关规定】

《上市公司章程指引》第一百四十六条；

《证券交易所管理办法》第三十二条。

> **第一百三十三条 【小规模股份有限公司监事的设立及职权】** 规模较小或者股东人数较少的股份有限公司，可以不设监事会，设一名监事，行使本法规定的监事会的职权。

【条文主旨】

本条是关于小规模或者股东人数较少的股份有限公司可用监事取代监

事会以及监事会职权的规定。

【修改提示】

本条是本次公司法修订的新增条文。

【条文释义】

一、小规模或者股东人数较少的股份有限公司监事的设立

对于规模较小或者股东人数较少的股份有限公司，可以简化其监督机构设置，只设立一名监事来代替监事会的职能。如此设置可减少公司的管理成本和运营复杂性，同时仍然能够保证对公司管理层的有效监督。

二、小规模或者股东人数较少的股份有限公司监事的职权

依据本法第七十八条，不设监事会的股份有限公司监事行使的具体职权有以下几个方面：（1）检查公司财务。监事会对公司的财务活动进行审查，确保财务活动的合法性。（2）监督董事和高管行为。监事会对董事及高级管理人员执行公司职务的行为进行监督，对于违反法律法规、公司章程或股东会决议的行为，可以提出罢免的建议。（3）纠正违规行为。当董事或高管的行为损害公司利益时，监事会应要求该人员予以纠正。（4）召集和主持股东会会议。在董事会不履行公司法规定的召集和主持股东会会议职责的情况下，监事会有权自行召集和主持股东会会议。（5）提出提案。监事会可以向股东会会议提出提案。（6）诉讼权利。依据本法第一百八十九条的规定，监事会有权对董事、高级管理人员提起诉讼。（7）列席董事会会议。监事会成员可以列席董事会会议，并就所有议题提出质询和建议。（8）监督公司经营情况。监事会负责监视公司经营状况，以保护公司和股东的权益。（9）公司章程规定的其他职权。根据公司章程，监事会可能还有其他特定的职权。①

【适用指南】

判断是否适用本条规定时，需要考虑公司的规模和股东人数是否符合小规模或者股东人数较少的股份有限公司的情形，具体标准可由相关法律法规或实施细则进行规定。如果公司符合适用条件，可以选择只设立一名监事来履行监事会的职责，包括监督公司管理层的行为、审查财务报表

---

① 刘俊海：《论〈公司法〉的法典化：由碎片化走向体系化的思考》，载《法律科学（西北政法大学学报）》2024 年第 1 期。

等。监事应当具备相应的资格和能力，以确保其能够有效地履行监督职责。公司应当在相关文件中明确说明只设立一名监事的情况，并在公司章程或其他内部文件中规定监事的职责和权限。监事应当遵守法律法规和公司章程的规定，独立行使职权，保护公司和股东的合法权益。

【相关规定】

《中华人民共和国证券法》第一百四十二条；
《上市公司治理准则》第四十四条至第五十条。

第五节　上市公司组织机构的特别规定

> **第一百三十四条　【上市公司的定义】**本法所称上市公司，是指其股票在证券交易所上市交易的股份有限公司。

【条文主旨】

本条是关于上市公司定义的规定。

【修改提示】

本条对应原法第一百二十条的规定，本次修订内容未作变动。

【条文释义】

一、上市公司的定义

上市公司是指其股票在证券交易所进行上市交易的股份有限公司。这类公司的股票公开交易，投资者可以在证券交易所购买和出售这些股票。[①]这意味着上市公司的股票可以在证券交易所公开买卖，为投资者提供流动性。此类公司需遵循更为严格的信息披露规定，以确保市场公开、透明。

二、上市公司的条件与特征

1. 上市公司具有股份有限公司的全部法律特征，包括股东责任的有限性，股东的出资具有股份性，股票发行和转让的公开性和自由性等。

---

① 樊纪伟：《我国公司法定类型的反思及逻辑建构》，载《交大法学》2022 年第 1 期。

2. 上市公司是符合法定上市条件的股份有限公司，其中一项重要条件是其股票在证券交易所上市交易。

3. 上市公司需要具备良好的公司治理能力、竞争能力和抗风险能力等，因为这些都是上市公司质量提升的重要标志。

4. 公司最近三年无重大违法行为，财务会计报告无虚假记载，这是保证上市公司健康发展的重要因素。

需要注意的是，证券交易所可以规定高于前述规定的上市条件，并报国务院证券监督管理机构批准。

【适用指南】

本条是对上市公司定义的规定。首先，一家公司如果想要成为上市公司，前提必须是一家股份有限公司，上市公司必须是股份有限公司为法律强制性规定，并非公司可以自行决定。其次，上市公司的股票必须在证券交易所进行交易。这是上市公司的基本要求，未满足这一条件就不能称为上市公司。再次，上市公司作为法人，需要承担相应的法律责任。如果公司在上市过程中存在违法行为，如虚假披露、内幕交易等，将会受到法律的严厉处罚。上市公司需要定期向公众披露公司的财务状况、经营情况等信息，以保证投资者的知情权和公平交易。最后，上市公司需要遵守更严格的公司治理规则，包括设立独立董事、实行董事会决策制度等。

【相关规定】

《中华人民共和国证券法》第四十六条；

《中华人民共和国刑法》第一百六十九条；

《中华人民共和国审计法实施条例》第三十三条。

第一百三十五条　【特别事项的通过】 上市公司在一年内购买、出售重大资产或者向他人提供担保的金额超过公司资产总额百分之三十的，应当由股东会作出决议，并经出席会议的股东所持表决权的三分之二以上通过。

【条文主旨】

本条是关于上市公司特别事项应经股东会作出决议的规定。

【修改提示】

本条在原法第一百二十一条规定的基础上作出了修改，这次修改将原法第一百二十一条"担保金额"的表述修改为"向他人提供担保的金额"，将"股东大会"的表述修改为"股东会"。

【条文释义】

一、上市公司的特别事项

上市公司应当由股东会作出决议的特别事项主要有两类，第一类是上市公司在一年内购买、出售重大资产；第二类是向他人提供担保的金额超过公司资产总额百分之三十。

二、重大事项决议通过的比例要求

对于本条涉及的两类特别的重大事项，本条规定采取特别决议的方式才可通过决议，即经出席会议的股东所持表决权的三分之二以上通过，以确保上市公司的重大决策能够经过充分的审议和广泛的股东参与，体现绝大多数股东的利益和意愿。

上市公司由于其公众性质和资本规模，其决策直接影响到广大股东和市场的利益。因此，对于可能对公司结构和运营产生重大影响的决策，需要设置更高的法定要求，以确保决策的合法性、合理性和公正性。

【适用指南】

上市公司应当在股东会上就相关事项进行充分披露，确保股东能够了解并评估决策的风险和影响。股东会的召集程序、出席人员的资格、表决程序等都应当符合法律和公司章程的规定。为确保决策的民主性和公正性，需要有足够的股东出席会议，并保证其所持表决权的三分之二以上的多数股东同意。

【相关规定】

《上市公司章程指引》第四十一条、第七十八条；
《中华人民共和国刑法》第一百六十九条。

> **第一百三十六条** 【上市公司独立董事】上市公司设独立董事，具体管理办法由国务院证券监督管理机构规定。
>
> 上市公司的公司章程除载明本法第九十五条规定的事项外，还应当依照法律、行政法规的规定载明董事会专门委员会的组成、职权以及董事、监事、高级管理人员薪酬考核机制等事项。

【条文主旨】

本条是关于上市公司独立董事的设置及其公司章程法定记载事项的规定。

【修改提示】

本条在原法第一百二十二条规定的基础上作出了修改，这次修改将原法第一百二十二条"具体办法由国务院规定"的表述修改为"具体管理办法由国务院证券监督管理机构规定"，明确由国务院证券监督管理机构规定上市公司设独立董事的具体管理办法。新增第二款，规定了上市公司章程应载明的法定记载事项。

【条文释义】

一、上市公司可以设立独立董事

依据《上市公司独立董事管理办法》第二条的规定，独立董事是指不在上市公司担任除董事外的其他职务，并与其所受聘的上市公司及其主要股东、实际控制人不存在直接或者间接利害关系，或者其他可能影响其进行独立客观判断关系的董事。首先，独立董事是指在上市公司中担任董事职务的人员，但他们并不担任除董事外的其他职务，不能兼任公司的其他职位，如高管、监事等，以确保他们在董事会中的独立性和客观性。其次，独立董事与其所受聘的上市公司及其主要股东（如大股东、控股股东等）、实际控制人之间不存在直接或者间接的利益关系。这包括经济利益、亲属关系、商业往来等方面的联系。这些规定旨在确保独立董事在履行职责时不受任何外部利益的影响，能够客观公正地对待公司的决策和运营。最后，独立董事与其他可能影响其进行独立客观判断关系的董事之间没有关联或利害关系。

二、设有独立董事的上市公司适用国务院证券监督管理机构规定的具体管理办法

上市公司在遵守公司法规定的同时，还应当符合国务院证券监督管理机构在部门规章中所作的特别规定。本条明确上市公司设独立董事的具体管理办法由国务院证券监督管理机构规定。

三、上市公司章程应记载的法定记载事项增多

公司章程是公司设立的最主要且最重要的文件。公司的设立程序以订立公司章程开始，以设立登记结束。① 本法第五条明确规定，订立公司章程是设立公司的条件之一。公司章程是确定公司权利、义务关系的基本法律文件。公司章程一经有关部门批准，并经公司登记机关核准即对外产生法律效力。上市公司章程分为绝对必要记载事项和相对必要记载事项。绝对必要记载事项包括公司的名称、坐落地点、业务范围、注册资本、股东或发起人的姓名等内容；相对必要记载事项主要有发起人所得的特别利益、设立费用、有关出资情况等事项。根据本法第四十六条、第九十五条规定，上市公司章程应载明的法定记载事项一般包括：（1）公司名称、住所和经营范围；（2）公司股本总额和股票种类；（3）股东的权利和义务，包括出资方式、股东会议的形式和程序等；（4）公司董事的任职条件、产生方式、权限和责任；（5）公司监事的任职条件、产生方式、权限和责任；（6）公司高级管理人员的任职条件和权限；（7）公司的财务会计制度和审计制度；（8）公司的分红政策和利润分配方式；（9）公司的解散和清算程序；（10）公司章程的修订程序；（11）其他法律、行政法规规定需要记载的内容。本条第二款新增了上市公司章程应载明董事会专门委员会的组成、职权以及董事、监事、高级管理人员薪酬考核机制等事项。

【适用指南】

独立董事的职责是保护中小股东的利益，确保公司决策的公正性和透明度。具体管理办法由国务院证券监督管理机构规定，这包括了独立董事的选举程序、职责范围、薪酬待遇等。

上市公司的公司章程是公司的基本法规，它规定了公司组织结构、运营方式、权力分配等方面的基本规则。除了要符合本法第九十五条的规定

---

① 郭富青：《我国公司法设置董事对第三人承担民事责任的三重思考》，载《法律科学（西北政法大学学报）》2024 年第 1 期。

外，公司章程还应当遵循相关的法律和行政法规，明确董事会专门委员会的组成和职权，并设定董事、监事和高级管理人员的薪酬考核机制等。

【相关规定】

《上市公司独立董事管理办法》第二条①；

《证券公司监督管理条例》第十九条；

《最高人民法院关于审理证券市场虚假陈述侵权民事赔偿案件的若干规定》第十六条②。

> **第一百三十七条　【上市公司审计委员会的职权】** 上市公司在董事会中设置审计委员会的，董事会对下列事项作出决议前应当经审计委员会全体成员过半数通过：
>
> （一）聘用、解聘承办公司审计业务的会计师事务所；
>
> （二）聘任、解聘财务负责人；
>
> （三）披露财务会计报告；
>
> （四）国务院证券监督管理机构规定的其他事项。

【条文主旨】

本条是关于上市公司审计委员会四项职权的规定。

【修改提示】

本条是本次公司法修订的新增条文，增加了上市公司审计委员会职权的规定。

---

① 《上市公司独立董事管理办法》，载中国政府网，https：//www.gov.cn/gongbao/2023/issue_ 10746/202310/content_ 6907746.html，最后访问时间：2024 年 1 月 24 日。

② 《最高人民法院关于审理证券市场虚假陈述侵权民事赔偿案件的若干规定》，载最高人民法院网站，https：//www.court.gov.cn/fabu/xiangqing/343221.html，最后访问时间：2024 年 1 月 10 日。

【条文释义】

一、上市公司审计委员会的职权范围

该条明确了上市公司审计委员会的职权，增加了上市公司审计委员会的职权范围，即以下四项决议：（1）聘用、解聘承办公司审计业务的会计师事务所；（2）聘任、解聘财务负责人；（3）披露财务会计报告；（4）国务院证券监督管理机构规定的其他事项。

二、上市公司审计委员会通过决议的比例为全体成员过半数

设有审计委员会的上市公司如要通过聘用、解聘承办公司审计业务的会计师事务所，任免财务负责人，披露财务会计报告以及国务院证券监督管理机构规定的其他事项，必须经过审计委员会决议，并且须经审计委员会全体成员过半数通过才可最终作出决议。

三、上市公司审计委员会的基本特征

审计委员会成员有效发挥监督作用需要具备的八个基本特征：（1）独立性，不能存在任何可能影响其执行独立判断的利益或关系因素；（2）财务专业知识；（3）对公司主要的经济、运营和财务风险的总体把握；（4）对公司运营和其财务报告之间关系的广泛关注；（5）质疑精神；（6）良好的判断力；（7）对审计委员会监控功能和管理层决策功能之间差异的理解；（8）必要时挑战管理层的意愿。[①]

【适用指南】

2018年修订的《上市公司治理准则》第三十九条进一步明确规定了审计委员会的主要职责，包括：1. 监督及评估外部审计工作，提议聘请或者更换外部审计机构；2. 监督及评估内部审计工作，负责内部审计与外部审计的协调；3. 审核公司的财务信息及其披露；4. 监督及评估公司的内部控制；5. 负责法律法规、公司章程和董事会授权的其他事项。本条明确了审计委员会表决的必要性、表决机制及决议事项，其重要性再度提升，审计委员会的运作也将更加规范、有效。

随着公司治理活动的增多，审计委员会开始介入公司责任和治理领域，特别是着重于公司的风险与控制问题，其监控领域已经不再限于财务，而是包括了公司合规系统与流程，确保公司能够满足法律和伦理

---

① 杨强强：《金融风险如何指导公司治理结构调整？——来自隐性金融风险的证据》，载《河北法学》2024年第1期。

标准。

审计委员会应该有书面的章程（议事规则），由董事会批准。① 该章程或议事规则指导审计委员会完成董事会授予以及证券交易所要求的职责。审计委员会章程应该符合公司的具体情况。审计委员会一般具备书面规则，主要包括以下内容：审计委员会的职责及如何完成这些职责；外部审计师要对审计委员会和董事会负责；董事会和审计委员会拥有选择、评估和撤换外部审计师的职责与权力；审计委员会负责监控外部审计师的独立性。

【相关规定】

《上市公司独立董事管理办法》第五条；

《中央企业内部审计管理暂行办法》第八条②。

> **第一百三十八条 【上市公司董事会秘书】** 上市公司设董事会秘书，负责公司股东会和董事会会议的筹备、文件保管以及公司股东资料的管理，办理信息披露事务等事宜。

【条文主旨】

本条是关于上市公司设立董事会秘书及其职责的规定。

【修改提示】

本条在原法第一百二十三条规定的基础上作出了修改，将原法"股东大会"的表述修改为"股东会"。

---

① 袁利平：《公司社会责任信息披露的软法构建研究》，载《政法论丛》2020 年第 2 期。

② 《中央企业内部审计管理暂行办法》，载国务院国有资产监督管理委员会网站，http://www.sasac.gov.cn/n2588035/n22302962/n22302967/c22705212/content.html，最后访问时间：2024 年 1 月 10 日。

【条文释义】

一、上市公司设立董事会秘书

董事会秘书是负责管理董事会文书及股东资料，辅助董事会进行日常经营管理的人员。董事会秘书服务于董事会，对董事会负责。[①] 本法第二百六十五条明确规定上市公司董事会秘书属于公司的高级管理人员，是上市公司必须设立的职务。2023 年的《上市公司章程指引》第一百三十三条规定上市公司设立董事会秘书，并且董事会秘书应当遵守法律、行政法规、部门规章及本章程的有关规定。上市公司的董事会秘书可以是专职人员，也可以由董事、其他高级管理人员兼任。

二、上市公司董事会秘书的职责

上市公司董事会秘书的主要职责有：（1）负责公司股东会和董事会会议的筹备、文件保管。董事会秘书应当按照法定或者公司章程规定的程序组织筹备并列席上市公司董事会会议及其专门委员会会议、监事会会议和股东会会议。董事会秘书应当在会议记录上签名，并且保管董事会会议文件和会议记录等。另外，董事会秘书应当保管好上市公司的控股子公司向其报送的董事会决议、股东会决议等重要文件。（2）管理公司股东资料，如管理股东名册等。（3）办理信息披露事务等事宜。作为公司高级管理人员，董事会秘书应当勤勉尽责，关注信息披露事务管理和实施情况。具体来说，根据《上市公司信息披露管理办法》第三十一条和第三十二条规定，董事会秘书应当及时编制定期报告草案，提请董事会审议，并且负责组织定期报告披露工作；需要临时报告时，董事会秘书组织临时报告的披露工作。同时，董事会秘书负责与信息披露相关的保密工作，制定保密措施，并在内幕信息泄露时及时采取补救措施。（4）准备和提交国家有关部门要求的文件。《上海证券交易所上市公司自律监管指引第 1 号——规范运作》第 3.1.2 条规定，董事会秘书应当督促董事、监事和高级管理人员及时签署《董事（监事、高级管理人员）声明及承诺书》，并按照本所规定的途径和方式提交《董事（监事、高级管理人员）声明及承诺书》。

【适用指南】

一、董事会秘书的任职要求

董事会秘书有一定的任职要求。首先，应当满足法律、行政法规和公

---

① 刘俊海：《现代公司法（上册）》，法律出版社 2015 年版，第 178 页。

司章程对高级管理人员的要求，不存在本法第一百七十八条对董事、监事、高级管理人员任职资格的除外要求，有下列情形之一的，不得担任公司的董事会秘书：（1）无民事行为能力或者限制民事行为能力；（2）因贪污、贿赂、侵占财产、挪用财产或者破坏社会主义市场经济秩序，被判处刑罚，或者因犯罪被剥夺政治权利，执行期满未逾五年，被宣告缓刑的，自缓刑考验期满之日起未逾二年；（3）担任破产清算的公司、企业的董事或者厂长、经理，对该公司、企业的破产负有个人责任的，自该公司、企业破产清算完结之日起未逾三年；（4）担任因违法被吊销营业执照、责令关闭的公司、企业的法定代表人，并负有个人责任的，自该公司、企业被吊销营业执照、责令关闭之日起未逾三年；（5）个人因所负数额较大债务到期未清偿被人民法院列为失信被执行人。另外，根据本法第一百七十九条和第一百八十条规定，董事会秘书应当遵守法律、行政法规和公司章程，对公司尽到忠实义务和勤勉义务，不得利用职权谋取不正当利益，执行职务应当为公司的最大利益尽到高级管理人员通常应有的合理注意。上交所还要求有履行职责必需的工作经验以及其认可的董事会秘书资格证。其次，因为工作具有较强专业性，董事会秘书应当具备一定专业知识，熟悉公司法、上市公司规则、公司章程、信息披露规则等。

二、董事会秘书履职保障

上市公司董事、监事、其他高级管理人员以及相关工作人员应当支持、配合董事会秘书履行职责。根据《上市公司治理准则》第二十八条的规定，上市公司设董事会秘书，其为履行职责有权参加相关会议、查阅有关文件、了解公司的财务和经营情况，并要求公司有关部门和人员及时提供相关资料和信息。董事长应当保障董事会秘书的知情权，为其履行职责创造良好的工作条件。任何机构及个人不得干预董事会秘书的正常履职行为。

【相关规定】

《上市公司治理准则》第二十八条；

《上市公司信息披露管理办法》第三十一条、第三十二条①；

《上市公司章程指引》第一百三十三条。

---

① 《上市公司信息披露管理办法》，载中国证券监督管理委员会网站，https：//neris. csrc. gov. cn/falvfagui/rdqsHeader/mainbody？navbarId＝3&secFutrsLawId＝353f2f2f9ad74baba393265b75234f8d&body＝，最后访问时间：2024 年 1 月 10 日。

> **第一百三十九条**　**【关联董事的表决限制】**上市公司董事与董事会会议决议事项所涉及的企业或者个人有关联关系的，该董事应当及时向董事会书面报告。有关联关系的董事不得对该项决议行使表决权，也不得代理其他董事行使表决权。该董事会会议由过半数的无关联关系董事出席即可举行，董事会会议所作决议须经无关联关系董事过半数通过。出席董事会会议的无关联关系董事人数不足三人的，应当将该事项提交上市公司股东会审议。

【条文主旨】

本条是关于上市公司有关联关系董事的表决限制及其董事会会议的举行和决议的规定。

【修改提示】

本条在原法第一百二十四条规定的基础上作出了修改，主要将"所涉及的企业有关联关系的"表述修改为"所涉及的企业或者个人有关联关系的"。新增了"该董事应当及时向董事会书面报告"的规定。禁止有关联关系的董事对该项决议行使表决权。新增了上市公司关联董事对关联事项的报告义务；将"出席董事会的无关联关系董事人数不足三人的"表述修改为"出席董事会会议的无关联关系董事人数不足三人的"；将原法"股东大会"的表述修改为"股东会"。

【条文释义】

一、上市公司董事的关联关系和关联交易

本条所称关联关系是指上市公司董事与其直接或者间接控制的企业之间的关系或者与董事会的决议事项所涉及的个人存在直接或间接的利益关系，以及可能导致公司利益转移的其他关系。公司和与其董事存在关联关系的自然人、法人或其他组织进行的交易是关联交易。从公司财务会计的角度来看，《企业会计准则第 36 号——关联方披露》第三条和第七条规定，一方控制、共同控制另一方或对另一方施加重大影响，以及两方或两方以上同受一方控制、共同控制或重大影响的，构成关联方。关联方之间

转移资源、劳务或义务的行为构成关联方交易，不论是否收取价款。

关联交易能降低交易成本、优化资源配置。但是，关联董事与董事会待决议事项存在利益冲突，董事有可能牺牲公司利益而为自己或他人谋利。另外，关联董事可以控制另一方的行为而导致交易双方的不平等，损害另一方的合法权益，以此给上市公司"输血"。[1] 因此，法律需要对上市公司董事关联交易进行规范。

二、上市公司关联董事披露义务与表决限制

本条规定，有关联关系的董事有义务向董事会书面报告关联关系。《上市公司信息披露管理办法》第四十一条也规定上市公司董事应当及时向上市公司董事会报送上市公司关联人名单及关联关系的说明。首先，关联关系影响关联交易，公司董事可能会利用关联交易向其关联方进行利益输送，损害公司合法权益。其次，上市公司的关联交易还会影响广大投资者的选择和利益。《上海证券交易所上市公司自律监管指引第 5 号——交易与关联交易》[2] 和《深圳证券交易所上市公司自律监管指引第 7 号——交易与关联交易》[3] 就要求上市公司应当按照一定的程序对其关联交易进行审议和披露。因此，法律要求关联董事以书面形式及时向董事会披露关联关系。

公司董事对公司负有忠实义务，当董事与上市公司董事会待决议事项存在利益冲突时，有必要对其表决权进行限制，即有关联关系的董事不得对该项决议行使表决权，也不得代表其他董事行使表决权。董事因关联关系的回避是一次性的，仅在与表决事项存在利益冲突时才排除其表决权，仍有权利讨论和表决其他无关联事项。

三、上市公司董事表决权被限制时董事会会议规则

正常情况下，董事会会议有过半数董事出席可以举行，所作决议须由全体董事过半数通过。当董事与待决议事项有关联关系时，董事会会议须有过半数无关联关系的董事出席方可举行。有关联关系的董事表决权被排除，董事会决议只能由拥有表决权的董事讨论并表决，而有关联关系的董事也不计入表决基数中，此时董事会所作决议须经无关联关系的董事过半

---

① 曾思：《上市公司关联交易的回应型规制》，载《中外法学》2021 年第 6 期。

② 《上海证券交易所上市公司自律监管指引第 5 号——交易与关联交易》，载上海证券交易所网站，http://www.sse.com.cn/lawandrules/sselawrules/stocks/mainipo/c/c_ 20230209_ 5716005.shtml，最后访问时间：2024 年 1 月 16 日。

③ 《深圳证券交易所上市公司自律监管指引第 7 号——交易与关联交易》，载深圳证券交易所网站，http://www.szse.cn/lawrules/rule/stock/supervision/currency/t20230113_ 598306.html，最后访问时间：2024 年 1 月 16 日。

数通过。当无关联关系的董事人数不足三人时，董事会已经无法进行表决，应当将该事项提交股东会审议。

【适用指南】

关联交易与自我交易相似，其本质都是利益冲突。并非所有的关联交易都会损害公司和其他股东的利益。只有利用关联交易迫使上市公司与其关联方从事非公平交易，比如利益输送，随意挪用公司资金等，才需要被规范。[①] 因此，公司法对上市公司关联交易并非简单地禁止，而是采取一种程序公正的方式，[②] 限制有关联关系董事的表决权，保证董事会决议的公正性，最终目的在于要求关联人不得利用关联关系损害公司利益。

如果关联交易造成了公司损害，根据本法第二十二条该董事应当承担赔偿责任。《最高人民法院关于适用〈中华人民共和国公司法〉若干问题的规定（五）》[③] 第二条规定了关联交易造成损害之后的司法救济，关联交易合同存在无效、可撤销或者对公司不发生效力的情形，公司没有起诉合同相对方的，符合公司法规定条件的股东，可以向人民法院提起诉讼。需要注意的是，根据《最高人民法院关于适用〈中华人民共和国公司法〉若干问题的规定（五）》第一条规定，被告仅以该交易已经履行了信息披露、经股东会同意等法律、行政法规或者公司章程规定的程序为由抗辩的，人民法院不予支持。

【相关规定】

《最高人民法院关于适用〈中华人民共和国公司法〉若干问题的规定（五）》第一条、第二条；
《上市公司信息披露管理办法》第四十一条；
《企业会计准则第 36 号——关联方披露》第三条、第七条[④]。

---

① 李东方：《上市公司监管法论》，中国政法大学出版社 2013 年版，第 308 页。
② 施天涛：《公司法论》，法律出版社 2018 年版，第 447 页。
③ 《最高人民法院关于适用〈中华人民共和国公司法〉若干问题的规定（五）》，载最高人民法院网站，https://www.court.gov.cn/fabu/gengduo/16.html，最后访问时间：2024 年 2 月 1 日。
④ 《企业会计准则第 36 号——关联方披露》，载财政部网站，http://kjs.mof.gov.cn/zt/kjzzss/kuaijizhunzeshishi/200806/t20080618_46245.htm，最后访问时间：2024 年 1 月 10 日。

> **第一百四十条　【上市公司信息披露及禁止代持股票】**
>
> 上市公司应当依法披露股东、实际控制人的信息，相关信息应当真实、准确、完整。
>
> 禁止违反法律、行政法规的规定代持上市公司股票。

【条文主旨】

本条是关于上市公司信息披露要求及禁止违反法律、行政法规代持股票的规定。

【修改提示】

本条是本次公司法修订的新增条文，对上市公司股东、实际控制人违法违规代持上市公司股票进行了严格限制。新增了上市公司披露股东和实际控制人信息的义务；新增了禁止违反法律、行政法规代持上市公司股票的规定。

【条文释义】

一、上市公司应当进行信息披露的依据是法律、行政法规等

上市公司进行信息披露的依据是《中华人民共和国公司法》《中华人民共和国证券法》《上市公司信息披露管理办法》等法律规范。

二、上市公司信息披露的对象

上市公司信息披露的对象有两类，第一类是股东的信息，第二类是实际控制人的信息。

三、上市公司信息披露的要求

上市公司信息披露的要求是：（1）真实性；（2）准确性；（3）完整性。按照《上市公司信息披露管理办法》第三条的规定：信息披露义务人应当真实、准确、完整、及时地披露信息，不得有虚假记载、误导性陈述或者重大遗漏。信息披露义务人应当同时向所有投资者公开披露信息。在境内、外市场发行证券及其衍生品种并上市的公司在境外市场披露的信息，应当同时在境内市场披露。

四、不得违反法律、行政法规的规定代持上市公司股票

禁止违反《中华人民共和国公司法》《中华人民共和国证券法》《上

市公司信息披露管理办法》等法律、行政法规的规定代持上市公司的
股票。

【适用指南】

目前，法律、司法解释尚未对上市公司股权代持协议的效力作出直接
规定。市场对法院在处理涉及上市公司股权代持协议效力时的基本立场缺
乏稳定预期。对于上市公司股权代持协议效力的认定，过往司法判决曾参
照适用《最高人民法院关于适用〈中华人民共和国公司法〉若干问题的规
定（三）》第二十五条的规定，认可上市公司股权代持的合同效力。

现行立法层面，对于有限责任公司的"股权代持"作出了相应规范。
部门规章层面：1.《商业银行股权管理暂行办法》第十二条规定："商业
银行股东不得委托他人或接受他人委托持有商业银行股权。商业银行主要
股东应当逐层说明其股权结构直至实际控制人、最终受益人，以及其与其
他股东的关联关系或者一致行动关系"；2.《保险公司股权管理办法》第
三十一条规定："投资人不得委托他人或者接受他人委托持有保险公司股
权。"最高人民法院依据该条进行论述，对相关股权代持协议效力作出无
效认定。此外，《最高人民法院关于审理外商投资企业纠纷案件若干问题
的规定（一）》第十五条第一款对"外资企业股权代持"效力也作出规
范①：合同约定一方实际投资、另一方作为外商投资企业名义股东，不具
有法律、行政法规规定的无效情形的，人民法院应认定该合同有效。一方
当事人仅以未经外商投资企业审批机关批准为由主张该合同无效或者未生
效的，人民法院不予支持。与之相比，法律和司法解释并未对股份有限公
司，特别是上市公司的"股权代持"问题作出相应规范。但最高人民法院
判例的研究表明，缺乏直接的法律规范，该问题在实务中并非无法可依。

本条明确规定了代持上市公司股票的禁止性条文，弥补了上市公司股
权代持效力问题法律方面的空白。

---

① 《最高人民法院关于审理外商投资企业纠纷案件若干问题的规定（一）》第十五条
规定："合同约定一方实际投资、另一方作为外商投资企业名义股东，不具有法律、行政法
规规定的无效情形的，人民法院应认定该合同有效。一方当事人仅以未经外商投资企业审批
机关批准为由主张该合同无效或者未生效的，人民法院不予支持。实际投资者请求外商投资
企业名义股东依据双方约定履行相应义务的，人民法院应予支持。双方未约定利益分配，实
际投资者请求外商投资企业名义股东向其交付从外商投资企业获得的收益的，人民法院应予
支持。外商投资企业名义股东向实际投资者请求支付必要报酬的，人民法院应酌情予以支
持。"

【相关规定】

《最高人民法院关于审理外商投资企业纠纷案件若干问题的规定（一）》第十五条①；

《上市公司信息披露管理办法》第三十条、第五十三条；

《上市公司证券发行注册管理办法》第四十六条②。

> **第一百四十一条　【交叉持股的限制】** 上市公司控股子公司不得取得该上市公司的股份。
>
> 上市公司控股子公司因公司合并、质权行使等原因持有上市公司股份的，不得行使所持股份对应的表决权，并应当及时处分相关上市公司股份。

【条文主旨】

本条是关于禁止上市公司控股子公司持有上市公司股份的规定。

【修改提示】

本条是本次公司法修订的新增条款。该条旨在防止上市公司管理层利用交叉持股架空上市公司股东权利，形成对上市公司的绝对控制。

【条文释义】

一、禁止控股子公司取得上市公司股份的一般规定

根据公司法第二百六十五条关于控股股东的规定，上市公司的控股子公司是指上市公司持有的公司股份占其股本总额百分之五十以上，或者上市公司持有股份的比例虽然不足百分之五十，但其持有的股份所享有的表

---

① 《最高人民法院关于审理外商投资企业纠纷案件若干问题的规定（一）》，载最高人民法院网站，https：//www.court.gov.cn/zixun/xiangqing/1437.html，最后访问时间：2024年2月1日。

② 《上市公司证券发行注册管理办法》，载中国证券监督管理委员会网站，https：//neris.csrc.gov.cn/falvfagui/rdqsHeader/mainbody？navbarId＝3&secFutrsLawId＝e8ac37f8f1fb4c4ab2a7cc481abcf977&body＝，最后访问时间：2024年1月10日。

决权已足以对股东会的决议产生重大影响。此时，如果上市公司的控股子公司取得该上市公司股份，上市公司与其控股子公司形成交叉持股。

虽然交叉持股有优势互补、协同发展、防止恶意收购等积极效应，但是对于上市公司来说，与控股子公司交叉持股可能会引致资本虚增、股权结构不清晰等问题。上市公司的管理层又可利用控股子公司所持股份对应的表决权进一步限制中小股东的表决权，加强自身对于上市公司的控制。因此，总体上看，交叉持股会严重影响上市公司的信息披露以及广大中小投资者的合法权益。鉴于此，沪深证券交易所的股票上市规则已经明确规定禁止上市公司的控股股东取得上市公司股份。本条将该规定上升至法律，加强上市公司股权结构和公司治理的规范程度，切实保护投资者权益。

二、被动取得股份后应及时处分股份并限制行使对应表决权

当控股子公司因公司合并、质权行使等原因被动持有上市公司股份的，不得行使该股份对应的表决权并应当及时处分相关股份。本条并未进一步规定控股子公司处分股份的具体合理期限。但是根据《深圳证券交易所股票上市规则》① 第3.4.15条规定，确因特殊原因持有股份的，应当在一年内消除该情形。控股子公司可以通过转让、减资等方式处分股份。同时，为了减少此类交叉持股的不利影响，控股子公司持有上市公司股权期间，不得行使对应的表决权。

【适用指南】

公司法只禁止上市公司与其控股子公司之间的交叉持股，对非控股子公司没有规定，即上市公司的非控股子公司可以取得并持有上市公司的股份。但是，上市公司和非控股子公司应当注意避免因为交叉持股形成人格混同而导致的法人人格被否认。另外，限制交叉持股比例和明确股东出资义务都有助于减少交叉持股产生的负面影响。

【相关规定】

《深圳证券交易所股票上市规则》第3.4.15条；

《上海证券交易所股票上市规则》② 第3.4.15条。

---

① 《深圳证券交易所股票上市规则》，载深圳证券交易所网站，http：//www.szse.cn/lawrules/rule/repeal/rules/P020231230545116014930.pdf，最后访问时间：2024年1月9日。

② 《上海证券交易所股票上市规则》，载上海证券交易所网站，http：//listing.sse.com.cn/lawandrule/rulesandguidelines/sserules/fxss/c/c_20230313_5717779.shtml，最后访问时间：2024年1月9日。

第六章　股份有限公司的股份发行和转让

第一节　股份发行

> **第一百四十二条　【股份及股份面额】**公司的资本划分为股份。公司的全部股份，根据公司章程的规定择一采用面额股或者无面额股。采用面额股的，每一股的金额相等。
>
> 公司可以根据公司章程的规定将已发行的面额股全部转换为无面额股或者将无面额股全部转换为面额股。
>
> 采用无面额股的，应当将发行股份所得股款的二分之一以上计入注册资本。

【条文主旨】

本条是关于股份有限公司股份及股份面额制度的规定。

【修改提示】

本条在原法第一百二十五条第一款规定的基础上作出了修改。2018年公司法仅允许公司发行面额股，本次修订新增了股份有限公司无面额股制度。无面额股，亦称为比例股或部分股，即股票票面不表示一定金额的股份。这种股票仅在股票票面上表示占公司全部资产的比例或股本总额的若干分之几。① 公司可以根据章程规定选择发行面额股或无面额股，也可以将发行的面额股或非面额股全部转换。同时，本条规定，如发行无面额股，应将所得股款的二分之一以上计入注册资本。

----

① 施天涛：《公司法论》，法律出版社2018年版，第195页。

通过本次修订，我国首次引入无面额股制度，原因在于：第一，债权人和投资者维权的手段和意识不断提高，并且股份的面额不能作为判断公司偿债能力的依据，因此，通过面额股制度保证资本充足、保护债权人和投资者的意义趋于弱化。[①] 第二，本法第一百五十二条确立的授权资本制与本条的无面额股制度相辅相成，进一步完善了我国公司资本制度，鼓励融资活动，激发市场活力。第三，无面额股制度有利于创始人掌握公司控制权。采取无面额股一方面能够为公司带来融资，另一方面可以避免创始股东股权被稀释。第四，实践中，我国允许依据境外法律设立的红筹企业在符合条件的情况下直接在 A 股发行股票上市。为避免此类企业股票面值与我国面额股制度的冲突，从法律层面确立无面额股制度很有必要。

【条文释义】

一、公司发行股份的面额

股份是构成股份有限公司资本的最小计量单位，同时也是衡量股东权利最基本的计量单位。面额是指股份的票面价值。根据股份票面是否标明票面金额，可将股份分为面额股和无面额股。

本条第一款规定，股份有限公司可以根据公司章程规定选择发行面额股或者无面额股。需要注意的是，公司全部股份需保持一致，不能部分是面额股，部分是无面额股。

采取面额股的，公司全部资本必须等额划分。根据本法第一百四十八条规定，面额股股票的发行价格不得低于票面金额，以符合资本维持原则。一般地，采用面额股的公司，其注册资本为每股面额与发行股份总数的乘积。如果是溢价发行，所得的溢价款应当计入资本公积。一般情况下，在境内证券交易所上市流通的股份面值通常为人民币 1 元/股。

采取无面额股的，应当在招股说明书中载明股份发行价格。无面额股不受禁止折价发行的限制，解决了股价低于面额的公司的融资困境。[②] 本次修订对无面额股的资本确定设定最低限度要求，[③] 发行股份所得股款的

① 朱慈蕴、梁泽宇：《无面额股制度引入我国公司法路径研究》，载《扬州大学学报（人文社会科学版）》2021 年第 2 期。

② 廖郁怡：《我国台湾地区"公司法"无票面金额股制度研究——兼谈对大陆的启示》，载《法律与金融》编辑委员会组编：《法律与金融（第六辑）》，当代世界出版社 2019 年版，第 362 页。

③ 张其鉴：《公司法修订背景下我国资本制度研究的主要误区及其修正》，载《法学评论（双月刊）》2022 年第 5 期。

二分之一以上应当计入注册资本，其余未计入公司注册资本的金额应当列为资本公积金。公司也可以自主决定将全部股款计入注册资本。①

二、面额股和无面额股的转换规则

公司法允许股份有限公司将已经发行的面额股全部转换为无面额股，或者将已经发行的无面额股全部转换为面额股。转换应当根据公司章程的规定进行。需要注意的是，应当是公司全部股份的转换，转换后应当保证全部股份均为面额股或者均为无面额股。

> **第一百四十三条** **【股份发行的原则】** 股份的发行，实行公平、公正的原则，同类别的每一股份应当具有同等权利。
> 同次发行的同类别股份，每股的发行条件和价格应当相同；认购人所认购的股份，每股应当支付相同价额。

【条文主旨】

本条是关于股份有限公司发行股份基本原则的规定。

【修改提示】

本条在原法第一百二十六条规定的基础上作出了修改。主要修改为，首先，本次修改将第二款中的"股票"修改为"股份"。股票是股份的外在表现形式，也是公司签发的证明股东所持股份的凭证。而股份则是公司资本的成分，是股票的价值内容。股票的类别实则取决于股份。另外，本次修订将 2018 年公司法中关于股票的规定放在第一百四十七条，本条中使用"股份"一词是为了保证体例的逻辑性。其次，将第二款中的"任何单位或者个人"统称为"认购人"，语言更加精练。

【条文释义】

一、股份发行的公平原则

股份有限公司发行股份，应当遵循公平的基本原则。首先，发行的同

---

① 叶林、张冉：《无面额股时代公司资本制度的体系性调适》，载《国家检察官学院学报》2023 年第 6 期。

类别股份所代表的权利应当相等。本法第一百四十四条允许公司发行类别股，不同类别的股份享有的权利有所不同。但是，同种类别的股份必须同股同权、同股同利，以保证股份发行的公平。其次，发行股份应当保证发行条件的公平。同一次发行中，同类别股份的发行条件和发行价格应当相同。在同一次发行中，认购人认购同类别的股份，所支付的对价应该相同。但是如果在不同次发行中认购同类别股份，或者在同一次发行中认购不同类别股份，则不受本条的限制。

二、股份发行的公正原则

股份有限公司股份发行应当遵循公正原则。在发行股份的全过程中，应当保证公正性，禁止任何人进行内幕交易、操纵市场、价格欺诈等不正当行为，获取高于其他人的非法利益，损害其他投资者的权益，扰乱市场交易秩序。对于公开发行股票的，还应当遵循证券法的相关规定，履行相应的信息披露义务，符合公开原则。

【相关规定】

《中华人民共和国证券法》第三条。

第一百四十四条　【类别股制度】公司可以按照公司章程的规定发行下列与普通股权利不同的类别股：

（一）优先或者劣后分配利润或者剩余财产的股份；

（二）每一股的表决权数多于或者少于普通股的股份；

（三）转让须经公司同意等转让受限的股份；

（四）国务院规定的其他类别股。

公开发行股份的公司不得发行前款第二项、第三项规定的类别股；公开发行前已发行的除外。

公司发行本条第一款第二项规定的类别股的，对于监事或者审计委员会成员的选举和更换，类别股与普通股每一股的表决权数相同。

【条文主旨】

本条是关于允许股份有限公司发行类别股的规定。

【修改提示】

本条在原法第一百三十一条规定的基础上作出了修改。2018 年公司法规定，股份有限公司可以发行国务院规定的其他种类的股份。本次修订吸收了 2013 年发布的《国务院关于开展优先股试点的指导意见》[①] 的相关规则，正式引入类别股制度，并采用类别股类别法定的立法模式，公司无权自行创设类别股。除此之外，本法规定公司必须将发行类别股记载于公司章程，告知外界公司的资本结构，保证交易安全。

设立类别股制度，第一，有利于适应不同风险偏好投资者的多元要求，提供更多融资工具。[②] 例如，一部分投资者更关注投资回报的确定性和优先性，另一部分投资者更期待投资完成后能够参与公司治理。类别股制度通过创设权利义务不同的股份，一方面满足投资者的需求，另一方面也能够合理安排公司的股权架构。第二，类别股能够保证创始股东对公司的控制权，以免其股权被稀释。第三，实践中也存在大量股份有限公司发行类别股，本次修订为其提供了法律依据和保障。

【条文释义】

一、股份有限公司可发行类别股

股份有限公司可以根据公司章程的规定，发行本法规定的、不同于普通股权利的类别股。本条中的类别股主要是相对于普通股而言的。所谓普通股，是指无特殊股东权利或权利负担，并且具有正常的权利顺位的一类股份。类别股与之相对，是指附带有优先或劣后的股东权利、限制等特殊情形的股份。[③] 值得注意的是，公司法没有规定类别股制度适用于有限责任公司。

根据本法第九十五条第一款第五项规定，股份有限公司章程中应当载明类别股的股份数及其权利和义务。在股东会表决中，本法第一百一十六条规定，类别股股东与普通股股东不同，不受"每一股份有一表决权"的限制，而是根据公司章程中规定的权利和义务行使相对应的表决权。为防止类别股股东受到侵害，本法第一百四十六条规定了对其的特殊保护，对

---

① 《国务院关于开展优先股试点的指导意见》，载中国政府网，https://www.gov.cn/zhengce/zhengceku/2014-01/02/content_2175.htm，最后访问时间：2024 年 1 月 3 日。

② 任尔昕：《关于我国设置公司种类股的思考》，载《中国法学》2010 年第 6 期。

③ 赵玲：《我国类别股创设的法律路径》，载《法学杂志》2021 年第 3 期。

于法律或公司章程规定的重大事项，应当经过股东会及类别股股东会双重表决通过。

二、类别股的种类及相关规定

本条规定了优先及劣后股、特别表决权股、转让受限股以及国务院规定的其他类别股。

（一）优先股、劣后股

2013 年发布了《国务院关于开展优先股试点的指导意见》①，自此我国开始推行优先股。2014 年，中国证监会出台《优先股试点管理办法》（该部门规章已于 2023 年修订）。②，在上市公司和非上市公众公司试点优先股，明确了优先股的发行、交易、信息披露、转换与回购、股东权利行使等具体规则。

优先股是指在其持有人优先于普通股股东分配公司利润或剩余财产，但参与公司决策管理等权利受到限制。劣后股则是劣后于普通股股东获得利润或剩余财产分配，同时可以强化其他股东权利的股份。无论是公开发行还是非公开发行，股份有限公司均可发行优先股或者劣后股。发行优先股和劣后股同样应当遵循公平、公正的基本原则。《优先股试点管理办法》第七条规定，相同条款的优先股应当具有同等权利。同次发行的相同条款优先股，每股发行的条件、价格和票面股息率应当相同；任何单位或者个人认购的股份，每股应当支付相同价额。

（二）特别表决权股

根据本法第一百一十六条的规定，普通股股东所持每一个股份有一个表决权。特别表决权股包括超级表决权股和限制表决权股，③ 是指其持有人持有每一个股份多于或少于一个表决权。特别表决权股份的表决权数量由公司章程规定。特别表决权股只能非公开发行，不能公开发行，但是在公开发行之前公司已经发行的特别表决权股除外。这里的公开发行是指，向不特定对象发行证券、向特定对象发行证券累计超过二百人（但依法实施员工持股计划的员工人数不计算在内）或法律、行政法规规定的其他发

---

① 《国务院关于开展优先股试点的指导意见》，载中国政府网，https：//www. gov. cn/zhengce/zhengceku/2014-01/02/content_ 2175. htm，最后访问时间：2024 年 1 月 7 日。

② 《优先股试点管理办法》，载中国政府网，https：//www. gov. cn/gongbao/content/2023/content_ 5754543. htm? eqid=f44f3e5c0022c48a000000066496a40a，最后访问时间：2024 年 1 月 7 日。

③ 朱慈蕴、沈朝晖：《类别股与中国公司法的演进》，载《中国社会科学》2013 年第 9 期。

行行为。①

目前，北交所、上交所科创板以及深交所创业板在其上市规则中对表决权差异安排都有详细规定。例如，《上海证券交易所科创板股票上市规则》② 第4.5.2条和《深圳证券交易所创业板股票上市规则》③ 第4.4.1条规定，发行人首次公开发行上市前设置表决权差异安排的，应当经出席股东大会的股东所持表决权的三分之二以上通过。发行人在首次公开发行上市前不具有表决权差异安排的，不得在首次公开发行上市后以任何方式设置此类安排。《北京证券交易所股票上市规则（试行）》④ 第4.4.2条规定，特别表决权仅适用于公司章程约定的股东大会特定决议事项。除约定事项外，特别表决权股东与持有普通股份的股东享有的权利完全相同。涉及权益变动等事项的，特别表决权股东持股比例以其拥有权益的股份数（包括登记在其名下的股份和虽未登记在其名下但该投资者可以实际支配表决权的股份）计算。

本次修订由法律规定特别表决权股制度，公司在获得融资的同时，也能满足创始团队掌握股权层面控制权的需求。

本条第三款特别指出，特别表决权股东在选举监事或审计委员会成员时，其每一股的表决权和普通股相同。监事和审计委员会成员在公司内部监督和控制中起到重要作用，类别股在其选任中与普通股的表决权保持一致有利于公司内部约束机制发挥作用。

（三）转让受限股

本法第一百六十条则规定了股份持有人在上市交易之后转让股份的限制以及董事、监事、高级管理人员任职期间转让股份的限制。除上述法定的股份转让限制外，本条规定股份有限公司可以发行转让受到限制的股份，如必须经过公司同意才能转让的股份。股份的自由转让是股东应该享有的权利，如果根据本法第一百五十七条规定，股份转让的限制应该由公司章程规定。不过需要注意的是，公开发行股份的公司不能发行转让受限

---

① 《中华人民共和国证券法》第九条。

② 《上海证券交易所科创板股票上市规则》，载上海证券交易所网站，http：//www.sse.com.cn/lawandrules/sselawsrules/stocks/staripo/c/c_20230804_5724640.shtml，最后访问时间：2024年1月7日。

③ 《深圳证券交易所创业板股票上市规则》，载深圳证券交易所网站，http：//docs.static.szse.cn/www/disclosure/notice/general/W020230804626744334095.pdf，最后访问时间：2024年1月7日。

④ 《北京证券交易所股票上市规则（试行）》，载北京证券交易所网站，https：//www.bse.cn/important_news/200018000.html，最后访问时间：2024年1月7日。

股；但是在公开发行前就已经发行的除外。

（四）国务院规定的其他类别股

如上所述，本次修订采取类别股种类法定的模式。这是因为我国目前的市场营商环境尚未达到成熟水平，引入类别股制度不能一蹴而就。正因如此，随着营商环境的不断优化，我国的类别股种类会愈加丰富甚至允许公司章程自行创设。本条第一款第四项规定，公司可以发行国务院规定的其他类别股，一方面能更灵活地适应市场变化，另一方面也为其他类别股的设立预留空间。

【适用指南】

根据《国务院关于开展优先股试点的指导意见》的规定，优先股股东具有以下权利和义务：

1. 优先分配利润

优先股股东在获得公司利润分配时，较普通股股东处于优先的顺位，并且按照约定的票面股息率以现金的形式向优先股股东支付股息。向优先股股东分配利润与偿还公司债券不同，如果公司没有利润，则不应当向优先股股东支付股息。

公司应当在公司章程中明确以下事项：（1）优先股股息率是采用固定股息率还是浮动股息率，并相应明确固定股息率水平或浮动股息率计算方法；（2）公司在有可分配税后利润的情况下是否必须分配利润；（3）如果公司因本会计年度可分配利润不足而未向优先股股东足额派发股息，差额部分是否累积到下一会计年度；（4）优先股股东按照约定的股息率分配股息后，是否有权同普通股股东一起参加剩余利润分配；（5）优先股利润分配涉及的其他事项。

2. 优先分配剩余财产

当公司因破产、解散等进行清算时，公司按照有关规定清偿后的剩余财产应当优先向优先股股东支付未派发的股息和公司章程约定的清算金额，不足以支付的按照优先股股东持股比例分配。优先股股东在公司清算中的优先性是相较于普通股股东而言的，其清偿顺序排在员工工资、税款和负债之后。

3. 优先股转换和回购

公司可以在公司章程中规定优先股转换为普通股、发行人回购优先股的条件、价格和比例。转换选择权或回购选择权可规定由发行人或优先股股东行使。发行人要求回购优先股的，必须完全支付所欠股息，但商业银行发行优先股补充资本的除外。优先股回购后相应减记发行在外的优先股股份总数。

4. 表决权限制

一般地，优先股是以限制其表决权的行使换取利润和剩余财产分配的优先性。因此，优先股股东一般不出席股东会。但是，下列事项会对公司存续和运行产生重大影响，优先股股东也有表决权：（1）修改公司章程中与优先股相关的内容；（2）一次或累计减少公司注册资本超过百分之十；（3）公司合并、分立、解散或变更公司形式；（4）发行优先股；（5）公司章程规定的其他情形。上述事项的决议，除须经出席会议的普通股股东（含表决权恢复的优先股股东）所持表决权的三分之二以上通过之外，还须经出席会议的优先股股东（不含表决权恢复的优先股股东）所持表决权的三分之二以上通过。

5. 表决权恢复

如果优先股股东并未实际获得公司利润的优先分配，基于公平原则应当恢复其表决权。公司累计 3 个会计年度或连续 2 个会计年度未按约定支付优先股股息的，优先股股东有权出席股东大会，每股优先股股份享有公司章程规定的表决权。对于股息可累积到下一会计年度的优先股，表决权恢复直至公司全额支付所欠股息。对于股息不可累积的优先股，表决权恢复直至公司全额支付当年股息。公司章程可规定优先股表决权恢复的其他情形。

【相关规定】

《中华人民共和国公司法》第一百五十七条、第一百六十条；

《中华人民共和国证券法》第九条；

《国务院关于开展优先股试点的指导意见》；

《优先股试点管理办法》第二条、第三条；

《深圳证券交易所创业板股票上市规则》第四章第四节；

《上海证券交易所科创板股票上市规则》第四章第五节；

《北京证券交易所股票上市规则（试行）》第四章第四节。

> **第一百四十五条　【公司章程应载明的类别股事项】** 发行类别股的公司，应当在公司章程中载明以下事项：
> （一）类别股分配利润或者剩余财产的顺序；
> （二）类别股的表决权数；
> （三）类别股的转让限制；
> （四）保护中小股东权益的措施；
> （五）股东会认为需要规定的其他事项。

【条文主旨】

本条是关于发行类别股的公司其公司章程应载明类别股相关事项的规定。

【修改提示】

本条是本次公司法修订的新增条款。规定了发行类别股的公司应当在公司章程中载明的重要事项。类别股股东的权利义务有所扩大或者受到限制，这些特殊规定必须在章程中予以明确。本条规定，涉及类别股股东利润和剩余财产分配、表决权数、转让限制的特殊约定都需要在公司章程中载明。另外，公司章程中还应有对中小股东的保护措施以及股东会认为需要规定的其他事项。

【条文释义】

公司发行类别股需要按照公司法和公司章程的规定进行。首先，公司应该根据本法第一百四十四条及证券法的相关规定发行类别股，并且在公司章程中载明发行的类别股种类和数量。其次，本条规定有关类别股权利义务的特别约定必须在公司章程中载明。具体来说，对于优先或劣后分配利润和剩余财产的股份，公司章程应当载明具体的分配顺序；对于每一股多于或少于一个普通股所代表的表决权的股份，公司章程需载明类别股所代表的表决权数；对于转让受到限制的类别股，公司章程应记载转让所受限制。除此之外，公司发行类别股涉及中小股东权益的，需要设立有效的保护措施并且在公司章程中予以明确。股东会认为需要规定的其他类别股相关事项也应在公司章程中载明，以便于查阅。

本条对投资者保护、公司治理以及市场投资安全都有重要作用。第一，明确类别股特殊的权利义务及保护措施有利于保护中小股东和潜在投资者。类别股涉及与普通股不同的利润分配权、表决权和股份转让的权利，事先明确并载于公司章程有利于保障类别股股东行使权利、履行义务。同时，也避免信息不对称对潜在投资者造成损害。第二，公司章程载明上述类别股信息和中小股东保护措施有利于公司内部管理。公司召开股东会表决、对利润或剩余财产的分配都应严格按照公司章程的规定进行，对中小股东的保护也应遵循公司章程落实到公司日常运营中。第三，类别股涉及股东分红、表决、退出等重要权利，公司在章程中载明并且严格遵循有利于促进资金流动，维护市场秩序。

> **第一百四十六条　【类别股股东表决权】** 发行类别股的公司，有本法第一百一十六条第三款规定的事项等可能影响类别股股东权利的，除应当依照第一百一十六条第三款的规定经股东会决议外，还应当经出席类别股股东会议的股东所持表决权的三分之二以上通过。
>
> 公司章程可以对需经类别股股东会议决议的其他事项作出规定。

【条文主旨】

本条是关于类别股股东表决权行使规则的规定。

【修改提示】

本条是本次公司法修订的新增条款，是类别股制度的配套规则。本条规定，当公司出现重大事项可能对类别股股东权利造成损害时，除应当按照一般规定经过股东会决议通过外，还应当经过出席类别股股东会的股东所持表决权三分之二以上通过。这里所称的重大事项包括本法第一百一十六条第三款规定的事项以及公司章程规定的其他事项。

类别股股东权利与"完整"的普通股权利不同，类别股股东的分红权、表决权、转让权会受到限制。为了避免普通股股东滥用其完整的表决权损害类别股股东的合法权益，本法规定在面临重大事项或者公司章程自行规定的事项决议时，应当采用双重表决机制。

【条文释义】

类别股股东出现股东会所拥有的表决权与普通股股东的一股一权不同。一般地，类别股股东根据公司章程的规定行使表决权。但是，为了保证决策的公正，充分考虑不同利益诉求股东群体的意志，法律确立了分类表决机制。[①] 按照本条规定，发行类别股的公司，在下列事项决议时，如果可能对类别股股东的权利造成损害，那么除了应当经出席会议的股东所持表决权的三分之二以上通过之外，还应当经过出席类别股股东会的股东所持表决权三分之二以上通过：（1）股东会作出修改公司章程；（2）增加或者减少注册资本的决议；（3）公司合并、分立、解散；（4）变更公司形式。除此之外，公司章程也可以规定其他事项需要股东会和类别股股东会双重表决。

对于上市公司或非上市公众公司的优先股股东而言，《优先股试点管理办法》第十条规定了优先股股东可以出席股东会会议进行表决的事项。出现以下情况之一的，公司召开股东大会会议应通知优先股股东，并遵循公司法及公司章程通知普通股股东的规定程序。优先股股东有权出席股东大会会议，就以下事项与普通股股东分类表决，其所持每一优先股有一表决权，但公司持有的本公司优先股没有表决权：（1）修改公司章程中与优先股相关的内容；（2）一次或累计减少公司注册资本超过百分之十；（3）公司合并、分立、解散或变更公司形式；（4）发行优先股；（5）公司章程规定的其他情形。上述事项的决议，除须经出席会议的普通股股东（含表决权恢复的优先股股东）所持表决权的三分之二以上通过外，还须经出席会议的优先股股东（不含表决权恢复的优先股股东）所持表决权的三分之二以上通过。

类别股股东会在决议可能损害类别股股东权利的事项时，首先应当计算出席会议的股东所持表决权数量，而非所有类别股股东所持表决权数量。其次，本条规定的事项必须通过出席会议股东所持表决权的三分之二以上通过，属于特别表决的事项。还需注意的是，股东会和类别股股东会都必须按照规定进行表决通过，任何一个会议未表决或表决未通过都会影响该事项的通过。

---

① 王建文：《论我国类别股股东分类表决制度的法律适用》，载《当代法学》2020 年第 3 期。

【相关规定】

《中华人民共和国公司法》第一百一十六条；

《优先股试点管理办法》第十条。

> **第一百四十七条** 【**股票的定义及其类别**】公司的股份采取股票的形式。股票是公司签发的证明股东所持股份的凭证。
>
> 公司发行的股票，应当为记名股票。

【条文主旨】

本条是关于公司股票的定义及其类别的规定。

【修改提示】

本条在原法第一百二十五条第二款、第一百二十九条规定的基础上作出了修改。关于股票定义的规定与原第一百二十五条第二款相同。关于股票种类，本次修订删除了原第一百二十九条中关于无记名股票的规定，即公司发行股票只能为记名股票。

【条文释义】

一、股票的定义

股票是股份有限公司发行股份的外在形式，股票也是公司签发的证明股东所持股份的凭证。第一，股票发行必须先有股份的存在。股份创设股东权利，股票只是对外表彰已经发生的股东权利。第二，股票是一种有价证券，记载并代表了股东享有的权利，如获得股息和分红、参与公司决策等。因此，股票的转让实际上就是股份的转让，是股东权利的转让。第三，股票还是一种要式证券。根据本法第一百四十九条的规定，股票采用纸面形式或者国务院证券监督管理机构规定的其他形式。股票采用纸面形式的，还应当载明股票的编号，由法定代表人签名，公司盖章。

二、股票的类别

本条规定，股份有限公司发行的股票只能是记名股票。所谓记名股票，是指在股票上记载股东姓名或名称的股票。① 现金和无记名股票的走私是洗钱活动常见的表现形式。《金融机构反洗钱和反恐怖融资监督管理办法》②《银行业金融机构反洗钱和反恐怖融资管理办法》③《证券期货业反洗钱工作实施办法》④ 等强化了反洗钱法中金融机构及特定非金融机构建立健全客户身份识别制度、客户身份资料和交易记录保存制度、大额交易和可疑交易报告制度等反洗钱义务。⑤ 为了与反洗钱的有关规定相衔接，并根据我国股票发行的实际，取消了 2018 年公司法规定的无记名股票。

记名股票代表的权利只能由股票上记载的股东来行使。记名股票的转让由股东以背书的方式或者法律、行政法规规定的其他方式进行；转让后由公司将受让人的姓名或者名称及住所记载于股东名册。另外，如果记名股票被盗、遗失或者灭失，股东可以依照《中华人民共和国民事诉讼法》规定的公示催告程序，请求人民法院宣告该股票失效；人民法院宣告该股票失效后，股东可以向公司申请补发股票。

> **第一百四十八条　【面额股的发行价格】** 面额股股票的发行价格可以按票面金额，也可以超过票面金额，但不得低于票面金额。

【条文主旨】

本条是关于股份有限公司面额股发行价格要求的规定。

【修改提示】

本条在原法第一百二十七条规定的基础上作出了修改，本次修订将

---

① 李东方：《公司法学》，中国政法大学出版社 2016 年版，第 302 页。

② 《金融机构反洗钱和反恐怖融资监督管理办法》，载中国政府网，https://www.gov.cn/zhengce/zhengceku/2021-04/16/content_5600189.htm，最后访问时间：2024 年 1 月 9 日。

③ 《银行业金融机构反洗钱和反恐怖融资管理办法》，载中国政府网，https://www.gov.cn/zhengce/2019-02/21/content_5718719.htm，最后访问时间：2024 年 1 月 9 日。

④ 《证券期货业反洗钱工作实施办法》，载中国证券监督管理委员会网站，http://www.qhkyfund.com/upload/20230112/20230112167351284176O.pdf，最后访问时间：2024 年 1 月 9 日。

⑤ 《中华人民共和国反洗钱法》第三条。

"股票发行"限定为"面额股发行"。本次修订允许股份有限公司发行面额股或无面额股,而禁止折价发行的规则适用于面额股的发行,不适用于无面额股的发行。

【条文释义】

面额股股票票面价值是指在公司章程中规定的股票的面额,如本法第九十五条要求发行面额股的公司章程中应当载明每股的金额。我国实践中股票的票面金额通常为1元/股。股票的发行价格不一定等于票面金额。股票发行价格等于票面金额,为平价发行;发行价格超过票面金额,为溢价发行,公司溢价发行所得的溢价款应当计入资本公积;发行价格低于票面金额,此为折价发行。[1] 根据本条规定,股份有限公司发行面额股时,可以平价发行、溢价发行,但是不得折价发行。这是因为,股份有限公司通过发行股票来募集公司所需要的资本,折价发行会导致实收资本少于公司确定的资本,无法保证公司的经营能力和偿债能力,损害股东和债权人的合法权益。

【适用指南】

股票发行价格一般由公司根据票面金额、市场行情和其他相关因素来决定。平价发行时,股票发行价格就是票面金额。溢价发行时,根据证券法第三十二条规定,其发行价格由发行人与承销的证券公司协商确定。《证券发行与承销管理办法》[2] 第五条、第六条详细规定了公司首次公开发行股票时确定发行价格的规则。首次公开发行股票,可以通过向网下投资者询价的方式确定股票发行价格,也可以通过发行人与主承销商自主协商直接定价等其他合法可行的方式确定发行价格。发行人和主承销商应当在招股意向书(或招股说明书,下同)和发行公告中披露本次发行证券的定价方式。首次公开发行证券通过询价方式确定发行价格的,可以初步询价后确定发行价格,也可以在初步询价确定发行价格区间后,通过累计投标询价确定发行价格。公开发行股票数量在2000万股(含)以下且无老股转让计划的,可以通过直接定价的方式确定发行价格。发行人尚未盈利的,应当通过向网下投资者询价方式确定发行价格,不得直接定价。通过

---

[1] 李东方:《证券法学》,中国政法大学出版社2021年版,第46页。

[2] 《证券发行与承销管理办法》,载中国证券监督管理委员会网站,http://www.csrc.gov.cn/csrc/c101953/c7121903/content.shtml,最后访问时间:2024年1月9日。

直接定价方式确定的发行价格对应市盈率不得超过同行业上市公司二级市场平均市盈率；已经或者同时境外发行的，通过直接定价方式确定的发行价格还不得超过发行人境外市场价格。首次公开发行证券采用直接定价方式的，除特殊情形外全部向网上投资者发行，不进行网下询价和配售。另外，《上市公司证券发行注册管理办法》① 对上市公司公开增发以及非公开发行的发行价格的确定作出了规定。其中，第五十四条规定，上市公司公开增发时，发行价格应当不低于公告招股意向书前二十个交易日或前一个交易日公司股票均价。第五十六条第一款规定，上市公司非公开发行股票，发行价格不低于定价基准日前二十个交易日公司股票均价的百分之八十。

【相关规定】

《中华人民共和国公司法》第九十五条；

《中华人民共和国证券法》第三十二条；

《证券发行与承销管理办法》第五条、第六条；

《上市公司证券发行注册管理办法》第五十四条、第五十六条。

第一百四十九条　【股票形式与应载明的事项】股票采用纸面形式或者国务院证券监督管理机构规定的其他形式。

股票采用纸面形式的，应当载明下列主要事项：

（一）公司名称；

（二）公司成立日期或者股票发行的时间；

（三）股票种类、票面金额及代表的股份数，发行无面额股的，股票代表的股份数。

股票采用纸面形式的，还应当载明股票的编号，由法定代表人签名，公司盖章。

发起人股票采用纸面形式的，应当标明发起人股票字样。

---

① 《上市公司证券发行注册管理办法》，载中国证券监督管理委员会网站，http：//www.csrc.gov.cn/csrc/c101953/c7121921/content.shtml，最后访问时间：2024 年 1 月 9 日。

【条文主旨】

本条是关于股票的形式以及应载明事项的规定。

【修改提示】

本条在原法第一百二十八条规定的基础上作出了修改。为与无面额股制度相适应，本次修改主要增加了关于无面额股的配套规定，第二款在第三项增加"发行无面额股的，股票代表的股份数"的表述，并在第三款明确"股票的编号"是纸面形式股票的应当载明事项，此外，将第二款第二项"公司成立日期"改为"公司成立日期或者股票发行的时间"。

【条文释义】

一、股票的形式

股票作为一种要式证券，必须满足一定的形式要件才能产生法律效力。本条是对股票的形式和应当载明事项的要求即股票应当满足的形式要件。根据本条第一款规定，股份有限公司发行的股票应当采取纸面形式或者国务院证券监督管理机构规定的其他形式。传统的股票多采取纸面形式，而随着电子技术的发展，出现了簿记形式的股票，即无纸化股票，以登记结算机构所记载的电子信息作为股权凭证。出于对股票传统纸面形式的考虑，本条规定股票可以采取纸面形式；同时，出于对投资者权益保护等因素的考虑，本条规定股票采取纸面形式以外的其他形式的，应当符合国务院证券监督管理机构的规定。

二、股票的记载事项

本次修订增加了关于无面额股的规定，其在记载事项上与面额股有所区别，本条的修改中有相应调整。

根据本条规定，股票的记载事项应当包括以下几种：第一，公司的基本情况。其包括公司的名称和公司登记成立的日期（与股票发行的时间择一载明）。公司的名称是指国家工商管理机关批准的名称，该名称应当是全称，公司登记成立的日期为公司登记机关核发公司营业执照的日期，记载这些情况有利于证明股票持有人或者股票所有人的股东权利。第二，股票的基本情况，具体包括：（1）股票发行的时间（与公司成立日期择一载明）；（2）股票的编号，即股票发行的序号，但仅要求纸质股票载明；（3）股票的种类；（4）股票的票面金额，即股票的票面价值，无面额股无须载明；（5）股票所代表的股份数，指每张股票是多少股，如十股、二十股，或者规定每多少金额为一股，如可以规定一元一股，也可以规定十元一股等，这是表明股东在公司享有多大权利的基本依据。第三，如果是发起人的股票，应当标明发起人股票的字样，这是为了明确及强调发起人的责任。

纸质股票必须由公司的法定代表人签名，并由公司盖章。在股票上签名的公司的法定代表人，根据本法有关条款的规定，可以是公司的董事长、执行董事或者经理，具体由公司章程规定。

【适用指南】

实践中，对于公开发行并上市交易的股票，按照证券法第一百五十条的规定，应当全部在中国证券登记结算有限责任公司集中存管，所以都为簿记形式。

【相关规定】

《中华人民共和国证券法》第一百五十条。

> **第一百五十条　【交付股票的时间】** 股份有限公司成立后，即向股东正式交付股票。公司成立前不得向股东交付股票。

【条文主旨】

本条是关于股份有限公司向股东交付股票时间的规定。

【修改提示】

本条对应原法第一百三十二条的规定，本次修订内容未作变动。

【条文释义】

按照本条规定，股份有限公司成立后，应当立即向股东正式交付股票。公司成立前不得向股东交付股票。股票的交付时间是公司成立后。公司营业执照签发之日为公司成立日。

确定公司向股东正式交付股票的日期的主要理由如下：一是公司的股票是基于公司的成立而产生的，所以公司只有在成立后才可以向股东交付股票。二是保证公司成立以后的稳定。公司成立前就允许交付股票，公司一旦没有成立，这些已发行的股票就失去了存在的根基，在此基础上产生的法律关系也会受到影响，将严重影响交易秩序。

另外，有必要将股票的交付与股份的认购作区分。股份的认购是指认购人对公司发行股份以书面形式确认其购买数额的行为。由于股份有限公司在向工商行政管理部门申请登记时就应确定其资本，因此股票认购一般应在股份有限公司向工商行政管理部门申请登记成立前进行。但投资者认购股票后，并不能立即行使股东权利，而须等到公司登记成立，完成股票的交付之后。

第一百五十一条 【发行新股决议事项与作价方案确定】

公司发行新股，股东会应当对下列事项作出决议：

（一）新股种类及数额；

（二）新股发行价格；

（三）新股发行的起止日期；

（四）向原有股东发行新股的种类及数额；

（五）发行无面额股的，新股发行所得股款计入注册资本的金额。

公司发行新股，可以根据公司经营情况和财务状况，确定其作价方案。

【条文主旨】

本条是关于股东会审议发行新股及新股发行作价方案确定的规定。

【修改提示】

本条在原法第一百三十三条规定的基础上进行了修改。本次修订将原一百三十五条并入本条，将原第一百三十三条中"股东大会"的表述改为"股东会"，并增加第一款第五项"发行无面额股的，新股发行所得股款计入注册资本的金额"，完善了无面额股在新股发行中的配套规定。

【条文释义】

一、新股发行的决议事项

公司发行新股，是指在公司成立以后再次发行股份的行为。根据本条规定，公司发行新股时，股东会应对如下事项作出决议：

1. 新股种类及数额。主要确定新股是属于一般的新股发行，还是属于特殊的新股发行，发行新股的具体种类属于国家股、法人股、个人股还是外资股。确定发行种类之后，还要确定发行数额，包括股份数额及股票发行总金额。

2. 新股发行价格。即股份有限公司在增资发行新股时，公开将股票出售给投资者所用的价格，包括溢价发行和平价发行，但不能折价发行。新股发行价格和股票首次发行价格一样，通常是由股票发行公司根据股票市场当时的价格水平和其他有关因素决定，然后由股东大会作出决议。

3. 新股发行的起止日期。即新股何时发行、发行期的长短、何时结束发行工作。确定起止期限，便排除了逾期未募足认股人可以撤回的情况。对于采用公开方式发行新股的，按照证券法第三十三条的规定，代销发行期限届满，向投资者出售的股票数量未达到拟公开发行股票数量的百分之七十的，为发行失败。因此，股东大会需要对新股发行的期限作出明确规定。

4. 向原有股东发行新股的种类及数额。原股东对于公司发行的新股具有优先购买权，股东可以优先认购，但没有购买的义务。在认购权的有效期间原股东如不申请认购，则视为自动放弃新股认购的权利。

5. 发行无面额股的，新股发行所得股款计入注册资本的金额。由于公司法修订后允许公司发行无面额股，股东会决议需要确定公司募得股款的会计确认计量。在发行面额股的情况下，股票面值与股数的乘积为计入注册资本的金额，而无面额股由于缺少股票面值则需要公司自行确定计入注册资本的金额。

二、新股发行应由股东会作出决议

公司发行新股应当由股东会作出决议，即发行新股应当属于股东会权力范围。由于本条对决议类型没有作出特别规定，故此处应当理解为股东会作出普通决议即可。也就是说，公司发行新股必须有半数以上持公司表决权的股东的同意方可进行。否则，其决议无效，公司不能发行新股。

三、新股作价方案的确定

股份有限公司发行新股的，应当确定其股票价格。根据本法第一百四十八条的规定，股票发行允许平价发行和溢价发行，不允许折价发行，即股票的发行价格应当等于或者高于股票的票面金额。按照本条第二款的规定，公司发行新股，可以根据公司的经营情况和财务状况，确定其作价方案。

【适用指南】

在实践操作中，公司在确定其新股作价方案时，需要考虑的因素很多，如公司的投资计划、公司的盈利状况、公司的发展前景等。通过公开发行的方式发行新股的，还要同时考虑股票市场的状况，如股票一级市场的供求情况以及二级市场的整体股价水平、股票市场的走势、股票的市盈率、同类股票的价格水平以及同期银行利率水平等因素。股份有限公司发行新股所确定的作价方案应当是适当的，要保证新股的发行价格能够为投资者所接受，能够吸引到足够的投资者，筹集到公司所需要的资金。

【相关规定】

《中华人民共和国证券法》第三十三条。

第一百五十二条　【授权董事会发行股份】 公司章程或者股东会可以授权董事会在三年内决定发行不超过已发行股份百分之五十的股份。但以非货币财产作价出资的应当经股东会决议。

董事会依照前款规定决定发行股份导致公司注册资本、已发行股份数发生变化的，对公司章程该项记载事项的修改不需再由股东会表决。

【条文主旨】

本条是关于股份有限公司公司章程或股东会可授权董事会发行股份的规定。

【修改提示】

本条是本次公司法修订的新增条款。为了提高融资效率，丰富完善公司资本制度，本次修订在股份有限公司中引入授权资本制度。基于此，新增本条作为授权资本制的核心条款并修订相关条款。

【条文释义】

一、授权资本制

授权资本制是指在设立公司时在公司章程中预先确认资本总额，股东只需认足一定比例的资本或章程规定的最低限额，公司就可以成立，未认足的资本授权董事会在公司成立后根据公司营业需要和市场情况发行。采用授权资本制是现代公司法上资本制度的变化趋势。在这种资本制度下，企业设立不会因为资金不到位而受影响，企业运行过程中如果需要增加资本的话，也不需要再行召开股东会，董事会在授权范围内就可以自行决定，其最大优势是赋予了企业最大的灵活性，给企业留下了最大的自由空间，并减少了增资成本，避免了资本浪费。[1]

二、董事会在授权范围内发行股份

根据本法第九十七条的规定，无论是采用发起设立还是募集设立的方式设立股份有限公司，均需在公司章程中明确公司设立时应当发行的股份，并且由发起人认购。在公司成立后，董事会获得公司章程或股东会授权后可以发行一定数量的新股，解决法定资本制带来的公司融资效率低下的问题，[2] 动态满足公司运营的资金需求，顺应市场变化。

此外，本条规定了董事会发行新股期限、比例等限制。首先，董事会只能在公司章程或者股东会授权后三年内决定新股发行，防止董事会拥有永久的新股发行权，避免股东对发行新股失去控制。其次，董事会决定新股发行不得超过已发行股份百分之五十的股份，避免董事会滥用职权，不正当发行新股稀释、损害股东的权益。[3] 最后，以非现金支付方式支付股款的应当经股东会决议。对董事会发行新股的限制也是对股东的保护。同时，这些限制应有利于董事决策权的实现，以推动公司治理。[4]

一般地，公司注册资本或已发行股份数发生变化的，需要经股东会通过修改公司章程相应记载事项的决议。然而，在授权资本制下，董事会依

---

[1]　施天涛：《公司法论》，法律出版社 2020 年版，第 173 页。
[2]　冯果：《论授权资本制下认缴制的去与留》，载《政法论坛》2022 年 11 月第 6 期。
[3]　沈朝晖：《授权股份制的体系构造——兼评 2021 年〈公司法〉（修订草案）相关规定》，载《当代法学》2022 年第 2 期。
[4]　李建伟：《授权资本发行制与认缴制的融合——公司资本制度的变革及公司法修订选择》，载《现代法学》2021 年第 6 期。

照本条规定在公司章程或股东授权范围内决定发行股份而导致公司注册资本或已发行股份数发生变化的，不需再由股东会决议通过公司章程中相应记载事项的修改。

第一百五十三条　【授权董事会发行股份的表决要求】
公司章程或者股东会授权董事会决定发行新股的，董事会决议应当经全体董事三分之二以上通过。

【条文主旨】

本条是关于授权资本制下，对于发行已授权的新股表决要求的规定。

【修改提示】

本条是本次公司法修订的新增条款，是对授权资本制的配套规定。

【条文释义】

授权资本制下，公司章程或股东会决议授权董事会发行股份，意味着在公司成立后发行"已授权但尚未发行的股份"时，只需要董事会决定即可，而无须经过股东会同意。

首先，董事会决议发行新股应当经公司章程和股东会的授权，并满足本法第一百五十二条的规定期限和比例限制。其次，根据本条规定，董事会决策时应当经过全体董事的三分之二以上表决通过，才可以在授权范围内发行新股。新股发行对公司资本和经营管理来说至关重要，所以需要全体董事三分之二以上的"绝对多数决"通过，而非出席会议董事的三分之二，也不能只由过半数董事同意。

第一百五十四条　【公开募集股份的要求】 公司向社会公开募集股份，应当经国务院证券监督管理机构注册，公告招股说明书。
招股说明书应当附有公司章程，并载明下列事项：
（一）发行的股份总数；

（二）面额股的票面金额和发行价格或者无面额股的发行价格；

（三）募集资金的用途；

（四）认股人的权利和义务；

（五）股份种类及其权利和义务；

（六）本次募股的起止日期及逾期未募足时认股人可以撤回所认股份的说明。

公司设立时发行股份的，还应当载明发起人认购的股份数。

【条文主旨】

本条是关于公司公开募集股份的要求的相关规定。

【修改提示】

本条在原法第八十五条、第一百三十四条第一款、第八十六条的基础上作出了修改。主要修改有：本条第一款在原法第八十五条基础上，将公开募集股份的主体由"发起人"改为"公司"，原因在于公司不仅可以在设立阶段公开募集股份，在运行过程中也可以公开募集股份；将制作认股书及认股书的相关内容要求删除；为与股票发行注册制相适应，在原法第一百三十四条第一款基础上，将"核准公开发行新股"的表述改为"经国务院证券监督管理机构注册"，并删除了财务会计报告的公告要求。在原法第八十六条基础上，本条第二款将"发起人制订的公司章程"的表述改为"公司章程"。为配合授权资本制、无面额股、类别股制度，本条在第二款第一项、第二项、第五项及第三款相应增加了招股说明书应载明的相关内容。

【条文释义】

一、公开募股的要求

公司发行新股，包括公开发行和非公开发行两种方式。按照证券法第九条的规定，向不特定对象发行证券，或向累计超过二百人的特定对象发行证券，以及法律、行政法规规定的其他发行行为，为公开发行。由于证券的公开发行涉及公众投资者权益，证券法要求应当依法报经国务院证券监督管理机构或者国务院授权的部门注册。需要注意的是，随着证券发行注册制的确立，新股发行由须经核准转向经依法注册即可发行。据此，本次修订进行了与证券发行注册制相适应的修改。

按照本条的规定，公司公开发行新股时，应当公告招股说明书。招股说明书应当包括每股的票面金额和发行价格，募股起止期限，认股人权利义务等内容。公司应当公告招股说明书，以便于投资者特别是公众投资者了解有关情况，谨慎作出投资决策。同时，按照证券法第二十三条的规定，公司发行新股公告公开发行募集文件，应当在新股发行申请注册后、新股公开发行前将有关文件置备于指定场所供公众查阅。

二、招股说明书的内容

本条规定招股说明书的内容应当包括：

1. 发行的股份总数。招股说明书应当载明发行股份的总数，以便社会公众更好地了解公司发行股份的规模等有关情况。

2. 发行面额股的，应载明每股的票面金额和发行价格；发行无面额股的，应载明股份发行价格。每股的票面金额和发行价格是指股票上所载明的每一份额的股份所代表的货币数额和发行股票时每一股的价格。由此，认股人认购公司的股票时可方便地计算自己所认购股票代表的公司资本数额及其在公司资本总额中所占的比例，从而更好地行使自己的权利。而公司发行无面额股的，由于没有票面金额，故只需载明股份发行价格。

3. 募集资金的用途。即所募资金用于什么事项。发起人向社会公开募集股份，投资者认购公司股票在很大程度上受到公司拟投资项目的影响，投资者会理所当然地选择一些描述为高收益、低风险、前景好的项目进行投资。招股说明书中的募集资金用途，实际上是对投资者的一种承诺，对公司今后的生产经营活动具有约束力，公司不能随意将该资金挪作他用。

4. 认股人的权利和义务。一般来说，认股人的权利包括要求代收股款的银行或者其他金融机构出具收款单据的权利、参加创立大会并依法行使表决权的权利、要求未按期募足股份或者未按期召开创立大会的发起人依法返还其股款及同期银行存款利息的权利等。认股人的义务包括按照所认股数缴纳股款的义务、不得擅自抽回其股本的义务等。

5. 股份种类及其权利和义务。股份的种类，即股票是普通股股票还是类别股股票；如果是类别股股票，是什么样的类别股，其权利和义务有何特别规定。

6. 本次募股的起止期限及逾期未募足时认股人可以撤回所认股份的说

明。本次募股的起止期限及逾期未募足时认股人可以撤回所认股份的说明，是指本次募股的开始和结束时间，并说明如果在规定的期限内公司的股份没有募足，则认股人有权撤回其所认的股份，使其原来作出的购买股份的承诺不再有效。

载明上述内容的招股说明书，应当附有公司章程全文，不得有所遗漏，这样才能使社会公众对公司的情况有全面的了解，从而在充分了解有关信息的基础上，作出是否认购股份的决定。

另外，本条要求公司在设立时发行股份，需要载明发起人认购的股份数。要求招股说明书载明发起人认购的股份数，以便让社会公众了解发起人的出资情况。

【相关规定】

《中华人民共和国证券法》第九条、第十四条、第二十三条。

> **第一百五十五条　【公开募集股份的方式】**公司向社会公开募集股份，应当由依法设立的证券公司承销，签订承销协议。

【条文主旨】

本条是关于公司向社会公开募集股份的方式的规定。

【修改提示】

本条在原法第八十七条规定的基础上进行了修改。本次修改将原条文中公开募集股份的主体由"发起人"改为"公司"，与本法第一百五十四条保持一致。

【条文释义】

一、公开募股应采取承销方式

本条规定公司向社会公开募集股份，应当采取由证券公司承销的方式进行。一方面，公开募集股份涉及的工作量大且专业性强，公司自身因缺乏足够的专业人才而不能胜任；另一方面，由证券公司对发行文件进行核查，可以保障其真实性、准确性、完整性，从而保护公众投资者的利益，进而维护社会公共利益。

二、承销的具体方式

所谓承销，是指证券公司在规定的期限内将发行人发行的股票销售出去，证券公司按照约定收取一定的佣金或者约定的报酬的行为。

承销分为代销、包销两种方式。根据证券法第二十六条的规定，证券代销是指证券公司代发行人发售证券，在承销期结束时，将未售出的证券全部退还给发行人的承销方式。证券包销是指证券公司将发行人的证券按照协议全部购入或者在承销期结束时将售后剩余证券全部自行购入的承销方式。二者主要区别在于，证券代销是一种代理关系，证券包销是一种买卖关系。

三、承销协议和承销期限

根据证券法第二十八条的规定，证券公司同发行人签订代销或者包销协议，应当载明下列事项：（1）当事人的名称、住所及法定代表人姓名；（2）代销、包销证券的种类、数量、金额及发行价格；（3）代销、包销的期限及起止日期；（4）代销、包销的付款方式及日期；（5）代销、包销的费用和结算办法；（6）违约责任；（7）国务院证券监督管理机构规定的其他事项。

根据证券法第三十一条的规定，证券的代销、包销期限最长不得超过九十日。而对于最短承销期限，法律未作明确规定，可由当事人自行协商确定。

四、承销团

承销团是指由两家以上证券承销机构为共同承销股票而组成的，依承销协议各自承担责任的承销联合体。承销团由主承销和参与承销的证券公司组成，为一临时组织。根据证券法第三十条规定，承销团应当由主承销和参与承销的证券公司组成。

【相关规定】

《中华人民共和国证券法》第二十八条、第三十条、第三十一条。

> **第一百五十六条　【代收股款及股款募足后的公告】** 公司向社会公开募集股份，应当同银行签订代收股款协议。
>
> 代收股款的银行应当按照协议代收和保存股款，向缴纳股款的认股人出具收款单据，并负有向有关部门出具收款证明的义务。
>
> 公司发行股份募足股款后，应予公告。

【条文主旨】

本条是关于公开发行时股款收取方式及股款募足后的公告的规定。

【修改提示】

本条在原法第八十八条、第一百三十六条规定的基础上进行了修改。本次修订将原第八十八条中向社会公开募集股份的主体由"发起人"改为"公司"，与本法第一百五十四条、第一百五十五条的修改保持一致；将原第一百三十六条中"公司发行新股"改为"公司发行股份"，并删除了公司发行股份后"必须向公司登记机关办理变更登记"的相关规定。

【条文释义】

一、代收股款协议

本条规定公司向社会公开募集股份，需要与银行签订代收股款协议。公司向社会公开募集股份，虽由证券公司承销，但应当通过银行代收证券公司取得的股款，因此，公司应当与银行签订代收股款协议。代收股款协议本质上是一种委托合同。另外，从本条规定也可看出，认股人出资的只能是货币，而不能是非货币资产。

二、代收股款的银行所负的义务

1. 按照协议代收和保存股款。代收股款的协议签订之后，代收股款的银行就应当按照协议的规定，代发起人收取其向社会公开募集股份所得的股款，并将该股款保存于本银行，以使公司设立所需的资本能够得到保证，从而使公司能够顺利成立。

2. 向缴纳股款的认股人出具收款单据。认股人在缴纳股款后，有权取得证明其已经缴纳股款的凭据。为此，本条规定代收股款的银行对向其缴纳股款的认股人，负有出具收到该认股人已经缴纳股款的单据的义务。

3. 向有关部门出具收款证明。为使有关部门能够知悉公司的资金情况，以便对股票发行进行监督管理、对所收股款进行审核验资，本条规定代收股款的银行还负有向有关部门出具收款证明的义务。

另外，在公司与银行签订代收股款协议后，对于代收股款相关事宜应当由银行按照协议亲自处理，银行不得自行转托其他金融机构处理。如需转托，应当经合同签订方公司同意。受托银行在处理相关事宜过程中，应当报告代收股款相关进展情况，报告时间由合同双方约定，若无约定则银行须在适当的时间报告，也可在公司请求时随时报告。

三、股款募足后向社会公告

本条规定，在公司募足股款后，须进行公告。本次修改将原条文中"发行新股"的表述改为"发行股份"，其原因是公司资本制度改为授权资本制后，董事会可自行发行授权范围内的股份。且删除了"向公司登记机关办理变更登记"的规定，原因是董事会在自行发行授权股份时无须登记，其可进一步提升公司资本制度的灵活性。

公开发行股票的股份有限公司股东人数众多，因此将募款情况公告有利于公司股东和社会公众了解公司资本的变动情况，维护交易秩序和安全。

第二节 股份转让

> **第一百五十七条 【股份转让】**股份有限公司的股东持有的股份可以向其他股东转让，也可以向股东以外的人转让；公司章程对股份转让有限制的，其转让按照公司章程的规定进行。

【条文主旨】

本条是关于公司股份转让对象、公司章程对股份转让限制的规定。

【修改提示】

本条在原法第一百三十七条规定的基础上作出了修改。本次修订明确了股份转让的主体是持有股份有限公司股份的股东，且在原条文基础上明确了股份受让主体，既包括其他股东也包括股东以外的人。同时，本条肯定了公司章程对股份转让限制的效力。

【条文释义】

一、股份可以自由转让

股份有限公司的股份转让，即股份有限公司的公司股东将其股份转让给他人。这里的"他人"既可以是股份有限公司的其他股东，也可以是股东以外的人。法律规定公司股份可自由转让有以下几方面的原因：第一，股份有限公司资合性较强，即股份有限公司更大程度上是资本的集合，股东身份色彩较为淡化。因此，不同于有限责任公司、合伙企业等人合性较强的企业，股份有限公司的股东股份转让更灵活、自由，受限制较少。第二，股票作为财产的一种，应当赋予其一定程度的可转让性。投资者在向公司投资后，其不能以退股的方式要求公司返还财产，也不能直接支配这部分财产，允许股份自由流转有利于股东分散投资风险、维护自身合法权益；且允许股份自由流转，这种"用脚投票"的机制形成了对公司管理层的制约，促进了公司经营管理水平的提高。

二、对股份自由转让的限制

法律对公司股份转让的限制体现在以下几个方面：

1. 对非公开发行的股份进行限制。非公开发行的股份（包括公司公开发行股份前已非公开发行的股份）在发行时未履行核准或者注册程序，未经过充分的信息披露，其公开转让要受到限制，如必须补充核准或注册，或者必须满足一定条件并进行充分的信息披露等。

2. 对公司的关联人员（如控股股东、实际控制人、董事、高级管理人员等）持有的本公司股份进行限制，主要是对持股结构、持有期限、转让比例、减持规则及程序等进行限制。其原因在于，一是避免公司公开发行被关联人员利用为自身谋求不当利益；二是避免信息不对称给公众投资者带来损害。

3. 对公开发行但未经过充分信息披露的股份进行限制。公开发行的股份，在发行时要进行充分的信息披露，并由监管部门对信息披露情况进行审查。但在一些特殊情况下，股票公开发行可以豁免核准或注册，并降低信息披露要求，如向合格投资者发行股票、向公司职工发行股票（员工持股）或者发行的股票数额较小（小额发行）等。这些豁免核准或注册的股票，由于在公开发行时没有进行充分的信息披露，在发行后进行公开转让要受到限制，如必须补充核准或注册，或者必须满足一定条件并进行充分的信息披露等。

三、公司章程对股份转让的限制

本条肯定了公司章程可对股份转让作出限制，与本次修订第一百四十四条引入类别股制度相适应。

【相关规定】

《中华人民共和国公司法》第一百四十四条、第一百六十条；

《中华人民共和国证券法》第四十二条、第四十四条、第一百八十七条；

《上市公司董事、监事和高级管理人员所持本公司股份及其变动管理规则》①；

《上海证券交易所上市公司股东及董事、监事、高级管理人员减持股份实施细则》② 第九条、第十条、第十一条、第十二条；

《深圳证券交易所上市公司股东及董事、监事、高级管理人员减持股份实施细则》③ 第九条、第十条、第十一条、第十二条；

《中华人民共和国企业国有资产法》第五十三条。

> **第一百五十八条 【股份转让的场所】** 股东转让其股份，应当在依法设立的证券交易场所进行或者按照国务院规定的其他方式进行。

【条文主旨】

本条是关于股份有限公司股东转让股份场所的规定。

---

① 《上市公司董事、监事和高级管理人员所持本公司股份及其变动管理规则》，载中国证券监督管理委员会网站，http://www.csrc.gov.cn/csrc/c101954/c1719724/1719724/files/附件1：上市公司董事、监事和高级管理人员所持本公司股份及其变动管理规则（2022 年修订）.pdf? wm＝3049_ 0015，最后访问时间：2024 年 1 月 9 日。

② 《上海证券交易所上市公司股东及董事、监事、高级管理人员减持股份实施细则》，载上海证券交易所网站，http：//www.sse.com.cn/home/apprelated/news/c/c_ 20170527_ 4318467.shtml，最后访问时间：2024 年 1 月 9 日。

③ 《深圳证券交易所上市公司股东及董事、监事、高级管理人员减持股份实施细则》，载深圳证券交易所网站，https：//investor.szse.cn/index/update/t20170531_ 518991.html，最后访问时间：2024 年 1 月 9 日。

【修改提示】

本条对应原法第一百三十八条的规定，本次修订内容未作变动。

【条文释义】

一、证券交易场所

证券交易场所是供已发行的证券进行流通转让的市场。证券交易场所的作用在于：一是为各种类型的证券提供便利而充分的交易条件；二是为各种交易证券提供公开、公平、充分的价格竞争，以发现合理的交易价格；三是实施公开、公正和及时的信息披露；四是提供安全、便利、迅捷的交易与交易后服务。规定股份有限公司的股份应当在依法设立的证券交易场所进行交易，是为了防范金融风险、规范市场秩序、保护广大投资者特别是公众投资者的权益。我国的证券交易场所，主要包括证券交易所、经国务院批准设立的全国中小企业股份转让系统、经证监会批准设立的证券公司柜台市场以及经省级政府批准设立的区域性股权市场等场所。

二、国务院规定的其他方式

本条规定，股份有限公司的股票除在依法设立的交易场所进行交易外，还可以在国务院规定的其他方式进行交易。股份有限公司，除公开发行股票的股份有限公司外，还包括非公开发行股票的股份有限公司。公开发行股票的股份有限公司也包括股票上市交易的股份有限公司和股份不上市交易的股份有限公司。[1] 此外，上市公司也可以向特定对象发行股票。这类向特定对象发行的股票在转让时另有限制规则。[2] 所以，股份转让的具体情况较为复杂，若股份有限公司不符合常规的证券交易场所交易条件或不适合在这些场所交易股票，为避免股票流动阻碍，本条规定国务院可规定其他方式以便股票交易流通。

【相关规定】

《中华人民共和国证券法》第九十六条、第九十七条、第九十八条。

---

[1]　叶林：《关于股票发行注册制的思考——依循"证券法修订草案"路线图展开》，载《法律适用》2015 年第 8 期。

[2]　《上市公司证券发行注册管理办法》第三条、第五十八条。

> **第一百五十九条** 【股票的转让方式】股票的转让，由股东以背书方式或者法律、行政法规规定的其他方式进行；转让后由公司将受让人的姓名或者名称及住所记载于股东名册。
>
> 股东会会议召开前二十日内或者公司决定分配股利的基准日前五日内，不得变更股东名册。法律、行政法规或者国务院证券监督管理机构对上市公司股东名册变更另有规定的，从其规定。

【条文主旨】

本条是关于股票转让方式的规定。

【修改提示】

本条在原法第一百三十九条规定的基础上作出了修改。本条修改主要包括：删除了原条款中对记名股票的特别限定，即删除了开头"记名"二字；将"由股东以背书方式或者法律、行政法规规定的其他方式转让"改为"由股东以背书方式或者法律、行政法规规定的其他方式进行"；将"股东大会"的表述改为"股东会会议"；将"不得进行前款规定的股东名册的变更登记"改为"不得变更股东名册"；删除最后一句话的"但是"二字。

【条文释义】

一、转让方式

本条规定，股票的转让以背书或其他方式进行。本条删除"记名"二字是因为本法第一百四十七条规定所有公司股票均应为记名股票，取消了无记名股票的适用，故本条在表述时无须特别提示"记名"二字。背书转让，是有价证券转让的一种法定形式，对股票转让而言，就是指股票上所记载的股东作为背书人，在股票签章，并在股票背面或者股票所黏附的粘单上记载受让人即被背书人的名称或者姓名，以表示将该股票所代表的股东权利转让给受让人的行为。

然而，由于实践中股份有限公司的股票多采用无纸化的形式，背书方式只适用于纸质股票的转让，故本条特别规定股票转让也可以法律、行政法规规定的其他方式转让。例如，我国目前上市交易的公司股票，采取的是簿记券式，其交易按照有关法律、行政法规的规定，要依照交易者在证券公司开户、委托证券公司买卖、达成交易合同、进行清算交割、办理证券的登记过户手续等程序进行。

股东名册，是指公司依照法律要求设置的记载股东及其所持股份的簿册。公司法要求公司须将股东姓名、名称及住所记载于股东名册，对于确认股东表决权及其行使、股利分配等权利非常重要。对于有限责任公司而言，股东身份尚且可通过公司章程的记载确定，而对于股东人数众多且股权转让频繁的股份有限公司而言，章程难以承担此项功能，故尤其需要通过股东名册来确认股东身份。

二、股东名册的封闭

本条规定，"股东会会议召开前二十日内或者公司决定分配股利的基准日前五日内，不得变更股东名册"，这是对股东名册封闭的规定。股东名册的封闭，是指公司为了确定行使股东权的股东而在一定时期停止股东名册的记载。一旦停止股东名册的记载，封闭当时股东名册上的股东就被确定为可以行使股东权的股东。封闭股东名册的目的是确定股东行权的行使者。本法第一百一十五条规定，召开股东会会议，需要将相关事项于会议召开二十日前通知各位股东，即要求在会议召开前二十日股东身份应当是确定的。另外，公司分配股利也需要确定接受分配的股东。所以，在这两种情况下，本条均作出了封闭股东名册的规定。

另外，上市公司的股票依法在证券交易所进行集中交易。按照证券法第一百零八条的规定，"……证券登记结算机构根据成交结果，按照清算交收规则，与证券公司进行证券和资金的清算交收，并为证券公司客户办理证券的登记过户手续"，即在买入证券投资者的证券账户内增加证券数量，同时在卖出证券投资者的账户内减少相应证券数量，以维护证券交易的正常秩序。因此，本条专门作出规定，法律、行政法规或者国务院证券监督管理机构对上市公司股东名册变更登记另有规定的，从其规定。

【相关规定】

《中华人民共和国公司法》第一百一十五条；
《中华人民共和国证券法》第一百零八条。

> **第一百六十条 【股份转让的限制】**公司公开发行股份前已发行的股份，自公司股票在证券交易所上市交易之日起一年内不得转让。法律、行政法规或者国务院证券监督管理机构对上市公司的股东、实际控制人转让其所持有的本公司股份另有规定的，从其规定。
>
> 公司董事、监事、高级管理人员应当向公司申报所持有的本公司的股份及其变动情况，在就任时确定的任职期间每年转让的股份不得超过其所持有本公司股份总数的百分之二十五；所持本公司股份自公司股票上市交易之日起一年内不得转让。上述人员离职后半年内，不得转让其所持有的本公司股份。公司章程可以对公司董事、监事、高级管理人员转让其所持有的本公司股份作出其他限制性规定。
>
> 股份在法律、行政法规规定的限制转让期限内出质的，质权人不得在限制转让期限内行使质权。

【条文主旨】

本条是关于对股份转让限制的规定。

【修改提示】

本条在原法第一百四十一条规定的基础上作出了修改。本次修改删除了原条文"发起人持有的本公司股份，自公司成立之日起一年内不得转让"的规定。增加了"法律、行政法规或者国务院证券监督管理机构对上市公司的股东、实际控制人转让其所持有的本公司股份另有规定的，从其规定。""股份在法律、行政法规规定的限制转让期限内出质的，质权人不得在限制转让期限内行使质权"的规定。就公司董事、监事、高级管理人员的转让限制，将"在任职期间"进一步细化为"在就任时确定的任职期间"。

【条文释义】

一、对公开发行前的股份转让限制

一般而言，股份有限公司的股份，不论是公开发行的还是非公开发行的，都应当允许其自由流通转让。然而，基于加强信息披露、规范关联人员行为、保护投资者合法权益的考虑，在特定情形下应当对股份转让作出一定限制。本条规定，公司公开发行股份的，在公开发行前已发行的股份应当在股票于证券交易所上市之日起一年内不得交易。其原因是，我国公司上市困难，公司在上市后的一定时间内股价往往飙升，因此出现了抢购公司上市前的股票、待公司上市后高价抛售的现象，引起证券市场秩序混乱、扰乱公司正常经营、损害广大投资者的利益。上市公司的股票可以在证券交易所流通，其影响范围更广。上市公司股东、实际控制人转让其所持有的上市公司股份的，应当按照法律、行政法规或者国务院证券监督管理机构的特别规定进行。例如，《上海证券交易所股票上市规则》第3.1.10条和《深圳证券交易所股票上市规则》第3.1.10条关于上市公司控股股东承诺锁定期制度的规定，发行人申请其首次公开发行的股票上市时，其控股股东和实际控制人应当承诺：自发行人股票上市之日起三十六个月内，不转让或者委托他人管理其直接或者间接持有的发行人首次公开发行股票前已发行的股份，也不由发行人回购其直接或者间接持有的发行人首次公开发行股票前已发行的股份。发行人应当在上市公告书中公告上述承诺。

二、对董事、监事、高级管理人员股份转让的限制

本条关于董事、监事、高级管理人员股份转让限制的规定中，将"在任职期间"修改为"在就任时确定的任职期间"，表述更为严谨。对公司管理人员股份转让的限制主要基于两方面：一方面，为保持公司的董事、监事、高级管理人员与公司利益的一致性。公司公开发行股份融资，其主要目的在于谋求公司更好的发展，而不是为公司董事、监事、高级管理人员减持套现提供便利。另一方面，公司的董事、监事、高级管理人员在公司中处于控制地位，相较于外部投资者具有信息优势，为保护公众投资者合法权益，防止董事、监事、高级管理人员利用控制权和信息优势牟取不正当利益，对其转让减持行为作出适当限制，也是必要的。

根据本条第二款的规定，对董事、监事、高级管理人员转让其所持有的本公司股份的限制包括以下内容：（1）董事、监事、高级管理人员应当向公司申报其所持有的本公司股份及变动情况，不得隐瞒。这是对其转让进行监督的前提和基础。（2）董事、监事、高级管理人员在就任时确定的任职期间每年转让的股份不得超过其所持有的本公司股份总数的百分之二十五。（3）董事、监事、高级管理人员持有的本公司股份，自公司股票在证券交易所上市交易之日起一年内不得转让。转让受到限制的股份，既包括董事、监事、高级管理人员持有的公司公开发行股份前已发行的股份，也包括其在公司公开发行股份后持有的本公司的股份。（4）董事、监事、高级管理人员所持有的本公司股份，在上述人员从公司离职之日起半年内不得转让。（5）除上述限制以外，本条还授权公司章程，可以对董事、监事、高级管理人员转让其所持有的本公司股份作出其他限制性规定。

此外，本条新增了对股份在限制转让期间出质的限制的规定，意在防止股东通过出质的方式规避法律。

【相关规定】

《上海证券交易所股票上市规则》第 3.1.10 条；

《深圳证券交易所股票上市规则》第 3.1.10 条。

> **第一百六十一条 【异议股东的股份回购请求权】** 有下列情形之一的，对股东会该项决议投反对票的股东可以请求公司按照合理的价格收购其股份，公开发行股份的公司除外：
>
> （一）公司连续五年不向股东分配利润，而公司该五年连续盈利，并且符合本法规定的分配利润条件；
>
> （二）公司转让主要财产；
>
> （三）公司章程规定的营业期限届满或者章程规定的其他解散事由出现，股东会通过决议修改章程使公司存续。
>
> 自股东会决议作出之日起六十日内，股东与公司不能达成股份收购协议的，股东可以自股东会决议作出之日起九十日内向人民法院提起诉讼。
>
> 公司因本条第一款规定的情形收购的本公司股份，应当在六个月内依法转让或者注销。

【条文主旨】

本条是关于异议股东股份回购请求权的规定。

【修改提示】

本条是本次公司法修订的新增条款。原法第七十四条仅对有限责任公司的异议股东回购请求权作出了规定，本条是对股份有限公司异议股东回购请求权的新增规定。

【条文释义】

一、股东退出公司的法定条件

本条扩张了股份有限公司异议股东股份回购请求权的适用情形。根据原法第一百四十二条，对于异议股东的股份回购请求权，只有在股份有限公司作出合并、分立的股东会决议时才可适用。本条将原有限责任公司的异议股东回购请求权适用情形适用于未公开发行股份的股份有限公司。

异议股东回购请求权是公司法对特定交易中异议股东提供的一种保护性措施。股东会决议下的资本多数决规则有一定的弊端：多数股东选择的商业决策可能并非最合理的；大股东也可能滥用多数规则欺压少数股东。因此，法律在特定情形下赋予少数异议股东回购请求权。对股份有限公司来说，公开发行股份的公司股东可以通过二级市场转让股份以达到退出公司的目的，未公开发行股份的股份有限公司由于缺乏公开的股份交易渠道，中小股东难以在受欺压的情况下及时退出公司，故对未公开发行股份的股份有限公司设置该权利有其合理性。

本条规定有下列三种情形之一，并且股东会在该股东投反对票的情况下依然作出了有效的决议，该投反对票的股东才可以请求公司按照合理的价格收购其股权。这三种情形分别是：

1. 公司连续五年不向股东分配利润，而公司该五年连续盈利，并且符合本法规定的分配利润的条件。

2. 公司转让主要财产。在该情形下，公司现有赖以开展生产经营活动的主要财产出现变化，未来的发展充满不确定性甚至可能产生风险。值得注意的是，股份有限公司股东会决议合并、分立也是异议股东权利的适用情形，其规定在本法第一百六十二条。

3. 公司章程规定的营业期限届满或章程规定的其他解散事由出现，股东会会议通过修改章程使公司存续。该种情形下，持有公司多数表决权的其他股东通过股东会决议修改公司章程，决定公司存续，已与公司章程订立时股东的意愿发生重大差异，应允许对此决议投反对票的股东退出公司，不能要求少数表决权股东违背自己意愿被强迫面对公司继续经营的风险。

二、股东退出公司的法定程序

根据本条规定，股东需在发生法定事由时，对股东会决议投反对票，并向公司书面提出回购请求，如果股东与公司自股东会决议作出之日起六十日内不能达成股份收购协议的，股东可以自股东会决议作出之日起九十日内向人民法院提起诉讼。在公司按照异议股东要求收购了股份后，需在六个月内转让或者注销。回购的股份在转让或注销前将纳入公司的"库存股"，库存股不具有表决权，不能参与公司的利润分配以及剩余财产的分配。

【适用指南】

异议股东回购请求权适用的一个前提条件是该股东对股东会决议事项具有表决权，若股东没有表决权，则不能行使该请求权。另外，异议股东回购请求权具有排他性，即异议股东一旦选择了该请求权作为救济手段，一般情况下不能再提起公司行为无效的诉讼，除非公司行为具有违法性或欺诈性。[①]

【相关规定】

《中华人民共和国公司法》第一百六十二条。

> **第一百六十二条** 【**股份回购限制**】公司不得收购本公司股份。但是，有下列情形之一的除外：
> （一）减少公司注册资本；
> （二）与持有本公司股份的其他公司合并；
> （三）将股份用于员工持股计划或者股权激励；
> （四）股东因对股东会作出的公司合并、分立决议持异议，要求公司收购其股份；
> （五）将股份用于转换公司发行的可转换为股票的公司债券；
> （六）上市公司为维护公司价值及股东权益所必需。
> 公司因前款第一项、第二项规定的情形收购本公司股份的，应当经股东会决议；公司因前款第三项、第五项、第六项规定的情形收购本公司股份的，可以按照公司章程或者股东会的授权，经三分之二以上董事出席的董事会会议决议。

---

① 施天涛：《公司法论》，法律出版社 2018 年版，第 569 页。

> 公司依照本条第一款规定收购本公司股份后，属于第一项情形的，应当自收购之日起十日内注销；属于第二项、第四项情形的，应当在六个月内转让或者注销；属于第三项、第五项、第六项情形的，公司合计持有的本公司股份数不得超过本公司已发行股份总数的百分之十，并应当在三年内转让或者注销。
>
> 上市公司收购本公司股份的，应当依照《中华人民共和国证券法》的规定履行信息披露义务。上市公司因本条第一款第三项、第五项、第六项规定的情形收购本公司股份的，应当通过公开的集中交易方式进行。
>
> 公司不得接受本公司的股份作为质权的标的。

【条文主旨】

本条是关于股份回购的限制性规定。

【修改提示】

本条在原法第一百四十二条规定的基础上作出了修改。本次修改主要对表述作出了调整，与本法其他条文的修改保持一致：将第一款第四项中"股东大会"改为"股东会"；将第二款中"可以依照公司章程的规定或者股东大会的授权"改为"可以按照公司章程或者股东会的授权"；将第三款中"不得超过本公司已发行股份总额的百分之十"改为"不得超过本公司已发行股份总数的百分之十"。

【条文释义】

一、公司股份回购

股份回购，是指公司收购本公司已发行的股份。股份回购是公司与股东资本性交易的一种方式，资本性交易是指股东基于出资人身份或股权属性而与公司进行的交易，需要贯彻同股同权原则和债权人保护原则。[①] 很

---

① 刘燕：《"对赌协议"的裁判路径及政策选择——基于 PE/VC 与公司"对赌"场景的分析》，载《法学研究》2020 年第 2 期。

多国家对于公司与股东进行股份回购等资本性交易行为，要求其遵循资本维持原则。资本维持原则即只要不损及资本，公司可自由向股东进行回购、利润分配或以其他方式输送利益；但一旦损及资本，公司需要履行减资程序。

股份回购有其合理性：一是能减少资本冗余，当公司资金充裕时可以回购股份从而减少资本；二是能维持公司的控制权，通过减少公司流通股的数量可以强化特定股东对公司的控制权，且自由的股份回购可以作为公司反收购的有力武器；三是能调整公司股价，当市场过分低估公司股价时，股份回购可以向市场释放特定信号，从而调节股价。

二、公司股份回购的事由

我国公司法主要以限制公司股份回购事由的方式限制公司股份回购。本条允许公司按照以下规定回购股份：

1. 减少公司注册资本。公司减少注册资本，属于股东会职权。公司依法经股东会决议决定减少注册资本的，可以回购股份，并应当在回购之日起十日内注销股份，以完成减资程序。

2. 与持有本公司股份的其他公司合并。公司股份可以为其他公司所持有。当公司与拥有本公司股份的其他公司合并时，被合并的其他公司的资产都归属于本公司，包括其他公司所持有的本公司的股份，形成股份回购。公司合并、分立等也属于股东会职权，应由其决议。公司回购股份后，应当在回购之日起六个月内转让或者注销股份。

3. 将股份用于员工持股计划或者股权激励。公司推行员工持股计划或者股权激励，可以通过发行新股进行，但可能稀释未来股权收益。而通过股份回购进行，有利于提升股价，也不会稀释未来股权收益，既维护了既有股东利益，也有利于对员工的激励。为提高效率，利于公司及时把握市场机会，对这一情形下的股份回购决策程序进行了简化，即可以依照公司章程的规定或者股东会的授权，经三分之二以上董事出席的董事会会议决议。回购股份后，可根据公司的具体情况适时推行员工持股计划或者股权激励，但公司持股最长不得超过三年。

4. 股东因对股东大会作出的公司合并、分立决议持异议，要求公司收购其股份。为维护异议股东权利，当股东对股东大会作出的公司合并、分立决议持异议时，可以要求公司回购其股份，公司应当回购，不需要经股东大会或者董事会决议。公司回购股份后，应当在回购之日起六个月内转让或者注销股份。

5. 将股份用于转换公司发行的可转换为股票的公司债券。可转换为股票的公司债券是以债券形式发行的，在一定时期内依据约定的条件可以转换为股票的债券。上市公司为转换可转债的需要回购股份，避免发行新股稀释未来股权收益，有利于股东和可转债持有人的利益。同时，为提高效率、简化决策程序，此类回购可以依照公司章程的规定或者股东会的授权，经三分之二以上董事出席的董事会会议决议，所回购的股份应当在三年内按照可转债募集办法的规定转换给可转债持有人。

6. 上市公司为维护公司价值及股东权益所必需。为提高效率、简化决策程序，此类回购可以依照公司章程的规定或者股东会的授权，经三分之二以上董事出席的董事会会议决议。所回购的股份，应当在三年内转让或者注销。

此外，本条规定，上市公司收购本公司股份的，应当依照证券法的规定履行信息披露义务。同时，上市公司因员工持股计划或者股权激励、用于转换可转债、维护公司价值及股东权益等原因回购股份的，应当通过证券交易所内公开的集中交易方式进行。值得注意的是，本条第五款禁止公司接受本公司股份作为质权标的，因为本法规定只有法定的特殊情况公司才可拥有本公司股份，而质权的行使会导致公司实际拥有本公司股份，会与本条冲突，故对股票质押作出禁止性规定。

【适用指南】

上市公司进行股份回购时需要考虑回购方案的各项操作细节。例如，公司在回购期间不得发行股份募集资金；公司的董监高、控股股东、实际控制人、回购股份提议人自公司首次披露回购股份事项之日起至发布回购结果暨股份变动公告期间，不得直接或间接减持本公司股份；上市公司披露回购方案后，非因充分正当事由不得变更或者终止。

【相关规定】

《中华人民共和国公司法》第一百六十一条。

案例评析

股份回购属于公司与股东之间的资本性交易，
在我国需要受到资本维持原则的约束。也即只要
不损及资本，股东可以自由进行股份回购，
但一旦损及资本，公司需要履行减资程序①

一、案情简介

2011 年 7 月 6 日，A 公司与 B 集团公司、潘某、董某等共同签订《增资扩股协议》一份，约定 A 公司以现金 2200 万元人民币对 B 集团公司增资，其中 200 万元作为注册资本，2000 万元列为公司资本公积金。

同日，潘某、董某等与 B 集团公司、A 公司签订《补充协议》。《补充协议》第一条股权回购第一款约定：若 B 集团公司在 2014 年 12 月 31 日前未能在境内资本市场上市或 B 集团公司主营业务、实际控制人、董事会成员发生重大变化，A 公司有权要求 B 集团公司回购其所持有的全部股份；第二款约定了 B 集团公司回购 A 公司所持股权价款计算方式；第三款约定潘某、董某、B 集团公司应在 A 公司书面提出回购要求之日起 30 日内完成回购股权等有关事项，包括完成股东大会决议，签署股权转让合同以及完成工商变更登记等。第三条违约责任约定：本协议生效后，B 集团公司的违约行为导致 A 公司发生任何损失，潘某、董某等、B 集团公司承担连带责任。

2011 年 7 月 20 日，A 公司向 B 集团公司实际缴纳新增出资 2200 万元，其中注册资本 200 万元，资本溢价 2000 万元。B 集团公司出具收据，载明收款事由为投资款。

2014 年 11 月 25 日，A 公司致函 B 公司：根据《补充协议》，鉴于 B 公司在 2014 年 12 月 31 日前不能在境内资本市场上市，现要求 B 公司以现金形式回购 A 公司持有的全部公司股份，回购股权价格同《补充协议》的约定。

A 公司向一审法院起诉请求判令 B 公司及潘某、董某回购 A 公司持有

---

① 江苏省高级人民法院（2019）苏民再 62 号再审民事判决书，载中国裁判文书网，https：//wenshu. court. gov. cn/website/wenshu/181107ANFZ0BXSK4/index. html？docId＝MK＋xUnmVnDNvEYgtnxn3ibmOTFWPWY5hjke0WvaUZBd6vv4ZOCtxrGI3IS1ZgB82iQX4r2SGTB4e9P1bZKLUeG0McKF9xUVX2sseoZYeM3JNQmeaVTU4EQ14tpIuza64，最后访问时间：2024 年 1 月 9 日。

的 B 公司股份，一审法院驳回了该诉请；A 公司不服并提起上诉，二审法院再次驳回了该诉请；A 公司提起再审申请。

二、本案核心问题

案涉"对赌"协议是否有效，以及案涉"对赌"协议是否可履行？

三、法院裁判要旨

（一）案涉"对赌"协议效力应认定有效

案涉"对赌"协议签订时 B 集团公司系有限责任公司，且该公司全体股东均在"对赌"协议中签字并承诺确保"对赌"协议内容的履行。该协议约定 B 集团公司及其原全体股东应在 A 公司书面提出回购要求之日起 30 日内完成回购股权等有关事项，包括完成股东大会决议，签署股权转让合同以及其他相关法律文件，支付有关股权收购的全部款项，完成工商变更登记；B 集团公司的违约行为导致 A 公司发生任何损失，B 集团公司及其全体股东承担连带责任。上述约定表明，B 集团公司及其全部股东对股权回购应当履行的法律程序及法律后果是清楚的，即 B 集团公司及其全部股东在约定的股权回购条款激活后，该公司应当履行法定程序办理工商变更登记，该公司全体股东负有履行过程中的协助义务及履行结果上的保证责任。

公司法并不禁止有限责任公司回购本公司股权，有限责任公司回购本公司股权不当然违反公司法的强制性规定。有限责任公司在履行法定程序后回购本公司股权，亦不会损害公司股东及债权人利益，亦不会构成对公司资本维持原则的违反。

A 公司、B 集团公司及 B 集团公司全体股东关于 A 公司上述投资收益的约定，不违反国家法律、行政法规的禁止性规定，不存在合同无效的情形，亦不属于合同法所规定的格式合同或者格式条款，不存在显失公平的问题。B 公司及潘某等关于案涉"对赌"协议无效的辩解意见，法院不予采信。

（二）案涉"对赌"协议具备履行可能性

2011 年 11 月 20 日，B 集团公司股东一致表决通过新的公司章程，明确 B 公司为股份有限公司。同年 12 月 29 日，B 集团公司经工商部门核准变更为 B 公司。故案涉"对赌"协议约定的股份回购义务应由 B 公司履行。B 公司作为股份有限公司，不同于原 B 集团公司，故 A 公司诉请 B 公司履行股份回购义务，尚需具备法律上及事实上的履行可能。

1. 关于股份有限公司股份回购

根据 2018 年公司法第一百四十二条的规定，其原则上禁止股份有限公司回购本公司股份，但同时亦规定了例外情形，即符合该类例外情形的，允许股份有限公司回购本公司股份。本案中，B 公司章程亦对回购本公司股份的例外情形作出了类似的规定，并经股东一致表决同意，该规定对 B 公司及其全体股东均有法律上的约束力。B 公司履行法定程序，支付股份回购款项，并不违反公司法的强制性规定，亦不会损害公司股东及债权人的利益。

2. 案涉"对赌"协议约定的股份回购条款具备法律上的履行可能

公司的全部财产中包括股东以股份形式的投资，以及其他由公司合法控制的能带来经济利益的资源，例如借款等。公司对外承担债务的责任财产为其全部财产，也即上述资产均应作为对外承担债务的范围。"对赌"协议投资方在"对赌"协议中是目标公司的债权人，在"对赌"协议约定的股权回购情形出现时，当然有权要求公司及其原股东承担相应的合同责任。在投资方投入资金后，成为目标公司的股东，但并不能因此否认其仍是公司债权人的地位。基于公司股东的身份，投资人应当遵守公司法的强制性规定，非依法定程序履行减资手续后退出，不能违法抽逃出资。而其基于公司债权人的身份，当然有权依据"对赌"协议的约定主张权利。公司法亦未禁止公司回购股东对资本公积享有的份额。案涉"对赌"协议无论是针对列入注册资本的注资部分还是列入资本公积金的注资部分的回购约定，均具备法律上的履行可能。

3. 案涉"对赌"协议约定的股份回购条款具备事实上的履行可能

参考 A 公司在 B 公司所占股权比例及 B 公司历年分红情况，案涉"对赌"协议约定的股份回购款项的支付不会导致 B 公司资产的减损，亦不会损害 B 公司对其他债务人的清偿能力，不会因该义务的履行构成对其他债权人债权实现的障碍。相反，A 公司在向 B 集团公司注资后，同时具备该公司股东及该公司债权人的双重身份，如允许 B 公司及原 B 集团公司股东违反"对赌"协议的约定拒绝履行股份回购义务，则不仅损害 A 公司作为债权人应享有的合法权益，亦会对 A 公司股东及该公司债权人的利益造成侵害，有违商事活动的诚实信用原则及公平原则。案涉"对赌"协议约定的股份回购条款具备事实上的履行可能。

四、评析

由于我国没有对公司股份回购的资金来源进行限制，所以《全国法院民商事审判工作会议纪要》①一方面承认了公司与股东签订的"对赌"协议的有效性，另一方面又规定"投资方请求目标公司回购股权的，人民法院应当依据《公司法》第35条关于'股东不得抽逃出资'或者第142条关于股份回购的强制性规定进行审查。经审查，目标公司未完成减资程序的，人民法院应当驳回其诉讼请求"。也即，其将回购型"对赌"协议与减资程序绑定在一起。本案发生时，"对赌"协议中的股份回购尚未与减资程序绑定，当《全国法院民商事审判工作会议纪要》出台以后公司在履行"对赌"约定而回购投资人股份时，若损及公司资本，需要履行减资程序。

> **第一百六十三条　【财务资助的限制】**公司不得为他人取得本公司或者其母公司的股份提供赠与、借款、担保以及其他财务资助，公司实施员工持股计划的除外。
>
> 为公司利益，经股东会决议，或者董事会按照公司章程或者股东会的授权作出决议，公司可以为他人取得本公司或者其母公司的股份提供财务资助，但财务资助的累计总额不得超过已发行股本总额的百分之十。董事会作出决议应当经全体董事的三分之二以上通过。
>
> 违反前两款规定，给公司造成损失的，负有责任的董事、监事、高级管理人员应当承担赔偿责任。

【条文主旨】

本条是关于股份有限公司不为他人取得本公司或其母公司股份提供财务资助的限制性规定。

【修改提示】

本条为本次公司法修订的新增条款。

---

① 《全国法院民商事审判工作会议纪要》，载最高人民法院网站，https://www.court.gov.cn/zixun/xiangqing/199691.html，最后访问时间：2024年1月9日。

【条文释义】

一、为他人取得公司股份提供财务资助

禁止财务资助制度的理论基础主要包括资本维持原则、保护中小股东和债权人、遏制杠杆收购和防止市场操纵。首先，财务资助本质上是用公司资本为他人购买本公司股份提供资金，公司并未被注入新的资金，资本反而从公司内部剥夺。[①] 其次，财务资助行为将财富从公司转移，使得中小股东和债权人的潜在损害风险增加，因此该制度有利于保护中小股东和债权人利益。另外，该制度对于遏制杠杆收购、防止市场操纵也发挥着正面的效果。

值得注意的是，本条规定"公司实施员工持股计划的除外"。员工持股计划属于一种特殊的报酬计划，是指为了吸引、保留和激励公司员工，通过让员工持有股票，使员工享有剩余索取权的利益分享机制和拥有经营决策权的参与机制。公司实施员工持股计划往往由企业内部员工出资认购公司部分或全部股权，委托员工持股工会作为社团法人托管运作，集中管理。由于实施员工持股计划的资金来源渠道除了员工的自有资金，还包括企业提供的低息贷款、金融机构的贷款，故企业在此过程中提供的财务资助应不属于本条的限制范围。将员工持股计划作为禁止财务资助的例外情形，有利于公司内部股权社会化和经济民主。

二、为他人取得公司股份提供财务资助的程序要求

本条第二款规定，股份有限公司为他人取得公司股份提供财务资助，须经股东会决议，或董事会经股东会或章程授权后作出特别决议才可通过。本条第二款同时要求"财务资助的累计总额不得超过已发行股本总额的百分之十"，这出于对公司利益、债权人利益保护的考虑，因为公司提供财务资助若数额过于巨大，则会影响公司持续经营能力和偿债能力，从而不利于公司正常管理经营、债权人利益的实现。

三、管理层的赔偿责任

本条第三款规定的董事、监事、高级管理人员提供财务资助的赔偿责任基础在于其对公司的信义义务。本法第一百八十条对董事、监事、高级管理人员的勤勉、忠实义务作出了一般性的规定，明确三者义务的界限是"为公司的最大利益尽到管理者通常应有的合理注意"。故董事、监事、高

---

① ［英］艾利斯·费伦：《公司金融法律原理》，罗培新译，北京大学出版社 2012 年版，第 268~269 页。

级管理人员未按照本条规定通过股东会或董事会决议而擅自为他人取得本公司股份提供财务资助，需要为公司的损失承担赔偿责任。

【相关规定】

《上市公司收购管理办法》① 第八条；
《非上市公众公司监督管理办法》② 第十六条。

第一百六十四条 【股票被盗、遗失或灭失后的补救】
股票被盗、遗失或者灭失，股东可以依照《中华人民共和国民事诉讼法》规定的公示催告程序，请求人民法院宣告该股票失效。人民法院宣告该股票失效后，股东可以向公司申请补发股票。

【条文主旨】

本条是关于股票被盗、遗失或灭失后的补救规定。

【修改提示】

本条在原法第一百四十三条规定的基础上作出了修改，本次修改将原条文中的"记名股票"改为"股票"。

【条文释义】

本条对股东股票被盗、遗失或者消灭后的公示催告程序作出规定。本条删除了"记名股票"中"记名"二字，是因为本法第一百四十七条废除了关于无记名股票的规定，所以所有股票默认为记名股票。公示催告程序即票据持有人因票据被盗、遗失或者灭失时，可以向人民法院申请，由人民法院作出公告，告知并催促利害关系人向人民法院申报权利；没有人申报的，人民法院将作出宣告票据无效的除权判决，票据持有人据此可以向

---

① 《上市公司收购管理办法》，载中国证券监督管理委员会网站，http：//www.csrc.gov.cn/csrc/c101950/c1048008/content.shtml，最后访问时间：2024 年 1 月 9 日。
② 《非上市公众公司监督管理办法》，载中国政府网，https：//www.gov.cn/govweb/gongbao/2023/issue_ 10466/202305/content_ 6874710.html，最后访问时间：2024 年 1 月 9 日。

票据支付人请求支付；有利害关系人提出申报的，公示催告程序终结，当事人可通过民事诉讼解决纠纷。公示催告程序有助于维护丧失票据人和利害关系人的合法权益，确保票据流通安全。

根据本法第一百五十九条的规定，股票可以由股东以背书方式转让，符合《中华人民共和国民事诉讼法》规定的公示催告程序适用的标的。按照《中华人民共和国民事诉讼法》的规定，股票被盗、遗失或者灭失，股东可以向人民法院提出公示催告申请，向人民法院递交申请书，写明股票的主要内容和申请的理由、事实。人民法院受理申请后，应当同时通知公司停止该股票所代表股东权利的行使；并在三日内发布公告，催促利害关系人申报权利。公示催告的期间，由人民法院根据情况决定，但不得少于六十日。利害关系人认为股东的公示催告请求与事实不符合的，如申报该股票并不是被盗、遗失或者灭失，而是被合法转让给自己的，应当在公示催告期间向人民法院申报。在公示催告期间，没有利害关系人申报的，人民法院即根据申请人的申请，作出判决，宣告该记名股票无效。判决应当公告并通知公司。经人民法院公示催告程序宣告股票无效后，股东可以依据本条的规定，请求公司向其补发股票。

【相关规定】

《中华人民共和国民事诉讼法》第十八章。

> **第一百六十五条　【股票上市交易的规则】** 上市公司的股票，依照有关法律、行政法规及证券交易所交易规则上市交易。

【条文主旨】

本条是关于股票上市交易应遵守的规则的规定。

【修改提示】

本条对应原法第一百四十四条的规定，本次修订内容未作变动。

【条文释义】

上市公司，是指所发行的股票在依法设立的证券交易所上市交易的股份有限公司。

在股票上市条件方面，按照证券法第十二条第一款的规定，公司首次公开发行新股应当符合下列条件："（一）具备健全且运行良好的组织机构；（二）具有持续经营能力；（三）最近三年财务会计报告被出具无保留意见审计报告；（四）发行人及其控股股东、实际控制人最近三年不存在贪污、贿赂、侵占财产、挪用财产或者破坏社会主义市场经济秩序的刑事犯罪；（五）经国务院批准的国务院证券监督管理机构规定的其他条件。"同时，第四十七条第一款的规定："申请证券上市交易，应当符合证券交易所上市规则规定的上市条件。"

在股票上市程序方面，按照证券法第九条的规定，公开发行证券应当依法报经国务院证券监督管理机构或国务院授权的部门注册；另外，证券法第四十六条第一款规定："申请证券上市交易，应当向证券交易所提出申请，由证券交易所依法审核同意，并由双方签订上市协议。"

按照本条的规定，股票上市交易后，应当遵守本法关于股票转让限制的规定，以及证券法等法律、行政法规和证券交易所业务规则的规定。证券法对上市公司股票的交易进行了全面规范，包括股票交易的具体方式、信息公开、禁止的交易行为、上市公司收购等。证券法第一百一十五条规定："证券交易所依照法律、行政法规和国务院证券监督管理机构的规定，制定上市规则、交易规则、会员管理规则和其他有关业务规则，并报国务院证券监督管理机构批准。在证券交易所从事证券交易，应当遵守证券交易所依法制定的业务规则。"

【相关规定】

《中华人民共和国证券法》第九条、第十二条、第四十六条、第一百一十五条。

第一百六十六条　【上市公司的信息披露】 上市公司应当依照法律、行政法规的规定披露相关信息。

【条文主旨】

本条是关于上市公司信息披露的一般性规定。

【修改提示】

本条在原法第一百四十五条规定的基础上进行了修改，主要将"公开其财务状况、经营情况及重大诉讼"的表述改为"披露相关信息"，并将"在每会计年度内半年公布一次财务会计报告"的表述删除。

【条文释义】

信息披露制度是证券法的核心。上市公司进行信息披露可以为证券市场合理估价公司股票提供信息，便利投资人作出相关的决策。公司股票一旦发行，股东一般无法要求公司偿还股票投资的金额，只能通过证券市场转让。转让价格取决于公司的价值，它是市场各方参与者通过对公司的资产状况、盈利能力、未来发展前景等方面信息进行综合分析基础上得出的。因此，上市公司的持续信息披露构成了股票价格的基础。虚假的信息披露也会扭曲股票的价格。另外，信息披露制度也有利于对上市公司管理层的经营活动进行约束。通过要求上市公司定期披露公司经营情况，并且在发生重大事件时及时披露相关信息，可以在一定程度上约束上市公司的管理层的利己主义行为。证券法专章规定信息披露规则，与其他章节之信息披露规则相互配合，共同搭建起上市公司信息披露的立体规范模式。根据本条规定，上市公司进行信息披露需要遵守《中华人民共和国证券法》《上市公司信息披露管理办法》① 等法律法规的规定。

【适用指南】

上市公司在进行信息披露时，需要注意以下几点：首先，要做好事前的尽职调查，选择业务能力强、信誉良好的中介机构。其次，应当加强董事会秘书与董事长、证券事务代表默契配合。董事会秘书是各方利益的交汇点和矛盾点。董事会秘书由董事会聘任，履行职责受到董事长的制约，

---

① 《上市公司信息披露管理办法》，载中国证券监督管理委员会网站，http：//www.csrc.gov.cn/csrc/c101864/c2ee1a791fddc4f5ebeeb70aa8e2399cf/content.shtml，最后访问时间：2024 年 1 月 9 日。

也受到证监会和交易所的监管。增进董事会秘书与其他业务部门的交流，有利于公司合规管理和信息披露遇到问题时，及时发现、及时解决，防范问题演化升级为危机。

【相关规定】

《中华人民共和国证券法》第五章；
《上市公司信息披露管理办法》。

> 第一百六十七条　【股东资格的继承】自然人股东死亡后，其合法继承人可以继承股东资格；但是，股份转让受限的股份有限公司的章程另有规定的除外。

【条文主旨】

本条是关于股东资格继承的规定。

【修改提示】

本条在原法第七十五条规定的基础上作出了修改，将"公司章程另有规定的除外"的表述改为"股份转让受限的股份有限公司的章程另有规定的除外"。

【条文释义】

民法典第一千一百二十二条第一款规定："遗产是自然人死亡时遗留的个人合法财产。"由此，传统继承法意义上继承标的应当限于财产权，而股权既有财产权属性，又有人身专属性。因此，对于股权的继承需要公司法作出特别规定。

首先，本条承认了股份有限公司股东合法继承人对股权的继承资格。一方面，这考虑到股东资格是基于股东财产权而产生的，遵循了身份权应当同财产权一同转让的原理；另一方面，如此规定也有利于保护继承人的合法权益，尊重被继承人对公司作出过的贡献。

其次，本条规定，股份转让受限的股份有限公司可在章程中作出限制性规定。这是由于不加限制的继承也会带来新旧股东不和、股东人数过多而致公司经营效率低下的问题，应当给予公司一定的自治权限。值得注意的是，不同于本法第九十条，本条对章程例外规定增设了"股份转让受限的股份有限公司"这一前提条件。

【相关规定】

《中华人民共和国公司法》第九十条。

第七章　国家出资公司组织机构的特别规定

> **第一百六十八条　【国家出资公司的定义】**国家出资公司的组织机构，适用本章规定；本章没有规定的，适用本法其他规定。
>
> 本法所称国家出资公司，是指国家出资的国有独资公司、国有资本控股公司，包括国家出资的有限责任公司、股份有限公司。

【条文主旨】

本条是关于国家出资公司组织机构的法律适用及其定义的规定。

【修改提示】

本次修订设"国家出资公司组织机构的特别规定"专章。本条在原法第六十四条规定的基础上进行了修改，主要将适用特别规定的范围由国有独资有限责任公司扩大至国家出资公司，并明确了国家出资公司的外延。

【条文释义】

目前，适用本章规定的国家出资公司包括国有独资公司和国有资本控股公司，公司类型也扩大至有限责任公司和股份有限公司。需要注意的是，与《中华人民共和国企业国有资产法》相比，本法所称国家出资公司不包含国有资本参股公司。因此，国有资本参股公司尚不适用本章的特别规定，但是应当适用公司法其他有关规定。

国有独资公司的投资主体具有单一性和特殊性。国有独资公司股东只有一人，并且只能是国家，由国务院或地方人民政府享有出资人权益、履行出资人职责或者可以授权国有资产监督管理机构或者其他部门、机构代为履行出资人职责。国有资本控股公司是指在公司全部资本中，国有资本股本占较高比例，并由国家实际控制的公司。国有资本控股分为绝对控股和相对控股。绝对控股指国有资本比例不低于50%；相对控股指国有资本比例不足50%，但高于其他经济成分或通过协议安排而拥有实际控制权。

我国国有企业分类推进改革，不同类型的国有企业对国有资本持股比例要求不同。例如，2015年出台的《关于国有企业功能界定与分类的指导意见》[1]将国有企业划分为商业类和公益类。其中，主业处于关系国家安全、国民经济命脉的重要行业和关键领域、主要承担重大专项任务的商业类国有企业，要以保障国家安全和国民经济运行为目标，重点发展前瞻性战略性产业，保持国有资本控股地位，支持非国有资本参股。对处于自然垄断行业又需要实行国有全资的商业类国有企业要积极引入其他国有资本实行股权多元化。公益类国有企业以保障民生、服务社会、提供公共产品和服务为主要目标，可以采取国有独资形式，具备条件的也可以推行投资主体多元化，还可以通过购买服务、特许经营、委托代理等方式，鼓励非国有企业参与经营。

另外，国家出资公司的组织机构应当符合本章的特殊规定，如果本章没有规定的，应当符合本法第三章或第五章关于有限责任公司或股份有限公司组织机构的一般规定。

【相关规定】

《中华人民共和国企业国有资产法》第五条。

> **第一百六十九条　【出资人和履行出资人职责的机构的定义】**国家出资公司，由国务院或者地方人民政府分别代表国家依法履行出资人职责，享有出资人权益。国务院或者地方人民政府可以授权国有资产监督管理机构或者其他部门、机构代表本级人民政府对国家出资公司履行出资人职责。

---

[1] 《关于国有企业功能界定与分类的指导意见》，载国务院国有资产监督管理委员会网站，http://www.sasac.gov.cn/n2588035/n2588320/n2588335/c20234154/content.html? eqid = ac0829900004a4de000000056441eaa0，最后访问时间：2024年1月4日。

> 代表本级人民政府履行出资人职责的机构、部门，以下统称为履行出资人职责的机构。

【条文主旨】

本条是关于国家出资公司的出资人以及履行出资人职责的机构的规定。

【修改提示】

本条为本次公司法修订的新增条款。

【条文释义】

一、国家出资公司的出资人

本条第一款规定了国务院或者地方人民政府履行出资人职责，享有出资人权利，因此，国务院及地方人民政府是国家出资公司的出资人。出资人是指国有资产最终所有权人的实际权力行使人，也是国家出资公司的出资股东。① 此外，《中华人民共和国企业国有资产法》第四条第二款规定："国务院确定的关系国民经济命脉和国家安全的大型国家出资企业，重要基础设施和重要自然资源等领域的国家出资企业，由国务院代表国家履行出资人职责。其他的国家出资企业，由地方人民政府代表国家履行出资人职责。"

二、履行出资人职责的机构

国有资产监督管理机构一直以来都可以基于国务院或地方人民政府的授权，代表国家对国家出资公司履行出资人职责。除国有资产监督管理机构外，国务院和地方人民政府还可以根据需要授权其他部门、机构履行出资人职责，其与国有资产监督管理机构统称为履行出资人职责的机构。例如，《国有金融资本出资人职责暂行规定》② 授权财政部门对国有金融资本集中统一履行国有金融资本出资人职责。

履行出资人职责的机构不是出资人。履行出资人职责的机构依法享有

---

① 李曙光：《国有资产法律保护机制研究》，经济科学出版社 2015 年版，第 30 页。

② 《国有金融资本出资人职责暂行规定》，载中国政府网，https：//www.gov.cn/zhengce/zhengceku/2020-03/09/content_ 5489073.htm，最后访问时间：2024 年 1 月 9 日。

资产收益、参与重大决策和任免管理者等权利，可以制定或者参与制定国家出资企业的章程。同时，履行出资人职责的机构对本级人民政府负责，并向出资人报告履行职责的情况。对于法律、行政法规和本级人民政府规定须经本级人民政府批准的履行出资人职责的重大事项，履行出资人职责的机构应当报请本级人民政府批准。

【适用指南】

作为出资人的国务院和地方人民政府应当遵循政企分开的原则，履行出资人职责的机构则应当区分社会公共管理职能与出资人的职能，国家出资公司享有依法自主经营的权利。无论是出资人还是履行出资人职责的机构，都不能干预国家出资公司依法自主生产经营。简言之，出资人和履行出资人职责的机构不是作为政府的监督管理部门对公司进行监管，而是因履行了出资人的职责，以公司股东的身份对公司进行监督。

另外，股东权和管理权要区分开来，股东权不能超越管理权，避免对国家出资公司的过度干预。从宏观角度出发，应解决好政府与公司的边界问题；从微观角度出发，则应当建立现代公司内部治理机制，完善公司组织制度、管理制度和激励机制，从根本上改善国家出资公司的经营。

【相关规定】

《中华人民共和国企业国有资产法》第四条、第六条、第十一条、第十四条；

《企业国有资产监督管理暂行条例》①第七条。

第一百七十条 【党组织的建立和职责】国家出资公司中中国共产党的组织，按照中国共产党章程的规定发挥领导作用，研究讨论公司重大经营管理事项，支持公司的组织机构依法行使职权。

---

① 《企业国有资产监督管理暂行条例》，载中国政府网，https：//www.gov.cn/gongbao/content/2019/content_ 5468931.htm，最后访问时间：2024 年 1 月 15 日。

【条文主旨】

本条是关于国家出资公司中党组织的建立和职责的规定。

【修改提示】

本条是本次公司法修订的新增条款。明确了在国家出资公司中建立党组织，坚持和加强党对国家出资公司的领导。

【条文释义】

国家出资公司在市场经济中往往会作为政府干预经济、弥补市场失灵的一种重要手段，其不仅追求经济利益，更兼顾着政治目标和社会公益属性。[①] 因此，国家出资公司的组织机构和内部治理与其他普通公司相比有许多特别规定，其中最具特色的就是在国家出资公司中建立党组织，并按照党章的规定发挥领导作用。

本次公司法修订新增第一百七十条，从法律层面确定了国家出资公司中党组织的建立。并且确定了党组织享有参与研究讨论公司重大经营管理事项，支持公司组织机构依法行使职权的法定权利。党组织应当参与公司决策、执行、监督各个环节的工作，成为公司治理的有机组成部分。具体的工作方式和要求则应当根据股权结构和经营管理的实际情况并充分听取其他股东的意见，将其写入公司章程。另外，根据本法第十八条的规定，在开展党组织活动时，公司应当为其提供必要条件。

值得注意的是，《国有企业公司章程制定管理办法》[②] 第九条要求，公司党组织条款应当明确党组织研究讨论是董事会、经理层决策重大问题的前置程序，即董事会、经理层重大问题的决策会因为缺少党组织参与研讨而存在效力瑕疵，影响交易。

【相关规定】

《中华人民共和国公司法》第十八条；

---

① 李昌庚：《国有企业法研究——深化国有企业改革若干法律问题透视》，中国政法大学出版社 2021 年版，第 16 页。

② 《关于印发〈国有企业公司章程制定管理办法〉的通知》，载国务院国有资产管理委员会网站，http：//www.sasac.gov.cn/n2588030/n2588924/c17288822/content.html，最后访问时间：2024 年 1 月 5 日。

《国有企业公司章程制定管理办法》第九条。

> **第一百七十一条 【国有独资公司章程】** 国有独资公司
> 章程由履行出资人职责的机构制定。

【条文主旨】

本条是关于国有独资公司章程制定的规定。

【修改提示】

本条在原法第六十五条规定的基础上作出了修改，本次修订主要将"国有资产监督管理机构"修改为"履行出资人职责的机构"，与本法第一百六十九条保持一致，包括国有资产监督管理机构以及其他经过国务院或地方人民政府授权的部门、机构；另外，本条删除了"或者由董事会制订报国有资产监督管理机构批准"的规定。

【条文释义】

公司章程是公司运行最为重要的基础性文件，它是确定股东之间及公司内部关系的准绳，是规范公司与第三人的关系和政府对公司进行监督管理的依据。[①] 国有独资公司章程也不例外，而且国有独资公司章程还是推进国有企业法人治理结构规范化的抓手，[②] 是党组织参与公司治理的重要依赖。[③]

根据本法规定，普通有限责任公司的章程由股东共同制定。但是，国有独资公司不设股东会，而是由履行出资人职责的机构行使股东会职权。普通股份有限公司的章程由发起人共同制定。对于国家单独出资的股份有限公司来说，获得国务院或地方人民政府授权的履行出资人职责的机构就是公司唯一的发起人。因此，国有独资公司章程制定的职权应由履行出资

---

① 史际春：《企业和公司法（第五版）》，中国人民大学出版社 2018 年版，第 132 页。

② 丰存斌：《规范国有企业法人治理结构的基本路径》，载《经济问题》2017 年第 7 期。

③ 蒋建湘、李依伦：《论公司章程在党组织参与国企治理中的作用》，载《中南大学学报（社会科学版）》2017 年第 3 期。

人职责的机构行使。

在公司内部关系中，公司章程对公司、股东、董事、监事、高级管理人员具有约束力。在对外关系中，公司章程是公司设立、变更登记的必要材料，也是交易相对方了解公司资本数额、经营范围等基本情况的基本依据。

【适用指南】

本条只规定了国有独资公司章程的制定者，其公司章程的内容应当符合本法第四十六条关于有限责任公司章程必备内容的规定以及第九十五条关于股份有限公司章程必备内容的规定。国有独资的有限责任公司章程应当载明：（1）公司名称和住所；（2）公司经营范围；（3）公司注册资本；（4）股东的姓名或者名称；（5）股东的出资额、出资方式和出资日期；（6）公司的机构及其产生办法、职权、议事规则；（7）公司法定代表人的产生、变更办法；（8）股东会会议认为需要规定的其他事项。并且股东应当在公司章程上签名或者盖章。国有独资的股份有限公司章程应当载明：（1）公司名称和住所；（2）公司经营范围；（3）公司设立方式；（4）公司股份总数，公司设立时应发行的股份数，发行面额股的，每股的金额；（5）发行类别股的，类别股的股份数及其权利和义务；（6）发起人的姓名或者名称、认购的股份数、出资方式；（7）董事会的组成、职权和议事规则；（8）公司法定代表人的产生、变更办法；（9）监事会的组成、职权和议事规则；（10）公司利润分配办法；（11）公司的解散事由与清算办法；（12）公司的通知和公告办法；（13）股东会会议认为需要规定的其他事项。

除此之外，由于国有独资公司的特殊性质，《国有企业公司章程制定管理办法》对国有独资公司章程内容有特殊规定。例如，国有独资公司章程中必须包括公司党组织的条款，明确党委（党组）发挥领导作用，把方向、管大局、保落实；另外，公司章程还应当包括职工民主管理与劳动人事制度等内容。

【相关规定】

《国有企业公司章程制定管理办法》第五条、第九条。

> **第一百七十二条　【国有独资公司股东权行使】** 国有独资公司不设股东会，由履行出资人职责的机构行使股东会职权。履行出资人职责的机构可以授权公司董事会行使股东会的部分职权，但公司章程的制定和修改，公司的合并、分立、解散、申请破产，增加或者减少注册资本，分配利润，应当由履行出资人职责的机构决定。

【条文主旨】

本条是关于国有独资公司不设股东会、股东会职权行使以及重大事项决策的规定。

【修改提示】

本条在原法第六十六条规定的基础上作出了修改。主要修改包括：首先，本次修订将"国有资产监督管理机构"修改为"履行出资人职责的机构"，与本法前述条款保持一致；其次，修改了应当由履行出资人职责的机构决定的公司重大事项的范围，删除了"发行公司债券"，增添了"公司章程的制定和修改""申请破产"以及"分配利润"三项；另外，本条删除了原第六十六条中有关重要的国有独资公司的规定。

【条文释义】

一、国有独资公司不设股东会及股东会职权的行使

一般的有限责任公司和股份有限公司有两个及以上股东投资设立，应设立股东会，由全体股东组成。国有独资公司由国家单独出资，股东一般是国务院或地方人民政府，不设股东会，而是由履行出资人职责的机构代表各级人民政府行使股东会职权。履行出资人职责的机构应当区分社会公共管理职责与公司出资人的职责，做到政企分开；区分股东权利和经营管理权利，不得干预国有独资公司依法正常的经营管理活动。另外，履行出资人职责的机构以管资本为主，主要任务是监督管理国有资本的保值增值，难以全面细致地管理公司的具体经营活动，也不宜过分干预公司经营管理。因此，履行出资人职责的机构可以授权公司董事会行使股东会的部分职权。本法第五十九条及第一百一十二条规定了有限责任公司和股份有

限公司股东会的职权。

二、国有独资公司重大事项的决策

一般地，国有独资公司重大事项由履行出资人职责的机构决定，也可以授权公司董事会决定。但是，涉及公司存续发展、国有资产保值增值等事项不能授权董事会决定，必须由履行出资人职责的机构来决定。这些事项包括公司章程的制定和修改，公司的合并、分立、解散、申请破产，增加或者减少注册资本，分配利润。

与原公司法相比，本条去掉了"发行公司债券"，意味着公司董事会可以获得授权，决定是否发行公司债券，使公司融资更为便捷、灵活，强化公司董事会的权力，与本法中董事责任的规定相结合，更贴合现代公司治理模式。

同时，本条新增了"公司章程的制定和修改""申请破产"以及"分配利润"三项，即这三项不得授权董事会决定，必须由履行出资人职责的机构决定。首先，公司章程是公司设立和运行最为重要的文件，影响公司的存续和发展。普通公司的公司章程也是由股东会来制定和修改。因此，由履行出资人职责的机构决定制定和修改公司章程是合理的。其次，"申请破产"涉及国有资产流失问题。国有独资公司的破产财产具有国家所有的性质，如果申请破产处理不当，会造成国有资产流失。[1] 最后，分配利润使资产从公司流向投资者，从而影响国有资本投资以及对公共产品的投入。[2] 由履行出资人职责的机构来决定，能够实现其管资本的职责，也能避免国有资产的流失。另外，企业国有资产法第三十一条也将"分配利润"和"申请破产"列为由履行出资人职责的机构决定的事项，新法修改后与其保持一致，避免法律规范的冲突。但是，企业国有资产法中仍保留了"发行债券"，与新法规定有所不同。

【相关规定】

《中华人民共和国企业国有资产法》第三十条、第三十一条、第三十二条。

---

[1]　黄勇：《国有独资公司法人制度设计专论》，法律出版社2014年版，第162页。

[2]　顾功耘：《国有资产法论》，北京大学出版社2010年版，第197页。

> **第一百七十三条　【国有独资公司董事会设立与组成】**
> 　　国有独资公司的董事会依照本法规定行使职权。
> 　　国有独资公司的董事会成员中，应当过半数为外部董事，并应当有公司职工代表。
> 　　董事会成员由履行出资人职责的机构委派；但是，董事会成员中的职工代表由公司职工代表大会选举产生。
> 　　董事会设董事长一人，可以设副董事长。董事长、副董事长由履行出资人职责的机构从董事会成员中指定。

【条文主旨】

本条是关于国有独资公司董事会的设立、职权及成员组成的规定。

【修改提示】

本条在原法第六十七条规定的基础上作出了修改。主要修改包括：首先，本条删掉了关于董事任期的规定，即"董事每届任期不得超过三年"；其次，在董事会成员中新增了"应当过半数为外部董事"的规定；另外，将"国有资产监督管理机构"的表述修改为"履行出资人职责的机构"，与本法其他条款保持一致。

【条文释义】

一、国有独资公司董事会的设立与职权

董事会是公司的日常经营决策和执行机构。在国有企业改革的过程中，完善现代企业制度的重点是推进董事会的建设，[①]建立健全权责对等、运转协调、有效制衡的决策执行监督机制，充分发挥董事会定战略、作决策、防风险的作用，避免出资人机构过分干预公司经营管理，使股东权超越管理权。因此，国有独资公司应当设立董事会，并且董事会应当依法行使职权。

国有独资公司董事会职权由本法第六十七条、第一百二十条以及第一

[①]　《中共中央、国务院关于深化国有企业改革的指导意见》，载中国政府网，http://www.gov.cn/zhengce/2015-09/13/content_2930440.htm，最后访问时间：2024年1月5日。

百七十二条规定。本条删除了"董事每届任期不得超过三年"的规定，但并不意味着国有独资公司董事任期没有任何限制。国有独资公司董事任期仍然应当符合本法关于普通公司董事任期的规定，即本法第七十条的规定。

二、国有独资公司董事会的特殊组成

本条对国有独资公司董事会成员组成进行特殊规定，必须包含过半数的外部董事并且应当有公司职工代表。

（一）外部董事

2004 年国务院国资委提出在央企建立外部董事制度，并逐步在董事会改革中体现对设立外部董事的要求。2017 年《国务院办公厅关于进一步完善国有企业法人治理结构的指导意见》[①] 指出，建立完善外部董事选聘和管理制度，严格资格认定和考试考察程序，拓宽外部董事来源渠道，扩大专职外部董事队伍，选聘一批现职国有企业负责人转任专职外部董事，定期报告外部董事履职情况。国有独资公司要健全外部董事召集人制度，召集人由外部董事定期推选产生。外部董事要与出资人机构加强沟通。

本次公司法修改提供了法律层面的法条依据。外部董事是指不在公司担任除董事职务以外的其他任何职务，并且与公司没有经济联系的董事，[②] 是非执行董事。此外，国有独资公司的外部董事应当保持独立性，不应与公司、主要股东以及管理层有关联关系。强化国有独资公司外部董事制度有助于发挥外部董事的专业优势，保证董事会的独立性和制衡性，提高董事会决策的科学性和客观性。

（二）职工董事

与普通公司不同，无论国有独资公司规模大小，其董事会中都应当包括职工董事。

职工董事是指公司职工民主选举产生，作为职工代表出任的公司董事。根据 2006 年颁布的《国有独资公司董事会试点企业职工董事管理办法（试行）》[③] 规定，职工董事应当满足积极和消极的任职条件：（1）经公司职工民主选举产生；（2）具有良好的品行和较好的群众基础；（3）具

---

① 《国务院办公厅关于进一步完善国有企业法人治理结构的指导意见》，载中国政府网，https：//www.gov.cn/gongbao/content/2017/content_ 5194888.htm，最后访问时间：2024 年 1 月 5 日。

② 朱锦清：《公司法学（修订本）》，清华大学出版社 2019 年版，第 263 页。

③ 《国务院国有资产监督管理委员会关于印发〈国有独资公司董事会试点企业职工董事管理办法（试行）〉的通知》，载中国政府网，https：//www.gov.cn/govweb/gzdt/2006-03/13/content_ 225959.htm，最后访问时间：2024 年 1 月 5 日。

备相关的法律知识，遵守法律、行政法规和公司章程，保守公司秘密；
（4）熟悉本公司经营管理情况，具有相关知识和工作经验，有较强的参与经营决策和协调沟通能力；（5）公司法等法律法规规定的其他条件；（6）公司党委（党组）书记和未兼任工会主席的党委副书记、纪委书记（纪检组组长）以及公司总经理、副总经理、总会计师不得担任公司职工董事。

三、国有独资公司董事的产生方式及构成

国有独资公司董事的产生方式有两种：第一，履行出资人职责的机构委派，这是国家作为出资人参与公司重大事项决策的需要，同时也适应公司法人治理结构的要求，维护出资人权益。第二，董事会成员中的职工代表由公司职工代表大会独立选举产生，具体的选举办法和程序应当符合《国有独资公司董事会试点企业职工董事管理办法（试行）》第七条至第九条的规定。国有独资公司的董事的选任除了应当符合公司法对于普通公司董事的要求外，还应当符合企业国有资产法对国有独资公司董事的其他要求。

本条第四款规定，董事会应当设董事长一人，根据实际需要可以设副董事长。与普通公司相同，董事长和副董事长都必须是董事会成员。并且董事长和副董事长在董事会表决中也遵循一人一票的原则。区别在于，董事长和副董事长的产生并非由公司章程自主决定，而是由履行出资人职责的机构指定。另外，未经履行出资人职责的机构同意，国有独资公司的董事长不得兼任经理。

【适用指南】

国有独资公司的董事和经理是公司日常事务的管理者，选任合格的管理者能够有效遏制国企高管的腐败和懈怠。[①] 除应当符合公司法中对于一般公司董监高的任职和考察要求外，企业国有资产法规定了其任职条件和考察程序。企业国有资产法第二十三条规定："履行出资人职责的机构任命或者建议任命的董事、监事、高级管理人员，应当具备下列条件：（一）有良好的品行；（二）有符合职位要求的专业知识和工作能力；（三）有能够正常履行职责的身体条件；（四）法律、行政法规规定的其他条件。董事、监事、高级管理人员在任职期间出现不符合前款规定情形或者出现《中华人民共和国公司法》规定的不得担任公司董事、监事、高级管理人员情形的，履行出资人职责的机构应当依法予以免职或者提出免职建议。"第二

---

① 刘俊海：《现代公司法（下册）》，法律出版社 2015 年版，第 1001 页。

十四条规定："履行出资人职责的机构对拟任命或者建议任命的董事、监事、高级管理人员的人选，应当按照规定的条件和程序进行考察。考察合格的，按照规定的权限和程序任命或者建议任命。"

【相关规定】

《中华人民共和国企业国有资产法》第二十二条至第二十五条；

《国有企业公司章程制定管理办法》第十条；

《国有独资公司董事会试点企业职工董事管理办法（试行）》第二条、第五条至第九条。

第一百七十四条　【国有独资公司经理】国有独资公司的经理由董事会聘任或者解聘。

经履行出资人职责的机构同意，董事会成员可以兼任经理。

【条文主旨】

本条是关于国有独资公司经理的任免规定。

【修改提示】

本条在原法第六十八条规定的基础上作出了修改，删除了原第六十八条关于国有独资公司经理应当"依照本法第四十九条规定行使职权"的表述；另外，将"国有资产监督管理机构"的表述修改为"履行出资人职责的机构"，与本法其他条文保持一致。

【条文释义】

一、国有独资公司经理制度

公司经理属于公司的高级管理人员，是董事会的助理机关。与一般的有限责任公司和股份有限公司不同，国有独资公司必须设立经理一职。

国有独资公司经理由董事会聘任或者解聘，经理应当服从公司董事会指示，执行董事会的决议，对董事会负责。董事会有权监督经理的日常经营管理业务。对于不称职的经理，董事会应当及时解聘。

本条删除了原公司法第六十八条对于国有独资公司经理职权的规定，但是国有独资公司经理行使职权仍应符合公司法的相关规定。本法第七十四条、第一百二十七条规定了有限责任公司和股份有限公司经理根据公司章程的规定或者董事会的授权行使职权。因此，在没有其他特殊规定的情况下，国有独资公司经理的职权也应根据公司章程规定或董事会授权。

二、董事会成员兼任经理

为保证公司高级管理人员各司其职，避免职责不清影响公司体制稳定和正常经营管理，公司法对国有独资公司董事会成员兼任经理作出限制。董事会成员可以兼任公司经理一职，但是必须经过履行出资人职责的机构同意。企业国有资产法第二十五条也有相似规定，未经履行出资人职责的机构同意，国有独资公司的董事长不得兼任经理。未经股东会、股东大会同意，国有资本控股公司的董事长不得兼任经理。

【相关规定】

《中华人民共和国企业国有资产法》第二十五条。

第一百七十五条　【国有独资公司高层人员的兼职限制】
国有独资公司的董事、高级管理人员，未经履行出资人职责的机构同意，不得在其他有限责任公司、股份有限公司或者其他经济组织兼职。

【条文主旨】

本条是关于国有独资公司董事、高级管理人员兼职限制的规定。

【修改提示】

本条在原法第六十九条规定的基础上作出了修改。本次修订删除了与"董事、高级管理人员"并列的"董事长、副董事长"的表述，避免重复。同时，将"国有资产监督管理机构"改为"履行出资人职责的机构"，与本法其他条文保持一致。

【条文释义】

一、国有独资公司兼职限制的主体

国有独资公司兼职限制的主体包括董事和高级管理人员。这里的"高级管理人员"包括公司的经理、副经理、财务负责人以及公司章程规定的其他人员。董事和高级管理人员是国有独资公司实际行使经营管理权的人，负有国有资产保值增值的义务。建立国有独资公司董事和高级管理人员的专任制度，避免董事和高管因兼职而疏于对国有独资公司的管理和经营，从而导致国有资产流失。

二、国有独资公司兼职限制的范围

兼职限制的范围是其他有限责任公司、股份有限公司或者其他经济组织，如合伙企业、个人独资企业等。国有独资公司的董事和高管未经同意不得担任上述经济组织的任何职务，如董事、监事、经理、财务负责人等。需要注意的是，兼职限制的范围只限于经济组织，而不包括非营利性质的组织。国有独资公司董事、高级管理人员的兼职禁止并非绝对的。如果经过履行出资人职责的机构同意，则可以在上述的经济组织中兼职。

【适用指南】

国有独资公司董事、高级管理人员的兼职限制规则与普通公司董事、监事、高级管理人员的竞业禁止规则不同。本法第一百八十四条规定了普通公司的董事、监事、高级管理人员未向董事会或者股东会报告，并经董事会或者股东会决议，不得自营或者为他人经营与本公司存在竞争关系的同类业务，否则所得收入归公司所有。由此可知，一般的竞业禁止规则是限制董事和高管未经报告和决议通过不得自营或为他人经营同类竞争的业务，以防止损害任职公司的合法权益。对于董事和高管经营没有竞争关系的同类业务，也不会影响公司利益的情况，法律没有限制。而国有独资公司的兼职限制规则更为严格，无论兼职的经济组织和国有独资公司是否存在竞争关系，经营同类业务，原则上法律都予以禁止，除非经过履行出资人职责的机构同意。

【相关规定】

《中华人民共和国企业国有资产法》第二十五条；
《中华人民共和国公司法》第一百八十四条。

> **第一百七十六条 【国有独资公司审计委员会】** 国有独资公司在董事会中设置由董事组成的审计委员会行使本法规定的监事会职权的，不设监事会或者监事。

【条文主旨】

本条是关于国有独资公司在董事会中设立审计委员会以替代监事会或者监事职责的规定。

【修改提示】

本条在原法第七十条规定的基础上作出了修改。原法第七十条规定了国有独资公司监事会的设立、组成和职权。修改后，本条规定国有独资公司可设置审计委员会，以替代监事会或者监事。

【条文释义】

本条规定国有独资公司若设置审计委员会的，不设监事会或者监事，审计委员会承担原监事会的职权，以实现有效监督。

国有独资公司的审计委员会具有普通公司审计委员会的一般职权，根据《上市公司治理准则》第三十九条，审计委员会的主要职责包括（1）监督及评估外部审计工作，提议聘请或者更换外部审计机构；（2）监督及评估内部审计工作，负责内部审计与外部审计的协调；（3）审核公司的财务信息及其披露；（4）监督及评估公司的内部控制；（5）负责法律法规、公司章程和董事会授权的其他事项。此外，因为国有独资公司性质特殊，其审计委员会还有监督国有资产保值增值、资产运营情况的职责。值得注意的是，公司章程可以根据实际需要规定审计委员会的其他职权，如（1）对董事、高级管理人员执行公司职务的行为进行监督，对违反法律、行政法规、公司章程或者董事会决议的董事、高级管理人员提出罢免的建议；（2）当董事、高级管理人员的行为损害公司的利益时，要求董事、高级管理人员予以纠正；（3）提议召开临时股东会会议，在董事会不履行本法规定的召集和主持股东会会议职责时召集和主持股东会会议；（4）向股东会会议提出提案；（5）对董事、高级管理人员提起诉讼；（6）检查公司贯彻执行有关法律、行政法规和规章制度的情况；（7）公司章程规定的其他职权。

【相关规定】

《中华人民共和国公司法》第六十九条、第七十八条；

《上市公司治理准则》第三十九条。

> **第一百七十七条　【国家出资公司内部监督和风险控制】**
> 国家出资公司应当依法建立健全内部监督管理和风险控制制度，加强内部合规管理。

【条文主旨】

本条是关于建立健全国家出资公司内部监管和风控制度的规定。

【修改提示】

本条是本次公司法修订的新增条款。规定了国家出资公司应当依法建立健全内部监督管理和风险控制制度。

【条文释义】

完善国家出资公司治理结构，强化内部控制和合规管理体制是国有企业改革的一贯要求，相关规范性文件包括 2018 年出台的《中央企业合规管理指引（试行）》①，2019 年出台的《关于加强中央企业内部控制体系建设与监督工作的实施意见》② 及各省市地方国资部门出台的相关规范指引。在法律层面，企业国有资产法第十七条第二款规定："国家出资企业应当依法建立和完善法人治理结构，建立健全内部监督管理和风险控制制度。"本次修订将建立健全公司内部监管和风险控制制度、强化内部合规管理纳入公司法规范。

---

① 《中央企业合规管理指引（试行）》，载国务院国有资产监督管理委员会网站，http://www.sasac.gov.cn/n2588025/n2588119/c9804522/content.html，最后访问时间：2024 年 1 月 5 日。

② 《关于加强中央企业内部控制体系建设与监督工作的实施意见》，载中国政府网，https://www.gov.cn/zhengce/zhengceku/2019-11/27/content_5456411.htm，最后访问时间：2024 年 1 月 9 日。

第一，内部监管和风险控制。内部监管和风险控制是指由公司内部董事会、监事会、高级管理人员和全体员工实施的，旨在合理保证公司经营管理合法合规、国有资产保值增值、财务报告及相关信息真实完整、预防和应对各类风险、提高公司经营效率和效果的过程。具体来说，国家出资公司应当建立健全内控体系，进一步提升管控效能；强化内控体系执行力，提高重大风险防控能力；加强信息化管控，强化内控体系刚性约束；加大企业监督评价力度，促进内控体系持续优化；加强出资人监督，全面提升内控体系有效性。

第二，内部合规管理。内部合规管理是指以有效防控合规风险为目的，以企业和员工经营管理行为为对象，开展包括制度制定、风险识别、合规审查、风险应对、责任追究、考核评价、合规培训等有组织、有计划的管理活动。本条规定国家出资公司具有加强公司内部合规管理的义务，加强形成国企合规管理意识，打造合规国企，这也是持续优化营商环境、激发市场创新活力的需要。

【相关规定】

《中央企业合规管理指引（试行）》第二条、第五条至第八条；
《中华人民共和国企业国有资产法》第十七条。

第八章 公司董事、监事、高级
管理人员的资格和义务

第一百七十八条 【公司董事、监事、高级管理人员资格的禁止性条件】有下列情形之一的，不得担任公司的董事、监事、高级管理人员：

（一）无民事行为能力或者限制民事行为能力；

（二）因贪污、贿赂、侵占财产、挪用财产或者破坏社会主义市场经济秩序，被判处刑罚，或者因犯罪被剥夺政治权利，执行期满未逾五年，被宣告缓刑的，自缓刑考验期满之日起未逾二年；

（三）担任破产清算的公司、企业的董事或者厂长、经理，对该公司、企业的破产负有个人责任的，自该公司、企业破产清算完结之日起未逾三年；

（四）担任因违法被吊销营业执照、责令关闭的公司、企业的法定代表人，并负有个人责任的，自该公司、企业被吊销营业执照、责令关闭之日起未逾三年；

（五）个人因所负数额较大债务到期未清偿被人民法院列为失信被执行人。

违反前款规定选举、委派董事、监事或者聘任高级管理人员的，该选举、委派或者聘任无效。

董事、监事、高级管理人员在任职期间出现本条第一款所列情形的，公司应当解除其职务。

【条文主旨】

本条是关于公司董事、监事、高级管理人员资格的禁止性条件的规定。

【修改提示】

本条在原法第一百四十六条规定的基础上作出了修改。主要修改包括：本条第一款第二项新增了"被宣告缓刑的，自缓刑考验期满之日起未逾二年"的情形；第四项将"企业被吊销营业执照之日起未逾三年"改为"企业被吊销营业执照、责令关闭之日起未逾三年"；第五项增加了"被人民法院列为失信被执行人"的情形。

【条文释义】

董事、监事、高级管理人员的任职资格即任职条件，包括积极条件和消极条件，本条第一款规定的是消极条件，即不得担任上述职务的条件。各国对上述人员任职消极条件的规定主要包括：不具有完全行为能力的人、有犯罪前科的人、破产者及具备其他不适宜担任该类职务的人。

第一款规定了董事、监事、高级管理人员任职的五类消极条件：符合第一类消极条件的人或者不具有独立进行有效法律行为的能力，或者只能进行法律限定范围内法律行为的能力，都不适合担任需要有相应业务执行能力的董事、监事或者高级管理人员。符合第二类消极条件的人因为有经济犯罪或者性质较为严重的犯罪并被剥夺政治权利的前科，执行期满或被宣告缓刑开始没有超过一定的期限，由该类人担任公司董事、监事或者高级管理人员可能存在一定的风险。符合第三类、第四类条件的人对公司的破产或者违法负有个人责任，其职业能力或者职业操守可能存在欠缺，因此在一定期限内不宜担任董事、监事及高级管理人员。符合第五类消极条件的人，其经济状况或者个人信用存在问题，从而不宜担任董事、监事或者高级管理人员。在符合上述五类条件中任何一类的情况下，既不得被提名也不得担任董事、监事或者高级管理人员。

本条第二款规定，选举、委派或者聘任符合第一款规定条件的人担任董事、监事、高级管理人员的，其选举、委派或者聘任无效。因为本条第一款属于强制性规范，公司必须遵守，否则将因为违法而无效。

此外，本条第三款规定，公司应当解除在任职期间出现第一款规定情形的董事、监事、高级管理人员的职务。如此规定也是适用第一款的必然结论，因为出现第一款规定的情形的人员已不具备担任董事、监事、高级管理人员的资格。

> **第一百七十九条　【董事、监事、高管人员应当守法守规】董事、监事、高级管理人员应当遵守法律、行政法规和公司章程。**

【条文主旨】

本条是关于董事、监事、高级管理人员应当遵守法律、行政法规、公司章程的一般性规定。

【修改提示】

本条对应原法第一百四十七条第一款中关于董事、监事、高级管理人员应当遵守相关法律法规的部分，本次修订内容未作变动。

【条文释义】

董事、监事、高级管理人员必须遵守法律、行政法规和公司章程。遵守法律、行政法规是每个单位和个人必须履行的一项法定义务，董事、监事、高级管理人员也不例外，这是对其最基本的要求，只有符合了这一要求才能保证公司的行为不违反法律规定，才能实现股东设立公司的目的。公司作为一种组织，必须有章程约束其成员，并以章程作为行动指南。公司章程的内容涉及公司法律关系中当事人的基本权利义务和公司治理的基本规则，对公司、股东、董事、监事、高级管理人员均有约束力。

> **第一百八十条　【董事、监事、高管人员的义务】董事、监事、高级管理人员对公司负有忠实义务，应当采取措施避免自身利益与公司利益冲突，不得利用职权牟取不正当利益。**

> 董事、监事、高级管理人员对公司负有勤勉义务，执行职务应当为公司的最大利益尽到管理者通常应有的合理注意。
>
> 公司的控股股东、实际控制人不担任公司董事但实际执行公司事务的，适用前两款规定。

【条文主旨】

本条是关于董事、监事、高级管理人员及实际执行公司事务的控股股东、实际控制人履行忠实、勤勉义务的规定。

【修改提示】

本条在原法第一百四十七条第一款规定的基础上作出了修改。其增加了忠实义务和勤勉义务的详细要求，忠实义务要求"应当采取措施避免自身利益与公司利益冲突，不得利用职权牟取不正当利益"；勤勉义务要求"执行职务应当为公司的最大利益尽到管理者通常应有的合理注意"。同时明确，实际执行公司事务的公司控股股东、实际控制人同样应当履行忠实、勤勉义务。

【条文释义】

一、受信义务

本条规定了董事、监事、高级管理人员的受信义务。人们一般用信托理论或委托代理理论来解释公司的受信义务。如今，像信托中的受托人须对委托人承担受信义务、代理关系中的代理人须对被代理人承担受信义务、合伙中的合伙人互相应当承担受信义务一样，公司中的管理者也需要对公司承担受信义务。这种理论已经成为共识并制度化，无须再借助信托关系或代理关系来解释。受信义务分为注意义务和忠实义务，前者在我国法律中被称为勤勉义务。

二、忠实义务

忠实义务指公司中的管理者应将公司利益置于自己利益之上，其主要是为了克服董事、高级管理人员的贪婪和自私行为。[①] 董事、高级管理人

---

① 施天涛：《公司法论》，法律出版社 2018 年版，第 426 页。

员违反忠实义务主要表现在两个方面：一是董事、高级管理人员将自己利益置于公司和股东利益之上；二是董事、高级管理人员利用职权为自己牟利。本条为忠实义务设置了一般性的判断标准"应当采取措施避免自身利益与公司利益冲突，不得利用职权牟取不正当利益"。

三、勤勉义务

注意义务指公司中的管理者应当以适当的注意管理公司以免损害公司利益。① 例如，像律师对其当事人、医生对其病人、司机对任意第三人应当承担注意义务一样，董事、高级管理人员在履行其职责时也对公司负有合理的注意义务。这一观念是指那些从事可能给他人带来损害风险行为的人应当承担一个理性的谨慎人在同等情况下行为的义务，以避免这种损害发生。注意义务是过失侵权的基础，董事、高级管理人员违反注意义务就是过失，因而需要承担过失侵权责任。我国法律对注意义务表述为"勤勉义务"，本条为其设置了一般性的判断标准即"执行职务应当为公司的最大利益尽到管理者通常应有的合理注意"。

第一百八十一条　【董事、监事、高管人员的禁止行为】

董事、监事、高级管理人员不得有下列行为：

（一）侵占公司财产、挪用公司资金；

（二）将公司资金以其个人名义或者以其他个人名义开立账户存储；

（三）利用职权贿赂或者收受其他非法收入；

（四）接受他人与公司交易的佣金归为己有；

（五）擅自披露公司秘密；

（六）违反对公司忠实义务的其他行为。

【条文主旨】

本条是关于公司董事、监事、高管人员禁止行为的规定。

【修改提示】

本条在原法第一百四十七条第二款和原第一百四十八条规定的基础上

---

① 施天涛：《公司法论》，法律出版社 2018 年版，第 398 页。

作出了修改。本次修改主要是将之前的"利用职权收受贿赂或者其他非法收入""侵占公司的财产"分列为两种行为，其中"利用职权贿赂或者收受其他非法收入"单列为一种行为，"侵占公司的财产"与原法第一百四十八条第一款第一项"挪用公司资金"合并为一种行为。

【条文释义】

一、忠实义务与勤勉义务的区分

忠实义务是指公司董事、监事、高管人员作为公司具体运行中的管理者与监督者，应当以公司利益为最高准则，不得利用职务便利为自己或他人谋利，主要表现为消极义务，即不当行为的禁止。

勤勉义务是指公司董事、监事、高管人员在实际管理和监督公司的过程中，应当尽职尽责，以一个理性、谨慎、负责的人在相似情形下以谨慎和认真的态度以及必要和勤勉的技能执行公司事务，主要表现为积极义务，即必要行为的作为。

二、侵占公司财产、挪用公司资金

侵占公司财产、挪用公司资金是指私自占用公司的财产或者资金为自己或他人使用而侵害公司利益的行为。公司财产和资金属于股东所有，是公司展开经营活动和对外从事商业交易的经济基础，也是公司对债权人清偿债权的保证。因此，私自占有公司财产不仅侵害公司和股东的利益，而且可能危及公司债权人的债权。

三、将公司资金以其个人名义或者以其他个人名义开立账户存储

将公司资金以个人或其他自然人的账户存储，而非存储到公司账户，不仅违反银行关于公司账户的开立规定，而且不利于真实反映公司资金往来情况，第三人对其征信情况无法真实了解。同时，该行为违反了公司的财务会计制度，容易造成公司资金与个人资金的混同，不利于厘清公司的真实财务状况，也为自然人侵占公司资金提供了便利，因此该行为违反了对公司的忠实义务。

四、利用职权贿赂或者收受其他非法收入

董事等其他人员利用职权，收受贿赂或其他非法收入，辜负了股东会对其的信任，违反了作为股东会受托人的正当义务，直接或者间接损害了公司和股东的利益，该行为应当被禁止。

五、接受他人与公司交易的佣金归为己有

董事等人员将他人与公司交易的佣金归为己有的行为损害了公司和股东利益，违反了对公司的忠实义务，不利于公司的正常经营活动，应当被禁止。

六、擅自披露公司秘密

"公司秘密"在此处的外延应当不止于商业秘密。根据反不正当竞争法的规定，商业秘密应当具有秘密性、价值性和保密性，而公司秘密应当为董事等人员在履行职责的过程中所掌握的所有有关公司的不为外界所知的秘密。在当下的数据时代和信息时代，公司秘密具有尤为重要的意义，是公司超越同业经营者、在产业内提高竞争实力和提高公司利润的重要"利器"，若擅自披露则会对公司造成巨大的损害。并且，"秘密"的价值正在于其不为人所知，若擅自泄露则即使公司仍然掌控该秘密，但该秘密的价值性受到了损害。因此该行为应当被禁止，且若对公司造成损害，公司可追究董事等人员的损害赔偿责任。

七、违反对公司忠实义务的其他行为

本项是针对董事、监事和高级管理人员忠实义务的列举规定，由于在社会实践中公司运行情况纷繁复杂，违反忠实义务的行为不止于上述条款的规定，为了更好地约束董事等人员的行为，遂有此兜底性规定。

【相关规定】

《中华人民共和国反不正当竞争法》第九条。

> **第一百八十二条　【董事、监事、高管人员与公司交易的限制】**董事、监事、高级管理人员，直接或者间接与本公司订立合同或者进行交易，应当就与订立合同或者进行交易有关的事项向董事会或者股东会报告，并按照公司章程的规定经董事会或者股东会决议通过。
>
> 董事、监事、高级管理人员的近亲属，董事、监事、高级管理人员或者其近亲属直接或者间接控制的企业，以及与董事、监事、高级管理人员有其他关联关系的关联人，与公司订立合同或者进行交易，适用前款规定。

【条文主旨】

本条是关于董事、监事、高级管理人员与公司订立合同或者进行交易的规定。

【修改提示】

本条在原法第一百四十八条规定的基础上作出了修改。本次修改主要增加了约束主体"监事"和"与董事、监事、高级管理人员有其他关联关系的关联人",同时扩大了报告和决议主体"董事会",在本次修改中也删除了原第一百四十八条中"公司章程"的规定,并且该种交易不仅包括直接交易,也增加了间接性交易的规定。

【条文释义】

一、自我交易的概念和特征

自我交易,是公司中利益冲突交易的一种类型,是董事、监事、高级管理人员在为公司实施行为时知道他或者其关联人是该交易的另一方当事人或者与该交易存在经济利益或者与该交易存在密切的关系,并且使人们有理由相信该种利益的存在将会对该董事、监事、高级管理人员的判断产生影响。自我交易具有如下特征:

第一,董事、监事、高级管理人员直接或者间接地与任职公司之间发生交易。此种交易可以区分为两类,一类为直接性的自我交易,主要为董事、监事、高级管理人员与公司之间;另一类为间接性的自我交易,主要为董事、监事、高级管理人员的关联人与公司之间,还有同时担任两个公司董事、高级管理人员的公司之间。

第二,董事、监事、高级管理人员直接或者间接地与该交易存在经济利益关系。若不存在该种利益关系,则不能构成自我交易。

第三,自我交易将导致利益冲突。例如,在直接性自我交易中,该交易的一方为董事、监事、高级管理人员,另一方为公司,但是公司的意思表示必然不是公司自己便可以作出,而是需要有代表人或者代理人,而往往其代表人或者代理人即为董事、监事、高级管理人员。因此,从董事等人员的角度来看,一方面其要考虑自身利益,另一方面作为公司运营的实际管理者,又要以公司利益为最高准则,这必然会产生利益冲突。

第四,自我交易须具有重要性①。某一交易如果即使存在利益冲突,但是若不重要也无需经过董事会会议的决议。

二、我国公司法对自我交易的态度

我国公司法是支持自我交易的,并且本次公司法修订为自我交易提供

---

① 施天涛:《公司法论》,法律出版社 2018 年版,第 429 页。

了更为便捷的评价通道，即也可向董事会或者股东会报告并经其决议同意，从各方面完善了对自我交易的规范。一方面，有利于促进公司的经营发展，若自我交易得到正当的评价和完善监督，公司也可以从该交易中获得一定的经济利益。董事、监事、高级管理人员给予公司的交易条件往往更加优惠。另一方面，若一味地拒绝承认自我交易，否定自我交易的效力，并不符合当下复杂的商事实践。

三、自我交易的评价标准

为了解决自我交易过程中所产生的对董事、监事、高级管理人员的信任问题，需要采取一个恰当的标准，即为"公平标准"。

第一，非关联董事的同意。非关联董事是指与自我交易不存在直接或者间接关联关系的董事会成员，即该董事与自我交易不存在任何利害关系。因为决议的董事会成员与自我交易不存在任何利害关系，相关主体便有理由相信进行决议的董事不会受到干扰，以公司利益为最高准则进行决策。

第二，股东会的同意。若董事会中的较多成员均与自我交易具有利害关系，或者董事会决议时无法满足法定人数要求，或者因其他原因董事会无法进行正当合理的决议，关联人与公司之间的自我交易便可以通过股东会的同意或者追认而有效。

> **第一百八十三条　【董事、监事、高管人员不得谋取公司商业机会】** 董事、监事、高级管理人员，不得利用职务便利为自己或者他人谋取属于公司的商业机会。但是，有下列情形之一的除外：
>
> （一）向董事会或者股东会报告，并按照公司章程的规定经董事会或者股东会决议通过；
>
> （二）根据法律、行政法规或者公司章程的规定，公司不能利用该商业机会。

【条文主旨】

本条是关于董事、监事、高级管理人员不得谋取公司商业机会的规定。

【修改提示】

本条在原法第一百四十八条规定的基础上作出了修改。主要包括：第一，规定的主体增加了"监事"；第二，增加了董事、监事、高级管理人员可以利用公司机会的两种情形。

【条文释义】

一、公司机会的概念

宽泛地说，公司机会是指与公司利益相关的商业机会。从国外公司法经验来看，一般通过三种标准来认定是否属于公司的商业机会，即利益或者期待利益标准、经营范围标准、公平或者固有公平标准。利益或者期待利益标准是指如果公司对某一个机会有相关利益或者对该利益有期待，该机会便属于公司机会。经营范围标准是指任何机会只要在公司的经营范围之内便属于公司机会。公平或者固有公平标准是指任何机会只要基于公平考虑应该属于公司就是公司机会。

在评估某一项机会是否属于公司机会时，主要考量两个因素。一者，如果某一机会是利用公司能力获得的机会，则应归属于公司，如果是利用个人能力获得的机会则个人可以利用该机会。一般来说，只要董事、高级管理人员在任职期间获得的机会均被认为属于公司机会。二者，利用该机会的结果是否与公司构成竞争，或者阻碍公司政策或者构成对公司的不公平行为。董事、监事、高级管理人员如果利用该机会从事了与公司相竞争的同类业务则也是违反忠实义务的行为。

二、利用公司机会的合理情形

新法首先延续了旧法利用公司机会的一种情形，即向股东会或者董事会报告，并且经股东会或董事会决议，即股东会或者董事会认为在某些情况下董事、监事、高级管理人员利用公司机会有利于公司发展，不会对公司利益造成不当影响。

另一种不能为越权或者其他法律不能。根据法律、行政法规的规定，公司无法利用该本属于公司的商业机会，或者公司章程对公司的经营范围或经营活动作出了限制性规定，公司无法利用该机会。

这两种情形分别从公司客观上不能、主观上同意的两个角度为董事、监事、高级管理人员正当利用公司机会提供了渠道，更加符合当代复杂的商事实践，且保护了公司董事、监事、高级管理人员的从业自由和竞争自由。

【适用指南】

公司法对董事、监事、高级管理人员不得谋取属于公司的商业机会作出了原则性规定，但是并未具体规定公司机会与非公司机会之间的区分标准。因此，为了保障公司利益，同时为董事等人员利用该机会提供遵循的参考标准，建议公司章程对此进行规定。

【相关规定】

《中华人民共和国刑法》第一百六十五条。

> **第一百八十四条　【董事、监事、高管人员的竞业限制】**
> 董事、监事、高级管理人员未向董事会或者股东会报告，并按照公司章程的规定经董事会或者股东会决议通过，不得自营或者为他人经营与其任职公司同类的业务。

【条文主旨】

本条是关于董事、监事、高级管理人员竞业限制义务的规定。

【修改提示】

本条在原法第一百四十八条规定的基础上作出了修改。这次修改主要细化了董事、监事、高级管理人员自营或者为他人经营与本公司存在竞争关系的同类业务的要求，一方面明确了董事等人员须"报告"的义务，另一方面增加了报告决议主体，即董事会或股东会。同时，该条规定的义务主体增加了监事。

【条文释义】

竞业限制，是指法律虽然不禁止公司董事、监事、高级管理人员自营或者为他人经营与本公司存在竞争关系的同类业务，但设定了一定的限制条件。

董事和监事一般基于股东会的信任而产生，高级管理人员一般基于董事会的信任而产生，其应当以全体股东的利益即公司利益为最高行为准则。但是在董事等人员从事与公司业务相竞争的活动时，其个人利益或相关利益很容易与公司利益发生冲突，在矛盾发生时很难保证董事等人员坚持为公司利益行事，或者无法完全监督其在利益发生冲突时的行事考量，有时甚至会牺牲公司利益。例如，董事等人员作为公司的高级人员，往往了解和掌握公司的重要商业信息，甚至控制公司的某些重要商业机密，在从事竞争性业务时，很可能利用此职务便利为自己或他人谋利，获取不正当利益。

竞业限制是对竞业禁止的修正，竞业禁止是大陆法系国家的传统规则，但该种禁止具有何种程度的合理性是值得探讨的。竞业禁止的最大受益方为董事、监事、高级管理人员任职的公司，但是这种限制对于董事、监事、高级管理人员是否公平，其在从事同类业务时是否一定会侵害公司利益还需探讨。并且在当下市场经济条件下，市场情况复杂，对同类业务经营采取"一刀切"的否定态度不符合市场实际情况，采取绝对的否定态度未必符合商事运营中对效率和经济利益的追求。

因此我国规定采取了竞业限制的做法而非竞业禁止。原则上对董事、监事、高级管理人员自营或者为他人经营与本公司存在竞争关系的同类业务的做法持否定态度，但是若事先向董事会或者股东会报告，且经其决议，则可从事同类业务。该做法既有利于尊重董事、监事、高级管理人员的从业自由，为复杂商事实践中提供了灵活的救济途径，董事会和股东会皆有权做出决议，并且为保障公司利益提供了监督机制，达到了各方利益之间的平衡。

> **第一百八十五条　【不参与关联表决义务】** 董事会对本法第一百八十二条至第一百八十四条规定的事项决议时，关联董事不得参与表决，其表决权不计入表决权总数。出席董事会会议的无关联关系董事人数不足三人的，应当将该事项提交股东会审议。

【条文主旨】

本条是关于关联董事不得参与关联表决的规定。

【修改提示】

本条是本次公司法修订的新增条文。本条是对关联董事不得进行关联表决的义务进一步细化——针对公司法第一百八十二条至第一百八十四条规定的事项均适用关联表决回避的规定。

【条文释义】

依照原法，仅上市公司存在关联董事回避表决要求。本次修订后的公司法将关联董事表决回避机制扩大适用至所有类型的公司，无论上市还是未上市，无论股份公司还是有限公司，只要董事会审议上文提到的关联交易、同业竞争、谋取公司商业机会事宜，关联董事均不得参与表决；并且本条规定董事回避表决造成董事会人数不能达到法定人数的，应当将事项提交股东会讨论决定，进行补充规范，上述规则的确立有利于规范公司关联交易行为的发展。

> **第一百八十六条　【董事、监事、高管人员违反禁止行为的责任】** 董事、监事、高级管理人员违反本法第一百八十一条至第一百八十四条规定所得的收入应当归公司所有。

【条文主旨】

本条是关于董事、监事、高级管理人员违反禁止行为的所得收入应当归属公司的规定。

【修改提示】

本条在原法第一百四十八条规定的基础上作出了修改。本次修改增加了"监事"这一义务主体，且将原法第一百四十八条规定的忠实义务扩展至修订后的公司法第一百八十一条到第一百八十四条规定的所有义务。

【条文释义】

本法第一百八十一条到第一百八十四条规定了董事、监事、高级管理人员对于公司的忠实义务，主要包括挪用公司资金、自立账户、接受他人与公司的交易的佣金归为己有、擅自披露公司秘密、自我交易、谋取公司商业机会、同业经营等。而在对董事等人员规定忠实义务后必然应当规定违反该等义务的责任。因此，本法第一百八十六条规定违反忠实义务的所得应当归于公司。如果董事、监事、高级管理人员在违反忠实义务的同时对公司利益造成了损害，应当在向公司归还所得时向公司承担损害赔偿责任。

案例评析

董事、监事、高级管理人员违反忠实和勤勉义务，公司享有归入权[①]

一、案情简介

2011 年 12 月，王某的父亲王某父、刘某、梁某、张某共同出资192.3077 万元设立 A 公司，经营范围为特种结构胶黏剂的研发与销售、自营和代理各类商品及技术的进出口业务。公司章程记载，王某父出资 100万元，占注册资本的 52%，刘某出资 46.15385 万元，占注册资本的 24%，梁某、张某分别出资 23.076925 万元，各占注册资本的 12%。王某父为执行董事，刘某任监事。王某父的股权实际由王某所持。2012 年 4 月 18 日公司股东会决定，任命王某为 A 公司执行董事、总经理。2015 年 10 月，A公司召开股东大会，拟撤销王某的总经理、执行董事职务，因王某不同意，该股东会议决议未获通过。2015 年 12 月，A 公司的其他股东与王某因公司的交接产生矛盾，并取走了公司的印章、经营资质、银行 U 盾等，A 公司未再经营。后经人协调，2016 年 2 月 9 日、2 月 17 日、3 月 1 日王某将 A 公司购置的氯梁某橡胶、BTA - 753、王某基刘某烯酸等价值468080.12 元的化工材料运走，并使用了部分原料。

2016 年 9 月 21 日，王某母亲出资设立了 B 公司，经营范围为新材料技术研发、技术转让、技术咨询、上胶设备、化工产品销售，王某任 B 公司经理。2016 年、2017 年度，王某共从该公司领取了工资报酬 196701 元。

---

① 江苏省南京市中级人民法院（2018）苏 01 民终 6805 号民事判决书，载中国裁判文书网，https://wenshu.court.gov.cn/website/wenshu/181107ANFZ0BXSK4/index.html? docId = XrzmsJGhMXzcHZeCPmNr6UdhbEEr3Aj/+WTfIGSBvsI54azmStC0sWI3IS1ZgB82iQX4r2SGTB4e9P1bZKLUeG0McKF9xUVX2sseoZYeM3KHcsaONqx+C207UG3dHhFr，最后访问时间：2024 年 1 月 12 日。

B 公司对外经营的部分客户为 A 公司的客户，交易产品的名称为结构胶或胶水、混合管，和 A 公司经营的产品相同。

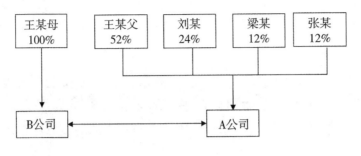

案情法律关系图

二、本案核心问题

王某在 B 公司获取的报酬是否应归入 A 公司。

三、法院裁判要旨

法院认为，董事、高级管理人员应当遵守法律、行政法规和公司章程，对公司负有忠实义务和勤勉义务；不得挪用公司资金，不得将公司资金以其个人名义或者以其他个人名义开立账户存储；不得未经股东会或者股东大会同意，利用职务便利为自己或者他人谋取属于公司的商业机会，自营或为他人经营与所任职公司同类的业务，违反上述规定所得的收入应当归公司所有。王某在 A 公司任职期间，从公司运走的材料不管出于什么目的，均应当予以返还或支付相应对价，已使用部分应当折价返还。2015 年 10 月，A 公司召开股东会拟免去王某执行董事、总经理职务，因王某不同意未形成有效决议，王某仍应依法履行其作为公司执行董事及总经理的法定勤勉义务，为公司谋取利益的最大化而尽职尽责，虽然 2015 年 12 月后，王某不再掌控公司印章、资质等，但没有证据证实其不掌控公司印章影响到了王某履职及经营，相反，自此之后，王某没有再履行其在 A 公司的职务，而是转而经营 B 公司，其在 B 公司经营的产品、客户等均与 A 公司雷同，因此，王某的行为违反了董事、监事及高级管理人员的忠实义务和勤勉义务，客观上使 A 公司丧失了商业机会，对 A 公司的利益构成了损害，依法应当承担损害赔偿责任，其从 B 公司取得的收入 196701 元应当归 A 公司所有。

四、评析

本案中王某作为本任职公司的高级管理人员，应当遵守公司章程，履行对公司的忠实义务，但是却同时实质上创立了与本任职公司业务范围相同的另一公司且从该公司处获取任职报酬，窃取了本任职公司的商业机会，严重违反了对于公司的勤勉义务，应当将所得收入归还给本任职公司。

> **第一百八十七条** 【董事、监事、高管人员对股东会的义务】股东会要求董事、监事、高级管理人员列席会议的，董事、监事、高级管理人员应当列席并接受股东的质询。

【条文主旨】

本条是关于董事、监事、高管人员列席股东会议并接受质询义务的规定。

【修改提示】

本条在原法第一百五十条第一款规定的基础上作出了修改，新法删除了"或者股东大会"的表述。

【条文释义】

公司法第五十九条规定，股东会有权决定选举和更换董事、监事，决定有关董事、监事的报酬事项；审议批准董事会的报告；审议批准监事会的报告；审议批准公司的利润分配方案和弥补亏损方案；对公司增加或者减少注册资本作出决议；对发行公司债券作出决议；对公司合并、分立、解散、清算或者变更公司形式作出决议；修改公司章程；以及拥有公司章程规定的其他职权。

股东会作为公司的权力机构，有权针对公司的重大事项作出决议。但股东会并不参与公司事务的日常管理，因此在召开股东会时，要求董事、监事、高管人员列席会议，可以随时向其询问作出决议有关事项的具体情况，有利于股东会充分行使职权，更好地发挥职能。

并且，从股东与董事、监事、高管人员的关系来看，两者之间是一种信任委托的关系。股东会为公司出资者，董事、监事、高管人员为公司具体管理者，股东出于信任将公司事务交与董事、监事和高管人员，并支付相应的报酬，其当然有权针对董事、监事、高管人员履行职责的情况提出质询，要求其报告工作情况。

本条进一步保障了股东的权益，强化了股东权利的保护机制，以法律的形式明确了股东与董事、监事、高管人员之间的出资者和管理者的关系，防止公司董事、高管人员权力过大把控公司经营而架空股东会、故意不向股东会报告公司经营具体状况导致损害股东权益问题的发生。

> **第一百八十八条　【董事、监事、高管人员的损害赔偿责任】**董事、监事、高级管理人员执行职务违反法律、行政法规或者公司章程的规定，给公司造成损失的，应当承担赔偿责任。

【条文主旨】

本条是关于董事、监事、高级管理人员执行职务时，违反规定造成公司损失时，应当对公司承担赔偿责任的规定。

【修改提示】

本条在原法第一百四十九条规定的基础上作出了修改。本次修改删除了原"执行公司职务"中的"公司"一词，扩大了董事、监事、高级管理人员给公司造成损失承担赔偿责任的"职务"范围，明确了董事等人员的责任，有利于保障公司利益。

【条文释义】

公司法第一百八十一条至第一百八十四条规定了董事、监事、高级管理人员对公司负有忠实义务与勤勉义务。当董事、监事、高级管理人员在执行职务时，应当忠实、勤勉地行使公司职权，不能违反法律、行政法规或公司章程的规定。

根据本条规定，董事、监事、高级管理人员承担赔偿责任应当具备以下四个条件：一是在主观上，对违反法律、行政法规或者公司章程存在过错；二是在行为上，属于执行公司职务行为，与公司行为无关的不在此限；三是在行为后果上，对公司造成了损失；四是在因果关系上，相关行为与公司的损害后果之间具有因果关系。

案例评析

公司董事、监事、高级管理人员执行公司职务时违反法律、行政法规或者公司章程的规定，给公司造成损失的，应当承担赔偿责任①

一、案情简介

2016 年 4 月 24 日，甲公司向乙公司贷款 300 万元，丙公司为该笔贷款提供担保并向乙公司提供公司股东会决议，股东会决议中载明：经我司董事（股东）会研究，同意为（借款人）甲公司在贵公司申请的流动资金贷款提供第三方连带责任保证，保证金额、期限等担保事宜由与公司签署的相关合同具体约定。本公司股东会授权本公司张某代表本公司办理上述贷款事宜并签署有关合同及文件。本股东会决议召集及表决程序符合公司法及本公司章程的规定，并由符合规定的法定人数通过。股东会决议下方有时任公司法定代表人兼执行董事、股东朱某以及另一股东唐某的名字，并加盖公司印章。同日，丙公司与乙公司签订最高额保证合同。因甲公司未能还款，法院判决甲公司归还乙公司借款、罚息以及律师费损失，丙公司以及其他涉案担保人张某、冯某某承担连带清偿责任。该判决生效后，因甲公司未履行，乙公司申请强制执行。在执行中，法院先后于 2019 年 4 月 30 日、2019 年 5 月 20 日扣划丙公司账户存款 350 万元、714781.59 元，合计 4214781.59 元。现该执行案件已经结案。

2019 年 7 月 24 日，丙公司在一审法院提起诉讼，要求朱某赔偿公司损失 4214781.59 元及利息。

2015 年 7 月 21 日，丙公司通过的公司章程中第十九条载明"执行董事为公司法定代表人，保管公司营业执照，保管和使用公司印章"；第二十六条载明"公司为他人提供担保，由股东会决议"。当时该公司股东为朱某、唐某，持股比例为 60%、40%。2016 年 4 月 24 日，该公司章程仍然有效。诉讼中，朱某未提供就案涉 2016 年 4 月 24 日股东会决议已由丙

① 江苏省常州市中级人民法院（2021）苏 04 民终 2739 号民事判决书，载中国裁判文书网，https：//wenshu. court. gov. cn/website/wenshu/181107ANFZ0BXSK4/index. html？ docId = +yAW0uprWUEuZxp89iJQ+Jls91lVe4YzD5plQ99wHQCfM6WkhGD8RGI3IS1ZgB82iQX4r2SGTB5b 5Ehjtp9N4g/rLeHyTLky/mvA9PP+4a1QzDmqwwA/+a56WepbY3dQ，最后访问时间：2024 年 1 月 12 日。

公司股东按照公司法以及公司章程规定的内容和程序召开会议、表决的相关证据。

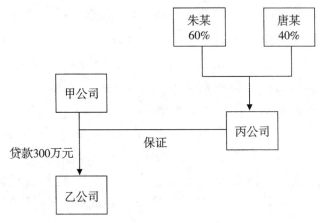

案情法律关系图

二、本案核心问题

关于朱某是否违反丙公司章程擅自对外担保并因此给丙公司造成了损失。

三、法院裁判要旨

法院认为，公司董事、监事、高级管理人员执行公司职务时违反法律、行政法规或者公司章程的规定，给公司造成损失的，应当承担赔偿责任。丙公司已就公司产生的损失向甲公司等义务人行使追偿权，但因通过依法审判和执行追偿无果，现丙公司在本案中主张的损失金额已能确定，即被法院扣划的款项 350 万元、714781.59 元，合计 4214781.59 元。综上，依照公司法第一百四十九条之规定，一审法院判决：朱某于判决生效之日起 10 日内赔偿丙公司损失 4214781.59 元及利息。如果未按判决指定的期间履行给付义务，应当依照民事诉讼法第二百五十三条之规定，加倍支付迟延履行期间的债务利息。

四、评析

本案中朱某违反了公司内部管理规定，违反了对于公司的忠实义务，滥用公司职权使任职所在的公司向第三方公司提供担保，最终导致公司利益受损，应当向任职所在的公司承担损害赔偿责任。

> ### 第一百八十九条 【股东派生诉讼与双重股东派生诉讼】
>
> 董事、高级管理人员有前条规定的情形的，有限责任公司的股东、股份有限公司连续一百八十日以上单独或者合计持有公司百分之一以上股份的股东，可以书面请求监事会向人民法院提起诉讼；监事有前条规定的情形的，前述股东可以书面请求董事会向人民法院提起诉讼。
>
> 监事会或者董事会收到前款规定的股东书面请求后拒绝提起诉讼，或者自收到请求之日起三十日内未提起诉讼，或者情况紧急、不立即提起诉讼将会使公司利益受到难以弥补的损害的，前款规定的股东有权为公司利益以自己的名义直接向人民法院提起诉讼。
>
> 他人侵犯公司合法权益，给公司造成损失的，本条第一款规定的股东可以依照前两款的规定向人民法院提起诉讼。
>
> 公司全资子公司的董事、监事、高级管理人员有前条规定情形，或者他人侵犯公司全资子公司合法权益造成损失的，有限责任公司的股东、股份有限公司连续一百八十日以上单独或者合计持有公司百分之一以上股份的股东，可以依照前三款规定书面请求全资子公司的监事会、董事会向人民法院提起诉讼或者以自己的名义直接向人民法院提起诉讼。

【条文主旨】

本条是关于股东派生诉讼以及双重股东派生诉讼的规定。

【修改提示】

本条在原法第一百五十一条规定的基础上作出了修改。本次修改内容主要包括：调整了原有的"本法第一百四十九条规定"的表述，转变为"前条规定"，删除了原有的"或者不设监事会的有限责任公司的监事"的主体，统一为"监事会"；同时将原有的"为了公司的利益"改变为"为公司利益"；本次修改增加了最后一款，规定："公司全资子公司的董事、监事、高级管理人员有前条规定情形，或者他人侵犯公司全资子公司合法权益造成损失的，有限责任公司的股东、股份有限公司连续一百八十日以上单独或者合计持有公司百分之一以上股份的股东，可以依照前三款规定书面请求全资子公司的监事会、董事会向人民法院提起诉讼或者以自己的名义直接向人民法院提起诉讼。"有利于解决母公司股东在全资子公司利益受损时求救无门的问题。

【条文释义】

一、股东派生诉讼以及双重股东派生诉讼的背景、概念与条件

董事、监事、高级管理人员对公司负有忠实义务，若违反此等忠实义务，造成公司损失，应当承担赔偿责任。但是具体到执行层面时，公司为被侵害的主体，董事、监事、高级管理人员等公司内部人员为侵害主体，公司内部人员代表公司向侵害主体提起诉讼，几乎等同于该等主体自己起诉自己。即使侵害主体并非董事会或者监事会的所有成员，但是因为与涉嫌侵害的董事或监事为同事关系，其公正性也有待考量。

为解决这一问题，公司法发展起来一种救济措施，即股东派生诉讼，是指当公司由于某种原因没有就其所遭受的某种行为的侵害提起诉讼时，公司股东可以代表公司以使公司获得赔偿等救济为目的而针对该种行为提起诉讼[①]。股东派生诉讼对公司的董事、监事、高级管理人员具有一定的威慑作用，有利于保护公司利益。为了保障董事、监事、高级管理人员忠实义务的执行，需要此种违反义务造成公司损失时股东提起诉讼的替代救济机制。

股东派生诉讼的本质是为了防止公司被某些董事或者监事所控制而为公司提供救济的一种措施。因此，提起诉讼的主体必须是为了公司的利益而不是为了其他不正当的目的提起诉讼。如果该主体已经参与了侵害行为，那么便无法成为适格原告，其必须是公平地充分地代表公司利益而提起诉讼。

为了解决控股股东通过设立全资子公司的方式攫取公司利润、损害小股东权益，绕过股东代表诉讼的规定，新法在股东代表诉讼的基础上，增加了双重股东派生诉讼的制度。双重股东派生诉讼是指在公司集团的母子公司架构中，当子公司的利益遭受损害，母公司与该子公司均拒绝起诉追偿时，由母公司股东以自己名义提起的，将诉讼利益归属子公司的派生诉讼，即公司全资子公司的董监高人员违反全资子公司的章程导致全资子公司损失的，公司的股东可以要求全资子公司的董事会或监事会提起对全资

---

① 施天涛：《公司法论》，法律出版社2018年版，第448~449页。

子公司董监高人员的诉讼。如果全资子公司的董事会或监事会拒绝，则公司的股东可以自己提起对全资子公司董监高人员的诉讼。这是新法根据司法实践中的小股东权益保障难题，作出的进一步保障小股东权益的有益之举。

二、股东派生诉讼以及双重股东派生诉讼的原告

根据本条规定，股东派生诉讼以及双重股东派生诉讼的原告资格因有限责任公司和股份有限公司而有不同。法律对有限责任公司的股东没有设置任何限制，只要是有限责任公司的股东便可以提起股东派生诉讼。

但是对股份有限公司的原告资格进行了单独的限制，必须为"连续一百八十日以上单独或者合计持有公司百分之一以上股份的股东"。因为股份有限公司的股份转让比较自由，流通度较高，尤其是上市公司，其处于公开交易市场。因此，对股东资格设置一定的限制，防止股东派生诉讼被滥用。一为时间限制条件，二为股份数额限制。未达到法定要求则不能提起派生诉讼。

三、股东派生诉讼以及双重股东派生诉讼的意义

第一，股东派生诉讼有利于保护公司的利益。当公司利益受到侵害时，公司当然有权利追究侵权人的责任以获得救济。但是在股东派生诉讼的适用情形下，侵权行为人与公司董事、监事等具有利害关系，公司可能会受到该种关系的影响而无法获得救济。因此，股东派生诉讼机制的存在便是为了保护公司利益。

第二，股东派生诉讼有利于保护债权人的利益。股东派生诉讼的直接结果归于公司，而非归于提起诉讼的原告股东，因此股东派生诉讼中公司所获得的救济可以用于清偿公司债务。

第三，双重股东派生诉讼是在公司集团化背景下的母子公司架构中应运而生的，是为解决立体化的母子公司架构下股东权缩减问题而发展出的应对规则，对于当下优化营商环境语境下的少数股东权益保护、保护企业资产免遭不法侵害都具有无可替代的价值。

> **第一百九十条　【股东直接诉讼】**董事、高级管理人员违反法律、行政法规或者公司章程的规定，损害股东利益的，股东可以向人民法院提起诉讼。

【条文主旨】

本条是关于董事、高级管理人员违反规定损害股东利益时股东直接提起诉讼的规定。

【修改提示】

本条对应原法第一百五十二条的规定，本次修订内容未作变动。

【条文释义】

一、股东直接诉讼的概念与适用情形

股东直接诉讼，是指基于对股东的直接侵害而由股东提起的诉讼。派生诉讼则是基于对公司的侵害而由股东代表公司为了公司的利益提起的诉讼。

适用股东直接诉讼的情形主要包括以下：

涉及股东知情权的案件：公司法第五十七条规定，股东可以要求查阅公司会计账簿、会计凭证。若公司无正当理由拒绝股东查阅公司会计账簿等，股东便可以直接起诉。

涉及股东表决权的案件：若董事会限制或者剥夺了某些股东的表决权，股东也可以提起诉讼。

涉及股东优先认购权的案件：公司发行新股时，公司原有股东享有对新股的优先认购权，若董事会限制或剥夺了某些股东对新股的优先认购权，受害股东可以对此提起诉讼。

涉及股利分配的案件：如果公司常年不分配股利，并且构成对少数股东的不公正，那么少数股东也可以提起诉讼。

涉及股份回购的案件：如果公司在向股东回购股份时实施了不公平的回购政策，股东可以提起诉讼。例如，公司在实施股份回购时，对各个股东无正当理由以不同的价格进行回购，或者无正当理由拒绝某些股东的股份回购等。

涉及公司并购、解散、清算方面的案件：在公司并购、解散和清算中，如果出现对某些少数股东的不公平现象，则股东可以提起诉讼。

涉及证券方面的案件：公司在证券发行和交易的过程中，公示的为虚假信息或者误导性信息，导致某些股东受损，因此股东有权要求公司及其他人员承担赔偿责任。

二、股东派生诉讼与股东直接诉讼的区别

第一，股东派生诉讼的诉权属于公司。股东派生诉讼中原告的诉权是

由公司的诉权派生出来的，本身股东没有这样的权利。因为股东派生诉讼的诉权来源于公司的诉权，因此股东作为原告的诉权和享有的救济就不能大于公司本身所能行使的权利和享有的救济。

第二，股东派生诉讼中，股东并不是为了自己的利益提起诉讼，而是为了公司的利益而代表公司提起诉讼。股东提起诉讼的目的是阻止对公司发生的侵害或者是使受到侵害的公司获得救济。

第三，股东派生诉讼中，侵害行为侵害的是公司的利益；但是在股东直接诉讼中，侵害行为侵害的是股东的利益。

第四，因为在股东派生诉讼中诉权属于公司，是为了保护公司的利益提起的诉讼，因此诉讼结果归于公司。而在股东直接诉讼中，诉讼结果归于股东。

第五，股东派生诉讼不同于直接诉讼，会受到一系列特别程序障碍。因为董事会是公司日常事务的决策者，是公司资产的主要看门人，如果不设置一系列程序上的要求，则侵害了公司董事会在公司中的地位。

第六，股东派生诉讼与股东直接诉讼的适用情形不同，股东派生诉讼主要适用于董事、监事、高级管理人员违反忠实义务、勤勉义务等造成公司损失的情形，如公司管理层重大过失、浪费公司财产等。而股东直接诉讼主要适用于涉及股东表决权、股东知情权、优先认购权等方面的案件。

【相关规定】

《中华人民共和国公司法》第五十七条。

> **第一百九十一条** 【董事等人员造成他人损失的连带责任】董事、高级管理人员执行职务，给他人造成损害的，公司应当承担赔偿责任；董事、高级管理人员存在故意或者重大过失的，也应当承担赔偿责任。

【条文主旨】

本条是关于董事、高级管理人员执行职务给他人造成损害的承担赔偿责任的规定。

【修改提示】

本条为本次公司法修订的新增条文。意在强化董事、高管等经营管理人员的勤勉义务和忠实义务及对公司的责任。

【条文释义】

本条强化了董事、高级管理人员的责任。民法典第一千一百九十一条第一款规定，用人单位的工作人员因执行工作任务造成他人损害的，由用人单位承担侵权责任。用人单位承担侵权责任后，可以向有故意或者重大过失的工作人员追偿。根据此条规定，公司的董事、高级管理人员因为执行工作职务造成他人损害的，由公司对受害人承担赔偿责任，用人单位在向受害人承担赔偿责任后再向故意或者重大过失的工作人员进行追偿。

但是公司法此条规定更加强化了董事、高级管理人员等在公司中承担经营管理职能、对公司具有忠实义务与勤勉义务的特殊工作人员，在故意或者重大过失造成他人损害时，也应当承担赔偿责任，为受害人增加了一项请求权。受害人可直接依据此规范请求涉事的董事、高级管理人员承担责任，在强化董事、高级管理人员责任的同时保护第三方受害者的权益。

【相关规定】

《中华人民共和国民法典》第一千一百九十一条。

第一百九十二条　【控股股东、实际控制人滥用权力的连带责任】公司的控股股东、实际控制人指示董事、高级管理人员从事损害公司或者股东利益的行为的，与该董事、高级管理人员承担连带责任。

【条文主旨】

本条是关于控股股东、实际控制人指使董事等人员从事损害公司或者股东利益的行为的承担连带责任的规定。

【修改提示】

本条为本次公司法修订的新增条文。强化控股股东、实际控制人的责任，保障公司和股东的利益。

【条文释义】

民法典第一千一百六十九条第一款规定，教唆、帮助他人实施侵权行为的，应当与行为人承担连带责任。

根据此条规定，公司的控股股东、实际控制人教唆董事、高级管理人员从事损害股东和公司利益行为的，应当与董事和高级管理人员共同承担连带责任。而公司法此条规定在民法典的基础上，再次强调了控股股东和实际控制人的连带责任。这一方面是为了结合社会实践，即控股股东、实际控制人在商事实践中滥用控制地位侵害公司及中小股东权益的突出问题，以此强化控股股东和实际控制人的责任。另一方面也体现了对中小股东和公司权益的保护。

【相关规定】

《中华人民共和国民法典》第一千一百六十九条。

> **第一百九十三条　【董事责任保险】** 公司可以在董事任职期间为董事因执行公司职务承担的赔偿责任投保责任保险。
>
> 公司为董事投保责任保险或者续保后，董事会应当向股东会报告责任保险的投保金额、承保范围及保险费率等内容。

【条文主旨】

本条是关于公司为董事投保责任保险并且向股东会报告具体内容的规定。

【修改提示】

本条为本次公司法修订的新增条文，新增了董事责任保险方面的规定。

【条文释义】

一、我国董事责任保险的发展历程

我国关于董事责任保险的规定始于部门规章。2001 年 8 月，证监会发布的《关于在上市公司建立独立董事制度的指导意见》规定："上市公司可以建立必要的独立董事责任保险制度。"2002 年 1 月，证监会和原国家经济贸易委员会发布的《上市公司治理准则》进一步规定："上市公司可以为董事购买责任保险。"

2023 年 4 月 7 日，《国务院办公厅关于上市公司独立董事制度改革的意见》① 发布，意见旨在进一步优化上市公司独立董事制度，提升独立董事履职能力，充分发挥独立董事作用，指出要加强独立董事履职保障，鼓励上市公司为独立董事投保董事责任保险，支持保险公司开展符合上市公司需求的相关责任保险业务，降低独立董事正常履职的风险。

二、董事责任保险的制度价值

企业创新回报周期长、投入成本高、产出结果不确定性强的特点使得董事在做出业务决策时顾虑较多，另外我国新证券法的实施也对上市公司董事的要求逐渐严格，使投资者得到更多倾向保护的同时，一定程度上给企业的董事带来了潜在的诉讼压力。

董责险为董事的履职责任风险提供保障，首先有助于公司吸引有能力的人才任职，同时激励董事充分发挥其经营管理方面的创新能力，以提升公司创新绩效和价值；其次通过对遭受损失的公司以及公司股东、债权人、公司雇员等提供赔付，也能保护公司财产，实现公司应当承担的社会责任；最后还可以通过与证券信息披露制度相结合，利用董责险的免赔额、保费调整等机制发挥对公司内部管理人员的监督作用，减轻董责险可能诱发的道德风险，进而有助于提升公司整体治理效果。

---

① 《国务院办公厅关于上市公司独立董事制度改革的意见》，载中国政府网，https：//www. gov. cn/zhengce/zhengceku/2023-04/14/content_ 5751463. htm，最后访问时间：2024 年 1月 12 日。

第九章　公司债券

> **第一百九十四条　【公司债券的概念】**本法所称公司债券，是指公司发行的约定按期还本付息的有价证券。
>
> 公司债券可以公开发行，也可以非公开发行。
>
> 公司债券的发行和交易应当符合《中华人民共和国证券法》等法律、行政法规的规定。

【条文主旨】

本条是关于公司债券概念的规定。

【修改提示】

本条在原法第一百五十三条规定的基础上作出了修改，主要是删除了原有的"依照法定程序""在一定期限"，修改为"按期"，简化了公司债券的概念；新增了第二款。

【条文释义】

一、公司债券的概念与特征

本条所规定的公司债券的概念，指出了公司债券的构成。第一，公司债券必须是公司依照法定条件和程序发行；第二，公司债券是按照约定还本付息的有价证券；第三，公司债券是公司募集资金所产生的债务。

公司债券的特点如下：

第一，公司债券是表彰已经发生的公司债权的证券。公司债不是因为发行公司债券而发生的，因而公司债券不是设权证券，而是证权证券①。

第二，公司债券是一种要式债券。公司法第一百九十六条规定，应当在债券上载明公司名称、债券票面金额、利率、偿还期限等事项，并由法定代表人签名，公司盖章。

第三，公司债券具有可转让性。公司法第二百条规定，公司债券可以转让，转让价格由转让人与受让人约定。公司债券在证券交易所上市交易的，按照证券交易所的交易规则转让。

第四，公司债券具有可回赎性。公司债券可以由公司主动进行回购，也可以由债券持有人请求公司回购其债券，在后者情形下，回购的价格以市场价格为基础予以确定。

第五，公司债券具有可转换性。公司可以发行可转换公司债券，可转换公司债券持有人可以选择是否将其债券转换为公司普通股股票。

二、公司债与股份的区别

第一，在法律关系层面，公司债的债权人与公司为债权法律关系，但是股份所有人是公司主体的组成部分，是股东会的组成成员。

第二，在利益分配层面，不论公司是否有利润盈余，公司债的债权人都可以按照约定请求公司清偿债务，但是股东只有在公司有盈余时才能够请求分配股利。

第三，在清偿顺序层面，公司债的债权人优先于公司股东而清偿，但是股东在公司清算时，只有在公司清偿债务后就其剩余财产请求分配。

三、公司发行公司债券的条件

本条第三款规定，公司债券的发行和交易应当符合证券法的规定。

证券法第十五条第一款规定，公开发行公司债券，应当符合下列条件：（1）具备健全且运行良好的组织机构；（2）最近三年平均可分配利润足以支付公司债券一年的利息；（3）国务院规定的其他条件。第三款规定，上市公司发行可转换为股票的公司债券，除应当符合第一款规定的条件外，还应当遵守本法第十二条第二款的规定。但是，按照公司债券募集办法，上市公司通过收购本公司股份的方式进行公司债券转换的除外。新的公司债发行条件新 增"具备健全且运行良好的组织机构"，删除了"累计债券余额不超过公司净资产的百分之四十""债券的利率不超过国务院限定的利率水平"等限制，保留了"最近三年平均可分配利润足以支付公司债券一年的利息"。

---

① 施天涛：《公司法论》，法律出版社 2018 年版，第 213 页。

证券法第十七条规定，有下列情形之一的，不得再次公开发行公司债券：（1）对已公开发行的公司债券或者其他债务有违约或者延迟支付本息的事实，仍处于继续状态；（2）违反本法规定，改变公开发行公司债券所募资金的用途。

【相关规定】

《中华人民共和国民法典》第一千一百六十九条；
《中华人民共和国证券法》第十五条、第十七条。

第一百九十五条 【公司债券募集办法的内容】 公开发行公司债券，应当经国务院证券监督管理机构注册，公告公司债券募集办法。

公司债券募集办法应当载明下列主要事项：

（一）公司名称；

（二）债券募集资金的用途；

（三）债券总额和债券的票面金额；

（四）债券利率的确定方式；

（五）还本付息的期限和方式；

（六）债券担保情况；

（七）债券的发行价格、发行的起止日期；

（八）公司净资产额；

（九）已发行的尚未到期的公司债券总额；

（十）公司债券的承销机构。

【条文主旨】

本条是关于公司债券募集办法内容的规定。

【修改提示】

本条在原法第一百五十四条规定的基础上进行了修改，主要将原"国务院授权的部门"改变为"国务院证券监督管理机构"，进一步明确了履行债券募集登记职责的主体；将原"核准"改为"注册"，回应了2019年证券法的修改，实行债券发行注册制。

【条文释义】

一、公司债券注册制

2020 年 3 月 1 日，修订后的证券法正式施行，同时，国务院办公厅印发《关于贯彻实施修订后的证券法有关工作的通知》①，明确公开发行公司债券实施注册制。2021 年 2 月 26 日，证监会修订发布《公司债券发行与交易管理办法》②，进一步明确了公开发行公司债券的注册条件、注册程序及相关监管要求。注册制下对公开发行公司债券申请文件的报送提出了新的要求，证监会也对《公开发行证券的公司信息披露内容与格式准则第 24 号——公开发行公司债券申请文件》③ 进行了相应的修订与完善。

2020 年 3 月 1 日，证监会发布《关于公开发行公司债券实施注册制有关事项的通知》④，明确公司债发行将由交易所负责受理、审核，证监会履行最终的注册程序。此前，公司债由交易所进行公开发行预审核、证监会根据预审核意见进行核准。与证券法的基调一致，公司债新规加强了信息披露与投资者保护，强调证券交易所应当督促发行人及其他信息披露义务人充分披露投资者做出价值判断和投资决策所必需的信息，确保信息披露真实、准确、完整、及时、公平，也应当督促承销机构、信用评级机构、会计师事务所、律师事务所等中介机构诚实守信、勤勉尽责，按照执业规范和监管规则对公司债券发行人进行充分的尽职调查。

二、公司债券募集办法应当载明的事项

第一，公司名称。公司名称是公司债券募集办法首先应当载明的事项，一般还会包括公司注册地等相关事项。

第二，债券募集资金的用途。公司发行债券募集资金应当有明确的用

① 《关于贯彻实施修订后的证券法有关工作的通知》，载中国政府网，https：//www. gov. cn/zhengce/zhengceku/2020-02/29/content_ 5485074. htm，最后访问时间：2024 年 1 月 12 日。

② 《公司债券发行与交易管理办法》，载中国政府网，https：//www. gov. cn/gongbao/2023/issue_ 10886/202312/content_ 6921380. html，最后访问时间：2024 年 1 月 12 日。

③ 《公开发行证券的公司信息披露内容与格式准则第 24 号——公开发行公司债券申请文件》，载中国证券监督管理委员会网站，http：//www. csrc. gov. cn/csrc/c101954/c7438207/7438207/files/附件 1：公开发行证券的公司信息披露内容与格式准则第 24 号——公开发行公司债券申请文件（2023 年修订）. pdf，最后访问时间：2024 年 1 月 12 日。

④ 《关于公开发行公司债券实施注册制有关事项的通知》，载中国政府网，https：//www. gov. cn/zhengce/zhengceku/2020-03/01/content_ 5485451. htm，最后访问时间：2024 年 1 月 12 日。

途和相应的使用计划和管理制度，不能随意变更募集资金的用途。

第三，债券总额和债券的票面金额。债券总额是公司本次发行债券的总金额数，最近三年平均可分配的利润必须足以支付公司债券总额一年的利息。

第四，债券的利率的确定方式。债券的利率即债券票面利率，一般经公司股东会或者董事会决议确定。

第五，还本付息的期限和方式。公司法第一百九十四条规定，债券是按照约定还本付息的债权，因此应当在债券募集办法中向认购人明确公告还本付息的期限与方式。

第六，债券担保情况。通常，大金融机构、大企业发行的债券多为无担保债券，而信誉等级较低的企业大多发行有担保债券。

第七，债券的发行价格、发行的起止日期。债券发行的起止日期决定认购者的购买时间，而且发行的终止日期往往是公司债券还本付息期限的起算时间。

第八，公司净资产额。公司净资产指的是公司总资产减去总负债后的值，也就是公司所有者权益的总额。对于普通投资者而言，净资产是一个重要的指标，因为它可以直观地反映出一家公司的经济实力和财务稳健性。投资者常常会参考净资产来判断公司的投资价值和风险，一家净资产较高的公司通常意味着其具有较强的抵御风险的能力和较稳定的盈利预期。

第九，已发行的尚未到期的公司债券总额。已发行的尚未到期的公司债券总额体现了公司目前已发行债券方面的负债压力。

第十，公司债券的承销机构。公司债券的承销机构是指以包销或者代销方式为发行公司债券的经营机构。

【相关规定】

《中华人民共和国证券法》第九条。

> **第一百九十六条　【公司债券票面的记载事项】** 公司以纸面形式发行公司债券的，应当在债券上载明公司名称、债券票面金额、利率、偿还期限等事项，并由法定代表人签名，公司盖章。

【条文主旨】

本条是关于公司债券票面的记载事项的规定。

【修改提示】

本条对应原法第一百五十五条的规定，有个别表述修改。

【条文释义】

根据本条规定，公司债券的票面上必须记载公司名称、债券票面金额、利率、偿还期限等事项，这些属于绝对必要记载事项。

公司债券是公司向社会公众发行债务进行借贷的凭证，在此凭证上明确标明债务人，即公司的名称是绝对必要的。若在债券上没有标明公司名称等内容，则无法确证债务人，不利于保护债权人的权益。

公司债券是按照约定公司还本付息的有价证券，因此债券的票面金额、利率和偿还期限等决定"还本付息"的时间和金额的事项也必然是公司债券的绝对必要记载事项。票面金额表明了每张债券持有人作为债权人享有的债权数额。利率是公司作为债务人向债权人借贷金额的借款利率，偿还期限和利率以及票面金额共同决定债务人还本付息的具体数额。

> **第一百九十七条 【公司债券的分类】**公司债券应当为记名债券。

【条文主旨】

本条是关于公司法项下公司发行债券应当为记名债券的规定。

【修改提示】

本条在原法第一百五十六条规定的基础上作出了修改，取消了无记名债券的类型。

【条文释义】

一、记名债券

根据本条规定，公司应当发行记名债券。记名债券是指券面上标明债权人姓名或者名称的债券，此种债券转让除了需要交付债券外，还需要在债券上进行背书。优点是该种债券较为安全。如果出现丢失，因为记名债券记载了债券持有人的姓名或者名称，债券持有人可以通过民事诉讼法的公示催告程序请求人民法院宣告票据失效，因此能够有效地保障债券持有人对债券的所有权。

考虑到确保债券持有人会议的顺利召开和有效表决，保障决议的完整性，新法取消了无记名债券的规定。由于无记名债券给债券持有人会议的召开过程带来较大的不确定性，因此不再允许其发行。而且在现代科技手段下，记名债券的成本也并不比无记名债券高。

二、公司债券的分类

按照利息的支付方式不同，可以将公司债券区分为附息债券和零息债券。附息债券是指在债券存续期间，发行人根据约定向持有人定期支付债券利息的债券。并且根据计息方式的不同，附息债券还可以区分为固定利率债券和浮动利率债券两类。零息债券，是指约定了票面利率，但是仅在债券到期时一次性向债券持有人支付利息的债券。

按照是否设置担保，又可以将公司债券区分为担保债券和无担保债券。担保债券，是指以担保为条件之一而发行的债券。根据担保品的不同，又可以细分为不动产抵押债券、动产质押债券和保证债券。不动产抵押债券是以房屋所有权、土地使用权等不动产作为抵押品而发行的一类债券，若债务人到期无法偿还债务，债券持有人可以通过处置抵押品而优先受偿债务。动产质押债券是以股票、应收账款等可以质押的对象作为质押品而发行的一类债券。值得注意的是，债券持有人因为债券交易可能经常发生变动，难以固化担保权人，因此在债券发行时通常要为上述不动产、动产担保债券设置一个担保权益受托人，使之为全体债券持有人的利益持有担保权益并且依法行权。保证债券是指由第三人提供保证而发行的一类债券。无担保债券是指仅凭发行人的商业信用，不对债券本息的偿付提供任何担保品或者设置任何担保人而发行的债券。

按照偿还期限的长度，可以将公司债券区分为短期债券、中期债券、长期债券。各国对短期债券、中期债券、长期债券的年限划分不完全相同。一般的划分标准是：期限为一年以下的为短期债券；期限为 1 年以上

5 年以下的是中期债券；期限在 5 年以上的是长期债券。短期债券主要用于满足公司的短期融资需求，在我国银行间债券市场发行的短期融资券就属于短期债券。中期债券是我国公司债券市场的主流品种。而因为长期债券的偿付期限过长，其间影响因素较多，所以只有主体信用较好的公司发行的长期公司债券才会获得市场的认可。

按照能否转换为股票，可以将公司债券区分为普通公司债券和可转换成股票的公司债券（俗称"可转债"）。可转债是指公司依法发行、在一定期间内按照约定的条件可以转换成本公司股票的公司债券，属于证券法规定的具有股权性质的债券。可转债区别于普通公司债券的地方在于债券持有人可以按照发行时约定的特定价格，在约定的时间将债券转换成发行公司一定数量的普通股票的债券。由于为债券持有人提供了可以转换成股票的权利，可转债的债券利率一般低于普通公司债券，发行公司可以通过此节约融资成本，同时债券持有人也可以因为此种转换权获得了继续持有债券或者转换成股票的选择主导权，更好地为投资者管理风险。因为可转债潜藏着未来转换成股票的可能性，因此上市公司在发行可转债时要同时遵守公司债券和发行新股的监管规定，并且公司内部的会计记账方式也有其特殊性。

按照发行方式的不同，可以将公司债券分为公开发行债券（公募债券）和非公开发行债券（私募债券）。公募债券是指发行人向不特定的社会公众投资者发行或者以法律规定的其他公开发行方式发行的债券。公募债券因为发行量大，持有者人数众多，因此一般需要履行严格的信息披露义务，接受严格的监管，但其可以在证券交易场所公开交易具有很好的流动性。而私募债券是面向特定投资者发行的一类债券，法律通常会对此类特定对象规定限制性条件，以确保此类对象具有良好的风险意识和自我保护能力，属于专业投资者。一般此类债券不会受到严格的监管，发行效率更高。

【相关规定】

《中华人民共和国民事诉讼法》第二百二十五条。

> **第一百九十八条　【公司债券存根簿置备】**公司发行公司债券应当置备公司债券持有人名册。
>
> 发行公司债券的，应当在公司债券持有人名册上载明下列事项：
>
> （一）债券持有人的姓名或者名称及住所；
>
> （二）债券持有人取得债券的日期及债券的编号；
>
> （三）债券总额，债券的票面金额、利率、还本付息的期限和方式；
>
> （四）债券的发行日期。

【条文主旨】

本条是关于公司债券持有人名册的规定。

【修改提示】

本条在原法第一百五十七条规定的基础上作出了修改，主要是删除了"债券存根簿"，增加了"债券持有人名册"的规定；删除了原法第一百五十七条第三款。

【条文释义】

债券存根簿为纸质债券时代的产物。随着电子化的发展，电子化的债券持有人名册已经大范围地替代了传统的债券存根簿。债券持有人名册，则是一个"载体中性"的概念，债券持有人名册可以是纸质版的，也可以是电子版的。此种概念显然更具包容性。

> **第一百九十九条　【公司债券登记结算制度】**公司债券的登记结算机构应当建立债券登记、存管、付息、兑付等相关制度。

【条文主旨】

本条是关于公司债券登记结算的机构与制度的规定。

【修改提示】

本条在原法第一百五十八条规定的基础上作出了修改，因修订后的公司法规定公司债券均为记名债券，因此删除了"记名"。

【条文释义】

一、公司债券登记结算的机构

根据本条规定，公司发行公司债券，登记结算机构负责进行登记、存管、付息、兑付等。而此处的公司债券的登记结算机构，即为证券登记结算机构。

（一）证券登记结算机构的概念

根据证券法第一百四十五条的规定，证券登记结算机构是为证券交易提供集中登记、存管与结算服务、不以营利为目的的法人。具体而言，我国证券登记结算机构为中国证券登记结算有限责任公司。

（二）证券登记结算机构的法律特征

证券登记结算机构的非营利性。根据证券法第一百四十五条第一款的规定，证券登记结算机构不以营利为目的。

证券登记结算机构的特许性。根据证券法第一百四十五条第二款的规定，设立证券登记结算机构必须经国务院证券监督管理机构批准。并且根据证券法第一百四十六条第一款规定，设立证券登记结算机构，应当具备下列条件：（1）自有资金不少于人民币二亿元；（2）具有证券登记、存管和结算服务所必须的场所和设施；（3）国务院证券监督管理机构规定的其他条件。因为证券登记结算机构在证券市场中发挥着极其特殊和重要的作用，关系到证券交易的安全与效率，因此通过特许准入制度以保障证券市场的稳定。

证券登记结算机构职能的法定性。一方面，我国证券法明确规定了证券登记结算机构的法定职能；另一方面，《证券登记结算管理办法》① 第十条明确规定，证券登记结算机构不得从事下列活动：（1）与证券登记结算

① 《证券登记结算管理办法》，载中国证券监督管理委员会网站，http://www.csrc.gov.cn/csrc/c101953/c2801304/content.shtml，最后访问时间：2024 年 1 月 12 日。

业务无关的投资；（2）购置非自用不动产；（3）在本办法第七十条、第七十一条规定之外买卖证券；（4）法律、行政法规和中国证监会禁止的其他行为。

（三）证券登记结算机构的职能

根据《证券登记结算管理办法》第九条的规定，证券登记结算机构履行下列职能：（1）证券账户、结算账户的设立和管理；（2）证券的存管和过户；（3）证券持有人名册登记及权益登记；（4）证券和资金的清算交收及相关管理；（5）受证券发行人的委托办理派发证券权益等业务；（6）依法提供与证券登记结算业务有关的查询、信息、咨询和培训服务；（7）依法担任存托凭证存托人；（8）中国证监会批准的其他业务。

二、证券登记结算与清算制度

（一）证券登记制度

证券法第一百五十一条规定，证券登记结算机构应当向证券发行人提供证券持有人名册及有关资料。证券登记结算机构应当根据证券登记结算的结果，确认证券持有人持有证券的事实，提供证券持有人登记资料。证券登记结算机构应当保证证券持有人名册和登记过户记录真实、准确、完整，不得隐匿、伪造、篡改或者毁损。《证券登记结算管理办法》第二十八条第一款规定，证券登记结算机构根据证券账户的记录，确认证券持有人持有证券的事实，办理证券持有人名册的登记。同时《证券登记结算管理办法》其他部分详细规定了登记的相关要求。

（二）证券存管制度

《证券登记结算管理办法》第八十三条明确规定，存管，是指证券登记结算机构接受证券公司委托，集中保管证券公司的客户证券和自有证券，维护证券余额和持有状态的变动，并提供代收红利等权益维护服务的行为。与存管相似但相区别的概念为托管，托管是指证券公司接受客户委托，代其保管证券并提供代收红利等权益维护服务的行为。而《证券登记结算管理办法》的第五章从第三十六条至第四十二条集中规定了证券的托管和存管事项。

（三）证券结算制度

结算是清算和交收的统称。清算，是指按照确定的规则计算证券和资金的应收应付数额的行为。交收，是指根据确定的清算结果，通过转移证券和资金履行相关债权债务的行为。而《证券登记结算管理办法》的第六章从第四十三条至第五十六条集中规定了证券结算事项。

【相关规定】

《中华人民共和国证券法》第一百四十五条、第一百五十一条;

《证券登记结算管理办法》第九条、第八十三条。

第二百条　【公司债券的转让价格和规则】公司债券可以转让,转让价格由转让人与受让人约定。

公司债券的转让应当符合法律、行政法规的规定。

【条文主旨】

本条是关于公司债券的转让价格和规则的规定。

【修改提示】

本条在原法第一百五十九条规定的基础上作出了修改,新增了"公司债券的转让应当符合法律、行政法规的规定"的规定。

【条文释义】

公司债券的转让价格由转让人与受让人约定,这里所指的公司债券价格并非债券的票面价值,而是双方在转让时的转让价格。此种转让时的价格主要受两个因素的影响,一是市场的利率,二是公司的资信。市场利率以银行定期存款利率为准,是影响债券价格波动的首要因素。市场利率上升,债券的价格下降;市场利率下降,债券的价格上升。当债券的价格高于市场利率时,便是对债券风险高于银行存款风险的补偿。债券的价格直接受市场利率的影响,其与公司经营状况的联系不如股票的价格那般紧密[①]。

公司的资信状况主要表现为公司的偿债能力,若公司的偿债能力下降,债券的价值也会受到消极影响。市场上一般具有债券评级机构,对各个公司债券进行评级,若资信等级高,则风险较小,其利率更加接近于银行存款利率。若资信等级低,则利率会更加高于银行存款利率。

---

① 朱锦清:《公司法学(修订本)》,清华大学出版社2019年版,第27页。

> **第二百零一条** 　**【公司债券的转让方式】**公司债券由债券持有人以背书方式或者法律、行政法规规定的其他方式转让；转让后由公司将受让人的姓名或者名称及住所记载于公司债券持有人名册。

【条文主旨】

本条是关于公司债券的转让方式的规定。

【修改提示】

本条在原法第一百六十条规定的基础上进行了修改，删除了关于无记名公司债券转让的规定；此外，将"公司债券存根簿"更改为"公司债券持有人名册"，同《公司债券发行与交易管理办法》① 中的表述相协调，这也是适应公司债券无纸化实践需要。

【条文释义】

本法第一百九十七条规定："公司债券应当为记名债券。"因此本条规定不再区分记名公司债券与无记名公司债券转让方式的区别。记名债券因为在票面上记载受让人的姓名或者名称，因此其转让通常依照背书方式进行，即由转让人在公司债券上记载受让人的姓名或者名称，并且经过转让人签章交付受让人。记名债券的转让，还需由公司将受让人的姓名或者名称及其住所记载于公司债券存根簿，否则不得对抗公司或者第三人。根据证券法第三十八条的规定，证券在证券交易所上市交易，应当采用公开的集中交易方式或者国务院证券监督管理机构批准的其他方式，此种方式即为法律、行政法规规定的其他方式之一。

【相关规定】

《中华人民共和国证券法》第三十八条。

---

① 《公司债券发行与交易管理办法》，载中国政府网，https：//www.gov.cn/gongbao/2023/issue_ 10886/202312/content_ 6921380. html，最后访问时间：2024 年 1 月 9 日。

> **第二百零二条　【可转换公司债券的发行】** 股份有限公司经股东会决议，或者经公司章程、股东会授权由董事会决议，可以发行可转换为股票的公司债券，并规定具体的转换办法。上市公司发行可转换为股票的公司债券，应当经国务院证券监督管理机构注册。
>
> 发行可转换为股票的公司债券，应当在债券上标明可转换公司债券字样，并在公司债券持有人名册上载明可转换公司债券的数额。

【条文主旨】

本条是关于可转换公司债券的发行的规定。

【修改提示】

本条在原法第一百六十一条规定的基础上进行了修改。其中，主要涉及三方面的变化：第一，将可以发行可转换公司债券的主体扩大适用于股份有限公司，进一步拓宽了股份有限公司融资的渠道和空间；第二，将经公司章程、股东会授权由董事会决议增加为公司发行可转换债券的依据；第三，将上市公司发行可转换为股票的公司债券"应当报国务院证券监督管理机构核准"修改为"应当经国务院证券监督管理机构注册"，响应了公司债券发行注册制的改革要求。

【条文释义】

一、可转换为股票的公司债券的概念、特征、意义

可转换为股票的公司债券，又称可转换公司债券，是指公司依法发行、在一定期间内依据约定的条件可以转换成本公司股票的公司债券，属于证券法规定的具有股权性质的证券。可转换公司债券作为一种兼具"股性"和"债性"的混合证券品种，为企业募集资金提供了多样化的选择，在提高直接融资比重、优化融资结构、增强金融服务实体经济能力等方面发挥了积极作用。可转换公司债券同样可以区分为有担保的可转换公司债券和无担保的可转换公司债券。

可转换公司债券除具有普通公司债券的属性外，其自身的特征就是其

可转换性。即可转换公司债券持有人享有是否将其持有的债券转换为其他证券的选择权。对于该种选择权，债券持有人可以行使，也可以不行使。是否行使该种转换权，取决于债券持有人的意愿。如果可转换公司债券的转换价格或者转换比率高于可转换公司债券的利息或者利率，债券持有人行使选择权则极为有利，反之则极为不利。

可转换公司债券是一种重要的融资手段。公司发行可转换公司债券的首要目的是使其融资手段变得更加具有吸引力，更加有利于筹集资金。从投资者角度来看，投资可转换公司债券既可以减少风险，又能在增加选择主导权的同时增加潜藏回报。若公司业绩变好，则债券持有人可以行使转换权，转变为股东的身份参与公司股利分配，若公司业绩不好则不行使转换权，仍然保住本息。

二、可转换公司债的基本要求

1. 可转换公司债是一种经债券持有人要求可以转换为股票的公司债券。可转换公司债券持有人要求转换为股票，公司应当按照双方约定按照公司公告的转换方法转换为股票。可转换公司债券一旦转换为股票，则债券持有人的身份也转变为股东，享有股东的权利。但是在可转换公司债转变为股票之前，债券持有人不具有股东身份，也不享有股东权利。而且，尽管可转换公司债持有人享有转换为股票的权利，但是该种权利一旦行使，则无法逆转。

2. 公司债券可转换为股票的，在发行可转换公司债券时，不仅应当满足发行公司债券的要求，还必须满足股票发行的要求。即，发行可转换公司债的公司应当同时满足发行公司债券和发行新股的条件。

3. 发行可转换为股票的公司债券，根据本条第二款的要求，应当在债券上标明可转换公司债券字样，并在公司债券持有人名册上载明可转换公司债券的数额。

4. 经股东会决议，或者经公司章程、股东会授权由董事会决议，股份有限公司可以发行可转换为股票的公司债券。即，股份有限公司发行可转换公司债券，其决定权归属于股东会，或者经公司章程、股东会授权由董事会决议。

5. 可转换公司债券可以转让、质押、继承。

【相关规定】

《可转换公司债券管理办法》①。

> **第二百零三条　【可转换公司债券的转换】**发行可转换为股票的公司债券的，公司应当按照其转换办法向债券持有人换发股票，但债券持有人对转换股票或者不转换股票有选择权。法律、行政法规另有规定的除外。

【条文主旨】

本条是关于公司债券持有人对可转换债券享有选择权的规定。

【修改提示】

本条在原法第一百六十二条规定的基础上进行了修改，在条文内容上增加了但书规定，即"法律、行政法规另有规定的除外"，为制定非上市公司发行可转债的具体规则预留了一定立法空间。

【条文释义】

可转换公司债券持有人在债券期限届满时，可以要求公司换发股票，也可以要求公司就该债券履行还本付息的义务，即可转换公司债券持有人在是否将债券转换为公司股票层面享有选择权。具体而言，可转换债券的优势如下：

一、对于发行公司

推迟股权稀释：与股权再融资相比，可转债通常在半年后才进入转股期，发行时不直接增加发行人股票数量，可以推迟对股权和每股利润的稀释。

融资成本低：与债务融资相比，可转债的票面利率低于普通公司债和同期银行贷款利率，因此可转债是一种低息融资工具，可以降低发行人融

---

① 《可转换公司债券管理办法》，载中国证券监督管理委员会网站，http://www.csrc.gov.cn/csrc/c101950/c1416973/content.shtml，最后访问时间：2024年1月9日。

资成本。

结构更加灵活：可转债的向下修正条款为公司提供了灵活性。当股票价格下跌触发下修条款时，发行人可根据公司当时的战略规划、财务情况选择是否向下修正转股价格。若公司有流动性压力，可以通过向下修正转股价应对回售压力；若公司无流动性压力且不愿进一步摊薄股份，可以拒绝下修、接受回售。

二、对于投资者

可转债比一般的债券更加安全，有稳定的还本付息预期，同时也有转股权。

作为信用债的一种，可转换债的流动性更强、安全性更好；同时有较大的盈利想象空间，有通过转股实现更高收益率的机会。

【相关规定】

《中华人民共和国证券法》第十五条、第十六条及第十七条。

> **第二百零四条　【债券持有人会议】** 公开发行公司债券的，应当为同期债券持有人设立债券持有人会议，并在债券募集办法中对债券持有人会议的召集程序、会议规则和其他重要事项作出规定。债券持有人会议可以对与债券持有人有利害关系的事项作出决议。
>
> 除公司债券募集办法另有约定外，债券持有人会议决议对同期全体债券持有人发生效力。

【条文主旨】

本条是关于债券持有人会议及其规则和效力的规定。

【修改提示】

本条是本次公司法修订的新增条文，旨在与证券法第九十二条第一款相衔接。相对于证券法的规定，本条将债券持有人会议的决议内容由证券法中"改变资金用途"扩展至"有利害关系的事项"。

【条文释义】

根据本条规定，公开发行债券应当设立债券持有人会议，由该组织作为债券持有人的自治决策机构。债券持有人会议作为决策机制，可以对重大事项进行决策，受托管理人制度作为管理者机制可以集中管理债券。此前，公司债券持有人基本被排除出公司治理的框架，新增的债券持有人会议和受托管理人制度，为债券持有人相关知情权的有效行使提供了公司法的制度保证。

一、债券持有人会议的含义和效力规则

债券持有人会议是指由全体债权人组成，按照一定的规则和程序召开的会议，并为了全体持有人的整体利益而集体行使权利的决议机构。设立债券持有人会议是公开发行公司债券的一个强制性要求，符合保护投资者的立法目的。

根据本条规定，债券持有人会议决议对同期全体债券持有人发生效力。关于债券持有人会议决议的效力问题在 2020 年发布的《全国法院审理债券纠纷案件座谈会纪要》中就已有体现，该纪要规定："15. 债券持有人会议决议的效力。债券持有人会议根据债券募集文件规定的决议范围、议事方式和表决程序所作出的决议，除非存在法定无效事由，人民法院应当认定为合法有效，除本纪要第 5 条、第 6 条和第 16 条规定的事项外，对全体债券持有人具有约束力。"但是，在随后的司法实践中，可能需要同时警惕少数大额债券持有人利用表决权优势损害小额公司债券持有人权益进而产生持有人会议决议对全体持有人是否生效的问题。

二、债券持有人会议的制度价值

债券持有人会议是重要的债券投资者保护机制之一。债券持有人会议由全体债券持有人组成，是代表全体债券持有人的利益、形成债券持有人集体意志的非常设机构，对债券投资者维护自身合法权益具有现实意义，具体而言：

1. 有助于保障投资者的合法权益。债券持有人因其分布广泛、获取信息不及时、专业能力较弱等特性，处于弱势地位。因此，为寻求多方利益的平衡，我国引入了债券持有人会议制度，该制度的存在使债券投资者能够以集体行使权利、集体议事的决策机制来监督发行人的行为维护自身权益，以团体组织法的方式来保障投资者的合法权益，集中所有持有人的力量，具有更强的震慑力，从而矫正公司债券持有人的弱势地位。

2. 有助于缓解公司债券持有人集体行动的困境。为了维护自身的合法

权益，公司债券持有人还需要付出额外的成本对发行公司进行监督、阻止发行公司的重大失误性决策、抑制公司过度投资等，但是个体往往因收益过低而不愿意付出这样的成本，导致整体陷入集体行动困境。另外，在发行人面临技术性突发状况而违约的情况下，并不能妄断为一定是实质性违约，若个别持有人仅考虑个人利益而对公司提起诉讼，或提出公司破产的申请，则会造成更为严重的影响，进而影响全部债权人的利益。债券是一种长期借款，是具有可持续性的债务，尽管发行公司与持有人之间是债权人与债务人的对立关系，但持有人在保护自身权益时，可以酌情考虑发行公司的长远发展而予以一定的宽限，例如通过召开持有人会议先与发行公司进行协商，适当考虑债券利息或本金展期兑付。

【相关规定】

《中华人民共和国证券法》第九十二条；

《公司债券发行与交易管理办法》；

《全国法院审理债券纠纷案件座谈会纪要》①。

> **第二百零五条 【债券受托管理人的聘请和职责事项】**
> 公开发行公司债券的，发行人应当为债券持有人聘请债券受托管理人，由其为债券持有人办理受领清偿、债权保全、与债券相关的诉讼以及参与债务人破产程序等事项。

【条文主旨】

本条是公开发行债券应当聘请受托管理人的规定。

【修改提示】

本条是本次公司法修订的新增条文，旨在与证券法第九十二条第二款、第三款相衔接。

---

① 《全国法院审理债券纠纷案件座谈会纪要》，载最高人民法院网站，https://www.court.gov.cn/fabu-xiangqing-241671.html，最后访问时间：2024年1月9日。

【条文释义】

债券受托管理人是指由债券发行人聘请，在债券存续期限内依照相关规定或债券受托管理协定维护债券持有人利益的机构。根据证券法第九十二条的规定，债券受托管理人的适格主体应当由本次发行债券的承销机构或者中国证监会认可的机构承担。在中国证券业协会发布的《公司债券受托管理人执业行为准则》① 规定上述两种机构要具备受托管理人资格，该机构还须是协会的会员，并且不得是为本次发行提供担保的机构或自行销售的发行人。根据本条规定，债券受托管理人的职责事项包括为债券持有人办理受领清偿、债权保全、与债券相关的诉讼以及参与债务人破产程序等。

【相关规定】

《中华人民共和国证券法》第九十二条；

《公司债券发行与交易管理办法》；

《全国法院审理债券纠纷案件座谈会纪要》。

> **第二百零六条　【债券受托管理人的勤勉忠实义务】**债券受托管理人应当勤勉尽责，公正履行受托管理职责，不得损害债券持有人利益。
>
> 受托管理人与债券持有人存在利益冲突可能损害债券持有人利益的，债券持有人会议可以决议变更债券受托管理人。
>
> 债券受托管理人违反法律、行政法规或者债券持有人会议决议，损害债券持有人利益的，应当承担赔偿责任。

【条文主旨】

本条是关于债券受托管理人的托管职责和违反法律规定的赔偿责任的规定。

————————————————

① 《公司债券受托管理人执业行为准则》，载中国证券业协会网站，https：//www. sac. net. cn/flfg/zlgz/202310/t20231023_ 61796. html，最后访问时间：2024 年 1 月 9 日。

【修改提示】

本条是本次公司法修订的新增条文。

【条文释义】

根据本条规定，受托管理人应当勤勉履行托管职责，并保持与债券持有人之间无利益冲突，否则债券持有人可决议更换或要求其承担赔偿责任。

一、债券受托管理人的勤勉忠实义务

本条对受托管理人的勤勉、忠实义务作了原则性规定。忠于全体债券持有人，意味着受托管理人自身利益不能与债券持有人利益发生冲突，不得损害债券持有人的利益。勤勉尽责，意味着受托管理人必须亲自履行职责，不得转委托，在履行职责中要履行委托人的注意责任，做到归位尽责。

二、债券受托管理人的责任追究

我国一直缺乏针对债券受托管理人的责任条款。证券法第九十二条确定三项法定义务为受托管理人的追责路径提供了依据，在《全国法院审理债券纠纷案件座谈会纪要》中概括规定了违反上述法定义务的民事赔偿责任，本条规定的赔偿责任也较为模糊，责任边界的模糊导致抽象的法律义务难以产生威慑作用。

在理论界，关于债券受托管理人民事责任的性质问题也存在争议，考虑到我国没有独立完整的信托责任体系，因此需要结合合同法和侵权法来解决该问题。目前学界主要学说包括：违约责任说，侵权责任说，复合责任说以及特殊责任说。"违约责任说"认为受托管理人与持有人间具有债权债务关系，受托管理人基于协议而负有为持有人利益管理债券的一系列义务，当债券受托管理人未按照协议履行义务即构成违约责任；"侵权责任说"认为由于持有人享有债券收益权，违反义务时损害了持有人利益，实际上侵害了持有人收益权，构成侵权责任；"复合责任说"属于以上两种学说的竞合，认为债券受托人一方面违反了协议应履行的义务构成了违约责任，另一方面越权行为本质是一种无权处分，侵害了相关利益主体的权利，故承担违约和侵权责任的竞合；"特殊责任说"认为债券受托管理人承担与违约责任、侵权责任并立的特殊民事责任。

【相关规定】

《中华人民共和国证券法》第九十二条；

《公司债券发行与交易管理办法》；

《全国法院审理债券纠纷案件座谈会纪要》。

第十章 公司财务、会计

第二百零七条 【公司财务、会计制度的建立】公司应当依照法律、行政法规和国务院财政部门的规定建立本公司的财务、会计制度。

【条文主旨】

本条是关于公司建立财务、会计制度的法律依据的规定。

【修改提示】

本条对应原法第一百六十三条的规定，本次修订内容未作变动。

【条文释义】

一、公司应当建立财务、会计制度

公司财务、会计制度体现在公司编制的财务、会计报告上，其是指公司对外提供的反映公司某一特定日期财务状况和某一会计期间经营成果、现金流量的文件。按照《企业财务会计报告条例》①的规定，财务会计报告分为年度、半年度、季度和月度财务会计报告。年度、半年度财务会计报告应当包括会计报表、会计报表附注、财务情况说明书。会计报表应当包括资产负债表、利润表、现金流量表及相关附表。

公司财务、会计制度是公司财务、会计行为规范的总称，具体是指在会计法规、会计原则或者会计制度的指导下，以货币为主要计量形式，对

---

① 《企业财务会计报告条例》，载中国政府网，https：//www.gov.cn/gongbao/content/2000/content_ 60300.htm，最后访问时间：2024 年 1 月 9 日。

公司的整个财务活动和经营状况进行记账、算账、报账，为公司管理者和其他利害关系人定期提供公司财务信息的活动，其中包括了财务制度和会计制度。财务制度是公司资金管理、成本费用的计算、营业收入的分配、货币的管理、公司的财务报告、公司的清算及其公司的纳税等方面的规程。公司的会计制度是指公司会计记账、会计核算等方面的规程，是公司生产经营过程中各种财务制度的具体反映。

公司建立财务、会计制度的意义在于：第一，有利于保护股东利益，公司建立健全的财务、会计制度，便于股东了解公司的经营情况，有利于股东进行合理的投资决策以及对公司进行有效监督。第二，有利于保护债权人的利益，如公司财产无疑是公司对外开展经营的担保，完善的财务、会计制度，是债权人决定是否与公司开展交易的重要标准。第三，有利于保护社会公众的利益，当公司面向公众发行股份或者债券时，无疑会涉及公众投资者的利益，公司完善健全的财务、会计状况将有利于公众投资者理性进行投资决策。第四，对公司而言也有利于促进企业的经营管理水平，会计财务报表所提供的指标实际上是对企业经营业绩的评估，并在此基础之上发现问题之所在，优化企业生产经营管理。第五，也有利于行政部门的监管，财务报表提供的数据为国家宏观调控和政府职能部门进行会计监督提供了依据。

二、公司建立财务、会计制度的法律依据

本条列明了公司建立财务、会计制度的法律依据，具体包括：（1）法律；（2）行政法规；（3）部门规章，即国务院财政部门颁布的规范性文件。

【适用指南】

公司法律师若想了解公司和公司的经营情况，有必要具备一定财务会计的知识，掌握基本的会计术语，主要包括：（1）资产负债表，其反映了企业在某一天的财务状况，表格被分为两栏，左边一栏列明了资产，右边一栏则是债务和所有者权益，两边保持平衡。资产负债的平衡公式是：资产=负债+所有者权益，资产包括现金、货物和债券；负债包括流动债务和长期债务；所有者权益即股东权益，会列明能够分配给公司股东的数额。（2）损益表，其反映了公司在一个阶段内的经营成果，损益表由收入和支出项组成，所以也被称为收支表，收入减去支出即所得利润。（3）现金流量表，其反映了公司的投资、筹资和经营活动对现金流量的影响，是评估公司财务是否健康的重要标志。

【相关规定】

《上市公司章程指引》第一百五十条。

案例评析

公司应当依照法律、行政法规和国务院财政部门的规定建立公司的财务、会计制度。清算组在清算期间应清理公司财产，分别编制资产负债表和财产清单①

一、案情简介

甲公司于 1998 年 12 月 25 日注册成立，注册资本 50 万元，原名称为乙文化传播有限公司，2007 年 6 月 14 日变更为现名称甲公司。

2006 年 9 月 30 日，甲公司的投资者发生变更，原投资人为陈小某和王某，变更后的投资人是陈艳某和王某。工商档案资料显示，甲公司委托公司员工戴某办理了前述投资者变更登记手续。与变更登记手续相关的股东会决议、公司章程修正案、股份转让合同落款处以及陈艳某身份证复印件均有"陈艳某"的签名。对此，陈艳某否认其是甲公司股东，表示前述"陈艳某"的签名非其签署，身份证遗失并被他人冒用。

2012 年 7 月 5 日，广东省工商行政管理局以未在法定时间内接受年度检验为由，对甲公司作出吊销营业执照的行政处罚，并责令甲公司在收到行政处罚决定书之日起停止经营活动，依法组织清算，自清算结束之日起三十日内，由清算组申请注销登记。

2008 年 5 月 23 日，天河法院就陈思某诉甲公司、陈艳某租赁合同纠纷一案作出（2007）天法民四初字第 1167 号民事判决，判令甲公司支付原告陈思某租金及其违约金。

二、本案争议焦点

陈艳某应否对甲公司的案涉债务承担连带清偿责任。

---

① 广东省广州市中级人民法院（2021）粤 01 民终 12542 号民事判决书，载中国裁判文书网，https：//wenshu. court. gov. cn/website/wenshu/181107ANFZ0BXSK4/index. html？docId=/5FH2H03CGmL9ngaTECyAiT6Xn2BZpd2Rw9syQUZRLt6d5vpXtxzQmI3IS1ZgB82iQX4r2SGTB5b5Ehjtp9N4g/rLeHyTLky/mvA9PP+4a0KRNgqtAGzyJc6m2sZbb9C，最后访问时间：2024 年 1 月 17 日。

三、法院裁判要旨

公司收购了少数股东的股权，《最高人民法院关于适用〈中华人民共和国公司法〉若干问题的规定（二）》第十八条第二款的规定，股东须对公司债务承担连带清偿责任应满足如下构成要件：第一，股东怠于履行清算义务；第二，公司主要财产、账册、重要文件等灭失，无法进行清算；第三，股东怠于履行与公司无法清算之间存在因果关系；第四，债权人对公司享有到期未受偿的债权。第二，关于甲公司是否存在主要财产、账册、重要文件等灭失，无法进行清算的情形。

法院认为，根据 2005 年公司法的规定，公司应当依照法律、行政法规和国务院财政部门的规定建立公司的财务、会计制度。清算组在清算期间应清理公司财产，分别编制资产负债表和财产清单。

本案中，王某至今未应诉答辩，陈艳某亦称其无法提供公司的财务账册。可见，甲公司的股东均无法向法院提供甲公司的财务账簿、重要文件等，应视为甲公司的财务账簿、重要文件等已查无下落，甲公司缺乏进行清算的条件。一审法院认定甲公司无法清算，并无不当，二审法院予以维持。

四、评析

公司依法置备财务会计账簿及记账凭证、原始凭证等是公司依法开展清算工作的重要依据，如果相关财务会计资料不完整甚至灭失，将直接影响清算，导致公司无法清算。同时在涉及公司法的诉讼中，当事人往往会提交不少财务会计信息作为证据，如何辨别、认定和使用会计资料及其信息，也是当前法官在审理案件时的重要挑战之一。

第二百零八条　【财务会计报告的制作和年审制】 公司应当在每一会计年度终了时编制财务会计报告，并依法经会计师事务所审计。

财务会计报告应当依照法律、行政法规和国务院财政部门的规定制作。

【条文主旨】

本条是关于公司编制年度财务会计报告要求的规定。

【修改提示】

本条对应原法第一百六十四条的规定，本次修订内容未作变动。

【条文释义】

一、财务会计报告的编制

财务报告通常由公司董事会或执行董事组织或委托会计人员编制。

二、财务会计报告的审计

公司编制的财务报告须依法经会计师事务所审计，审计是否为公司编制财务报告后的程序，取决于法律法规、监管规章、公司章程等是否对公司设定强制审计义务。

三、财务会计报告的公示

公司财务报告应当向股东开放，公司应将财务报告置备于公司，以便于股东的查阅。

【适用指南】

公司法对公司企业的财务会计报告要求有：

首先，在每一会计年度终了时编制。按照会计法规定，会计年度自公历1月1日起至12月31日止。

其次，应当依法经会计师事务所审计。这一规定的目的是确保财务会计报告的真实性、准确性和可信度。这里所讲的"法"是一个广泛的概念，包括法律、行政法规和国务院财政部门等的规定。

最后，需要满足依法制作的条件。应按照会计法、公司法、证券法、《企业财务会计报告条例》等法律、行政法规、部门规章的规定制作。例如，按照会计法规定，财务会计报告应当由单位负责人和主管会计工作的负责人、会计机构负责人（会计主管人员）签名并盖章；设置总会计师的单位，还须由总会计师签名并盖章。单位负责人应当保证财务会计报告真实、完整。

【相关规定】

《中华人民共和国会计法》第十一条。

> **第二百零九条 【财务会计报告送交股东及公示】** 有限责任公司应当按照公司章程规定的期限将财务会计报告送交各股东。
>
> 股份有限公司的财务会计报告应当在召开股东会年会的二十日前置备于本公司，供股东查阅；公开发行股份的股份有限公司应当公告其财务会计报告。

【条文主旨】

本条是关于财务会计报告送交股东及公示的规定。

【修改提示】

本条对应原法第一百六十五条的规定，新法未进行实质性修订，仅有语言表述上的修改。

【条文释义】

一、对有限责任公司的要求

按照本法规定，有限责任公司要将财务会计报告送交各股东。有限责任公司的股东在五十人以下，人数较少，所以要求有限责任公司将财务会计报告送交各股东。送交的期限，本法未作强制性的规定，只要求按照公司章程的规定执行。据此，有限责任公司的章程应当规定在公司召开股东会前多少日内将财务会计报告送交各股东。为减少纠纷，维护股东的合法权益，需要强调指出的是，股东在制定公司章程时一定要对此作出规定，公司章程中既可以规定一个时段，也可以规定具体时间。比如，可以规定为财务会计报告制定后多少日，也可以规定为开会前多少日内。

二、对股份有限公司的要求

按照本法规定，股份有限公司要将财务会计报告置备于公司。由于股份有限公司规模大，股东人数众多，不可能像有限责任公司那样将财务会计报告一一送交各股东，所以，本法要求股份有限公司要将财务会计报告在召开股东大会年会的二十日前置备于本公司，以便供股东查阅。

三、对公开发行股票的股份有限公司的要求

按照本法规定，公开发行股票的股份有限公司要公告财务会计报告。

公开发行股票的股份有限公司，由于涉及广大公众投资者的利益，其财务状况应为公众知悉。因此，公开发行股票的股份有限公司不仅要将财务会计报告置备于本公司，而且还要公告其财务会计报告，以尽可能地使广大股东和其他投资者看到公司的财务会计报告。

【适用指南】

在实践中，财务会计报告主要有四种方式加以公示：（1）将报告送交给各个股东，有限责任公司应当依照公司章程规定的期限将财务会计报告送交各股东。（2）将报告置备于公司以供股东查阅，股份有限公司的财务会计报告应当在召开股东大会年会的二十日前置备于本公司，以供股东查阅。（3）通过公告的方式，对于公开发行股票的股份有限公司应当公开其财务会计报告。（4）向各有关部门或单位报送财务会计报告，公司的财务会计报告应按期报送相关主管机关、财税部门及开户银行等。

【相关规定】

《中华人民共和国公司法》第五十七条。

> **第二百一十条　【公司税后利润分配】**公司分配当年税后利润时，应当提取利润的百分之十列入公司法定公积金。公司法定公积金累计额为公司注册资本的百分之五十以上的，可以不再提取。
>
> 公司的法定公积金不足以弥补以前年度亏损的，在依照前款规定提取法定公积金之前，应当先用当年利润弥补亏损。
>
> 公司从税后利润中提取法定公积金后，经股东会决议，还可以从税后利润中提取任意公积金。
>
> 公司弥补亏损和提取公积金后所余税后利润，有限责任公司按照股东实缴的出资比例分配利润，全体股东约定不按照出资比例分配利润的除外；股份有限公司按照股东所持有的股份比例分配利润，公司章程另有规定的除外。
>
> 公司持有的本公司股份不得分配利润。

【条文主旨】

本条是关于公司税后利润分配的规定，具体包括利润分配的基础和条件、盈余公积金的提取比例、以利润弥补亏损、利润分配比例的确定等。

【修改提示】

本条文将原法第三十四条、第一百六十六条相关内容进行了合并，在内容上主要是进行了部分文字表述上的修改。

【条文释义】

一、公司利润分配的一般规定

公司的利润，在缴纳税款并依法弥补亏损和提取公积金后，所得盈余即为向股东进行分配的红利。在没有章程特别约定的情况下，本法的一般规定是按照股东实缴出资比例或所持有股份公司股票的比例进行分配，即对有限责任公司而言，股东的利润分配与其认缴的出资比例无关，实缴出资缴纳得越多，分红也就越多。

二、公司章程另有约定

公司可以通过章程对法定的利润分配规定另行约定，此乃属于公司意思自治的体现。但是，通过公司章程改变本条规定的按照出资比例分取红利时，必须经由全体股东约定，而不得采取多数决的方式。

三、公司利润分配的顺序

根据本条规定，公司当年税后利润分配规定的法定顺序是：（1）弥补亏损，即在公司已有的法定公积金不足以弥补上一年度公司亏损时，先用当年利润弥补亏损。（2）提取法定公积金，即应当提取税后利润的 10% 列入公司法定公积金；公司法定公积金累计额为公司注册资本的 50% 以上的，可以不再提取。公司提取的法定公积金用于本公司职工的集体福利。（3）提取任意公积金，即经股东会或股东大会决议，提取任意公积金，任意公积金的提取比例由股东会或者股东大会决定。任意公积金不是法定必须提取的，是否提取以及提取比例由股东会或股东大会决议。（4）支付股利，即在公司弥补亏损和提取公积金后，所余利润应分配给股东，即向股东支付股息。

四、股东利润分配请求权概述

股东利润分配请求权可区分为抽象利润分配请求权和具体利润分配请

求权。抽象利润分配请求权，是指股东给予获取利润分配的固有权利，就是享有的要求公司进行利润分配的权利；而具体利润分配请求权则是指存有可分配利润时，股东根据股东会议分配利润的决议而享有的请求公司按其类别和比例向其支付特定利润的权利。① 二者的区别在于是否已经通过股东会议的决议。从实践来看，区分二者的意义在于具体利润分配请求权是公司利润分配的常态，利润分配到程序设计也是围绕这种权利所展开的。抽象利润分配请求权易于陷于干预公司商业判断的争议，有违公司意思自治的原理，故通常不被法院所认可。

五、公司利润分配法理与实践裁判实践思考

公司利润分配是在平衡公司内、外部主体之间利益的基础上，对净利润在提取了各种公积金后如何进行分配而采取的基本态度和法律政策。围绕公司利润分配，在新老股东之间、大小股东之间、与债权人之间、优先债权人与次级债权人之间、股东债权人与非股东债权人之间、股东与管理层之间、股东与普通雇员之间、股东与国家之间，广泛存在有关股权保护、股权平等、债权实现、职工利益保护、税收等方面的利益冲突。此命题在公司法研究中存在特殊价值，但在司法实践中，我国公司利润分配规则不尽合理，对其具体适用的问题，实务上还处于进一步探索的阶段。

【适用指南】

本条规定无疑是公司股东请求公司分配利润的请求权基础，在适用时不仅需要满足实质性要件也需要满足程序性要件。其中，实质性要件包括：（1）公司在当年缴纳税款后仍存有税后利润；（2）该税后利润能够弥补公司过往亏损；（3）该税后利润依法被提取法定公积金、任意公积金（如有）。程序性要件根据是否存有明确的利润分配方案，可以分为两种情形：情形一是根据公司法及公司章程作出股东分配方案的股东决议，同时该股东决议不存在程序或内容违法的情况；情形二则是公司不存在明确的利润分配方案，且股东会或董事会违反规定分配利润或不分配利润，滥用股东权利。

【相关规定】

《中华人民共和国公司法》第四条；

---

① 蒋大兴：《公司法的展开与评判——方法·判例·制度》，法律出版社2001年版，第327页。

《最高人民法院关于适用〈中华人民共和国公司法〉若干问题的规定
（四）》第十三条、第十四条、第十五条；

《最高人民法院关于适用〈中华人民共和国公司法〉若干问题的规定
（五）》第四条。

案例评析

司法干预的强制盈余分配，在盈余分配判决未生效之前，公司不负有法定给付义务，不应支付盈余分配款利息[①]

一、案情简介

2007 年 5 月，甲公司和乙公司通过股权转让的方式成为丙公司的股东，其中甲公司持股 60%，乙公司持股 40%。其后，因甲公司及其法定代表人李某军（同时作为甲公司和丙公司两家公司的法定代表人）长期占用丙公司盈余资金，并利用大股东地位不予通过分配盈余的股东会决议，遂成诉。甘肃省高级人民法院一审判决丙公司向乙公司支付盈余分配款，李某军对前述款项承担补充赔偿责任。丙公司和李某军不服一审判决，上诉至最高人民法院。

二、本案核心问题

在股东会未形成盈余分配决议时，丙公司是否应向乙公司进行盈余分配。

三、法院裁判要旨

公司在经营中存在可分配税后利润时，有的股东希望将盈余留作公司经营以期待获取更多收益，有的股东则希望及时分配利润实现投资利益，一般而言，即使股东会或股东大会未形成盈余分配决议，对希望分配利润股东利益不会发生根本损害，故原则上这种冲突解决属公司自治范畴，是否进行公司盈余分配及分配多少，应由股东会作出公司盈余分配具体方案。但当部分股东变相分配利润、隐瞒或转移公司利润时，则会损害其他股东实体利益，已非公司自治所能解决，此时若司法不加以适度干预则不

[①] 最高人民法院（2016）最高法民终 528 号民事判决书，载中国裁判文书网，ht-tps：//wenshu. court. gov. cn/website/wenshu/181107ANFZ0BXSK4/index. html？docId=M1kKoTaFpa0h51nmEJq4WzVsu9l8sv6WDLxjqgAXbOXFjF5pI+LdKGI3IS1ZgB82iQX4r2SGTB4e9P1bZKLUeG0McKF9xUVX2sseoZYeM3Kc/8M75kDThMB6MbJ7wrlr，最后访问时间：2024 年 1 月 9 日。

能制止权利滥用，亦有违司法正义。虽目前有股权回购、公司解散、代位诉讼等法定救济路径，但不同救济路径对股东权利保护有实质区别，故需司法解释对股东盈余分配请求权进一步予以明确。为此，《最高人民法院关于适用〈中华人民共和国公司法〉若干问题的规定（四）》第十五条规定："股东未提交载明具体分配方案的股东会或者股东大会决议，请求公司分配利润的，人民法院应当驳回其诉讼请求，但违反法律规定滥用股东权利导致公司不分配利润，给其他股东造成损失的除外。"

本案中，丙公司全部资产被整体收购后无其他经营活动，法院委托司法审计结论显示，丙公司清算净收益为7500万余元，即使扣除双方有争议款项，丙公司亦有巨额可分配利润，具备公司进行盈余分配前提条件。李某军同为丙公司及其控股股东甲公司法定代表人，未经公司另一股东乙公司同意，无合理事由将5600万余元公司资产转让款转入关联公司账户，转移公司利润，给乙公司造成损失，属于甲公司滥用股东权利，符合前述司法解释第十五条但书条款规定应进行强制盈余分配的实质要件。前述司法解释规定的股东盈余分配救济权利，并未规定需以采取股权回购、公司解散、代位诉讼等其他救济措施为前置程序，乙公司对不同救济路径有自由选择权利，故丙公司、李某军关于无股东会决议不应进行公司盈余分配的主张不能成立。判决丙公司10日内给付乙公司盈余分配款1600万余元，丙公司到期不能履行上述给付义务，由李某军承担赔偿责任。

四、评析

本案是一起公司盈余分配纠纷。在公司大股东压制的情形下，公司有盈余但拒不分配公司利润是损害公司中小股东权益的常见情形，为此，《最高人民法院关于适用〈中华人民共和国公司法〉若干问题的规定（四）》第十五条明确规定："股东未提交载明具体分配方案的股东会或者股东大会决议，请求公司分配利润的，人民法院应当驳回其诉讼请求，但违反法律规定滥用股东权利导致公司不分配利润，给其他股东造成损失的除外。"该条规定的"但书"条款为法院强制公司利润分配预留了制度分配空间。法院依申请对公司利润进行强制分配的逻辑基础就在于，在股东压制这一公司自治失败的情境下，中小股东的收益权受到了严重侵害，法院基于司法正义与不得拒绝裁判的原则有必要对公司的利润分配事项加以干预。

在本案中，最高人民法院分析了抽象利润分配请求权的法律构成，包括：大股东滥用股东权利，使得小股东事实上受到了压榨；公司具有盈余且符合公司法规定的利润分配条件，在分析上述构成后，法院作出了直接分配利润的判决。但值得注意的是，本案存有一个特殊情况，案涉公司实际上已经处于停止经营的状态。尽管司法慎重干预公司自治依然是此类诉讼的基本原则，但存在本案此种特殊情形时，便不宜在司法干预和公司自治的平衡尺度上反复踌躇。本案的核心意义在于揭示了司法既决意干预公司自治，便当考虑其干预实效性的裁判理念。既然判决公司在一定期限内作出决议的结果无法强制执行又可以被轻易规避，便应当选择更直接的处理方式，而不致使《最高人民法院关于适用〈中华人民共和国公司法〉若干问题的规定（四）》设定的保护机制落为空谈。①

> **第二百一十一条　【违法向股东分配利润的董监高责任】**
> 公司违反本法规定向股东分配利润的，股东应当将违反规定分配的利润退还公司；给公司造成损失的，股东及负有责任的董事、监事、高级管理人员应当承担赔偿责任。

【条文主旨】

本条是关于违法向股东分配利润董监高责任的规定。

【修改提示】

本条在原法第一百六十六条规定的基础上作出了修改。

【条文释义】

本条规定了当公司违法向公司股东分配利润给公司造成损失时，负有责任的董事、监事、高级管理人员应承担相应的责任，进一步体现在新法中，针对欠缴出资、抽逃出资、违规减资、违规分红等有损资本充实原则的情形，进一步强化了董事、监事、高级管理人员的催缴与资本维持的责任，这无疑也是本次新法修改的重要亮点之一。原法第一百四十七条规定了公司董事、监事、高级管理人员的忠实义务和勤勉义务，上述法律规定属于一般性规定，关于董监高的忠实义务和勤勉义务违反的具体情形，在

---

① 曹玉龙：《股东抽象利润分配请求权的行使思路和裁量规则——兼释（2016）最高法民终 528 号案》，载微信公众号"天同诉讼圈"，https://mp.weixin.qq.com/s/Wm_k9b8yctaGlCP2xSoecA，最后访问时间：2024 年 1 月 9 日。

公司法其他的条文中进行了规定，本条规定就属于对第一百四十七条此一般性规定的具体细化。值得注意的是，"负有责任"一词存在的模糊性也会给实务带来一定疑问——是否能包含作为与不作为的情况？是否与勤勉义务的范围一致？是评价对于损害结果的责任还是对于违法行为发生的责任？有待在司法实践中进一步细化理解。

一、实践中违法分配利润的常见情形

一是公司无利润而实施"分配"。公司在没有可供分配利润（甚至存在亏损）的情况下，以分配股利的名义向股东支付资金（或者虽有利润，但支付给股东的金额多于可供分配的利润）。二是公司有利润，未作分配决议就将公司收入以分红名义直接支付给股东。三是公司有利润，履行了利润分配的决议程序（例如，股东会通过了分配利润决议），但未提取法定公积金就实施分配。四是公司与股东之间订立不以"税后利润"为分配基础的定额股息或定额回报协议，公司履行该类协议的行为也可能被法院认定为违法分配。公司与股东间的此类约定与新法第二百一十条以"税后利润"为分配基础的规则是冲突的。此类协议通常应当确认无效。

二、关于违法分配利润的责任承担

一是财产返还责任。由文义可知，此一责任属于无过错责任。也即，无论股东对违法分配是否知情，股东都应当将违反规定分配给自己的利润退还公司。公司分配利润通常支付的是现金，也有可能采用分配实物股利或者股份股利的方式。无论利润采取什么形式分配，只要属于违法分配，股东均应将受领的财产利益返还给公司，且通常也应同时返还其持有该笔"利润"期间获得的"孳息"。二是损害赔偿责任。如果违法分配给公司造成损失，"股东及负有责任的董事、监事、高级管理人员应当承担赔偿责任"。本规定的表述较为概况，关于应赔偿的"损失"的种类和范围的界定、"负有责任"是否包含过错以及股东与"负有责任的董事、监事、高级管理人员"之间是否为连带责任等具体回答有待在司法实践中加以明确化。

【相关规定】

《中华人民共和国公司法》第二百零九条、第二百一十条。

> **第二百一十二条 【公司利润分配期限】** 股东会作出分配利润的决议的，董事会应当在股东会决议作出之日起六个月内进行分配。

【条文主旨】

本条是关于公司利润分配期限的规定。

【修改提示】

本条是本次公司法修订的新增条文。新增本条对公司利润分配期限进一步细化，股东会作出分配利润的决议的，董事会应在六个月内进行分配，但是公司章程或股东会决议可以另有约定。实际上，本条可视为对《最高人民法院关于适用〈中华人民共和国公司法〉若干问题的规定（四）》第十四条和《最高人民法院关于适用〈中华人民共和国公司法〉若干问题的规定（五）》第四条第一款的借鉴，将公司章程、股东会决议的公司利润分配的法定期限由一年缩短至六个月。

【条文释义】

一、公司利润分配基本规定

公司利润分配决议的具体内容是公司私法自治的结果，公权力原则上不予干预，但存在例外。如根据本条之规定，决议、章程中均未规定分配时间或时间超过六个月的，公司应当自决议作出之日起六个月内完成利润分配，即立法对公司利润分配时间所设定的强制性期限是六个月。

二、公司利润分配期限

股东是公司的投资者，是公司直接融资的对象。依法维护股东权利，是依法保护营商环境的条件和基础。而中小股东由于持股比例的限制，在公司中处于弱势地位，规定从现实出发，着眼于保护中小股东的利益。新法明确了从利润分配请求权方面着力保护公司的股东权利，该条法律规定明确公司最迟应当自作出分配决议之日起六个月内完成利润分配，相较公司法相关司法解释的原规定的一年期限，进一步实现对股东利润分配请求权的充分保护。

利润分配请求权是股东的一项重要权利，但中小股东在行使这项权利时有时需要司法的帮助。此前制定的《最高人民法院关于适用〈中华人民共和国公司法〉若干问题的规定（四）》中规定了股东以诉讼形式强制公司分配利润的条件。根据该规定，如果没有作出载明具体分配方案的股东会或者股东大会的有效决议，股东要求分配利润不能得到支持；公司作出载明具体分配方案的股东会或者股东大会的有效决议，股东可以向法院提起诉讼请求强制分配。但如果过分长期不分配利润，符合违反法律规定滥用股东权利导致公司不分配利润，给其他股东造成损失的情形，则强制分配利润的请求能够得到支持。

三、股东利润分配请求权的权利属性

股东利润分配请求权根据其性质可以分为抽象的股东利润分配请求权与具体的股东利润分配请求权。在公司作出利润分配的决议之前，股权利润分配请求权只是股东的一种固有权利，此时由于公司的经营具有风险性，股东能否分得股利，分得几何，均为未知数，是一种期待权，理论界称之为抽象的利润分配请求权；只有当公司存在可供分配的利润，并经股东会决议确认具体利润时，股东利润分配请求权才具有债权性，股东可以据此要求公司进行对应的给付，此种则被称为具体的利润分配请求权。

【适用指南】

利润分配方案原则上应当载明待分配利润的数额、分配的范围、分配的原则以及分配的时间等详细内容。如果股东会仅仅是原则上通过分配决定，具体分配细则还需待一定条件成就或另行召开股东会来确定，则不属于法律所指的具体的利润分配方案。实践中，股东提交的利润分配方案内容往往并不完备，法院在审理过程中，若根据已有信息能够确定股东根据方案应当得到的具体利润数额，则可认定存在具体的利润分配方案。

【相关规定】

《最高人民法院关于适用〈中华人民共和国公司法〉若干问题的规定（四）》第十四条、第十五条；

《最高人民法院关于适用〈中华人民共和国公司法〉若干问题的规定（五）》第四条。

> **第二百一十三条　【公司资本公积金】**公司以超过股票票面金额的发行价格发行股份所得的溢价款、发行无面额股所得股款未计入注册资本的金额以及国务院财政部门规定列入资本公积金的其他项目，应当列为公司资本公积金。

【条文主旨】

本条是关于公司资本公积金的规定。

【修改提示】

本条在原法第一百六十七条规定的基础上进行了修改，主要是配合无面额股的制度改革，增加了无面额股制度的有关表述，要求将无面额股股款未计入注册资本的金额计入资本公积金，并将原法中的"其他收入"修改为"其他项目"。

【条文释义】

一、公司资本公积金的来源

本条是关于公司资本公积金构成的规定，资本公积金是指企业由投入资本本身所引起的各种增值，这种增值一般不是由于企业的生产经营活动产生的，与企业的生产经营活动没有直接关联。资本公积金的主要来源是资本溢价或者股票溢价、法定财产评估增值和接受捐赠的资产价值等。

资本公积金的来源主要包括以下几个方面：第一，与出资有关但不计入股本的现金或实物流入，包括资本溢价、股本溢价等。第二，虽然意味着所有者权益的增加，但是又不适宜作为收入确认的项目，包括基于法定财产重估增值而形成的资产评估增值准备、接受捐赠的实物资产的价值形成的接受捐赠资产准备、以非现金资产对外投资公允价值大于账面价值的差额而形成的股权投资准备等。第三，基于会计处理方法或者会计程序而引起的所有者权益账面增长。

二、无面额股制度改革

无面额股制度的引入作为本次修订草案中变化最为显著的内容之一，有其理论依据及现实考量，具体体现在以下几个维度：

（一）顺应法定资本制度的变化趋势

自 1993 年公司法制定至今几经修改，我国的法定资本制度也由最初的一次性实缴出资制，经历分期实缴出资制后，全面改革为现行公司法下的全面执行资本认缴制，修订草案更是进一步引入有限度的授权资本制。根据全面认缴制的规则，除特定情形外，设立公司不再有注册资本最低门槛及首期实缴出资一定比例的法定要求，注册资本的实际缴纳期限也可以根据公司章程的规定延期。因此，股份的票面价值、公司公示的注册资本等信息已不必然体现公司资本的充实程度及公司偿债能力的高低，相应地，面额股制度对债权人及投资者权益保护的意义也趋于弱化。

（二）鼓励融资活动，激发市场活力

根据公司法第一百四十八条的规定，面额股股票的发行价格可以按票面金额，也可以超过票面金额，但不得低于票面金额。但当公司股票的实际价值低于公司股票票面价值时（例如，公司遭遇危机但尚有挽救余地时），面额股制度下对发行价格的限制将降低前述情形下公司再融资的可能性，进而在一定程度上抑制资本市场的发展。

【相关规定】

《中华人民共和国公司法》第二百一十条。

第二百一十四条　【公积金用途及限制】公司的公积金用于弥补公司的亏损、扩大公司生产经营或者转为增加公司注册资本。

公积金弥补公司亏损，应当先使用任意公积金和法定公积金；仍不能弥补的，可以按照规定使用资本公积金。

法定公积金转为增加注册资本时，所留存的该项公积金不得少于转增前公司注册资本的百分之二十五。

【条文主旨】

本条是关于公积金用途及其限制的规定。

【修改提示】

本条在原法第一百六十八条规定的基础上进行了修改，主要是删去了资本公积金不得弥补亏损的规定，此乃重大变化，新增了用资本公积金弥补亏损的顺序要求。

【条文释义】

一、公积金的用途

1. 弥补公司亏损。公司在生产或者经营过程中，有时盈利，有时亏损。如果公司盈利时将公司盈余全部分光，当公司出现暂时的亏损时会使得公司资本减少，公司发展受限。有了公积金作为公司储备金，当公司亏损时不仅可以弥补资本的亏空，而且还可以动用一部分公积金作为红利进行分配，使公司在保持原有经营规模或者在相对稳定的情况下调整经营政策，尽快地扭亏为盈。公积金弥补亏损实际上起到了维护公司信誉和抗御经营风险的作用。公司应当首先使用资本公积金弥补公司的亏损，当法定公积金不足以弥补时，用当年的利润弥补，当年的利润仍不足以弥补时，可以用任意公积金进行弥补。

2. 扩大公司生产经营。公司在发展过程中扩大生产经营规模、增强公司的实力，需要增加资金的投入。如果公司对外募集扩大公司生产经营规模的资金，通常手续繁杂，成本也较为高昂。如果公司用公积金来扩大公司的生产或者经营规模，相对手续简便的同时成本也较低。

3. 增加公司的资本。公司资本的增加是指增加公司的注册资本，注册资本的增加将有利于公司发展规模的扩大。使用公积金来增加公司注册资本，实际上增加公司股东的投资，对于有限责任公司而言，是按照每个股东的出资比例增加其出资额；对于股份有限公司而言，则按股东所持股份比例来增加其出资额，一种是增加公司的股份数，另一种是不改变公司的股份数，增加股份面值。

二、盈余公积金与利润概念的思考

由于法律上规定了"盈余公积"的用途，非会计专业人士常常以为提取盈余公积金意味着单独将这部分资金从企业资金周转过程中抽出来，用于某个项目，比如扩大生产或者弥补亏损。其盈余公积作为资金来源项目，本身并不反映资金的任何实际占用形态。提取盈余公积或者按照法定用途使用盈余公积，都只涉及所有者权益内部结构的调整，不会引起公司资产数量或者状态的变动，这样的会计处理，只是为了限制"净利润"中可以向所有者分配的数额。① 同理，企业在账上的利润，并不意味着有足够的现金予以支付股利，也并非必然能够支付到期债务，因为公司分配是从资产负债表的左侧科目而非右侧科目支付的。②

【相关规定】

《企业财务通则》③ 第十八条；
《金融企业财务规则》④ 第四十四条。

> **第二百一十五条　【公司聘用、解聘会计师事务所】**公司聘用、解聘承办公司审计业务的会计师事务所，按照公司章程的规定，由股东会、董事会或者监事会决定。
>
> 公司股东会、董事会或者监事会就解聘会计师事务所进行表决时，应当允许会计师事务所陈述意见。

【条文主旨】

本条是关于公司聘用、解聘会计师事务所的规定。

【修改提示】

本条在原法第一百六十九条规定的基础上作出了修改，内容层面未发生任何实质性变化，仅仅是文字表述上的修改。

【条文释义】

公司聘用或解聘承办公司审计业务的会计师事务所，应当依照公司章程的规定，由股东会、股东大会或者董事会决定。公司经理或其他高级管理人员不得自行决定聘用或者解聘承办公司审计业务的会计师事务所。公

---

① 刘燕：《会计法》，北京大学出版社 2009 年版，第 326 页。
② 傅穹：《重思公司资本制度原理》，法律出版社 2004 年版，第 186 页。
③ 《企业财务通则》，载中国政府网，https：//www.gov.cn/ziliao/flfg/2007-01/29/content_511302.htm，最后访问时间：2024 年 1 月 9 日。
④ 《金融企业财务规则》，载中国政府网，https：//www.gov.cn/govweb/ziliao/flfg/2006-12/18/content_471492.htm，最后访问时间：2024 年 1 月 9 日。

司为明确此项决定权由哪个机构行使，应当在章程中对此作出规定。本条规定只适用于承办公司审计业务，即接受公司委托，对公司的财务会计报告进行独立审计，出具审计意见的会计师事务所，不能用于仅为公司提供会计咨询业务的会计师事务所。为了保证会计师事务所独立、客观、公正地进行审计，防止公司随便解聘会计师事务所，本条规定，在公司股东会、股东大会或者董事会就解聘会计师事务所进行表决时，应当允许会计师事务所陈述自己的意见。

【相关规定】

《上市公司信息披露管理办法》第四十四条；

《非上市公众公司信息披露管理办法》① 第三十一条；

《中华人民共和国企业国有资产法》第六十七条；

《期货公司监督管理办法》② 第一百零三条。

> **第二百一十六条　【公司对会计师事务所的诚实义务】**
> 公司应当向聘用的会计师事务所提供真实、完整的会计凭证、会计账簿、财务会计报告及其他会计资料，不得拒绝、隐匿、谎报。

【条文主旨】

本条是关于公司对会计师事务所的诚实义务的规定。

【修改提示】

本条对应原法第一百七十条的规定，本次修订内容未作变动。

---

① 《非上市公众公司信息披露管理办法》，载中国证券监督管理委员会网站，http://www.csrc.gov.cn/csrc/c106256/c1653987/content.shtml，最后访问时间：2024 年 1 月 9 日。

② 《期货公司监督管理办法》，载中国证券监督管理委员会网站，http://www.csrc.gov.cn/csrc/c106256/c1654011/content.shtml，最后访问时间：2024 年 1 月 9 日。

【条文释义】

一、真实、完整的会计资料

这是公司应主动履行的法定义务。确保会计资料的真实、完整是会计法的基本要求。按照会计法的规定，公司必须依法设置会计账簿，并保证其真实、完整。公司的法定代表人要对本单位的会计工作和会计资料的真实性、完整性负责。公司的会计机构、会计人员要依法进行会计核算，实行会计监督。任何单位或者个人不得以任何方式授意、指使、强令会计机构、会计人员伪造、变造会计凭证、会计账簿和其他会计资料，提供虚假财务会计报告。任何单位或者个人不得对依法履行职责、抵制违反会计法规定行为的会计人员实行打击报复。会计凭证、会计账簿、财务会计报告和其他会计资料，必须符合国家统一的会计制度的规定。使用电子计算机进行会计核算的，其软件及其生成的会计凭证、会计账簿、财务会计报告和其他会计资料，也必须符合国家统一的会计制度的规定。任何单位和个人不得伪造、变造会计凭证、会计账簿及其他会计资料，不得提供虚假的财务会计报告。

二、不得拒绝、隐匿、谎报

这是应会计师事务所的要求必须履行的一项法定义务。也就是说，公司必须按照会计师事务所的要求提供相关的会计资料，不得故意拒绝、隐匿、谎报，如发生此种情况要依法承担相应的法律责任。

【相关规定】

《中华人民共和国会计法》第三十五条、第四十条；
《上市公司信息披露管理办法》第四十三条；
《会计基础工作规范》① 第八十二条。

第二百一十七条　【会计账簿和开立账户的禁止性规定】
公司除法定的会计账簿外，不得另立会计账簿。
对公司资金，不得以任何个人名义开立账户存储。

---

① 《会计基础工作规范》，载财政部网站，http：//jdjc. mof. gov. cn/fgzd/202204/t202204 19_ 3803834. htm，最后访问时间：2024 年 1 月 9 日。

【条文主旨】

本条是关于会计账簿和开立账户的禁止性规定的规定。

【修改提示】

本条对应原法第一百七十一条的规定。

【条文释义】

会计账簿是指记载和反映公司财产状况和营业状况的各种账簿、文书的总称。在法定会计账簿之外另立会计账簿，就是私设会计账簿。具体来讲，就是在法定的会计账簿、文书之外另设一套或者多套会计账簿、文书，将一项经济业务的核算在不同的会计账簿、文书之间采取种种手段做出不同的反映，或者将一项经济业务不通过法定的会计账簿、文书予以反映，而是通过另设的会计账簿、文书进行核算。会计账簿不仅是公司管理者准确地掌握经营情况的重要手段，也是股东、债权人和社会公众了解公司财产和经营状况的主要途径，在国家税收管理和诉讼程序中还是决定税额的主要依据和重要的诉讼证据。私自设立会计账簿，不仅会损害公司的股东、债权人和社会公众的利益，还会损害国家的利益，是一种严重的违法行为。会计法明确规定，各单位发生的各项经济业务事项应当在依法设置的会计账簿、文书上统一登记、核算，不得违反会计法及国家统一会计制度的规定私设会计账簿登记、核算。

将公司财产以个人名义存储于银行，不仅逃避了有关机关对公司经济往来的监管，也给一些人侵吞公司财产提供了机会。为了维护国家经济管理秩序，保证公司财产、股东权益和债权人利益不受侵害，本条明确规定禁止将公司财产以任何个人名义开立账户存储。

【相关规定】

《中华人民共和国会计法》第三条、第十七条、第四十三条、第四十四条、第四十五条。

第十一章 公司合并、分立、增资、减资

> **第二百一十八条 【公司合并方式】**公司合并可以采取吸收合并或者新设合并。
>
> 一个公司吸收其他公司为吸收合并，被吸收的公司解散。两个以上公司合并设立一个新的公司为新设合并，合并各方解散。

【条文主旨】

本条是关于公司合并方式的规定。

【修改提示】

本条对应原法第一百七十二条的规定，本次修订内容未作变动。

【条文释义】

一、公司合并的特征

公司合并是指两个以上的公司订立合并契约并依照法定程序归并为一个公司的法律行为。合并的法定方式包括吸收合并和新设合并。一个公司吸收其他公司，被吸收公司解散的，为吸收合并；两个以上的公司合为一个新的公司，合并各方解散的，为新设合并，在实践中，吸收合并被广泛应用。

其一，公司合并是一种法律行为。公司合并属于公司组织结构的变更。公司组织结构的变更必将对相关利害关系人（如合并与被合并公司的股东及其债权人）的利益构成影响，因此，公司合并必须遵守公司法的规定。公司法主要规定的是合并规则和程序以及对债权人和少数股东的保护

等措施。但公司合并本质上属于合同行为，合并交易的当事人是两个或者两个以上的公司。合并交易的后果是两个或者两个以上的公司归并于一个公司。因而，公司合并还应当遵守合同法的规定。如果违反合同法上关于合同的效力要件的规定，则该种合并交易可能无效。

其二，公司合并是将两个或者两个以上的公司归并为一个企业的行为。公司合并的基本形式包括吸收合并和新设合并。在此基础之上还演变出其他一些特殊的合并形式，如简易合并、小规模合并、三角合并、事实合并等。

其三，公司合并须依照法定程序进行。公司法对公司合并规定了严格的程序要件。这些程序要件是合并行为的效力条件。也就是说，如果公司合并没有遵守这些程序要件，同样可能导致公司合并无效。

二、公司合并方式

其一，吸收合并。吸收合并即狭义上的兼并，又称为存续合并，是指两个或两个以上的公司合并后，其中一个公司吸收其他参与合并的公司而继续存在，而其他公司主体资格消灭的公司合并。在这种合并中，存续公司仍然保持原有公司名称，而且有权获得被吸收公司的财产和债权，同时也有义务承担被吸收公司的债务。从法律形式上来看，吸收合并可表现为："A 公司+B 公司 = A 公司"，通过合并 A 公司作为实施合并的公司仍然具有法人地位，但 B 公司作为被合并公司已丧失法人地位，成为 A 公司的一部分，即 A 公司兼并了 B 公司。

其二，新设合并。新设合并即为创设合并，是指两个或两个以上的公司合并以后，成立一个新的公司，而参与合并的原有各公司均归于消灭的公司合并。在新设合并中，新设立的公司是在接管原有公司的全部资产和业务的基础上设立的。在此种情形下，被合并公司的法人资格均发生消灭并产生一个新的公司。从法律形式上进行观察，其表现为："A 公司+B 公司 = C 公司"，C 公司是新设立的法人企业，A 公司和 B 公司归于消灭。在新设合并中，新设立的公司具有新的公司名称，新设立的公司概括承受消灭各方的全部资产和负债参与合并的各公司的股份转化为新公司的股份。

【适用指南】

公司合并对公司自身来说，涉及责任变更、股东转移、资产变化等一系列重大事项。对社会而言，公司合并则会涉及社会资源的配置、劳动力的转移，以及整个社会的经济秩序。所以，各国的法律都规定了公司合并必须履行的法定程序。根据公司法和其他法律的规定，公司合并的程序主要包括：（1）订立合并协议；（2）通过合并协议；（3）编制资产负债表和财产清单；（4）通知或公告债权人；（5）债权人行使异议权；（6）办理公司变更或设立登记。

【相关规定】

《中华人民共和国民法典》第六十七条；

《中华人民共和国保险法》第八十九条；

《期货交易所管理办法》第十四条；

《上市公司重大资产重组管理办法》第二十条；

《中国银保监会信托公司行政许可事项实施办法》① 第三十条；

《外商投资企业合并与分立规定》② 第三条。

> **第二百一十九条　【公司简易合并】** 公司与其持股百分之九十以上的公司合并，被合并的公司不需经股东会决议，但应当通知其他股东，其他股东有权请求公司按照合理的价格收购其股权或者股份。
>
> 公司合并支付的价款不超过本公司净资产百分之十的，可以不经股东会决议；但是，公司章程另有规定的除外。
>
> 公司依照前两款规定合并不经股东会决议的，应当经董事会决议。

【条文主旨】

本条是关于公司简易合并的规定。

【修改提示】

本条是本次公司法修订的新增条文，新增了有关公司简易合并的规

---

① 《中国银保监会信托公司行政许可事项实施办法》，载中国政府网，https：//www.gov.cn/zhengce/2020-11/24/content_ 5725859.htm，最后访问时间：2024 年 1 月 9 日。

② 《外商投资企业合并与分立规定》，载商务部网站，http：//www.mofcom.gov.cn/aarticle/swfg/swfgbl/201101/20110107352472.html&wd = &eqid = 800e913100005e8200000005642e356d，最后访问时间：2024 年 1 月 9 日。

定。公司与其持股百分之九十以上的公司合并，被合并的公司无需经过股东会决议，但是需要经过董事会决议，以及在合并过程中需要保证异议股东的赎回请求权。

【条文释义】

一、立法理念

如果母公司对子公司的持股达到百分之九十，由于少数股东所占份额较小，从社会经济发展的角度来看，可以更多地照顾控股股东的利益和社会经济效率，进一步简化合并程序。[1] 简易合并的规定可以减少许多诉讼，简化了合并程序，体现了商法的效率原则。当然，由于少数股东只有评估救济，合并时母公司必须充分地披露各种相关信息，以便少数股东判断是否足价，是否需要司法评估，如果母公司违反了披露义务，少数股东自动成为一个独立的集团，可以请求司法评估，而且已经收到的股款不必交出来。

二、简易合并法理辨析

（一）适用简易合并是否违背平等原则

适用简易合并即意味着在符合条件的合并中不需要召开股东会议，从而在公司合并事项上，各方少数股东事实上丧失了作为股东的表决权，只能被动接受由控股股东安排的合并结局。站在这一立场，存在少数股东与控股股东的不平等地位。

然而，股东平等原则并非单纯理解为股东之间无差别的对待，由于现代公司的蓬勃发展得益于资本的运作和流动，因而现代公司中所体现的民主也会受到资本运作的影响，股东所享有的权益不可避免地与股东的出资额息息相关，于是意味着出资不同的股东对公司事务享有不同的权利，与出资额有关的"差别对待"实际上并不违背平等原则。[2] 在简易合并中，尽管在程序上为了实现效率，被合并的公司无需经过股东会决议，但是实际上异议股东赎回权保证了少数股东的权益，是各方利益妥当安排的结果，起到的效果实际上实现了公司股东之间的实质平等。

（二）适用简易合并是否违背意思自治原则

通过简易合并，合并公司持股百分之九十的被合并公司的法律人格消

---

[1] 朱锦清：《公司法学（修订本）》，北京大学出版社 2019 年版，第 709 页。

[2] 朱慈蕴：《资本多数决原则与控股股东的诚信义务》，载《法学研究》2004 年第 4 期。

灭，导致被合并公司的少数股东因而无法继续保留其在被合并公司的股东资格，同时合并公司的股东则会被动接受控股公司并入持股公司的事实。股东大会的召开为不同意合并的部分少数股东提供了一个意思表示的渠道，虽然在实质结果上可能无法造成影响，但也是一种意思表达的渠道。意思自治原则乃我国民法典的基本原则，明确了民事主体有权按照自己的意思实施法律行为，但是从某种意义上来看，意思自治适用在处理私人的法律关系之中，个人成为股东，基于意思自治成为股东成员中的一名，意味着其意思表达也会受到团体成员的限制，无法享有与市场中的普通人那般全然的意思自治。简言之，股东作为公司成员，与市场中的普通人相比具有更严格的身份，这种身份决定了其需要受到团体法的限制，其意思自治并非没有约束。①

【相关规定】

《中华人民共和国公司法》第二百二十条。

> **第二百二十条　【公司合并程序】** 公司合并，应当由合并各方签订合并协议，并编制资产负债表及财产清单。公司应当自作出合并决议之日起十日内通知债权人，并于三十日内在报纸上或者国家企业信用信息公示系统公告。债权人自接到通知之日起三十日内，未接到通知的自公告之日起四十五日内，可以要求公司清偿债务或者提供相应的担保。

【条文主旨】

本条是关于公司合并程序的规定。

【修改提示】

本条在原法第一百七十三条规定的基础上进行了修改，仅在文字表述上进行了调整，在公示方式"报纸"之外新增"国家企业信用信息公示系

---

① 王雷：《论民法中的决议行为：从农民集体决议、业主管理规约到公司决议》，载《中外法学》2015 年第 1 期。

统"的规定。

【条文释义】

根据本条规定,公司合并程序具体如下:

1. 签订公司合并协议。公司合并协议是指由两个或两个以上的公司就公司合并的有关事项签订的书面协议。协议的内容应当载明法律、行政法规规定的事项和双方当事人约定的事项,通常包括下述内容:(1)合并各方的基本信息,如名称、住所、法定代表人等;(2)合并后公司的基本信息,如名称、住所、法定代表人等;(3)合并形式,如新设合并或吸收合并;(4)合并的条件、对价和支付方式;(5)合并后公司的组织形式、注册资本、各方出资额、出资方式及股权占比;(6)各方现有资产、资质、职工、债权债务情况及处置;(7)合并的程序、日期;(8)协议的解除、变更;(9)违约责任;(10)解决争议的方式;(11)协议签订日期、地点;(12)各方认为需要约定的其他事项。

2. 编制资产负债表和财产清单。资产负债表是反映公司资产及负债情况、股东权益的公司主要的会计报表。资产负债表是合并中必须编制的报表,合并各方应当真实、全面地编制此表,以反映公司的财产情况。解散的公司不得隐瞒公司的债权债务。公司还要编制财产清单,清晰地反映公司的财产状况,其应当翔实、准确。

3. 合并决议的形成。在不满足简易合并要件的情况下,公司合并应当在公司股东会议作出合并协议后方能进行其他工作。公司合并将会影响到股东权益,诸如股权结构的变化等。

4. 向债权人通知和公告。公司应当自作出合并决议之日起十日内通知债权人,并于三十日内在报纸或者统一的企业信息公示系统公告。一般来说,对所有的已知债权人应当采用通知的方式告知,对那些未知或者不能通过普通的通知方式告知的债权人才可以采取公告的方式。通知和公告的目的在于保障债权人就公司合并事项是否表示异议。此外,公告也可以发挥通知未参加股东会议的股东的作用。

5. 对公司股东进行信息披露。根据证券法第八十条第一款的规定,上市公司作出合并、分立的决定,属于对上市公司股票交易价格产生重大影响的重大事件,在投资者尚未得知时,上市公司应当立即将有关该重大事件的情况向国务院证券监督管理机构和证券交易场所报送临时报告,并予公告,说明该事件的起因、目前的状态和产生的法律后果。

6. 异议股东请求股份收购。对有限责任公司股东而言,按照本法的第八十九条规定，对作出的合并决议投反对票的股东可以请求公司按照合理对价收购其股权。自股东会决议作出之日起六十日内，股东与公司不能达成股权收购协议的，股东可以自股东会决议作出之日起九十日内向人民法院提起诉讼。对于股份有限公司而言，根据本法第一百六十二条规定，公司不得收购本公司股份，但是出现股东因对股东会作出的公司合并、分立决议持异议等情形时，要求其收购股份时除外。

7. 合并登记。合并登记分为解散登记和变更登记。公司合并以后，解散的公司应当到工商登记机关办理注销登记手续；存续公司应当到登记机关办理变更登记手续；新成立的公司应当到登记机关办理登记手续。公司合并只有进行登记后，才能得到法律上的承认。

【相关规定】

《中华人民共和国证券法》第六十七条；

《外商投资企业合并与分立规定》第十五条、第二十六条、第二十七条、第三十九条。

> **第二百二十一条** **【公司合并的法律效果】**公司合并时，合并各方的债权、债务，应当由合并后存续的公司或者新设的公司承继。

【条文主旨】

本条是关于公司合并后发生债权债务承继的法律效果的规定。

【修改提示】

本条对应原法第一百七十四条的规定，本次修订内容未作变动。

【条文释义】

一、公司合并的法律后果

公司合并的法律效力主要表现在两个方面：一方面，是合并公司法人人格的变化。根据合并方式的不同，合并公司的变化存在公司消灭、公司变更、公司设立三种结果。在吸收合并时，存续公司需修改章程并办理变更登记，被吸收合并的公司法人资格注销；在新设合并时，参与合并公司的法人资格注销，新公司成立，需办理设立登记，取得法人资格。在上述过程中，解散、注销的公司无须进行清算。

另一方面，是存续公司或者新设公司概括承受各合并方的债权和债务。存续公司和新设公司应继受承担因合并而解散的公司的债权、债务，无须就被合并公司的债权、债务为个别的让与和承受，且不得就其中的部分权利义务以特约除外，即使在合并中作出这种约定，也不产生法律效力，更不得以此对抗第三人。为确保债权人利益不因公司合并受损，因合并而解散的公司不得隐匿债权、债务。[①]

二、公司合并的意义

市场经济发展迅速，企业随时都会受到技术革新、人口增长、价格变化以及人们偏好的影响。公司合并就是为了适应此种变化而提供的迅速且便捷地将生产资源转移到不同的公司结构中的方法。现代资本市场的公司并购活动异常活跃，并相继形成了数次兼并浪潮，对现代经济生活产生了重大影响。

值得注意的是，并不是所有的合并都会产生上述影响。一些合并纯粹属于错误的商业分析，有些则是受到管理者偏狭的利益驱动。此外，一些合并虽然制定了正确的商业计划，但是仍面临失败，仅仅因为合并企业之间的不同文化背景难以融合。

【相关规定】

《中华人民共和国劳动合同法》第三十四条；

《中华人民共和国海关注册登记和备案企业信用管理办法》第三十三条；[②]

《期货交易所管理办法》第十四条；

《企业财务通则》第五十五条；

《最高人民法院关于审理与企业改制相关的民事纠纷案件若干问题的

---

① 范健、王建文：《公司法》，法律出版社 2018 年版，第 389 页。

② 《中华人民共和国海关注册登记和备案企业信用管理办法》，载中国政府网，https：//www.gov.cn/gongbao/content/2021/content_ 5651731.htm，最后访问时间：2024 年 1 月 9 日。

规定》第三十一条、第三十二条、第三十三条、第三十四条;①

《最高人民法院关于民事执行中变更、追加当事人若干问题的规定》第五条、第十一条。②

> **第二百二十二条　【公司分立程序】**公司分立,其财产作相应的分割。
>
> 公司分立,应当编制资产负债表及财产清单。公司应当自作出分立决议之日起十日内通知债权人,并于三十日内在报纸上或者国家企业信用信息公示系统公告。

【条文主旨】

本条是关于公司分立程序的规定。

【修改提示】

本条在原法第一百七十五条规定的基础上作出了修改,在内容上并未发生变化,只是在文字表述方面存在些许调整,公告方式在"报纸"之外增加了"或者国家企业信用信息公示系统"的规定。

【条文释义】

一、公司分立

公司分立是指一个公司依照法律规定和合同约定,不经过清算程序,分立为两个或两个以上公司的法律行为。为进一步明晰公司分立的概念,有必要将其与下述相关概念进行区分理解:

(一)公司分立与营业转让

1. 内容不同。二者的共同点在于原公司将一部分资产剥离出去,但是

---

① 《最高人民法院关于审理与企业改制相关的民事纠纷案件若干问题的规定》,载最高人民法院网站,https://www.court.gov.cn/fabu/xiangqing/282631.html,最后访问时间:2024年1月9日。

② 《最高人民法院关于民事执行中变更、追加当事人若干问题的规定》,载最高人民法院网站,https://www.court.gov.cn/fabu/xiangqing/30091.html,最后访问时间:2024年1月9日。

在重大资产出售中，虽然出售公司要将一部分资产转让出去，但是出售公司将因此获得对价，所以出售公司的资产总额不变，公司的资产负债表中的所有者权益（包括股本）也不因此发生变动，只是资产内部的科目发生变动。而在公司分立情况下，原公司分立一部分资产后，不会获得对价，资产总额因此减少，所有者权益（包括股本）也会减少。

2. 对股东地位的影响不同。重大资产出售并非一律会影响股东地位，在出售公司继续存在的情况下，其影响的只是双方买卖公司的资产形态，而公司分立则直接会影响股东的地位。在新设分立的情况下，原公司的股东对原公司的股权因原公司的消灭而消灭，但是相应地获得分立公司的股权；在派生分立的情况下，原公司的股东对原公司股权将会减少，但是相应地获得分立出来公司的股权。

3. 法律性质不同。营业转让或重大资产出售在法律定性上属于买卖合同，而公司分立在本质上属于公司人格的变更。

（二）公司分立与转投资

1. 对资产负债表的影响不同。在转投资中，本公司的资产总额不变，变化的只是资产的形态，即资产科目的现金科目减少，而长期投资增加。在公司派生分立中，原公司不仅资产总额减少，并且所有者权益（包括股本）也相应减少。

2. 对股东地位的影响不同。在公司派生分立中，原公司的股本对原公司的股权将减少，但是相应地其将获得分立出来的公司的股权。对于转投资而言，其对公司股东地位没有任何影响，只是本公司自身成了被转投资公司的股东。

二、公司分立的特征

公司分立是一个公司分立成两个或两个以上具有独立法人资格公司的行为。公司分立属于公司的自主行为，由公司自主决定，无需征得第三方的同意。由于公司分立将导致公司资产和所有者权益的减少，并导致公司人格的变化，因此，公司分立虽然不经过清算程序，但必须依照法定程序进行。公司分立应当就公司财产作相应分割，由分立各方充分协商，根据签订的分立协议对原公司的权利义务进行承担。

三、公司分立方式

公司分立有新设分立和派生分立两种方式。

1. 新设分立。所谓新设分立，是指将原来一个具有法人资格的公司分割成两个或者两个以上的具有法人资格的公司的法律行为。新设分立是以原来公司法人资格的消灭为前提。消灭的公司应当办理公司终止登记手续；分立的公司，应当办理公司设立登记手续。但需要说明的是，分立后的公司要符合公司设立的法定条件。

2. 派生分立。所谓派生分立，是指原公司仍然存在但将原公司的一部分分出去成立一个新公司的法律行为。分出去的公司法人资格不以原有公司法人资格的消灭为前提。但是原有公司由于分出去一部分，原有公司的股东人数、资金数额、生产规模等方面会发生变化。在这种情况下，原来的公司应当进行变更登记；分出去的一部分要进行设立登记，进行设立登记时应符合公司成立的法定条件。

【相关规定】

《中华人民共和国公司法》第二百五十五条；

《最高人民法院关于审理与企业改制相关的民事纠纷案件若干问题的规定》第十二条、第十三条；

《外商投资企业合并与分立规定》第二十六条、第三十五条。

第二百二十三条 **【公司分立前的债务承担】**公司分立前的债务由分立后的公司承担连带责任。但是，公司在分立前与债权人就债务清偿达成的书面协议另有约定的除外。

【条文主旨】

本条是关于公司分立前的公司债务承担的规定。

【修改提示】

本条对应原法第一百七十六条的规定，本次修订内容未作变动。

【条文释义】

一、公司分立的法律效果

1. 公司的注销、设立和变更。在公司新设分立中，原公司解散，其法人资格归于消灭，无需经过清算即可进行注销登记，同时产生两个或两个以上的新公司，新设立的公司应重新制定公司章程，召集创立大会，办理相应的设立登记手续。在派生分立的情况下，原公司的相关登记事项发生变化，也无需经过清算即可进行变更登记，并产生新的公司人格，分立出来的公司，新公司需经过设立登记方可成立。

2. 公司权利义务的概括承受。公司按照法定条件和程序分立，在新设分立中，原公司将被注销，因此，其权利义务一并转移给分立后新设立的公司。在派生分立的情况下，分立后存续的公司与新设立的公司对原公司的债务承担连带责任。但是，在公司分立前与债权人就债务清偿达成书面协议可以进行另外约定，此规定体现了公司分立对债权人利益更为切实有效的法律保护。

3. 公司股东资格的当然承继。公司依法分立后，拟分立公司的股东，可按照分立协议的有关规定，转化成为分立后新设公司或者存续公司的股东。而不同意公司分立的股东，有权请求公司按分立时的公平价格收买其持有的股份，从而放弃分立后新设或存续公司的股东资格。所以，公司股东在公司分立时，其股东资格原则上并不会因此消失，多数情况下只是发生股权变动。

二、公司分立的意义

如果说公司合并是追求规模经济的手段，那么公司分立则是为了调整公司业务经营和进行组织再造。第一，公司分立有利于实现企业经营的专门化和提升企业经营效率。当一个企业形成相当规模时，其经营事业的多元化和组织结构的多极化必然要求实现企业经营管理的专门化和效率化。第二，公司分立可以成为一种规避法律风险的手段。譬如，某一企业因其规模过大而受到反垄断法禁止时，则可以通过分立的方式满足反垄断法合规要求。这既可以是事后的被动分立（主管机关责令分立），也可以是企业事先自行进行分立。第三，公司分立也是一种解决公司纷争的手段，比如，公司中的股东之间如若发生争议，互不让步，并影响到公司经营时，此时通过公司分立，将企业一分为二，各自经营，也可起到解决纠纷的效果。

【相关规定】

《最高人民法院关于审理与企业改制相关的民事纠纷案件若干问题的规定》第十二条、第十三条；

《最高人民法院关于民事执行中变更、追加当事人若干问题的规定》第十二条。

> 第二百二十四条 【公司减资】公司减少注册资本，应当编制资产负债表及财产清单。
>
> 公司应当自股东会作出减少注册资本决议之日起十日内通知债权人，并于三十日内在报纸上或者国家企业信用信息公示系统公告。债权人自接到通知之日起三十日内，未接到通知的自公告之日起四十五日内，有权要求公司清偿债务或者提供相应的担保。
>
> 公司减少注册资本，应当按照股东出资或者持有股份的比例相应减少出资额或者股份，法律另有规定、有限责任公司全体股东另有约定或者股份有限公司章程另有规定的除外。

【条文主旨】

本条是关于公司减少注册资本的规定。

【修改提示】

本条在原法第一百七十七条规定的基础上作出了修改。第一款在内容上未发生实质变化。第二款主要在公告方式上将"在报纸上"增加为"在报纸上或者国家企业信用信息公示系统"。此外，新增第三款，即公司应当按照股东出资比例减少出资额或者持股比例减少股份，法律另有规定、有限责任公司全体股东另有约定或者股份有限公司章程另有规定的除外。

【条文释义】

一、公司减资的方式

公司减资是指公司基于某种经营需要，依据法定的条件和程序，减少公司已注册资本总额的法律行为。[①] 公司减资既要保护公司股东的利益，又要保护债权人的利益。

根据是否按照股东出资或者持有股份的比例相应减少出资额或者股份，公司减资的方式可以分为同比减资和非同比减资。根据本法第二百二十四条的规定，有限责任公司和股份有限公司原则上应当通过同比减资的

_____

① 李东方：《公司法（第二版）》，中国政法大学出版社 2016 年版，第 183 页。

方式减少公司注册资本，按照股东出资或者持有股份的比例相应减少出资额或者股份。同比减资后，各股东的股权比例或者持股比例均不发生变化。法律另有规定、有限责任公司全体股东另有约定或者股份有限公司章程另有规定的，可以采用非同比减资的方式进行减资。非同比减资后，各股东的股权比例或者持股比例均发生变化。

根据是否减少公司的资本总额和净资产，公司减资的方式可以分为：（1）返还出资的减资，减免出资义务的减资和消除股权或者股份的减资。返还出资的减资是指将已足额缴纳的出资款退还股东。这种方式既减少了公司资本，也减少了公司净资产，属于实质意义上的资本减少。（2）减免出资义务的减资是指减免全部或者部分尚未足额缴纳的出资。这种方式只减少了公司的资本总额，并未减少公司的净资产，属于形式意义上的资本减少。（3）消除股权或者股份的减资是指当公司因亏损而减资时，直接取消部分股权或者股份，或者减少每股金额，并抵销本应弥补的公司亏损。这种方式减少了公司的资本总额，不减少公司的净资产，也属于形式意义上的资本减少。

此外，股份有限公司减资的方式还包括：（1）减少每股金额，即在不改变原有股份总数的情况下减少公司股份的每股金额。比如，将每股金额从 10 元减少至 8 元，即可达到减少股份金额的目的。（2）减少股份总数，是指只减少公司股份总数，不减少每股股份的金额。比如，公司原先已发行在外股份 1 万股，现在将其减少至 6000 股，以此来达到减少资本的目的。（3）同时减少股份总数和每股金额，即上述两种方式的合并运用。

二、公司减资的程序

对于注册资本的减少，原则上来说是不允许的，尤其是实行法定资本制的国家，资本维持原则一般不允许减少注册资本，但也不是说绝对禁止。世界上大多数国家对减少注册资本采取认可的态度，只是要求比较严格，限制性的规定较多。根据本法第六十七条、第一百二十条和第二百二十四条的规定，公司减少注册资本有以下几个程序：

1. 董事会制订减资方案。董事会制订公司减少注册资本的方案是董事会的职权之一。公司设董事会，有权制订公司的减资方案。

2. 编制资产负债表和财产清单。公司减资无论是对公司股东还是公司债权人，影响都很大，本法赋予了股东和债权人在公司减资过程中进行自我保护的方法。但是，无论是股东进行投票，还是公司债权人要求公司清偿债务或者提供担保，前提都是对公司的经营状况尤其是财务状况有一定了解才可作出理智的决定。因此，本条规定，公司需要减少注册资本时，必须编制资产负债表及财产清单。

3. 股东会议作出减资决议。公司减资，往往伴随着股权结构的变动和股东利益的调整，在公司不依股东持股比例减资尤其是在注销的情况下更是如此，因此，公司减资直接引发公司股东之间的利益冲突。为了保证公司减资能够体现绝大多数股东的意志，根据本法第五十九条、第六十六条和第一百一十六条的规定，就有限责任公司而言，应当由股东会作出特别决议，即经代表三分之二以上表决权的股东通过才能进行；就股份有限公司而言，应当由公司的股东会作出特别决议，即必须经出席会议的股东所持表决权的三分之二以上决议通过才能进行。此外，根据本法第一百七十二条的规定，就国有独资公司而言，必须由履行出资人职责的机构决定。

4. 向债权人通知和公告。公司应当自作出减少注册资本决议之日起十日内通知债权人，并于三十日内在报纸上或者国家企业信用信息公示系统公告。这一程序主要是为了保护公司债权人的利益。

5. 减资登记。公司减资以后，应当到公司登记机关办理变更登记手续。此外，公司减资应当依法修改公司章程，并办理相关变更登记手续。

【相关规定】

《中华人民共和国公司法》第二百二十五条、第二百二十六条、第二百五十五条；

《中华人民共和国企业国有资产法》第三十条、第三十一条；

《证券公司监督管理条例》第十三条、第十六条。

案例评析

以多数决的形式通过了不同比减资的决议，损害了小股东的合法利益，法院可认定相关股东会减资决议无效①

一、案情简介

2000 年 12 月 26 日，甲公司设立，股东为陈玉某、刘梅某、以某、张学某、乙公司、丙公司、丁公司。甲公司经营状况不佳，2015 年 12 月 25 日到 2016 年 5 月 23 日，在未通知陈玉某的情况下，甲公司先后召开了四次股东会，经代表三分之二以上表决权的股东通过，形成了四份定向减资决议。甲公司完成减资程序后，张学某、乙公司、丙公司、丁公司退出甲公司，甲公司股东由原来的 7 名股东减少为陈玉某、以某和刘梅某 3 名股东。之后，陈玉某经查询工商登记信息知晓甲公司发生了减资，遂向法院提起诉讼，请求法院确认涉案股东会决议无效。一审江苏省江阴市人民法院和二审江苏省无锡市中级人民法院均支持了陈玉某的诉讼请求。

二、本案核心问题

本案争议焦点为案涉公司的减资决议效力问题。

三、法院裁判要旨

本案中，甲公司两次减少注册资本，均未依照公司章程规定通知陈玉某参加相关股东会会议，与会的相关股东利用持股比例的优势，以多数决的形式通过了不同比减资的决议，直接剥夺了陈玉某作为小股东的知情权、参与重大决策权等程序权利，损害了陈玉某作为股东的合法权利。且从甲公司提供的资产负债表、损益表看，甲公司处于亏损状态，不同比减资不仅改变了甲公司设立时的股权结构，还导致了陈玉某持有的甲公司股权比例上升，增加了陈玉某作为股东所承担的风险，损害了陈玉某的合法利益。故尽管从形式上看甲公司仅仅是召集程序存在瑕疵，但从决议的内容看，甲公司股东会作出的关于减资的决议已经违反法律，原审认定相关

---

① 江苏省高级人民法院（2019）苏民申 1370 民事判决书，载中国裁判文书网，https：//wenshu. court. gov. cn/website/wenshu/181107ANFZ0BXSK4/index. html？docId＝FoLm6CABDTjzi3j62M+Ohi99UsMGGizBu5WFtt8R7s2bG8mNfNCYq/UKq3u+IEo4iUQjq+L4ah4Wyw1IP+y8AfjS4hvwyuLok0Y2Esd9abrHAS70g1TgneDntSPTyB27，最后访问时间：2024 年 1 月 9 日。

股东会减资决议无效，并无不当。

四、评析

减资方案由公司董事会制订，提交股东会议以特别决议的方式通过。这是针对同比例减资的表决权比例要求。如果股东会议按照不同比减资，则基于股东平等原则，减资决议必须经全体股东一致同意。

二审法院的说理部分指出，根据公司法的规定，股东会会议作出减少注册资本的决议，必须经代表三分之二以上表决权的股东通过。该规定中"减少资本"仅指公司减少注册资本，而并非涵括减资在股东之间的分配。由于减资存在同比减资和不同比减资的两种情况，不同比减资会直接突破公司设立时的股份分配情况，如果只要经代表三分之二以上表决权的股东通过就可以作出不同比减资的决议，则实际上是以多数决的形式改变公司设立时经发起人一致决所形成的股权框架，故对于不同比减资，应由全体股东一致同意，除非全体股东另有约定。

> **第二百二十五条　【减资弥补亏损的程序和要求】**公司依照本法第二百一十四条第二款的规定弥补亏损后，仍有亏损的，可以减少注册资本弥补亏损。减少注册资本弥补亏损的，公司不得向股东分配，也不得免除股东缴纳出资或者股款的义务。
>
> 依照前款规定减少注册资本的，不适用前条第二款的规定，但应当自股东会作出减少注册资本决议之日起三十日内在报纸上或者国家企业信用信息公示系统公告。
>
> 公司依照前两款的规定减少注册资本后，在法定公积金和任意公积金累计额达到公司注册资本百分之五十前，不得分配利润。

【条文主旨】

本条是关于减资弥补亏损的程序和要求的规定。

【修改提示】

本条是本次公司法修订的新增规定。在不损害债权人利益的情况下，当公司弥补亏损后，仍有亏损的，公司可以通过减资弥补亏损。在此情形下，应当自股东会作出减少资本决议之日起三十日内在报纸上或者国家企业信用信息公示系统进行公告，便于股东退出。但是，为保护公司利益，对减资后的利润分配提出了更高要求。同时，为维护公司资本，不免除股东缴纳出资或者股款的义务。

【条文释义】

一、减资弥补亏损的程序

当公司出现亏损，公积金弥补亏损后，仍存在亏损时，公司可以通过减资程序来弥补亏损。实质上，减资只是会计账簿上的"股本"与"未分配利润"两个会计科目之间的调整，股东并未从公司实际取回投资，公司的净资产没有减少，公司的偿债能力没有发生变化。因此，公司亏损后的减资程序比一般的减资程序简单，无需通知债权人，也无需对债权人提供担保或提前偿还债务，只需在报纸或网上公告即可。但是，为了保护债权人的利益，公司亏损后的减资对股东权利的行使有所限制。首先，当公积金弥补亏损后，公司仍存在亏损时，公司不得向股东分配公司财产。其次，该情形下并不免除股东缴纳出资或者股款的义务。最后，当法定公积金和任意公积金累计额达到公司注册资本百分之五十后，才可以向股东分配利润。

二、减资弥补亏损的条件

为弥补亏损减少注册资本虽然简化了公司减资的程序，但为了保护债权人的利益，仍存在以下限制：第一，减资的前提是公司通过公积金弥补亏损后，仍有亏损，即公司先使用任意公积金和法定公积金弥补亏损后，继续使用资本公积金弥补，但仍有亏损。第二，公司不得向股东分配公司财产，股东仍有缴纳股款的义务。这意味着，公司不得向股东退还减资部分的出资，也不得免除股东缴纳剩余注册资本的义务。第三，应当在报纸上或者国家企业信用信息公示系统进行公告。第四，减资后，法定公积金和任意公积金累计额超过公司注册资本的百分之五十，公司可以向股东分配利润。

三、减资弥补亏损的法律效果

一方面，在确保公司资本不流向股东、不免除股东缴纳出资或者股款义务的情况下，简化减资程序有利于股东退出，能够有效避免经营不善的公司陷入复杂的程序，失去扭亏为盈的机会。另一方面，公司仍负有公告的责任，这确保了即使公司试图伪装亏损而简化减资的程序，债权人也享有知情权，能够防止债权人的利益减损。同时，通过限制法定公积金数额从而限制股东分配利润的权利，进一步确保了股东不会优于债权人获得分配。

【相关规定】

《中华人民共和国公司法》第二百一十四条、第二百二十四条、第二百五十五条；

《最高人民法院关于适用〈中华人民共和国公司法〉若干问题的规定（三）》第十三条。

第二百二十六条　【违规减资的责任】 违反本法规定减少注册资本的，股东应当退还其收到的资金，减免股东出资的应当恢复原状；给公司造成损失的，股东及负有责任的董事、监事、高级管理人员应当承担赔偿责任。

【条文主旨】

本条是关于违规减资的责任的规定。

【修改提示】

本条是本次公司法修订的新增规定。为维护公司资本充实，强化股东、董事、监事和高级管理人员的责任，本条明确了股东及负有责任的董事、监事和高级管理人员违规减资行为的法律后果。

【条文释义】

为保证交易安全，保护债权人利益，公司减资受到一定的条件限制。公司股东违法减少公司注册资本的，股东必须退还其收到的资金，恢复减免的股东出资，以充实公司的资本。为强化董事、监事和高级管理人员的责任，股东与负有责任的董事、监事和高级管理人员对公司造成的损失承担赔偿责任。

【相关规定】

《中华人民共和国公司法》第五十九条、第六十六条、第六十七条、第一百一十六条、第一百七十二条、第二百二十四条、第二百二十五条。

> **第二百二十七条　【增资时的优先认购权】**有限责任公司增加注册资本时，股东在同等条件下有权优先按照实缴的出资比例认缴出资。但是，全体股东约定不按照出资比例优先认缴出资的除外。
>
> 股份有限公司为增加注册资本发行新股时，股东不享有优先认购权，公司章程另有规定或者股东会决议决定股东享有优先认购权的除外。

【条文主旨】

本条是关于有限责任公司股东增资时的优先认缴权和股份有限公司的股东不享有优先认购权的规定。

【修改提示】

本条在原法第三十四条规定的基础上作出了修改，新法增加了股份有限公司增发新股时股东不享有优先认购权的规定。该条第一款源于原法第三十四条关于有限责任公司股东除全体股东约定不按照出资比例优先认缴出资外，在同等条件下有权优先按照实缴的出资比例认缴出资的规定。本条新增第二款，规定股份有限公司为增加注册资本发行新股时，股东不享有优先认购权，但公司章程另有规定或者股东会决议决定股东享有优先认购权的除外。

【条文释义】

一、有限责任公司的股东原则上享有优先认缴权

为保护有限责任公司的人合性，原则上有限责任公司增资时股东按实缴的出资比例优先认缴公司的新增资本。由于业务发展的需要，公司设立后可能进行增资扩股。有限责任公司增资扩股时，对股东优先认缴权的强

制性规定，有利于维持有限责任公司的股权结构，有利于保证公司的稳定运行。因此，为防止新股东的加入破坏有限责任公司原股东的人合性，增资时必须由原股东优先认缴。若原股东不认缴或不完全认缴出资，可以再由新股东认缴出资。同时，为维护原股东之间的人合性，原股东优先认缴出资时，应根据各股东实缴出资占公司注册资本总额的比例认缴新增资本。

为尊重股东的自由意志，实现公司自治，经全体股东约定，可以不按照实缴的出资认缴。当全体股东一致同意时，有限责任公司股东增资时的优先认缴权可以被排除适用。

二、股份有限公司的股东原则上不享有优先认购权

基于股份有限公司的资合性，股份有限公司增资扩股时，股东享有同等的认购权。股份有限公司可以通过股东会决议对增资扩股事项进行表决。股份有限公司增资扩股是其内部经营决策合意，在不违反相关强制性法律法规的前提下，公司的具体增资方式、增资对象、增资数额、增资价款、优先认购权等均由股东会决议并遵照执行。因此，公司章程另有规定或者股东会决议赋予股东优先认购权的，股份有限公司的股东享有优先认购权。

【相关规定】

《中华人民共和国公司法》第八十四条、第八十五条。

案例评析

有限公司全体股东之间约定不按
实缴比例优先认缴出资的协议有效①

一、案情简介

2012年12月，甲公司注册资本4000万元，乙公司、丙公司、丁、戊、己分别持股50%、25%、10%、10%、5%。2013年1月25日，戊和

---

① 最高人民法院（2015）民二终字第313号民事判决书，载中国裁判文书网，https://wenshu. court. gov. cn/website/wenshu/181107ANFZ0BXSK4/index. html？docId=kENm3y/kWP7Vs0dHj0k+lhwPu6eGrRHtM0kAjz93uaRftlNGx+/ZlPUKq3u+IEo4iUQjq+L4ah4Wyw1IP+y8AfjS4hvwyuLok0Y2Esd9abrHAS70g1TgnaoMUHA4H6i9，最后访问时间：2024年1月9日。

已签订《债权确认书》，己同意并配合增持股权至 40%。戊承诺于 2014 年底向己全额偿付 3800 万元个人债务。付清全部债务前，己（实际出资人）享有戊持有的甲公司股权分配的利润，该利润不核减债务。戊以其持有的和增资后持有的甲公司股权为全部债务提供质押担保。在全部债务清偿前，未经己书面同意，戊不得将股权转让或质押他人。同日，甲公司召开股东会，形成如下决议：（1）戊以其持有的和增资后的甲公司股权为清偿 3800 万元债务进行质押担保；（2）戊未清偿全部债务前，未经己同意，其他股东不得批准戊转让、质押或者其他处置股权的行为；（3）戊未清偿全部债务前，己（实际出资人）享有戊持有的甲公司股权分配的利润；（4）全体股东知情并同意监督《债权确认书》中的其他事项履行。2013 年 1 月 29 日，全体股东召开股东会，一致决议：（1）通过甲公司新的章程。章程中记载，公司注册资本为 6000 万元，戊持股 40%，出资额为 2400 万元。（2）公司注册资本由 4000 万元增加为 6000 万元，新增部分全部由戊用货币缴付。

戊依约缴付 2000 万元，甲公司完成变更登记，乙公司、丙公司、丁、戊、己分别持股 33.33%、16.67%、6.67%、40%、3.33%。但是，戊拒绝办理股权质押登记，也拒绝归还欠款。

己等遂向法院起诉，请求法院撤销戊向甲公司增资 2000 万元取得公司 30% 的增资股权及其他放弃优先认缴权的股东协议内容，确保其他股东对甲公司新增的 2000 万元注册资本享有按照增资前出资比例优先认缴的权利。贵州省高级人民法院一审判决：（1）撤销新增部分由戊用货币缴付的协议内容；（2）新增注册资本 2000 万元由全体股东按照实缴出资的比例认缴，并办理变更登记。戊上诉，最高人民法院二审判决：驳回上诉，维持原判。

二、本案核心问题

本案争议焦点在于：（1）己等申请撤销的协议内容属于股东之间的协议还是股东会决议；（2）撤销其他股东放弃认缴增资优先权的协议内容的主张能否成立。

三、法院裁判要旨

一审法院认为，上述文件的内容具有相互关联性，认定甲公司全体股东就戊同意偿还己 3800 万元债务，己等同意戊单独增资并放弃优先认缴出资的权利达成协议，己等申请撤销的协议内容属于股东间的协议，应当适用合同法的相关规定。最高人民法院二审认为，从上述文件的签署日期和签署内容来看，全体股东就戊和己之间的债权债务关系和甲公司增资等事项作出了整体性的安排，在确认各股东的权利、义务以及法律责任时，需进行整体分析和认定。同时，2013 年 1 月 29 日甲公司《股东会决议》中载明的内容，并非全部属于股东会的职权范围。股东会有权对公司是否增加注册资本、增加多少注册资本以及增资形式等事项作出决议。但是，对于股东是否认缴公司的新增资本、认缴多少新增资本、是否优先认缴等事项则不能作出决议。根据 2005 年公司法（已失效）第三十五条的规定，认缴新增资本是股东的法定权利。股东会决议中新增注册资本 2000 万元由戊以现金方式缴付的内容，本质上属于股东之间对新增资本优先认缴权的约定，属于股东之间的协议，而非股东会作为公司的权力机构行使职权作出的决议。

一审法院支持由于己等以受到戊欺诈作出错误意思表示而主张撤销放弃认缴增资优先权的协议内容。一方面，根据客观情况，己等在增资前共持有甲公司 90% 的股权，对公司具有绝对控制权，戊在增资前仅享有 10% 股权。戊主张其单独增资是为防止股权被稀释，而非由于其与己之间的债权债务关系不成立。另一方面，根据三份文件所载明的内容，戊先作出向己偿还 3800 万元个人债务的承诺。但是，在实现增资目的后，戊明确否认其与己之间的债权债务关系，并拒绝进行股权质押登记，也拒绝偿还欠款。因此，戊在增资前的承诺构成欺诈，己等在违背真实意思的情形下，与戊达成了由其单独增资，同时其他股东放弃优先认缴权的股东协议。二审法院认为，从引导市场参与主体诚信缔约、诚信守约的角度来看，己等以受到戊欺诈作出错误意思表示为由，主张撤销放弃认缴增资优先权的协议内容成立。

四、评析

有限公司全体股东可以协议约定不按实缴出资享有增资优先认缴权。2005 年公司法（已失效）第三十五条规定的目的是保护公司原股东的股权不因新增资本而被稀释，有效地维护公司股权结构的稳定性，实现股东权益与公司整体利益的平衡。当全体股东之间约定放弃认缴新增资本的优先认缴权的，该约定有效。为尊重股东的自由意志，本次修订后的公司法第二百二十七条进行了更为详细的规定。基于有限责任公司的人合性，有限责任公司的股东原则上享有优先认缴权。但是，经全体股东一致同意，有限责任公司股东可以排除适用增资优先认缴权。基于股份有限公司的资合性，股份有限公司的股东原则上不享有优先认购权。但是，公司章程另有规定或者股东会决议可以赋予股东优先认购权。

放弃优先认缴出资的协议属于股东之间的协议，适用合同法的相关规定。对新增资本优先认缴权的约定，并非股东会作为公司的权力机构行使职权作出的决议。因此，不适用公司法及相关司法解释的规定。

> **第二百二十八条　【公司增资】**有限责任公司增加注册资本时，股东认缴新增资本的出资，依照本法设立有限责任公司缴纳出资的有关规定执行。
>
> 　　股份有限公司为增加注册资本发行新股时，股东认购新股，依照本法设立股份有限公司缴纳股款的有关规定执行。

【条文主旨】

本条是关于公司增加注册资本的规定。

【修改提示】

本条对应原法第一百七十八条的规定，本次修订内容未作变动。

【条文释义】

一、股东会的增资决议是公司增资的前提和基础

公司增加注册资本是为了扩大经营规模或者经营范围，使公司的注册资本与实际资产相符，提高公司信用。通常情况下，公司可以通过吸收新资本的方式增加注册资本，可以增加新股东或原股东追加投资，也可以通过公积金增加资本或者通过利润转增资本的方式。

公司注册资本的增加未损害债权人的利益，没有必要设置保护债权人的程序。然而，公司注册资本的增加会对股东的持股比例产生影响，公司财产也会发生变化，必须经过股东会作出特别决议。除股东以书面形式一致表示同意以外，公司未作出合法有效的增资决议的，股东或者他人向公司投入资金的行为不能认定为公司的增资行为，投入的资金亦不能认定为公司新增的注册资本。

二、新增资本的出资

根据本法有关规定，股东认缴新增资本或者认购新股，既可以用货币出资，也可以用非货币出资。非货币出资必须能够用货币估价并且依法转让，包括实物、知识产权、土地使用权、股权、债权等。非货币财产必须

经过评估作价，核实财产，不得高估或低估作价。货币出资须足额存入公司的银行账户；非货币财产出资须依法办理财产权转移手续。

三、公司增资的程序

根据本法有关规定，公司增加注册资本有以下几个程序：

1. 董事会制订增资方案。根据本法第六十七条的规定，董事会制订公司增加注册资本的方案是董事会的职权之一。公司设董事会，有权制订公司的增资方案。

2. 股东会议作出增资决议。根据本法第五十九条的规定，公司增加注册资本是公司的重大事项之一，对公司增加注册资本作出决议是股东会的职权之一。根据第六十六条的规定，就有限责任公司而言，应当由股东会作出特别决议，即经代表三分之二以上表决权的股东通过。根据第一百一十六条的规定，就股份有限公司而言，应当由公司的股东会作出特别决议，即必须经出席会议的股东所持表决权的三分之二以上决议通过才能进行。此外，根据本法第一百七十二条的规定，就国有独资公司而言，必须由履行出资人职责的机构决定。

3. 股东缴纳出资或者认购新股。具体来讲，有限责任公司股东认缴新增资本，应当按照本法第四十七条至第五十二条的规定进行。同时，股份有限公司股东认购新股，应当按照本法第九十六条至第一百零三条的规定进行。

4. 变更登记。公司增加注册资本以后，应当到公司登记机关办理变更登记手续。公司增加注册资本应当依法修改公司章程，并办理相关变更登记手续。

【相关规定】

《中华人民共和国公司法》第五十九条、第六十六条、第六十七条、第一百一十六条、第一百七十二条；

《最高人民法院关于适用〈中华人民共和国公司法〉若干问题的规定（三）》第七条、第八条、第十条、第十一条。

第十二章 公司解散和清算

第二百二十九条 【公司解散的原因】公司因下列原因解散：

（一）公司章程规定的营业期限届满或者公司章程规定的其他解散事由出现；

（二）股东会决议解散；

（三）因公司合并或者分立需要解散；

（四）依法被吊销营业执照、责令关闭或者被撤销；

（五）人民法院依照本法第二百三十一条的规定予以解散。

公司出现前款规定的解散事由，应当在十日内将解散事由通过国家企业信用信息公示系统予以公示。

【条文主旨】

本条是关于公司解散的原因的规定。

【修改提示】

本条在原法第一百八十条规定的基础上作出了修改，增加了公司解散公示的规定。本条第一款第二项删除了"或者股东大会"，统一为"股东会"，与前后条款修改保持一致。本条第二款新增了公司出现前款规定的解散事由，应当在十日内将解散事由通过国家企业信用信息公示系统进行公示。

【条文释义】

一、公司解散的种类

公司解散是指因发生法律或章程规定的解散事由，停止公司的正常生产经营活动，处理未了结的事务，直至终止法人资格的行为。[①] 公司一经解散即不再对外进行正常的生产经营活动。并非所有的公司解散都需要进行清算。根据公司解散的原因和条件，公司解散可以分为自愿解散和强制解散。

自愿解散是指根据公司股东的意志，因公司章程或者股东会决议终止公司活动或者公司法人人格消灭的情形。[②] （1）公司章程规定的营业期限届满或者公司章程规定的其他解散事由出现。（2）股东会决议解散。其中，有限公司必须经代表三分之二以上表决权的股东通过，股份有限公司必须经出席会议的股东所持表决权的三分之二以上通过。（3）因公司合并或者分立需要解散的。此外，国有独资公司解散必须由国有资产监督管理机构决定。其中，重要的国有独资公司解散的，应当经国有资产监督管理机构审核后，报本级人民政府批准。

强制解散指非基于公司或股东的意愿，而是基于有关政府机关的决定和命令或法院的裁定和判决而解散，通常分为行政决定解散和司法判决解散。[③] 行政决定解散是指公司因其行为违反法律、法规，损害社会公共利益或公共秩序，由行政主管机关依职权责令解散，包括依法被吊销营业执照、责令关闭或者被撤销设立登记。司法判决解散是指公司陷入僵局，持有公司百分之十以上表决权的股东可以向人民法院提起解散公司诉讼，请求人民法院解散。

二、公司解散的公示

应当公示的条件是公司出现第二百二十九条第一款规定的解散事由，公示的内容为解散事由，公示的时间为十日内，公示的方式是通过统一的企业信息公示系统进行网上公示。

【相关规定】

《中华人民共和国民法典》第六十九条；

---

① 范健、王建文：《公司法》，法律出版社 2018 年版，第 395 页。
② 范健、王建文：《公司法》，法律出版社 2018 年版，第 396 页。
③ 范健、王建文：《公司法》，法律出版社 2018 年版，第 396~397 页。

《中华人民共和国公司法》第二百三十一条；

《企业注销指引》。①

> **第二百三十条 【公司存续的议事规则】**公司有前条第一款第一项、第二项情形，且尚未向股东分配财产的，可以通过修改公司章程或者经股东会决议而存续。
>
> 依照前款规定修改公司章程或者经股东会决议，有限责任公司须经持有三分之二以上表决权的股东通过，股份有限公司须经出席股东会会议的股东所持表决权的三分之二以上通过。

【条文主旨】

本条是关于公司存续的议事规则的规定。

【修改提示】

本条在原法第一百八十一条规定的基础上作出了修改，主要新增了股东会决议解散的适用情形，增加了公司尚未向股东分配财产的适用条件，相应地增加了通过股东会决议而使公司存续的行使方式，在第二款中新增了"或者经股东会决议"。

【条文释义】

一、公司存续

为使出现解散事由的公司存续，需满足以下两个前提条件：一是出现公司章程规定的解散事由或者股东会决议解散的情形；二是公司尚未向股东分配财产。满足上述条件的，可以通过修改公司章程或者股东会决议的方式使公司存续。

二、议事规则

为使出现解散事由的公司存续，通过修改公司章程或者经股东会决议

---

① 《企业注销指引》，载中国政府网，https://www.gov.cn/zhengce/zhengceku/202312/content_ 6923455.htm，最后访问时间：2024 年 1 月 9 日。

的方式，适用特别事项的表决。有限责任公司必须经过持有三分之二以上表决权的股东通过，股份有限公司必须经过出席股东会会议的股东所持表决权的三分之二以上通过。

【相关规定】

《中华人民共和国公司法》第六十六条、第一百一十六条、第二百二十九条。

> **第二百三十一条　【公司司法解散】** 公司经营管理发生严重困难，继续存续会使股东利益受到重大损失，通过其他途径不能解决的，持有公司百分之十以上表决权的股东，可以请求人民法院解散公司。

【条文主旨】

本条是关于公司僵局时股东可以请求法院解散公司的规定。

【修改提示】

本条在原法第一百八十二条规定的基础上作出了修改，新法删除了"全部股东"的表述，将可以提出司法解散请求的股东改为"持有公司百分之十以上表决权的股东"。

【条文释义】

一、司法解散公司的理由

公司出现僵局须同时满足如下三个条件：（1）公司经营管理发生严重困难；（2）继续存续会使股东利益受到重大损失；（3）通过其他途径不能解决的。司法解散的具体理由如下：（1）公司持续两年以上无法召开股东会；（2）股东表决时无法达到法定或者公司章程规定的比例，持续两年以上不能作出有效的股东会决议；（3）公司董事长期冲突，且无法通过股东会解决；（4）经营管理发生其他严重困难，公司继续存续会使股东利益受到重大损失的情形。在这种情形下，应当赋予股东提起解散公司诉讼的权利。

公司经营管理出现严重困难，是指因股东之间或者管理层之间存在矛盾和冲突导致公司无法运行，股东会或者董事会无法召集，决议无法通过，公司处于瘫痪状态。此时，通过自力救济、行政管理、仲裁等手段无法解决。公司经营管理出现严重困难，将导致公司及其股东的利益受到严重损害，当无法通过其他途径解决时，为保护公司及股东的利益，公司应当解散。

二、股东请求解散公司的条件

股东请求人民法院解散公司是为了保护中小股东和债权人的利益，通过司法介入强制公司解散。为防止股东滥诉，使公司经营处于不稳定状态，本法规定单独或合并持有公司表决权百分之十以上的股东可以提出解散公司的请求，只能向人民法院提出解散公司。

【相关规定】

《中华人民共和国公司法》第二百二十九条；

《最高人民法院关于适用〈中华人民共和国公司法〉若干问题的规定（二）》第一条、第二条、第三条、第四条、第五条、第六条。

案例评析

对于其他符合公司法及相关司法解释规定条件的，
人民法院可以依法判决公司解散[①]

一、案情简介

2002年1月，甲公司成立。公司股东林某和戴某各占50%的股份。根据公司章程规定，对于公司重大事项的决议，必须经代表三分之二以上表决权的股东通过，对于一般事项的股东会决议须经代表二分之一以上表决权的股东通过。股东会会议实行资本多数决。2006年5月9日，林某提议并通知召开股东会，戴某以林某没有权利召集为由拒绝，股东会未能召开。同年，林某委托律师向甲公司和戴某发函，林某根据公司章程规定的

---

① 江苏省高级人民法院（2010）苏商终字第0043号民事判决书，载中国裁判文书网，https：//wenshu.court.gov.cn/website/wenshu/181107ANFZ0BXSK4/index.html？docId＝MB-VeB52r+gUUmI9nB1VjnA1v7mydUwrsLgkcIrfMDAx5E7SkzGGT//UKq3u+IEo4iUQjq+L4ah4Wyw1IP+y8AfjS4hvwyuLok0Y2Esd9abrHAS70g1TgnVvl/Qi5nEvl，最后访问时间：2024年1月9日。

一般事项表决程序通过了解散甲公司的股东会决议，因其股东权益受到严重侵害，要求戴某提供甲公司的财务资料，并对甲公司进行清算。戴某回函，林某作出的股东会决议没有法律依据，戴某不同意解散公司，要求林某交出公司财务资料。随后，林某再次向甲公司和戴某发函，要求甲公司和戴某提供公司相关财务资料供其查阅，并解散公司，分配公司财产。自2006 年 6 月 1 日起，甲公司至今未召开过股东会。

原告林某以公司经营管理发生严重困难，陷入公司僵局且无法通过其他方法解决，对其权益造成重大损害，请求法院解散甲公司。被告甲公司及戴某辩称甲公司及其下属分公司运营状态良好，不符合公司解散的条件。江苏省苏州市中级人民法院一审判决，驳回林某的诉讼请求。宣判后，林某上诉。江苏省高级人民法院判决，撤销一审判决，依法改判解散甲公司。

二、本案核心问题

虽然公司处于盈利状态，但是公司已陷入僵局，是否可以认定为公司经营管理发生严重困难，从而司法解散。

三、法院裁判要旨

法院的生效裁判认为：（1）甲公司存在经营管理发生严重困难的事实。根据 2005 年公司法（已失效）第一百八十三条和《最高人民法院关于适用〈中华人民共和国公司法〉若干问题的规定（二）》第一条的规定，不能仅依据公司亏损、资不抵债等经营性困难判断，还应从公司的组织机构运行情况综合分析。当公司管理存在严重的内部管理障碍，如不能召开股东会、不能通过股东会产生有效决议，则应认定为公司经营管理发生严重困难。在本案中，甲公司有且只有两名股东，根据甲公司章程规定的议事规则，如果两位股东意见不一致，就无法通过表决，明显影响公司的运营。同时，甲公司已持续 4 年未召开股东会，不能形成有效的股东会决议，股东会机制形同虚设。戴某作为执行董事不能执行有效的股东会决议，管理公司日常事务。林某作为公司监事也不能正常行使监事职权进行监督管理。虽然公司尚未亏损，但是由于甲公司的股东会一直未能召开，也未能作出有效的股东会决议，应认定为经营管理发生严重困难的情形。（2）甲公司的股东利益受到重大损失。由于甲公司的内部组织机构无法有效运营，林某的股东权和监事权长期处于无法行使的状态，公司继续存续，股东无法实现股东利益。公司已陷入僵局，无法通过其他途径解决。根据《最高人民法院关于适用〈中华人民共和国公司法〉若干问题的规定（二）》第五条的规定，双方当事人不能协商一致使公司存续的情况下，人民法院应当及时判决。在本案中，林某在诉前已尝试通过其他途径化解矛盾，二人始终无法达成一致。服装城管委会两次组织调解，但双方并未达成一致意见。庭审过程中两审法院均进行调解，但未成功。此外，林某的持股比例符合公司法对有权提起司法解散之诉的股东的要求，是适格的原告。

综上，甲公司的实际情况符合公司法及相关司法解释所规定的股东提起司法解散公司之诉的理由。二审法院依法改判，不但充分保护了股东的合法权益，而且合理规范了公司的治理结构，积极促进了市场经济健康有序和谐发展。

四、评析

判断公司经营管理是否发生严重困难，要区分经营困难和管理困难。公司经营严重困难通常是指公司出现资金链断裂，发生严重亏损等。公司管理严重困难则是根据公司的组织架构、股东现状、公司内部运行状况等判断。有些公司虽然盈利，但是股东间存在不可调和的矛盾，有些公司亏损，但是股东之间状态良好。判断公司经营管理是否发生严重困难的关键在于公司内部组织架构运行状况以及股东会决策是否失灵，而非通过公司是否盈利。本案中，虽然公司处于盈利状态，但是由于股东二人的股权结构和公司章程规定的议事规则导致公司常年不能作出有效的股东会决议。同时，股东二人产生矛盾，长期无法召开股东会。综上，应认定为公司经营管理发生严重困难。

> **第二百三十二条 【清算组的组成和清算义务人的责任】**
> 公司因本法第二百二十九条第一款第一项、第二项、第四项、第五项规定而解散的，应当清算。董事为公司清算义务人，应当在解散事由出现之日起十五日内组成清算组进行清算。
> 清算组由董事组成，但是公司章程另有规定或者股东会决议另选他人的除外。
> 清算义务人未及时履行清算义务，给公司或者债权人造成损失的，应当承担赔偿责任。

【条文主旨】

本条是关于清算组的组成和清算义务人的责任的规定。

【修改提示】

本条在原法第一百八十三条规定的基础上作出了修改。主要为第一款新增了董事为清算义务人，将"成立清算组"改为"组成清算组"，第二款将"有限责任公司的清算组由股东组成，股份有限公司的清算组由董事或者股东大会确定的人员组成"统一为"清算组由董事组成"，加强了董事作为清算义务人的责任。但是，为尊重公司意思自治，仍可以通过公司章程另行规定或者股东会决议另选他人，第三款新增了清算义务人未及时履行清算义务的赔偿责任。

【条文释义】

一、公司清算

公司清算是指公司出现解散事由，依法成立清算组依照法定程序清理公司债权债务，分配公司剩余财产，了结公司业务，申请注销登记，消灭公司法人资格的行为。[①] 公司清算的目的是保护股东和债权人的利益，因合并或者分立解散，公司的全部债权债务由合并或者分立后存续或者新设的公司承继，无需清算。除此之外，公司解散必须依法清算。未经清算，公司不得注销登记。

根据适用程序和方式，公司清算可分为任意清算与法定清算。根据是否自行清算，法定清算又可分为普通清算和特别清算。普通清算，即由公司依法自行组织清算组进行的清算。[②] 普通清算一般适用于自愿解散。特别清算是公司解散时出现不能自行组织清算的情形，需要有关部门或者法院介入，指定清算组进行的清算。[③] 特别清算一般适用于强制解散。此外，根据公司是否宣告破产以及是否依照破产法的规定进行清算，公司清算又可分为破产清算和非破产清算。破产清算是指公司被依法宣告破产后，依照破产法的规定进行的清算；非破产清算是指破产清算以外的清算。

二、清算组的成立和组成

在清算过程中，依法成立清算组执行清算事务，清算组对外代表清算中的公司进行非经营性活动。除公司因合并或者分立而解散的，应当组成清算组进行清算。除公司章程另有规定或者股东会决议另选他人，自行清

[①] 范健、王建文：《公司法》，法律出版社 2018 年版，第 402 页。

[②] 范健、王建文：《公司法》，法律出版社 2018 年版，第 403 页。

[③] 范健、王建文：《公司法》，法律出版社 2018 年版，第 403 页。

算的清算组由董事组成。清算组成立的时间和期限是在解散事由出现之日起十五日内。

三、清算义务人

公司的清算义务人为董事。董事会或者执行董事是公司的决策和执行机关，制定公司解散方案就是董事会的职权。董事负有忠实义务和勤勉义务，包括公司解散时的清算义务。董事参与公司经营管理，熟悉各项公司事务，具有一定的清算条件和清算能力。根据所有权与经营相分离的原则，董事负责公司的经营管理，原则上应由董事担任清算义务人。

四、清算义务人的责任

明确清算义务人有利于追究其清算责任，清算义务人的清算责任包括不及时履行清算义务的责任和继续履行清算义务的责任。一方面，清算义务人的清算责任是指公司解散后不合法、不及时履行清算义务，导致公司资产流失，给债权人造成损失所应承担的赔偿责任；另一方面，是由法院强制清算义务人组成清算组对公司进行清算，以继续履行清算义务为内容的清算责任。除公司因合并或者分立而解散的，清算义务人负有组成清算组进行清算的义务。

【相关规定】

《中华人民共和国民法典》第七十条；

《中华人民共和国公司法》第二百二十九条；

《最高人民法院关于适用〈中华人民共和国公司法〉若干问题的规定（二）》第七条、第八条、第九条、第十八条、第十九条、第二十条、第二十一条、第二十三条。

> **第二百三十三条　【法院指定清算组进行清算】**公司依照前条第一款的规定应当清算，逾期不成立清算组进行清算或者成立清算组后不清算的，利害关系人可以申请人民法院指定有关人员组成清算组进行清算。人民法院应当受理该申请，并及时组织清算组进行清算。
>
> 公司因本法第二百二十九条第一款第四项的规定而解散的，作出吊销营业执照、责令关闭或者撤销决定的部门或者

公司登记机关，可以申请人民法院指定有关人员组成清算组进行清算。

【条文主旨】

本条是关于法院指定清算组进行清算的规定。

【修改提示】

本条在原法第一百八十三条规定的基础上作出了修改。主要是本条第一款新增了"成立清算组后不清算"的情形，将申请人民法院指定清算组的主体由"债权人"变更为"利害关系人"，为充分保护利害关系人的利益，因吊销营业执照、责令关闭或者撤销而解散的，本条第二款新增了作出决定的部门或者公司登记机关作为申请人民法院指定清算组的主体。

【条文释义】

一、法院指定清算的情形

为了保护利害关系人的合法利益，除公司合并和分立外，公司解散后都应当依法进行清算。对于应当清算而公司逾期不成立清算组或者虽然成立清算组但是不清算的情形，利害关系人可以申请人民法院指定有关人员组成清算组进行清算。法院指定清算的具体情形如下：（1）逾期不成立清算组；（2）成立清算组但故意拖延清算；（3）违法清算，可能严重损害债权人或股东利益。

二、申请法院指定清算的主体

申请人民法院指定清算组的主体为利害关系人，包括债权人、公司股东、董事等。由于依法被吊销营业执照、责令关闭或者被撤销设立登记而解散的，还可以由作出决定的部门或者公司登记机关申请人民法院指定有关人员组成清算组进行清算。

三、法院指定清算组成员的产生和更换

法院根据解散公司的具体情形可以指定公司的股东、董事、监事、高级管理人员，依法设立的社会中介机构及其工作人员等作为清算组成员。人民法院指定的清算组成员具有《最高人民法院关于适用〈中华人民共和国公司法〉若干问题的规定（二）》第九条规定情形之一的，可以依申请

或者依职权进行更换。

【相关规定】

《中华人民共和国公司法》第二百二十九条、第二百三十二条；

《最高人民法院关于适用〈中华人民共和国公司法〉若干问题的规定（二）》第七条、第八条。

> **第二百三十四条　【清算组职权】**清算组在清算期间行使下列职权：
>
> （一）清理公司财产，分别编制资产负债表和财产清单；
>
> （二）通知、公告债权人；
>
> （三）处理与清算有关的公司未了结的业务；
>
> （四）清缴所欠税款以及清算过程中产生的税款；
>
> （五）清理债权、债务；
>
> （六）分配公司清偿债务后的剩余财产；
>
> （七）代表公司参与民事诉讼活动。

【条文主旨】

本条是关于清算组职权的规定。

【修改提示】

本条在原法第一百八十四条规定的基础上作出了修改，第六项将"处理"剩余财产改为"分配"剩余财产。

【条文释义】

为了维护公司、债权人、股东和其他利害关系人的合法权益，提高清算工作的效率，减少清算财产的损失，保证清算过程的公平合理，公司在清算期间行使以下职权：

一、清理公司财产后编制资产负债表和财产清单

清理公司财产是公司清算的先决条件。清算组须对公司财产进行全面细致的清理和核查。清算组核实公司的全部财产后，分别编制资产负债表和财产清单。资产负债表能够反映公司的资产、负债和股东权益。财产清单能够体现公司全部资产明细，有利于公司剩余资产的保护，是开展后续工作的前提。

二、通知、公告债权人

为保护债权人的利益，应当通知、公告债权人公司解散的情况，使债权人能够及时行使权利。公司解散后，清算组必须通知债权人，并在报纸或者网上公告债权人及时申报债权。公司清算时，清算组必须将公司解散清算事宜书面通知全体已知债权人，并根据公司实际情况在报纸或者网上公告。

三、处理与清算有关的公司未了结的业务

清算组在处理公司未了结的业务时，有权根据清算工作的需要决定是否进行公司业务，包括公司解散前已订立但尚未履行的合同、拖欠的职工工资和劳动保险费用、尚未结算的债权和债务以及尚未缴纳的税款等。清算组基于最大化保护公司和债权人利益处理未了结的公司业务时，给对方造成损失的，应当赔偿。为尽快结束公司业务、减少股东的损失、保护债权人利益，清算组处理公司未了结的业务时，不得开展与清算无关的经营性活动。

四、清缴税款

公司解散时，清算组应当清查公司的纳税事项。如果发现应当缴纳的税款而尚未缴纳的，应当报请有关税务部门查实，并依法缴纳所欠税款。公司清算过程中产生的税款，清算组也应当依法缴纳。

五、清理债权、债务

债权和债务关系是依照合同约定或者法律规定在当事人之间产生的特定权利和义务关系。债权和债务关系不因公司解散而直接消灭，债权人有权要求债务人依照合同约定或者法律规定履行义务。公司清算时，清算组须核定公司的债权和债务。债权人可以要求清算组对有异议的债权进行重新核定。

六、分配公司清偿债务后的剩余财产

清算组依据法律规定的清偿顺序分配公司剩余财产。公司剩余财产是指公司财产在支付清算费用、职工的工资、社会保险费用和法定补偿金，缴纳公司所欠的税款，清偿公司债务后的剩余财产。公司财产清偿公司全部债务后，仍有剩余的，按照股东的持股比例或者出资比例向股东分配公司的剩余财产。有限责任公司的剩余财产按照股东的出资比例进行分配，股份有限公司的剩余财产按照股东持有的股份比例进行分配。

七、代表公司参与民事诉讼活动

公司办理注销登记前，仍具有法人资格。清算组成立后，清算组负责人以公司的名义代表公司参与民事诉讼。清算组应当在职权范围内代表公司参与民事诉讼活动，不得从事无关的经营活动。尚未成立清算组的，由原法定代表人代为参加。

【相关规定】

《中华人民共和国民法典》第七十一条；

《最高人民法院关于适用〈中华人民共和国公司法〉若干问题的规定（二）》第十条、第十一条、第十二条。

第二百三十五条　【债权人申报债权】 清算组应当自成立之日起十日内通知债权人，并于六十日内在报纸上或者国家企业信用信息公示系统公告。债权人应当自接到通知之日起三十日内，未接到通知的自公告之日起四十五日内，向清算组申报其债权。

债权人申报债权，应当说明债权的有关事项，并提供证明材料。清算组应当对债权进行登记。

在申报债权期间，清算组不得对债权人进行清偿。

【条文主旨】

本条是关于债权人申报债权的规定。

【修改提示】

本条在原法第一百八十五条规定的基础上作出了修改，第一款新增了公告的方式，将"在报纸上公告"更改为"在报纸上或者国家企业信用信息公示系统公告"，并将"通知书"改为"通知"。

【条文释义】

一、清算事宜的通知和公告

清理和了结公司的对外债务是公司清算的目的和重要内容之一，为保护债权人的利益，使债权人能够及时申报债权，以便公司顺利清偿债务，公司清算时，必须通知债权人，并在报纸或者网上进行公告。通知的时间和期限为自清算组成立之日起十日内，通知方式为书面通知，通知的范围是全体已知债务人。公告的时间和期限是自清算组成立之日起六十日内，通知方式是在报纸或者网上进行公告，公告的范围根据公司实际情况确定。通知和公告的事项为公司解散清算的相关事宜。

二、申报债权的程序

债权人应当及时申报债权。接到通知的债权人申报债权的时间和期限是从接到通知之日起三十日内向公司的清算组申报债权。未接到通知的债权人申报债权的时间和期限是从公告之日起四十五日内向公司的清算组申报债权。债权人必须说明债权的有关事项，并提供证明材料。公司清算组必须进行登记。债权人未在债权申报期限内申报债权的，可以在清算程序终结前补充申报，在公司尚未分配的财产中获得清偿。

三、申报债权的限制

在公司的债权人申报债权期限届满前，公司的债务尚不明晰，此时，若公司清算组对已经申报的债权人进行清偿，可能导致尚未申报债权的债权人利益受到损害。为维护公司债务清偿的公平性，清算组在申报债权期限届满前不得对公司的债权人进行清偿。

【相关规定】

《中华人民共和国公司法》第二百三十四条；

《最高人民法院关于适用〈中华人民共和国公司法〉若干问题的规定（二）》第十一条、第十二条、第十三条、第十四条。

第二百三十六条 **【清算程序】**清算组在清理公司财产、编制资产负债表和财产清单后，应当制订清算方案，并报股东会或者人民法院确认。

公司财产在分别支付清算费用、职工的工资、社会保险费用和法定补偿金，缴纳所欠税款，清偿公司债务后的剩余财产，有限责任公司按照股东的出资比例分配，股份有限公司按照股东持有的股份比例分配。

> 清算期间，公司存续，但不得开展与清算无关的经营活动。公司财产在未依照前款规定清偿前，不得分配给股东。

【条文主旨】

本条是关于清算程序的规定。

【修改提示】

本条在原法第一百八十六条规定的基础上进行了修改，新法第一款将"制定"改为"制订"，删除了"股东大会"，统一为股东会，与前后条文修改保持一致。

【条文释义】

一、清算组制定清算方案的义务

清算方案是清算组据以处理公司清算事务的法定文件，主要内容包括：公司资产和负债情况、财产清单、财产作价依据，债权、债务清单和债权、债务处理办法以及剩余财产分配办法等。为明确公司的财产和债权债务情况，清算组应先清理公司财产，再编制公司的资产负债表和财产清单，最后制定清算方案。自行清算制定的清算方案报股东会确认，人民法院组织清算制定的清算方案报人民法院确认。清算方案经过股东会或者人民法院确认，清算组应当执行。股东会或者人民法院认为清算方案有瑕疵，不予确认的，清算组应当修改清算方案，直到股东会或者人民法院认可。未经股东会或者人民法院确认的清算方案，不具有法律效力，清算组不得执行。由此给债权人或公司造成损失的，应当承担相应的法律责任。

二、清算组分配公司财产的顺序

清算组分配公司财产时应遵循如下原则：（1）顺序清偿原则，应当依照法律规定的顺序进行清偿。（2）先债权后股权原则，为保护债权人利益，清偿公司全部债务后才能向股东分配公司的剩余财产。（3）风险收益相统一原则，为保证收益分配的公平性，向股东分配公司的剩余财产须按照股东的出资比例或者持股比例进行分配。

经清算组确认，当公司现有财产大于公司所欠债务，并且能偿还公司全部债务时，依照本条规定的顺序进行清偿。首先，为保证清算程序的顺利进行，应支付公司清算费用，包括公司财产的评估、保管、变卖和分配等所需的费用，公告费用，清算组成员的报酬，委托注册会计师、律师的费用和诉讼费用等。其次，为保护劳动者的合法权益，应支付职工的工资、劳动保险费用和法定补偿金。再次，为保证国家税务安全，应缴纳所欠税款。然后，为保护债权人的合法权益，应偿还其他公司债务。最后，为实现股东的剩余财产分配权，应将公司的剩余财产分配给股东，按照股东的出资比例或者持股比例进行分配。若公司清算时不先清偿债务而先向股东分配公司财产，将严重损害公司债权人的利益。因此，公司财产进行分配时，应当严格依照法律、行政法规的规定进行。

三、公司清算期间的法律地位

公司在清算期间被称为"清算中的公司"，又称清算法人，仍然具有法人地位，但是公司不能从事经营活动，其职能限于清算目的范围内。学者对"清算中的公司"的法律地位有不同的看法：一是"拟制存续说"。公司解散，公司的法人资格消灭，为实现清算目的，拟制公司法人的存在。在公司清算期间，清算人可以代表公司，以"清算中的公司"的名义参与诉讼。二是"同一法人说"。从公司出现解散事由至公司清算结束并办理注销登记的期间，公司的法律地位不变，但权利能力受到一定限制，公司仍具有独立的法律人格。三是"清算法人说"。公司出现解散事由主体资格消灭，会导致公司财产无主化，为防止权力真空，基于清算目的而专门设立独立的清算法人。四是"同一法人说兼采拟制存续说"。清算中的公司与清算前的公司本质上相同，但是当公司丧失其实在的基础时，在法律上拟制其存在。① 综上所述，本条规定采用"同一法人说"，即公司清算期间，具有法人资格，以公司的名义对外开展活动。但是，只能从事与清算有关的未了结的业务，不得开展与清算无关的经营性活动。

【相关规定】

《中华人民共和国民法典》第七十一条、第七十二条；

《中华人民共和国公司法》第二百三十四条；

《最高人民法院关于适用〈中华人民共和国公司法〉若干问题的规定（二）》第十五条、第十六条、第十七条。

---

① 梁慧星：《民法总论》，法律出版社 2021 年版，第 145～146 页。

> **第二百三十七条 【破产申请】**清算组在清理公司财产、编制资产负债表和财产清单后，发现公司财产不足清偿债务的，应当依法向人民法院申请破产清算。
>
> 人民法院受理破产申请后，清算组应当将清算事务移交给人民法院指定的破产管理人。

【条文主旨】

本条是关于破产申请的规定。

【修改提示】

本条在原法第一百八十七条规定的基础上进行了修改，本条第一款将"宣告破产"改为"破产清算"。本条第二款将清算组移交清算事务的时间由"人民法院裁定宣告破产"改为"人民法院受理破产申请"，清算组应当将清算事务移交"人民法院"修改为移交"人民法院指定的破产管理人"。

【条文释义】

一、清算组申请破产清算

公司解散后，当公司资产大于负债时，清算组继续进行清算工作不影响债权人利益。但是，当公司资不抵债时，债权人的利益已无法获得有效保障。由于公司在清算期间无法开展与清算无关的经营性活动，无法清偿到期债务。此时，公司已符合宣告破产的条件。为保护公司债权人的利益，当清算组发现公司资不抵债时，应当依法向人民法院申请公司破产。

二、人民法院受理破产申请

人民法院接到清算组提出的破产申请后，应依法进行审判。经法院裁定宣告公司破产的，清算组必须将清算事务移交人民法院指定的破产管理人。人民法院依照有关破产法的规定重新组成破产清算组进行清算。

三、协商机制

在公司强制清算中，当公司财产不足以清偿债务时，为提高整体社会效益，节约经济成本，人民法院指定的清算组可以与债权人协商制作有关债务清偿方案，经法院确认并进行清偿后，终结清算程序。

【相关规定】

《中华人民共和国民法典》第七十三条；

《中华人民共和国企业破产法》第七条、第八条、第九条；

《最高人民法院关于适用〈中华人民共和国公司法〉若干问题的规定（二）》第十七条。

> **第二百三十八条 【清算组成员义务和责任】**清算组成员履行清算职责，负有忠实义务和勤勉义务。
>
> 清算组成员怠于履行清算职责，给公司造成损失的，应当承担赔偿责任；因故意或者重大过失给债权人造成损失的，应当承担赔偿责任。

【条文主旨】

本条是关于清算组成员义务和责任的规定。

【修改提示】

本条在原法第一百八十九条规定的基础上进行了修改，第一款将"应当忠于职守，依法履行清算义务"改为"履行清算职责，负有忠实义务和勤勉义务"。同时，删除了"清算组成员不得利用职权收受贿赂或者其他非法收入，不得侵占公司财产"的规定。为强化清算组成员的义务，明确清算组成员的责任，本条第二款新增了清算组成员因怠于履行清算职责给公司造成损失的赔偿责任的规定。

【条文释义】

一、法律义务

清算组成员依法履行清算职责，负有忠实义务和勤勉义务。清算组在清算期限内享有清算的职权，也应承担相应的义务。在清算期限内，清算组成员应当忠实、勤勉，依法履行清算职责。依法履行清算职责，要求清算组成员严格依照法律、行政法规的有关规定处理清算事务。忠实义务是指清算组在履行职责和行使权力的过程中，必须最大限度地维护公司利益，不得为自己谋取私利。勤勉义务是指清算组在履行职责和行使权力的过程中，为了公司的最大利益，必须出于善意，尽到通常应有的合理注意。

二、赔偿责任

因清算组成员怠于履行清算职责，给公司造成损失的，应当承担赔偿责任。怠于履行义务是指能够履行而故意拖延和拒绝履行或者因过失导致无法进行清算的消极不作为。因怠于履行义务，导致公司财产灭失，无法进行清算的，对公司债务承担连带责任。

清算组成员因故意或者重大过失给公司或者债权人造成损失的，应当承担赔偿责任。所谓故意，是指清算组成员明知其行为将导致公司或者债权人利益受损，希望或者放任结果的发生。所谓重大过失，是指清算组成员处理清算事务，法律要求其特别注意，但由于疏忽大意，清算组成员没有对该法律规定引起注意，或者轻信能够避免，导致不良的法律后果。

【相关规定】

《最高人民法院关于适用〈中华人民共和国公司法〉若干问题的规定（二）》第十一条、第十五条、第十八条、第二十三条；

《全国法院民商事审判工作会议纪要》第十四条、第十五条。

> **第二百三十九条**　**【申请注销登记】**公司清算结束后，清算组应当制作清算报告，报股东会或者人民法院确认，并报送公司登记机关，申请注销公司登记。

【条文主旨】

本条是关于申请注销登记的规定。

【修改提示】

本条在原法第一百八十八条规定的基础上进行了修改，新法删除了"股东大会"统一为股东会。同时，在"申请注销公司登记"后删除了"公告公司终止"的表述。

【条文释义】

一、公司申请注销登记的情形

根据《中华人民共和国市场主体登记管理条例》第三十一条的规定，公司因解散、被宣告破产或者其他法定事由需要终止的，应当依法向登记机关申请注销登记。公司注销依法须经批准的，应当经批准后向登记机关申请注销登记。

二、公司申请注销登记的程序

根据《中华人民共和国市场主体登记管理条例》第三十二条的规定，公司注销登记前依法应当清算的，清算组应当自成立之日起十日内将清算组成员、清算组负责人名单通过国家企业信用信息公示系统公告。清算组可以通过国家企业信用信息公示系统发布债权人公告。清算组应当自清算结束之日起三十日内向登记机关申请注销登记。市场主体申请注销登记前，应当依法办理分支机构注销登记。

三、公司申请注销登记的法律后果

经公司登记机关注销登记，公司终止。

【相关规定】

《中华人民共和国民法典》第七十二条；

《中华人民共和国公司法》第三十七条、第四十条；

《中华人民共和国市场主体登记管理条例》第三十一条、第三十二条；

《最高人民法院关于适用〈中华人民共和国公司法〉若干问题的规定（二）》第二十条。

第二百四十条　【简易程序注销登记】 公司在存续期间未产生债务，或者已清偿全部债务的，经全体股东承诺，可以按照规定通过简易程序注销公司登记。

通过简易程序注销公司登记，应当通过国家企业信用信息公示系统予以公告，公告期限不少于二十日。公告期限届满后，未有异议的，公司可以在二十日内向公司登记机关申请注销公司登记。

> 公司通过简易程序注销公司登记，股东对本条第一款规定的内容承诺不实的，应当对注销登记前的债务承担连带责任。

【条文主旨】

本条是关于简易程序注销登记的规定。

【修改提示】

本条是本次公司法修订的新增规定。为解决实践中注销难的问题，设置简易程序注销登记。简易程序的适用范围拓展至公司存续期间未发生债权债务或已将债权债务清偿完结。为畅通市场主体退出渠道，提高市场主体活跃度，简易程序的公告期为二十日，公告方式为通过国家企业信用信息公示系统予以公告。公示期满后，无异议的，公司即可在二十日内申请注销登记。此外，为保护债权人利益，本条还规定了股东承诺不实的法律责任。

【条文释义】

一、简易程序注销登记的适用范围

根据《中华人民共和国市场主体登记管理条例》第三十三条的规定，简易程序注销登记的适用范围是在公司存续期间未发生债权债务，或者已将债权债务清偿完结的公司。公司通过简易程序注销登记，不应存在未结清的清偿费用、职工工资、社会保险费用、法定补偿金、应缴纳税款（滞纳金、罚款）等债权债务关系。全体股东书面承诺对上述情况的真实性承担法律责任。公司注销依法须经批准的，或者公司被吊销营业执照、责令关闭、撤销，或者被列入经营异常名录的，不适用简易注销程序。

二、简易程序注销登记的程序

通过简易程序注销登记的程序分为公告和登记。公告内容为承诺书及注销登记申请，公告方式为通过国家企业信用信息公示系统进行公告，公告期限不少于二十日。公告期限届满后，未有异议的，可以在二十日内向公司登记机关申请注销登记。经公司登记机关注销登记，公司终止。

三、简易程序注销登记的责任

为简化程序，提高市场效率，符合条件的公司可以通过简易程序进行注销登记。但是，须经全体股东承诺。为保护债权人的利益，股东承诺不实的，应当对注销登记前的债务承担连带责任。

公司未经清算即办理注销登记的，导致公司无法进行清算的，股东应对公司债务承担清偿责任。公司未经清算即办理注销登记的，承诺对公司债务承担责任的股东，应承担相应的连带责任。

【相关规定】

《中华人民共和国民法典》第七十二条；

《中华人民共和国公司法》第三十七条、第四十条；

《中华人民共和国市场主体登记管理条例》第三十三条；

《最高人民法院关于适用〈中华人民共和国公司法〉若干问题的规定（二）》第二十条。

> **第二百四十一条　【强制注销登记】**公司被吊销营业执照、责令关闭或者被撤销，满三年未向公司登记机关申请注销公司登记的，公司登记机关可以通过国家企业信用信息公示系统予以公告，公告期限不少于六十日。公告期限届满后，未有异议的，公司登记机关可以注销公司登记。
>
> 　　依照前款规定注销公司登记的，原公司股东、清算义务人的责任不受影响。

【条文主旨】

本条是关于强制注销登记的规定。

【修改提示】

本条是本次公司法修订的新增规定。为解决实践中存在的"僵尸公司"问题，扩宽市场主体退出机制，当公司被吊销营业执照、责令关闭或者被撤销，满三年未向公司登记机关申请注销公司登记的，公司登记机关可以进行公告，公告期为六十日。无异议的，公司登记机关可以注销公司登记。

【条文释义】

一、强制注销登记的适用范围

强制程序注销登记的适用范围是公司被吊销营业执照、责令关闭或者被撤销，满三年未向公司登记机关申请注销公司登记。

二、强制注销登记的程序

通过强制程序注销登记的程序分为公告和登记。公告方式为通过网上公告，公告期限不少于六十日。公告期限届满后，未有异议的，公司登记机关可以申请注销登记。经公司登记机关注销登记，公司终止。

三、强制注销登记的责任

为保护公司和债权人的利益，强制注销公司登记的，原公司股东、清算义务人仍需承担相应的责任。

【相关规定】

《中华人民共和国民法典》第七十二条；

《中华人民共和国市场主体登记管理条例》第三十一条、第三十二条、第三十三条；

《最高人民法院关于适用〈中华人民共和国公司法〉若干问题的规定（二）》第十八条至第二十三条。

> **第二百四十二条　【公司破产法律适用】** 公司被依法宣告破产的，依照有关企业破产的法律实施破产清算。

【条文主旨】

本条是关于破产清算法律适用的规定。

【修改提示】

本条对应原法第一百九十条的规定，本次修订内容未作变动。

【条文释义】

债务人不能清偿到期债务时，并且资产不足以清偿全部债务或者明显缺乏清偿能力时，债务人可以向人民法院申请破产清算。债务人不能清偿到期债务时，债权人可以向人民法院申请破产清算。公司已解散但未清算或者未清算完毕，资产不足以清偿债务时，依法负有清算责任的人有权向人民法院申请破产清算。

依据《中华人民共和国企业破产法》的规定，有权宣告破产的机关是人民法院。公司被宣告破产后，应当按照法律规定的破产清算程序进行清算，了结债务人与债权人之间的财产关系。在破产清算程序中，主要包括两方面的内容：一是变价出售破产财产。破产清算组在收集管理破产财产的基础上，对破产财产进行评估和处理。二是对破产财产进行分配。在破产财产优先清偿破产费用和共益债务后，依照法律规定的破产清偿顺序进行清偿。

【相关规定】

《中华人民共和国民法典》第七十三条；

《中华人民共和国企业破产法》第十章；

《最高人民法院关于适用〈中华人民共和国企业破产法〉若干问题的规定（二）》①。

---

① 《最高人民法院关于适用〈中华人民共和国企业破产法〉若干问题的规定（二）》，载最高人民法院网站，http://gongbao.court.gov.cn/Details/a8cf0deff0d638a2fad2bc64677f6f.html，最后访问时间：2024 年 1 月 9 日。

第十三章 外国公司的分支机构

> **第二百四十三条 【外国公司的概念】** 本法所称外国公司，是指依照外国法律在中华人民共和国境外设立的公司。

【条文主旨】

本条是关于外国公司的概念的规定。

【修改提示】

本条在原法第一百九十一条规定的基础上进行了修改，将"中国境外"改为"中华人民共和国境外"。

【条文释义】

为规范外国公司在我国的活动，我国公司法专章规定了外国公司的分支机构。参照世界各个国家和地区的通常立法例，充分考虑我国的实际情况，本法对外国公司的分支机构作出规定，既便于实务操作，也便于监督管理。

一、外国公司的概念

外国公司是指依照外国法律在中华人民共和国境外注册成立的公司。外国公司的判断标准是设立该外国公司的准据法和外国公司所在地，而非该外国公司股东的国籍、股份认购和营业地等，无需经中国政府承认或者许可。因此，只要符合上述两个条件，即具有外国公司资格，有权在中华人民共和国境内设立分支机构。

二、外国公司的分支机构的基本概念

外国公司的分支机构是指外国公司依据本国法律在本国境内设立的分

支机构。在我国，外国公司分支机构是指外国公司依照我国公司法，经我国政府批准，在我国境内设立的不具有法人资格的从事生产经营活动的经济实体。①

三、外国公司分支机构的设立条件

外国公司在我国境内设立分支机构，必须符合我国法律规定的条件，按照本法及国务院的有关规定办理审批和登记手续，才能在我国境内从事生产经营活动。外国公司不得在未经批准的情况下在我国境内设立分支机构从事生产经营活动。外国公司违反本法规定，擅自在我国境内设立分支机构的，有关机关有权对其进行行政处罚。

四、外国公司分支机构的基本特征

外国公司分支机构具有下列特征：（1）外国公司的分支机构是依据公司法在中华人民共和国境内设立的。（2）外国公司的分支机构隶属于某一外国公司，二者具有相同国籍。（3）外国公司的分支机构是该外国公司的组成部分，不具有中国法人资格。外国公司的分支机构在中华人民共和国境内没有独立的财产，没有法定的组织机构，不能以自己的名义享有权利和承担责任。（4）设立外国公司的分支机构，必须向中国主管机关提出申请，经批准后，向公司登记机关办理登记，领取营业执照。

五、外国公司分支机构的主要形式

外国公司在中华人民共和国境内设立分支机构从事生产经营活动，有以下几种形式：（1）外国公司在中华人民共和国境内设立的从事生产经营的分公司，外国银行在中华人民共和国境内设立的分行等；（2）外国公司在中华人民共和国境内设立的从事相关业务的作业场所或经营场所；（3）外国公司在中华人民共和国境内设立的从事业务活动的代表处、代理机构或者联络处等。

第二百四十四条　【外国公司分支机构设立申请和审批】

外国公司在中华人民共和国境内设立分支机构，应当向中国主管机关提出申请，并提交其公司章程、所属国的公司登记证书等有关文件，经批准后，向公司登记机关依法办理登记，领取营业执照。

外国公司分支机构的审批办法由国务院另行规定。

---

① 范健、王建文：《公司法》，法律出版社 2018 年版，第 408 页。

【条文主旨】

本条是关于外国公司在中华人民共和国境内设立分支机构的登记和审批程序的规定。

【修改提示】

本条在原法第一百九十二条规定的基础上进行了修改，将"中国境内"改为"中华人民共和国境内"，用词更为严谨；将"必须"改为"应当"，保证了立法用语的单义性、稳定性和体系性。[①]

【条文释义】

一、外国公司分支机构的设立申请

外国公司在中华人民共和国境内设立分支机构，应提出申请。申请书主要包括以下内容：（1）外国公司的概况，主要包括公司名称，境外住所，经营范围等；（2）拟在中华人民共和国境内设立的分支机构的基本情况，包括分支机构的名称、类型、经营范围、资金数额、经营场所、经营期限、负责人姓名等。

根据《市场主体登记提交材料规范》规定，外国公司申请设立分支机构时，应提交相关材料。需提交的相关材料包括：（1）申请书；（2）审批机关的批准文件；（3）外国公司的合法开业证明；（4）中方合作单位出具的介绍函；（5）项目合同；（6）外国公司的资信证明；（7）任命书；（8）验资报告；（9）外国公司章程和董事会成员名单；（10）经营场所合法使用相关文件。

二、外国公司分支机构的设立程序

外国公司在中华人民共和国境内设立分支机构必须经过以下两个程序：（1）批准。为实施必要的监督管理，明确外国公司在我国的法律地位，在中华人民共和国境内设立分支机构的外国公司必须向我国主管机关申请批准。外国公司申请批准必须提交相关文件，明确外国公司的国籍和责任形式。我国主管机关依法审查后，符合我国法律规定条件的，依法批准。（2）登记。经批准后，外国公司必须向公司登记机关申请办理登记手续，经公司登记机关审查批准后，可以领取营业执照。自领取营业执照之

---

① 张蕾：《"应当"与"必须"在法律条文中的应用》，载《山西省政法管理干部学院学报》2019年第4期。

日起，外国公司的分支机构即告成立。

三、外国公司分支机构的审批办法

本法授权国务院另行规定外国公司分支机构的审批办法的情形如下：一是国务院在具体审批办法中，确定有关主管机关对外国公司分支机构市场准入的审批权限；二是国务院根据我国的实际情况，限制某些行业的外国公司暂时不能在中华人民共和国境内设立分支机构。

【相关规定】

《中华人民共和国市场主体登记管理条例实施细则》第六条、第七条、第九条、第二十一条、第三十条[①]；

《市场主体登记文书规范》《市场主体登记提交材料规范》[②]。

第二百四十五条　【外国公司分支机构设立和资金要求】
外国公司在中华人民共和国境内设立分支机构，应当在中华人民共和国境内指定负责该分支机构的代表人或者代理人，并向该分支机构拨付与其所从事的经营活动相适应的资金。

对外国公司分支机构的经营资金需要规定最低限额的，由国务院另行规定。

【条文主旨】

本条是关于外国公司分支机构设立和资金要求的规定。

【修改提示】

本条在原法第一百九十三条规定的基础上进行了修改，将"中国境

---

① 《中华人民共和国市场主体登记管理条例实施细则》，载中国政府网，https：//www. gov. cn/gongbao/content/2022/content_ 5688790. htm？eqid＝8d781af70000348d00000006646f68b3，最后访问时间：2024 年 1 月 9 日。

② 《市场监管总局关于印发〈市场主体登记文书规范〉〈市场主体登记提交材料规范〉的通知》，载国家市场监督管理总局网站，https：//www. sac. gov. cn/djzcj/zyfb/zjfb/art/2023/art_ ea407ebc609e4956aadbb54edfba3950. html&wd＝&eqid＝842043ea00002e7300000006645dba86&wd＝&eqid＝90b6c2320013eb5a000000026487d710，最后访问时间：2024 年 1 月 9 日。

内"改为"中华人民共和国境内"，用词更为严谨；将"必须"改为"应当"，保证了立法用语的单义性、稳定性和体系性。①

【条文释义】

一、指定代表人或者代理人

外国公司在中华人民共和国境内设立分支机构，必须由设立分支机构的外国公司的法定代表人签署授权书或者委托书，在中华人民共和国境内指定代表人或者代理人。外国公司的分支机构是一个机构或者场所，由自然人代表它从事各项活动，负责分支机构内部管理。代表人或者代理人作为该分支机构的负责人，可以是中国公民，也可以是非中国公民。该代表人或者代理人对外代表该外国公司在中华人民共和国的分支机构，参加民事活动和诉讼活动。此外，我国有关主管部门对外国公司分支机构的代表人或者代理人有一定的资格要求。

二、拨付与其所从事的经营活动相适应的资金

外国公司的财产主要集中在中华人民共和国境外，外国公司的分支机构在中华人民共和国境内从事生产经营活动，必须有与其所从事的经营活动相适应的资金保障。由于设立分支机构的外国公司在中华人民共和国境外，外国公司在中华人民共和国境内设立的分支机构不具有中国法人资格，中华人民共和国法律对该外国公司的效力要受到地域的限制，增加了交易风险。因此，为保障交易安全，外国公司必须拨付相应的资金，使外国公司的分支机构在中华人民共和国境内具有实际的财产。外国公司不拨付一定资金的，不得在中华人民共和国境内设立分支机构。

三、符合国务院规定的最低限额

由于不同行业和规模的生产经营活动所需资金数量不同，为了合理配置资源，防止经营欺诈，保证交易安全，最低资金限额应当根据不同情况由国务院规定。一方面，保证了外国公司分支机构有经营资金；另一方面，其数额也必须与其所从事的生产经营活动相适应。外国公司拨付的资金达不到国务院规定的最低限额的，不得在中华人民共和国境内设立分支机构。

---

① 张蕾：《"应当"与"必须"在法律条文中的应用》，载《山西省政法管理干部学院学报》2019年第4期。

> **第二百四十六条　【外国公司分支机构名称要求和章程置备】** 外国公司的分支机构应当在其名称中标明该外国公司的国籍及责任形式。
>
> 　　外国公司的分支机构应当在本机构中置备该外国公司章程。

【条文主旨】

本条是关于外国公司分支机构名称要求和章程置备的规定。

【修改提示】

本条对应原法第一百九十四条的规定，本次修订内容未作变动。

【条文释义】

一、外国公司分支机构的名称要求

为使交易对象准确了解外国公司分支机构的法律性质，保证交易安全，外国公司的分支机构应当在其名称中标明以下事项：（1）该外国公司的国籍。公司的国籍是指公司具有的某一个国家的法人资格。通常情况下，公司依据某一个国家的法律在其境内登记设立的公司即具有该国国籍。（2）该外国公司的责任形式。外国公司的责任形式主要包括有限责任公司、股份有限公司、无限公司、两合公司等。

二、外国公司分支机构的章程置备

外国公司分支机构在本机构中置备该外国公司的章程，一方面，能够促使交易相对方了解该外国公司的基本情况，例如：责任形式、资信情况、内部组织机构。另一方面，有利于加强对该外国公司分支机构的管理，便于公司登记机关、税务机关及其他管理机关检查该分支机构的相关情况。

> **第二百四十七条　【外国公司分支机构的法律地位】** 外国公司在中华人民共和国境内设立的分支机构不具有中国法人资格。
>
> 外国公司对其分支机构在中华人民共和国境内进行经营活动承担民事责任。

【条文主旨】

本条是关于外国公司分支机构的法律地位的规定。

【修改提示】

本条在原法第一百九十五条规定的基础上进行了修改，将"中国境内"的表述改为"中华人民共和国境内"，更具严谨性。

【条文释义】

外国公司分支机构的法律地位表现为：不具有中国法人资格，其开展经营活动所产生的民事责任由其所属的外国公司承担。

一、外国公司分支机构不具有独立的法人资格

外国公司与其在我国境内设立的分支机构的法律关系，相当于总公司与分公司的法律关系。因而其法律地位可以类比分公司。如果是外国公司在我国境内设立的子公司，那就不是外国公司而是中国公司了。[①]

第一，外国公司分支机构没有独立的公司名称和公司章程。外国公司分支机构依照中国法律规定应当将其国籍和责任形式在名称中注明，并将其所属外国公司的章程置备在本机构中以供查阅。

第二，外国公司分支机构不具有独立完整的组织机构，如董事会、股东会等，其代理人或代表人须由其所属的外国公司指定。

二、外国公司分支机构没有自己的独立财产

外国公司分支机构的财产归属外国公司，应当列入外国公司的资产负债表中。分支机构从事经营活动应当由所属外国公司拨付资金，取得的收益也归属外国公司。

---

① 朱锦清：《公司法学（上）》，清华大学出版社 2017 年版，第 20 页。

三、外国公司分支机构不能独立承担民事责任

外国公司分支机构不具有独立的法人资格，因此也不能独立承担民事责任。外国公司分支机构应当以外国公司的名义从事经营活动，产生的权利与义务归属外国公司，民事责任也归属外国公司。外国公司分支机构应当首先以自己的财产清偿债务，当分支机构的财产不足以清偿全部债务时，由外国公司进行清偿，外国公司也可以直接清偿。

四、外国公司分支机构是在中国境内直接从事营利活动的机构

外国公司分支机构不同于外国公司设立在中国境内的那些以了解市场行情、收集信息并提供咨询服务，不从事经营活动的外国公司常驻代表机构，这类常驻机构不具有营业权或商业代理权，不直接从事以营利为目的的经营活动，但也属于外国公司的组成部分，其设立需要经过中国政府批准。①

五、外国公司分支机构具有民事诉讼当事人资格

民事诉讼法第五十一条第一款规定："公民、法人和其他组织可以作为民事诉讼的当事人。"依据《最高人民法院关于适用〈中华人民共和国民事诉讼法〉的解释》第五十二条第五项的规定，其他组织是指合法成立、有一定的组织机构和财产，但又不具备法人资格的组织，包括依法设立并领取营业执照的法人的分支机构。因此，在民事诉讼中，外国公司分支机构可以享有诉讼当事人资格。②

【相关规定】

《中华人民共和国民事诉讼法》第五十一条第一款；

《最高人民法院关于适用〈中华人民共和国民事诉讼法〉的解释》第五十二条。

第二百四十八条　【外国公司分支机构的权利和义务】
经批准设立的外国公司分支机构，在中华人民共和国境内从事业务活动，应当遵守中国的法律，不得损害中国的社会公共利益，其合法权益受中国法律保护。

---

① 王作权：《公司法学》，北京大学出版社 2016 年版，第 291 页。
② 李东方：《公司法学》，中国政法大学出版社 2016 年版，第 493 页。

【条文主旨】

本条是关于外国公司分支机构的权利和义务的规定。

【修改提示】

本条在原法第一百九十六条规定的基础上进行了修改，将"中国境内"的表述改为"中华人民共和国境内"，更具严谨性；将"必须"改为"应当"，保证了立法用语的单义性、稳定性和体系性。[①]

【条文释义】

外国公司分支机构是外国公司在东道国的派出机构，在取得东道国的营业执照后，即享有在东道国从事经营活动的权利，同时必须遵守东道国的法律，应当依照东道国的法律承担义务。

一、外国公司分支机构的权利

1. 在我国境内依法从事生产经营活动。任何单位和个人只要是在中华人民共和国境内从事有关的活动，就必须遵守中国的法律，这是涉及国家主权的问题。[②] 外国公司分支机构在中国取得公司登记机关颁发的营业执照后，即成为合法的商事主体，具有与中国公司基本相同的权利，如依法取得财产所有权、自由订立合同等权利。同时，法律对外国公司分支机构的营业范围进行了一定的限制，如在军工、航空、通信、能源等关系国计民生的特殊行业限制或禁止外国公司分支机构准入。除法律明文规定禁止或限制外国公司分支机构经营的行业以外，外国公司分支机构有权在核准登记的经营范围内自由决定经营权并依法变更经营范围，任何人不得妨碍。[③]

2. 合法权益受中国法律保护。中国法律对中国境内的一切经济组织的合法权益都要依法保护。中国有关机关应当保障外国公司分支机构的合法权益不受侵犯，在合法范围内为其提供一个自由的营商环境，保障其与中国公司在商事活动中的平等地位。外国公司分支机构的权益在中国受到不

---

① 张蕾：《"应当"与"必须"在法律条文中的应用》，载《山西省政法管理干部学院学报》2019 年第 4 期。

② 宋燕妮、赵旭东主编：《中华人民共和国公司法释义》，法律出版社 2018 年版，第375 页。

③ 王作权：《公司法学》，北京大学出版社 2016 年版，第 294 页。

法侵害时，有权在中国提起诉讼以寻求司法保护，获得法律救济以维护其合法权益。

二、外国公司分支机构的义务

外国公司分支机构应当遵守中国法律，不得损害社会公共利益。外国公司分支机构在中国工商行政管理部门进行登记注册后，则应当依照属地管辖原则受到中国法律的约束和中国工商管理部门的监管，按照中国的法律规定履行义务，如依法建立财务会计制度并报相关部门备案、依法纳税、依照相关的产业政策从事生产经营、依法进行撤销与清算活动、依法保护劳工权益、依法接受反垄断审查等，不得在中国境内开展非法的经营活动，不得扰乱中国正常的经济秩序，不得从事国家禁止外资进入的特定行业。

【相关规定】

《中华人民共和国外商投资法》第六条。

> **第二百四十九条　【外国公司分支机构的撤销与清算】**
> 外国公司撤销其在中华人民共和国境内的分支机构时，应当依法清偿债务，依照本法有关公司清算程序的规定进行清算。未清偿债务之前，不得将其分支机构的财产转移至中华人民共和国境外。

【条文主旨】

本条是关于外国公司分支机构的撤销与清算的规定。

【修改提示】

本条在原法第一百九十七条规定的基础上进行了修改，主要将"中国境内"的表述改为"中华人民共和国境内"，将"必须"改为"应当"，保证了立法用语的单义性、稳定性和体系性。①

———————

① 张蕾：《"应当"与"必须"在法律条文中的应用》，载《山西省政法管理干部学院学报》2019年第4期。

【条文释义】

一、外国公司分支机构的撤销

外国公司分支机构的撤销是指外国公司依照法律规定的程序和条件，终止其在东道国设立的分支机构的经营活动，使其丧失民事主体资格的法律行为。我国公司法未明确规定外国公司分支机构的撤销原因，综合相关法律法规的规定，一般应包括下列几种情形：

1. 外国公司自行决定撤销。外国公司自行决定撤销分支机构的原因包括：外国公司已经完成设立分支机构的投资目标；分支机构经营亏损，无法维持经营；外国公司转变投资计划，拟将分支机构设立地点进行转移或收回投资；因不可抗力导致分支机构无法继续营业等。

2. 外国公司分支机构因经营期限届满而撤销。外国公司分支机构在公司登记机关进行设立登记时，应当包含经营期限的记载，登记机关也应当对外国公司分支机构的经营期限作明确登记。外国公司分支机构经营期限届满，外国公司应依法撤销其分支机构。若外国公司分支机构希望继续经营，可以在经营期限届满前的合理期限内办理延期登记，并由原公司登记机关批准。

3. 外国公司分支机构因违法经营而被撤销。外国公司分支机构从事生产经营活动违反东道国法律，应当依照法律规定被撤销。此外，如果外国公司分支机构违反我国工商管理、海关、财税、金融、外汇、环境保护等法律，情节严重的，有关主管部门也有权责令其停止，并吊销其营业执照。

4. 外国公司分支机构因无故歇业而被撤销。外国公司分支机构取得营业执照后，应当依法从事营业活动，如果其无故歇业达到一定期限，有关主管机关可强制该外国公司分支机构解散。我国有关法律规定，外国公司分支机构成立后无正当理由超过六个月未开业，或者开业后无正当理由连续停业六个月以上的，由公司登记机关依法吊销其营业执照。

5. 因外国公司的终止而被撤销。外国公司分支机构本质上具有分公司的性质，外国公司存续和运营是其存在的前提。当分支机构所属的外国公司因决议结算、破产或被依法撤销等原因而终止时，该外国公司分支机构也应当被撤销。[①]

---

① 李东方：《公司法学》，中国政法大学出版社 2016 年版，第 499~500 页。

二、外国公司分支机构的清算

外国公司分支机构的清算是指外国公司分支机构被撤销后，为了终结其现存的法律关系，清偿现存的债务，而对分支机构的债权债务进行清理处分的法律行为。外国公司分支机构的清算依公司法有关公司清算程序的规定执行。根据公司法第二百三十二条至第二百三十九条，其清算程序主要包括如下步骤：

1. 成立清算组。在外国公司分支机构主动撤销的情形下，应当在十五日内成立清算组；逾期不成立清算组的，债权人可以申请人民法院指定有关人员组成清算组，进行清算。如果是由于外国公司分支机构违反法律规定被依法责令关闭的，则由有关主管机关组织外国公司、有关机关及专业人员成立清算组进行清算。

2. 通知和公告债权人，进行债权登记。清算组应当自成立之日起十日内通知债权人，并于六十日内在报纸上或者国家企业信用信息公示系统进行公告。债权人应当自接到通知书之日起三十日内，未接到通知书的自公告之日起四十五日内，向清算组申报其债权。债权人申报债权，应当说明债权的相关情况，并提供证明材料。清算组应当对债权进行审查并登记。清算组不得在债权申报期间对债权人进行个别清偿。

3. 制定清算方案，清理债权债务。清算组在对外国公司分支机构的债权债务关系进行清理、编制资产负债表和财产清单之后，应当指定清算方案并报送主管机关确认。在清算期间，外国公司分支机构不得基于非清算的目的处分财产。债权清偿的顺序应当为清算费用、职工工资和劳动保险费用、税款、优先债权、普通债权，分支机构财产不足以清偿的债务由其所属的外国公司进行清偿。在清算程序结束前，外国公司分支机构不得将财产转移至境外。

4. 结束清算，办理分支机构注销登记。清算结束后，清算人应当制作清算报告，报有关主管机关确认，并报送原公司登记机关，在法定期限内申请注销登记，由登记机关发布公告、缴销营业执照。至此，外国公司分支机构完全终止。①

---

① 李东方：《公司法》，北京大学出版社 2019 年版，第 214~215 页。

第十四章　法律责任

第二百五十条　【欺诈取得公司登记的法律责任】违反本法规定，虚报注册资本、提交虚假材料或者采取其他欺诈手段隐瞒重要事实取得公司登记的，由公司登记机关责令改正，对虚报注册资本的公司，处以虚报注册资本金额百分之五以上百分之十五以下的罚款；对提交虚假材料或者采取其他欺诈手段隐瞒重要事实的公司，处以五万元以上二百万元以下的罚款；情节严重的，吊销营业执照；对直接负责的主管人员和其他直接责任人员处以三万元以上三十万元以下的罚款。

【条文主旨】

本条是关于欺诈取得公司登记的法律责任的规定。

【修改提示】

本条在原法第一百九十八条规定的基础上作出了修改。将提交虚假材料或者采取其他欺诈手段隐瞒重要事实的法律责任由"五万元以上五十万元以下的罚款"改为"五万元以上二百万元以下的罚款"；情节严重的处罚由"撤销公司登记或者吊销营业执照"改为"吊销营业执照"，并增加了对直接负责的主管人员和其他直接责任人员的罚款，处罚较从前更加严厉，责任主体更加全面。

【条文释义】

本条所涉及的违法行为，其实质是一种欺诈行为。所谓"欺诈"，是指当事人在办理公司登记时，虚构公司真实情况或伪造申请材料，故意隐瞒有关的重要事实，使公司登记机关基于错误认识而进行了公司登记。构成本条所指的具有欺诈性质的违法行为，具有以下三个特点：（1）当事人虚构登记材料或隐瞒真实情况进行公司注册登记；（2）欺诈行为出于当事人的故意；（3）公司登记机关出于上述认识上的错误而对公司进行了登记，如果公司登记机关了解事实真相就不会对虚假申请进行公司登记。需要指出的是，这里的"公司登记"不仅包括设立登记，还包括变更登记、注销登记以及设立分公司的登记等公司登记。①

一、欺诈行为的类型

1. 虚报注册资本。虚报是指公司虚构注册资本数额以骗取公司登记，但事实上并未投入对应的注册资本。此处的注册资本是指股东在设立公司时认缴的出资额，或在公司成立后增加的资本额，应当以公司登记机关的登记材料为准。

2. 提交虚假材料。虚假材料是指公司登记申请人以伪造、变造的手段对设立（变更、注销）登记申请书、公司章程、验资证明、从事法律、行政法规规定须报经有关部门审批的业务所提交的有关部门的批准文件进行虚构。

3. 采取其他欺诈手段隐瞒重要事实。其他欺诈手段是指采用其他虚构事实、隐瞒真相的方法骗取公司登记的行为。

二、民事责任

本条规定主要是规制公司或其发起人、股东破坏国家工商行政登记管理制度的行为。若公司的发起人、股东在实行虚报注册资本、提交虚假材料或者采取其他欺诈手段隐瞒重要事实取得公司登记行为的同时构成了虚假出资、未交付或者未按期交付作为出资的货币或者非货币财产的行为，则应当承担与虚假出资相同的民事责任。

三、行政责任

1. 责令改正。行政机关实施行政处罚时，应当首先责令当事人改正违法行为或者限期改正违法行为，然后才是进行罚款或吊销营业执照等处罚。

2. 罚款。罚款是行政处罚的一种方式。由公司登记机关对虚报注册资本的公司，处以虚报注册资本金额百分之五以上百分之十五以下的罚款；

---

① 宋燕妮、赵旭东主编：《中华人民共和国公司法释义》，法律出版社 2018 年版，第377 页。

对提交虚假材料或者采取其他欺诈手段隐瞒重要事实的公司，处以五万元以上二百万元以下的罚款；对直接负责的主管人员和其他直接责任人员处以三万元以上三十万元以下的罚款。

3. 撤销登记。尽管新公司法删除了对采取欺诈手段取得公司登记的情节严重的行为进行撤销登记的处罚，但《中华人民共和国市场主体登记管理条例》赋予了利害关系人申请撤销公司登记的权利。提交虚假材料或者采取其他欺诈手段隐瞒重要事实取得市场主体登记的，受虚假市场主体登记影响的自然人、法人和其他组织可以向登记机关提出撤销市场主体登记的申请。登记机关受理申请后，应当及时开展调查。经调查认定存在虚假市场主体登记情形的，登记机关应当撤销市场主体登记。因虚假市场主体登记被撤销的市场主体，其直接责任人自市场主体登记被撤销之日起 3 年内不得再次申请市场主体登记。登记机关应当通过国家企业信用信息公示系统予以公示。

4. 吊销营业执照。吊销营业执照是公司登记机关强行收回违法当事人营业执照并予以注销的一种行政处罚。由于吊销营业执照会剥夺公司的民事主体资格，是最为严厉的行政处罚，因此，根据比例原则，吊销营业执照只能适用于违法情节特别严重，继续经营会严重损害他人权利和社会公共利益的情形。

5. 刑事责任。虚报注册资本罪。依据刑法第一百五十八条，申请公司登记使用虚假证明文件或者采取其他欺诈手段虚报注册资本，欺骗公司登记主管部门，取得公司登记，虚报注册资本数额巨大、后果严重或者有其他严重情节的，处三年以下有期徒刑或者拘役，并处或者单处虚报注册资本金额百分之一以上百分之五以下罚金。

单位犯前款罪的，对单位判处罚金，并对其直接负责的主管人员和其他直接责任人员，处三年以下有期徒刑或者拘役。

【适用指南】

在公司设立过程中，公司发起人、股东应当按照《中华人民共和国市场主体登记管理条例》的规定和诚实信用原则如实提供登记材料，不得用欺诈手段取得公司登记，否则将承担相应民事、行政、刑事责任。

【相关规定】

《中华人民共和国市场主体登记管理条例》第四十条、第四十四条、第四十五条；

《中华人民共和国市场主体登记管理条例实施细则》第五十条至第五十七条、第七十一条；

《中华人民共和国刑法》第一百五十八条。

案例评析

申请办理公司登记，申请人应当 对申请文件、材料的真实性负责[①]

一、案情简介

2015 年 12 月 15 日，甲公司与乙公司、丙公司、张某 1、张某 2、邵某、邢某、李某作为甲方与作为乙方的丁公司签订《××股权转让协议》。主要约定：甲方原股东一致同意将所持有的目标公司戊公司的 72% 股权转让给丁公司，其中甲公司占目标公司的股权比例为 28%，转让价为人民币 1809 万元；甲方和乙方明白和确认，为顺利办理工商税务变更登记，在不违反法律法规的前提下，应签署有利于甲方、乙方避税的用于办理工商变更登记用途的《股权转让协议》；但办理工商变更登记所用的《股权转让协议》内容与本协议有冲突的，以本协议为准；因甲公司实有资产仅有目标公司股权，因此，甲公司与丁公司协商同意丁公司受让甲公司 100% 股权，其股权、法人变更事宜一周内完成，故甲公司所持有目标公司的 28% 股权不予变更。

2016 年 1 月 26 日，己公司与丁公司共同签署《股权转让协议》一份。主要约定：己公司将所持有的甲公司 100% 股权作价 1000 万元转让给丁公司。2016 年 1 月 28 日，甲公司向省市场监管局申请公司变更登记，申请对公司的法定代表人、监事、出资人等内容进行变更，即将法定代表人由张某色变更为黄某，监事由肖某变更为罗某，出资人由己公司变更为丁公司。甲公司在变更登记时向省市场监管局提交了以下材料：（1）《公司登记（备案）申请书》；（2）《指定代表或者共同委托代理人授权委托书》及指定代表或委托代理人的身份证件复印件；（3）公司章程修正案；（4）2016 年 1 月 26 日的股东会决议；（5）股权转让协议；（6）股东身份证明；

---

① 最高人民法院（2019）最高法行申 1337 号行政裁定书，载中国裁判文书网，https://wenshu.court.gov.cn/website/wenshu/181107ANFZ0BXSK4/index.html? docId = eyYeS + 7Ix/YFTvIiSf3pFdRepOBD3jFtc+Sz5HmQqLHP+tHmvQCHZ2I3IS1ZgB82iQX4r2SGTB4e9P1bZKLUeG0McKF9xUVX2sseoZYeM3JKZZCf4r1373gESAJoZihT，最后访问时间：2024 年 1 月 9 日。

（7）承诺书；（8）税源监控表；（9）营业执照。省市场监管局于 2016 年 2 月 1 日核准了其变更登记申请。2017 年 9 月 8 日，己公司认为丁公司提供虚假材料骗取省市场监管局进行变更登记，省市场监管局未尽到合理审慎的注意义务，遂向一审法院提起本案行政诉讼。另查明，在签订上述股权转让协议时，己公司系甲公司的唯一股东，己公司实缴出资额 1000 万元，占甲公司 100% 股权。2016 年 11 月 2 日，己公司因丁公司未支付该股权转让款向海南省海口市龙华区人民法院提起民事诉讼。庭审中，双方均确认真实的股权转让款为 1809 万元。

二、本案核心问题

省市场监管局于 2016 年 2 月 1 日作出的股东变更等核准登记行为是否合法。

三、法院裁判要旨

根据《中华人民共和国公司登记管理条例》（已失效）第六十四条规定，提交虚假材料或者采取其他欺诈手段隐瞒重要事实，取得公司登记的，由公司登记机关责令改正，处以 5 万元以上 50 万元以下的罚款；情节严重的，撤销公司登记或者吊销营业执照。本案中，根据查明的事实，己公司与丁公司、甲公司均清楚和确认丁公司受让己公司股权的实际交易价款为 1809 万元，但为了达到所谓的避税或不交股权转让溢价部分税款的目的，己公司与丁公司、甲公司恶意串通，采用隐瞒股权转让的实际价款，提交不真实的股权转让协议和股东会决议，共同骗取了省市场监管局作出核准股东变更等相关登记行为，违反了公司法及《中华人民共和国公司登记管理条例》的相关规定，本应依法予以撤销。但鉴于丁公司在取得己公司的股权后，己公司再次将股权转让给案外人并且在公司登记机关办理了新的股东变更登记。因此，己公司主张撤销的行政行为实际已不具备可撤销的内容，应依法确认违法。

四、评析

申请办理公司登记，申请人应当对申请文件、材料的真实性负责。公司登记机关在审查公司登记材料时仅具有形式审查义务，只要申请人提供符合法律规定形式的登记材料，公司登记机关就应当予以登记。在股权转让中交易双方为了避税或不交股权转让溢价部分税款的目的，恶意串通，采用隐瞒股权转让的实际价款、提交不真实的股权转让协议和股东会决议，共同骗取公司变更登记的行为，违反了公司法的相关规定，属于欺诈取得公司登记的行为，依法应当受到行政处罚。

> **第二百五十一条** **【公司未公示或未如实公示信息的法律责任】**公司未依照本法第四十条规定公示有关信息或者不如实公示有关信息的，由公司登记机关责令改正，可以处以一万元以上五万元以下的罚款。情节严重的，处以五万元以上二十万元以下的罚款；对直接负责的主管人员和其他直接责任人员处以一万元以上十万元以下的罚款。

【条文主旨】

本条是关于公司未公示或未如实公示信息的法律责任的规定。

【修改提示】

本条是本次公司法修订的新增规定，是针对公司法第四十条新增的公示信息义务所规定的法律责任。

【条文释义】

一、公司公示信息的内容

根据本法第四十条，公司应当按照规定通过国家企业信用信息公示系统公示下列事项：（1）有限责任公司股东认缴和实缴的出资额、出资方式和出资日期，股份有限公司发起人认购的股份数；（2）有限责任公司股东、股份有限公司发起人的股权、股份变更信息；（3）行政许可取得、变更、注销等信息；（4）法律、行政法规规定的其他信息。

二、公司公示信息的途径

公司应当通过国家企业信用信息公示系统公示相关信息。国家企业信用信息公示系统是国家级企业信用信息归集公示平台，是企业报送并公示年度报告和即时信息的法定平台，是各级政府部门实施信用监管的重要工作平台。为充分发挥国家企业信用信息公示系统支撑商事制度改革和"放管服"改革措施落地、推动建设统一开放竞争有序市场体系、推进国家治理体系和治理能力现代化、服务营商环境优化和经济高质量发展的重要基础性作用，更好地释放企业（含个体工商户、农民专业合作社，下同）信用红利，降低制度性交易成本，激发市场活力和创造力，加强事中事后监管，持续优化营商环境，国家市场监督管理总局建立国家企业信用信息公示系统对公司信息进行集中公示。

三、公司未公示或未如实公示信息的责任

公司未依照本法规定在国家企业信用信息公示系统公示有关信息或者不如实公示有关信息的，首先，由公司登记机关责令改正。其次，公司登记机关可以对违法主体处以一万元以上五万元以下的罚款。情节严重的，处以五万元以上二十万元以下的罚款。最后，对直接负责的主管人员和其他直接责任人员可能处以一万元以上十万元以下的罚款。

【适用指南】

公司应当按照公司法及相关法律规定通过国家企业信用信息公示系统公示相关信息，未公示或未如实公示相关信息的，将由公司登记机关责令改正或罚款，直接负责的主管人员和其他直接责任人员也可能被处以罚款。

【相关规定】

《中华人民共和国市场主体登记管理条例》第六条。

> **第二百五十二条　【虚假出资的法律责任】**公司的发起人、股东虚假出资，未交付或者未按期交付作为出资的货币或者非货币财产的，由公司登记机关责令改正，可以处以五万元以上二十万元以下的罚款；情节严重的，处以虚假出资或者未出资金额百分之五以上百分之十五以下的罚款；对直接负责的主管人员和其他直接责任人员处以一万元以上十万元以下的罚款。

【条文主旨】

本条是关于虚假出资的法律责任的规定。

【修改提示】

本条在原法第一百九十九条规定的基础上作出了修改，新增了虚假出资"五万元以上二十万元以下的罚款"的法律责任，将原"虚假出资金额

百分之五以上百分之十五以下的罚款"的责任作为加重责任，在此基础上增加"或者未出资"表述，并新增了直接负责的主管人员和其他直接责任人员的责任。

【条文释义】

一、虚假出资的认定

拥有一定的资金是一个公司存在的必要条件，而公司的最初资金就来源于股东或者发起人的出资。虚假出资是指公司发起人、股东并未交付货币、实物或者未转移财产所有权，而与代收股款的银行串通，由银行出具收款证明，或者与资产评估机构、验资机构串通由资产评估机构、验资机构出具财产所有权转移证明、出资证明，骗取公司的登记的行为。① 虚假出资与未交股款不同，前者是无对价而取得股份，其行为性质为欺诈；后者是未交股款，亦未取得股份，其行为性质为违约。② 实践中公司虚假出资主要表现为：

1. 以无实际现金或高于实际现金的虚假银行进账单、对账单骗取验资报告，从而获得公司登记；

2. 以虚假的实物投资手续骗取验资报告，从而获得公司登记；

3. 以实物、工业产权、非专利技术、土地使用权出资，但并未办理财产权转移手续；

4. 作为出资的实物、工业产权、非专利技术、土地使用权的实际价额显著低于公司章程所定价额；

5. 单位股东设立公司时，为了应付验资，将款项短期转入公司账户后又立即转出，公司未实际使用该款项进行经营；

6. 未对投入的净资产进行审计，仅以投资者提供的少记负债高估资产的会计报表验资。

二、虚假出资的法律责任

公司的发起人、股东故意违反本法关于出资缴纳的规定，未交付或者未按期交付作为出资的货币或者非货币财产而假冒已经出资的，即构成虚假出资行为，应当承担相应的责任。依据本条追究虚假出资行为的法律责任包括：

---

① 宋燕妮、赵旭东主编：《中华人民共和国公司法释义》，法律出版社 2018 年版，第380 页。

② 石少侠主编：《公司法学》，中国政法大学出版社 2021 年版，第 102 页。

（一）虚假出资的民事责任

1. 对其他股东承担出资违约责任。依据本法第四十九条规定，股东未按期足额缴纳出资，或者作为出资的非货币财产的实际价额显著低于所认缴的出资额的，除应当向公司足额缴纳外，还应当对给公司造成的损失承担赔偿责任。

2. 对公司承担侵权责任。股东用出资换取了有限责任，将投资风险转嫁到债权人身上，作为对债权人承担风险的补偿，就用股东的投资来充当债权的风险缓冲垫。① 设立人在公司设立过程中，应当尽善良管理人的义务，履行好作为发起人的责任。公司成立后，将依法继受设立过程中所产生的债权债务。但是，如果设立人在设立过程中，因为自己的过失而导致公司的利益受到损害，那么成立后的公司有权要求设立人赔偿这些损失。对此本法第五十一条、第一百零七条规定了有限责任公司和股份有限公司成立后，设立时的股东未按期足额缴纳出资，或者以非货币财产出资的实际价值远低于认缴的出资额的，公司首先应当发出书面催缴书进行催缴。股东应当补足其差额并加算银行同期存款利息，给公司造成损失的，还应当承担赔偿责任。缴纳出资的宽限期届满，虚假出资的股东仍未缴纳出资的，则公司可以向该股东发出失权通知书，该股东即自失权通知书发出之日起丧失股东资格。

3. 公司设立时的其他发起人或股东对违法股东的虚假出资行为承担的连带责任。公司设立时发起人对虚假出资的股东负有审查和监督的责任，因此，本法第五十条、第一百零七条规定了公司设立时的其他发起人对虚假出资的股东承担连带责任。

4. 对债权人承担赔偿责任。虚假出资股东应在实缴资本与应缴资本的差额本息范围内向债权人承担补充赔偿责任。已经履行出资义务的公司发起人在虚假出资股东责任范围向债权人承担连带赔偿责任。其他股东在承担赔偿责任后，可以向虚假出资的股东追偿，最终责任由虚假出资的股东承担。

（二）虚假出资的行政责任

1. 责令改正。公司登记机关应当及时责令虚假出资的公司发起人、股东依法及时履行其出资义务，改正虚假出资行为。

2. 罚款。公司发起人或者股东虚假出资目的是追求经济利益，有关主管机关对行为人除责令改正外，同时处以罚款使行为人承担经济责任，更

---

① 朱锦清：《公司法学（上）》，清华大学出版社 2017 年版，第 89 页。

能达到处罚目的。根据本条规定，公司的发起人、股东虚假出资的，未交付或者未按期交付作为出资的货币或者非货币财产的，可以处以五万元以上二十万元以下的罚款；情节严重的，处以虚假出资或者未出资金额百分之五以上百分之十五以下的罚款，对直接负责的主管人员和其他直接责任人员处以一万元以上十万元以下的罚款。

（三）虚假出资的刑事责任

虚假出资罪。根据刑法第一百五十九条，公司发起人、股东违反公司法的规定未交付货币、实物或者未转移财产权，虚假出资，数额巨大、后果严重或者有其他严重情节的，处五年以下有期徒刑或者拘役，并处或者单处虚假出资金额或者抽逃出资金额百分之二以上百分之十以下罚金。

单位犯前款罪的，对单位判处罚金，并对其直接负责的主管人员和其他直接责任人员，处五年以下有期徒刑或者拘役。

【适用指南】

在公司设立过程中，公司发起人、股东应当按照相关规定如实提供登记材料，确保材料的真实性，切勿伪造登记材料，否则将承担相应民事、行政、刑事责任。此外应当按照约定期限缴纳出资并留存相应证据，保证资本充足，以防发生相关法律风险。

【相关规定】

《最高人民法院关于适用〈中华人民共和国公司法〉若干问题的规定（三）》第十三条；

《中华人民共和国市场主体登记管理条例》第四十五条；

《中华人民共和国刑法》第一百五十九条。

第二百五十三条　【抽逃出资的法律责任】公司的发起人、股东在公司成立后，抽逃其出资的，由公司登记机关责令改正，处以所抽逃出资金额百分之五以上百分之十五以下的罚款；对直接负责的主管人员和其他直接责任人员处以三万元以上三十万元以下的罚款。

【条文主旨】

本条是关于抽逃出资的法律责任的规定。

【修改提示】

本条在原法第二百条规定的基础上作出了修改，增加了"对直接负责的主管人员和其他直接责任人员"的处罚规定。

【条文释义】

一、抽逃出资的行为表现

所谓"抽逃出资"，是指公司发起人、股东在公司成立时业已出资，而在公司成立后又采用非法手段抽回其出资或转移其出资的行为。[①] 抽逃出资的行为主体为公司发起人和股东，主观方面须为故意。在客观方面，抽逃出资只发生在公司成立之后，与虚报注册资本、虚假出资在时间方面有所不同。《最高人民法院关于适用〈中华人民共和国公司法〉若干问题的规定（三）》第十二条将抽逃出资归纳为以下几种：（1）制作虚假财务会计报表虚增利润进行分配；（2）通过虚构债权债务关系将其出资转出；（3）利用关联交易将出资转出；（4）其他未经法定程序将出资抽回的行为。

二、抽逃出资的法律责任

公司资本是维持公司信誉、承担责任的物质基础，为维护债权人的信赖利益与交易安全，本法规定公司发起人、股东出资后，不得抽逃出资。公司的发起人、股东在公司成立后抽逃出资，本质上是欺骗交易相对方、公司登记机关以至社会公众的行为，应当承担相应的民事、行政、刑事责任。

（一）抽逃出资的民事责任

1. 返还出资本息。根据《最高人民法院关于适用〈中华人民共和国公司法〉若干问题的规定（三）》第十四条的规定，抽逃出资的股东应当向公司及其他股东返还出资本息，协助抽逃出资的其他股东、董事、高级管理人员或实际控制人应当对此承担连带责任。该责任不受诉讼时效的限制。

---

① 石少侠：《公司法学》，中国政法大学出版社 2021 年版，第 102 页。

2. 对公司债务承担补充赔偿责任。根据《最高人民法院关于适用〈中华人民共和国公司法〉若干问题的规定（三）》第十四条的规定，抽逃出资的股东应当在抽逃出资的本息范围内对公司债务不能清偿的部分承担补充赔偿责任，其他股东、董事、高级管理人员或者实际控制人对此承担连带责任。

3. 合理限制股东权利。根据《最高人民法院关于适用〈中华人民共和国公司法〉若干问题的规定（三）》第十六条的规定，对于抽逃出资的股东，公司有权根据公司章程或者董事会决议合理限制其利润分配请求权、新股优先认购权、剩余财产分配请求权等股东权利。

4. 解除股东资格。根据《最高人民法院关于适用〈中华人民共和国公司法〉若干问题的规定（三）》第十七条的规定，股东抽逃全部出资，经公司催告缴纳或者返还，其在合理期限内仍未返还出资，公司可以股东会决议解除该股东的股东资格。

（二）抽逃出资的行政责任

依据本条规定，抽逃出资的责任主体包括公司的发起人、股东和协助或者为股东抽逃出资提供便利的直接负责的主管人员和其他直接责任人员。抽逃出资行为的行政法律责任包括责令改正和罚款。公司的发起人、股东在公司成立后，抽逃其出资的，由公司登记机关责令改正，处以所抽逃出资金额百分之五以上百分之十五以下的罚款。对直接负责的主管人员和其他直接责任人员应当处以三万元以上三十万元以下的罚款。

（三）抽逃出资的刑事责任

抽逃出资罪。根据刑法第一百五十九条的规定，公司发起人、股东违反公司法的规定未交付货币、实物或者未转移财产权，虚假出资，或者在公司成立后又抽逃其出资，数额巨大、后果严重或者有其他严重情节的，处五年以下有期徒刑或者拘役，并处或者单处虚假出资金额或者抽逃出资金额百分之二以上百分之十以下罚金。

单位犯前款罪的，对单位判处罚金，并对其直接负责的主管人员和其他直接责任人员，处五年以下有期徒刑或者拘役。

【适用指南】

公司的发起人、股东应当保证公司资本充足，不得在公司成立后或履行验资程序后，将其已经缴纳并转移到公司名下的出资抽回。对于抽逃出资的股东，公司和其他股东可以根据公司章程或董事会决议合理限制该股东权利；对于抽逃全部出资的股东，公司和其他股东可以根据公司章程或股东会决议解除该股东资格。此外，公司和其他股东还可以诉请人民法院要求该股东返还出资，并要求其他股东、董事、高级管理人员和实际控制人承担连带责任。

【相关规定】

《最高人民法院关于适用〈中华人民共和国公司法〉若干问题的规定（三）》第十二条、第十四条、第十六条、第十七条、第十九条；

《中华人民共和国市场主体登记管理条例》第四十五条；

《中华人民共和国刑法》第一百五十九条。

案 例 评 析

公司股东转移公司资产，使得公司偿债能力降低，但尚不构成滥用股东有限责任的行为的，可以参照《最高人民法院关于适用〈中华人民共和国公司法〉若干问题的规定（三）》第十四条关于股东抽逃出资的规定[①]

一、案情简介

2015 年 8 月 5 日，甲公司与其股东丁公司签订《借款协议》，约定丁公司向甲公司提供借款 2000 万元。2015 年 8 月 5 日，甲公司与其股东张某签订《借款协议》，张某同意向甲公司提供借款 2000 万元。2017 年 8 月 8 日，甲公司向丁公司返还本金及资金占用费 2419.16 万元，向张某返还本金及资金占用费 2951.83 万元。

2017 年 7 月 15 日，甲公司形成股东会决议：1. 甲公司全体股东一致同意公司与乙公司签订《资产转让合同》；2. 甲公司股东一致同意转让《资产转让合同》项下的某海景酒店公寓项目所有资产（含目标土地及地上/地下建筑物）；3. 甲公司股东一致同意股东丁公司将其持有 50% 的公司

---

① 最高人民法院（2019）最高法民终 960 号民事判决书，载中国裁判文书网，https://wenshu.court.gov.cn/website/wenshu/181107ANFZ0BXSK4/index.html? docId=JfzQF7Z4/9en6fBpdZxDPMHhlng8cUVz/R14XBzzdh7CYwwqRwLHYWI3IS1ZgB82iQX4r2SGTB4e9P1bZKLUeG0McKF9xUVX2sseoZYeM3LH8GNMl5QOW4k2cRYjZZKR，最后访问时间：2024 年 1 月 9 日。

股权、股东张某将其个人持有 25% 的公司股权、股东梁某将其个人持有 25% 的公司股权质押给乙公司，作为乙公司向甲公司提供借款的担保措施，担保主债权为 1.3 亿元；4. 甲公司股东一致同意提供公司全额资产抵押给乙公司，作为甲公司全面、适当履行《资产转让合同》项下全部义务和责任的担保，担保主债权为 3.2 亿元。

2017 年 7 月 15 日，乙公司与甲公司签订《资产转让合同》，约定将甲公司所有的某海景酒店公寓项目转让给乙公司。2017 年 8 月 1 日，甲公司（借款人）与乙公司（委托贷款人）、丙银行（代理人）签订《委托贷款合同》约定乙公司委托丙银行向甲公司发放贷款 3.2 亿元，用于归还股东借款及日常经营周转。2017 年 8 月 1 日，甲公司与丙银行签订《抵押合同》，约定鉴于甲公司（债务人）与丙银行及乙公司（委托贷款人）签订了《委托贷款合同》（即主合同），由甲公司为债务人在主合同编号为 A 的《委托贷款合同》项下的债务提供抵押担保。2017 年 10 月 31 日，甲公司向乙公司出具《情况说明》，由于市政府 2017 年棚改项目政策调整，致使已经列入其中的网枝村棚改项目控制性规划调整未能在 10 月 30 日前完成。2017 年 11 月 12 日，乙公司向甲公司发送《催款函》，该函载明甲公司已逾期退还 3.2 亿元诚意金，严重影响乙公司资金安全。现要求甲公司解除合同，并请求甲公司立即无条件退还 3.2 亿元诚意金及相应违约金至乙公司账户。

乙公司向一审法院起诉请求：1. 确认《资产转让合同》合法有效；2. 确认《资产转让合同》已经解除（具体合同解除之日以法院认定为准）；3. 判令甲公司立即退还乙公司诚意金 3.2 亿元；4. 判令甲公司以 3.2 亿元为基础，按年利率 24% 的标准向乙公司计付自 2017 年 11 月 3 日起至甲公司全部清偿 3.2 亿元之日止的违约金；5. 判令张某、丁公司对上述第 3 项、第 4 项诉讼请求项下的全部债务承担连带责任；6. 判令张某、丁公司、梁某在未出资 1000 万元本息范围内对公司债务不能清偿的部分承担连带补充赔偿责任；7. 判令乙公司对抵押物拍卖、变卖所得价款在上述第 3 项、第 4 项诉讼请求项下全部债务的范围内享有优先受偿权；8. 本案诉讼费用由甲公司、张某、丁公司、梁某承担。

二、本案核心问题

张某、丁公司对甲公司的上述债务应否承担连带责任。

三、法院裁判要旨

否认公司独立人格，由滥用公司法人独立地位和股东有限责任的股东对公司债务承担连带责任，是股东有限责任的例外情形。否认公司独立人格，须具备股东实施滥用公司法人独立地位及股东有限责任的行为以及该行为严重损害公司债权人利益的法定要件。作为甲公司股东的张某在未能证明其与甲公司之间存在交易关系或者借贷关系等合法依据的情况下，接收甲公司向其转账2951.83万元，虽然不足以否定甲公司的独立人格，但该行为在客观上转移并减少了甲公司资产，降低了甲公司的偿债能力，张某应当承担相应的责任。该笔转款2951.83万元超出了张某向甲公司认缴的出资数额，根据举重以明轻的原则并参照《最高人民法院关于适用〈中华人民共和国公司法〉若干问题的规定（三）》第十四条关于股东抽逃出资情况下的责任形态的规定，张某应对甲公司的3.2亿元及其违约金债务不能清偿的部分在2951.83万元及其利息范围内承担补充赔偿责任。

四、评析

原公司法第二十一条（现公司法第二十三条）规定的公司股东滥用法人独立地位和股东有限责任的行为，实践中常见的情形有人格混同、过度支配与控制、资本显著不足等。在认定这些情形时应当根据查明的事实综合进行判断，既要审慎适用，又要当用则用。股东的滥用行为应当具有过程性、持续性，仅单笔转移公司资金的行为尚不能被认定为滥用法人独立地位和股东有限责任，不应当否认法人独立人格。

实践中，公司股东转移公司资产，使得公司偿债能力降低，但尚不构成滥用股东有限责任的行为的，可以参照《最高人民法院关于适用〈中华人民共和国公司法〉若干问题的规定（三）》第十四条关于股东抽逃出资的规定。当公司资产不能清偿全部债务时，抽逃出资的股东应当对其不能清偿的部分在转移资金的金额及相应利息的范围内承担补充赔偿责任。可以被认定为股东抽逃出资的行为包括制作虚假财务会计报表虚增利润进行分配、通过虚构债权债务关系将其出资转出、利用关联交易将出资转出或其他未经法定程序将出资抽回的行为。其中利用关联交易将出资转出的行为若具有经常性，依据其情节可能构成滥用股东有限责任，产生法人人格否认的法律后果，导致股东对公司债务承担连带责任。

第二百五十四条　【另立账簿、会计造假的法律责任】
有下列行为之一的，由县级以上人民政府财政部门依照《中华人民共和国会计法》等法律、行政法规的规定处罚：

> （一）在法定的会计账簿以外另立会计账簿；
> （二）提供存在虚假记载或者隐瞒重要事实的财务会计报告。

【条文主旨】

本条是关于另立账簿、会计造假的法律责任的规定。

【修改提示】

本条在原法第二百零一条、第二百零二条规定的基础上作出了修改，将"在法定的会计账簿以外另立会计账簿"和"提供存在虚假记载或者隐瞒重要事实的财务会计报告"的法律责任规定在同一条中，处罚机关统一改为县级以上人民政府财政部门，并删除了具体表述的处罚措施，改用准用性规范——依照会计法规定，进一步强化了与会计法的衔接。

【条文释义】

一、另立会计账簿

会计账簿是记载和反映公司财务状况和营业状况的各种账簿、文书的总称。公司应当依照法律、行政法规和国务院财政部门的规定建立本公司的财务、会计制度，并不得在法定的会计账簿以外另立会计账簿。公司另立会计账簿行为的构成要件为：

1. 行为主体为公司而非自然人。本法规定的责任主体还包括直接负责的主管人员和其他责任人员。

2. 行为的主观方面是故意，目的是逃避有关主管机关监督、检查或者逃避公司的法律审查义务。

3. 行为的客观方面为公司违反法律、行政法规和部门规章的规定，在法定的会计账簿之外另外设立一套会计账簿。

二、财务会计报告造假

公司的财务会计报告是指公司业务执行机构在每一会计年度终了时制作的反映财务会计状况和经营效果的书面文件。[1] 财务会计报告的目标是

---

① 李东方：《公司法学》，北京大学出版社 2019 年版，第 214~215 页。

向财务会计报告使用者提供与企业财务状况、经营成果和现金流量等有关的会计信息，反映企业管理层受托责任履行情况，有助于财务会计报告使用者（包括投资者、债权人、政府及其有关部门和社会公众等）作出经济决策。[①] 本法将财务会计报告造假行为分为提供虚假记载的财务会计报告和提供隐瞒重要事实的财务会计报告。认定提供不真实的财务会计报告行为应当注意以下三个方面：

1. 行为主体是公司，财务会计报告应当由公司法定代表人代理公司签订，但是操纵这一行为的主体是公司中直接负责的主管人员和其他直接责任人员。因此，这两类人员是财务会计报告造假的责任主体。

2. 行为主观方面是故意，具有某种不法目的与动机。若行为人由于专业能力、工作水平等方面的原因导致财务会计报告中有错算、错记、漏记等情形，即由过失造成财务会计报告失实的情况，不属于本条规定财务会计报告造假行为。

3. 行为的客观方面主要表现为提供虚假的财务会计报告或在出具的财务会计报告中隐瞒了重要事实，违反了如实提供财务会计报告的义务。

三、另立账簿、财会造假的法律责任

根据会计法第四十二条、第四十三条的规定，不依法设置会计帐簿或私设会计帐簿的，由县级以上人民政府财政部门责令限期改正，可以对单位并处三千元以上五万元以下的罚款；对其直接负责的主管人员和其他直接责任人员，可以处二千元以上二万元以下的罚款。构成犯罪的，依法追究刑事责任。会计人员有前述行为，情节严重的，五年内不得从事会计工作。

伪造、变造会计凭证、会计帐簿，编制虚假财务会计报告，尚不构成犯罪的，由县级以上人民政府财政部门予以通报，可以对单位并处五千元以上十万元以下的罚款；对其直接负责的主管人员和其他直接责任人员，可以处三千元以上五万元以下的罚款；属于国家工作人员的，还应当由其所在单位或者有关单位依法给予撤职直至开除的行政处分；其中的会计人员，五年内不得从事会计工作。构成犯罪的，依法追究刑事责任。

【适用指南】

公司的会计人员应当遵守法律规定和会计准则，不得在公司法定的会计账簿以外另立会计账簿或在财务会计报告上作虚假记载或者隐瞒重要事

---

① 刘俊海：《公司法学》，武汉大学出版社 2010 年版，第 254 页。

实，否则公司、直接负责的主管人员和直接责任人员将面临行政处罚，会计人员也将受到执业禁止。

【相关规定】

《中华人民共和国会计法》第四十二条、第四十三条。

第二百五十五条　【公司合并、分立、减资、清算中违反通知义务的法律责任】公司在合并、分立、减少注册资本或者进行清算时，不依照本法规定通知或者公告债权人的，由公司登记机关责令改正，对公司处以一万元以上十万元以下的罚款。

【条文主旨】

本条是关于公司合并、分立、减资、清算中违反通知义务的法律责任的规定。

【修改提示】

本条对应原法第二百零四条第一款的规定，本次修订内容未作变动。

【条文释义】

一、公司合并、分立、减资、清算中的通知义务

公司合并、分立、减资和清算程序都涉及资产清算的问题，这与公司股东及其他债权人、债务人有着直接的利害关系。及时、准确地通知、公告债权人是公司进入清算结算的基本义务。[①] 因此，为防止公司逃避债务，保护债权人利益，公司在合并、分立、减资和清算程序中均应当编制资产负债表和财产清单。依据本法第二百二十条、第二百二十二条、第二百二十四条、第二百三十五条的规定，公司应当自做出合并、分立决议之日起十日内通知债权人，并于三十日内在报纸上或者国家企业信用信息公示系统公告；公司应当自做出减少注册资本决议之日起十日内通知债权人，并

[①]　李东方：《公司法教程》，中国政法大学出版社 2015 年版，第 296 页。

于三十日内在报纸上或者国家企业信用信息公示系统公告；清算组应当自成立之日起十日内通知债权人，并于六十日内在报纸上或者国家企业信用信息公示系统公告。若不履行上述义务，公司需要承担相应的法律责任。

二、公司合并、分立、减资、清算中违反通知义务的法律责任

（一）民事责任

本法规定了在清算程序中违反通知义务的法律责任。清算组成员因故意或者重大过失给债权人造成损失的，应当承担赔偿责任。《最高人民法院关于适用〈中华人民共和国公司法〉若干问题的规定（二）》第十一条规定："清算组未按照法律规定履行通知和公告义务，导致债权人未及时申报债权而未获清偿，清算组成员对因此造成的损失承担赔偿责任。"该损害赔偿责任的认定应当注意以下四点：

1. 债权人未在规定的债权申报期内申报债权，可以在公司清算程序终结前进行补充申报。因此，若债权人通过补充申报债权避免了损失的发生，则清算组成员不承担赔偿责任。

2. 债权人遭受的损害应当与清算组成员不履行通知或者公告义务的行为具有因果关系，且赔偿的范围也仅限于与未依法履行通知和公告义务有因果关系的部分。

3. 清算组成员未履行通知和公告义务的行为即可被视为其成员存在故意或重大过失，债权人无需举证证明行为人的主观过错。

4. 清算组成员应当对未履行通知或公告义务给债权人造成的损失承担连带赔偿责任。清算组成员的行为构成了共同侵权，对债权人应当承担连带责任，内部责任应当按照过错大小分担。

（二）行政责任

根据本条规定，公司在合并、分立、减少注册资本或者进行清算时，不按照本法规定履行通知义务的公司，应当由公司登记机关责令改正，并对公司处以一万元以上十万元以下的罚款。

【适用指南】

公司在合并、分立、减资、清算等涉及资产清算，对债权人具有重大影响的程序中应当严格遵守法律法规的程序性规定，及时通知债权人并公告，避免给公司带来法律风险。

【相关规定】

《最高人民法院关于适用〈中华人民共和国公司法〉若干问题的规定

（二）》第十一条、第二十三条。

> **第二百五十六条** 　**【清算中违法行为的法律责任】**公司在进行清算时，隐匿财产，对资产负债表或者财产清单作虚假记载，或者在未清偿债务前分配公司财产的，由公司登记机关责令改正，对公司处以隐匿财产或者未清偿债务前分配公司财产金额百分之五以上百分之十以下的罚款；对直接负责的主管人员和其他直接责任人员处以一万元以上十万元以下的罚款。

【条文主旨】

本条是关于清算中违法行为的法律责任的规定。

【修改提示】

本条对应原法第二百零四条第二款的规定，本次修订内容未作变动。

【条文释义】

一、清算中的违法行为

公司在进入清算程序之后仍然具有民事主体资格，法律上称之为"清算法人"。[①] 在清算过程中，清算组应当遵守法律法规、公司章程和股东会决议，维护公司股东和债权人的利益。公司机构成员和清算组成员如有违反法律、法规等行为给公司和债权人造成损失的，应当承担相应的法律责任。根据本条的规定，清算组的违法行为有两种：一是在公司进行清算时隐匿财产，对资产负债表或者财产清单作虚假记载；二是在未清偿债务前分配公司财产。公司在进行清算期间应当依法真实、准确地按照公司的实际情况制作资产负债表和财产清单，否则不仅会使公司的清算工作失去真实、客观的依据，妨碍清算组的正常工作，而且会损害公司其他股东和债权人的合法权益。根据本条，清算中的违法行为的构成要件包括：

1. 清算中违法行为的主体是公司，但责任主体不仅包括公司，还包括

---

① 朱锦清：《公司法学（下）》，清华大学出版社 2017 年版，第 424 页。

直接负责的主管人员和其他直接责任人员。

2. 清算中违法行为客观表现为隐匿财产，对资产负债表或者财产清单作虚假记载，或者在未清偿债务前分配公司财产。① 本法删去了关于公司在清算期间不得开展与清算无关的经营活动的规定，表明法律认可清算组在清算期间通过经营活动增加可供分配的财产的行为，但如果从事经营活动造成了亏损，相关人员就要承担赔偿责任。

3. 清算中违法行为的主观方面表现为故意，且应当具有侵占公司财产、损害债权人或其他人利益的目的。

二、清算中违法行为的法律责任

1. 民事责任。本法第二百三十八条规定，清算组成员因故意或者重大过失给债权人造成损失的，应当承担赔偿责任。根据《最高人民法院关于适用〈中华人民共和国公司法〉若干问题的规定（二）》第二十三条第一款规定："清算组成员从事清算事务时，违反法律、行政法规或者公司章程给公司或者债权人造成损失，公司或者债权人主张其承担赔偿责任的，人民法院应依法予以支持。"因此，在公司清算过程中，因本条所规定的违法行为给公司或债权人造成损失的，清算组成员应当承担赔偿责任。

2. 行政责任。公司在进行清算时有上述违法行为的，由公司登记机关责令改正，对公司处以隐匿财产或者未清偿债务前分配公司财产金额百分之五以上百分之十以下的罚款；对直接负责的主管人员和其他直接责任人员处以一万元以上十万元以下的罚款。

3. 刑事责任。妨害清算罪。刑法第一百六十二条规定，公司、企业进行清算时，隐匿财产，对资产负债表或者财产清单作虚假记载或者在未清偿债务前分配公司、企业财产，严重损害债权人或者其他人利益的，对其直接负责的主管人员和其他直接责任人员，处五年以下有期徒刑或者拘役，并处或者单处二万元以上二十万元以下罚金。

【适用指南】

公司清算过程中，清算组成员应当如实、准确地记载并制作资产负债表和财产清单，不得在未清偿债务前分配公司财产，否则将会承担相应民事、行政、刑事法律责任。

---

① 宋燕妮、赵旭东主编：《中华人民共和国公司法释义》，法律出版社 2018 年版，第386 页。

【相关规定】

《中华人民共和国刑法》第一百六十二条；

《最高人民法院关于适用〈中华人民共和国公司法〉若干问题的规定（二）》第二十三条。

> **第二百五十七条** **【资产评估、验资或者验证机构违法的法律责任】** 承担资产评估、验资或者验证的机构提供虚假材料或者提供有重大遗漏的报告的，由有关部门依照《中华人民共和国资产评估法》、《中华人民共和国注册会计师法》等法律、行政法规的规定处罚。
>
> 承担资产评估、验资或者验证的机构因其出具的评估结果、验资或者验证证明不实，给公司债权人造成损失的，除能够证明自己没有过错的外，在其评估或者证明不实的金额范围内承担赔偿责任。

【条文主旨】

本条是关于资产评估、验资或者验证机构违法的法律责任的规定。

【修改提示】

本条在原法第二百零七条规定的基础上进行了修改，将承担资产评估、验资或者验证的机构"提供虚假材料"与"提供有重大遗漏的报告"的法律责任合并规定，并删除了具体表述的处罚措施，改用准用性规范依照资产评估法、注册会计师法等法律、行政法规的规定，进一步强化了与资产评估法、注册会计师法的衔接。

【条文释义】

一、资产评估、验资或者验证机构的违法行为

有限责任公司、股份有限公司的设立应当满足相应的资本条件。股东的出资形式可以是货币出资，也可以是实物、知识产权、土地使用权等可以用货币估价并可以依法转让的非货币财产。股东以非货币财产出资，必

须经法定的验资机构验资并出具验资证明，公司在申请登记时，必须提交验资证明。因此，资产评估、验资、验证的机构出具的证明文件，对公司设立起着关键作用，法律严禁资产评估机构、验资、验证机构提供虚假或有重大遗漏的材料。资产评估、验资或者验证机构的违法行为的特征如下：

1. 行为主体。是承担资产评估、验资、验证职责的机构，即会计师事务所等社会中介机构。责任主体还包括直接责任人员。

2. 行为的客观方面。（1）承担资产评估、验资或者验证的机构提供虚假材料。虚假材料，是指资产评估报告、验资证明、验证证明、审计报告等中介证明文件的内容不符合事实、不真实或杜撰、编造、虚构不实，[1] 如资产评估人员明知股东虚假出资仍然出具评估证明文件、公司提供与出资等额的非货币财产而评估人员故意压低资产折抵数额等。（2）承担资产评估、验资或者验证的机构因过失提供有重大遗漏的报告。重大遗漏，是指资产评估、验资或者验证机构出具的报告遗漏了重要内容，导致其评估结果不实，并足以给公司债权人造成损失。

3. 行为的主观方面既有故意，也有过失。提供虚假材料的违法行为要求主观方面是故意，提供有重大遗漏的报告要求主观方面是过失，包括疏忽大意和过于自信。公司法明确设定的过错推定原则，加重了中介机构的举证责任，意在促使中介机构能够更加真实地从事评估、验资、验证等事务。[2]

二、资产评估、验资或者验证机构违法的法律责任

1. 民事责任。承担资产评估、验资或者验证的机构因为自己的过错，出具了不实的评估结果、验资或者验证证明，公司债权人因此遭受损失的，债权人有理由要求承担资产评估、验资或者验证的机构予以赔偿。该责任属于侵权责任，在过错的证明上采取举证责任倒置，承担资产评估、验资或者验证的机构除能够证明自己没有过错外，在其评估或者证明不实的金额范围内承担赔偿责任。承担赔偿责任的范围采取可预见性规则，即在其评估或者证明不实的金额范围内承担赔偿责任，是一种补充赔偿责任。

2. 行政责任。根据资产评估法第四十七条的规定，评估机构违反本法规定，有下列情形之一的，由有关评估行政管理部门予以警告，可以责令

---

① 宋燕妮、赵旭东主编：《中华人民共和国公司法释义》，法律出版社 2018 年版，第391 页。

② 李东方：《公司法教程》，中国政法大学出版社 2015 年版，第 287 页。

停业一个月以上六个月以下；有违法所得的，没收违法所得，并处违法所得一倍以上五倍以下罚款；情节严重的，由工商行政管理部门吊销营业执照；构成犯罪的，依法追究刑事责任：……（六）出具有重大遗漏的评估报告的……该法第四十八条规定，评估机构违反本法规定，出具虚假评估报告的，由有关评估行政管理部门责令停业六个月以上一年以下；有违法所得的，没收违法所得，并处违法所得一倍以上五倍以下罚款；情节严重的，由工商行政管理部门吊销营业执照；构成犯罪的，依法追究刑事责任。该法第四十五条规定，评估专业人员违反本法规定，签署虚假评估报告的，由有关评估行政管理部门责令停止从业两年以上五年以下；有违法所得的，没收违法所得；情节严重的，责令停止从业五年以上十年以下；构成犯罪的，依法追究刑事责任，终身不得从事评估业务。

根据注册会计师法第三十九条第三款的规定，会计师事务所、注册会计师违反本法第二十条、第二十一条的规定，故意出具虚假的审计报告、验资报告，构成犯罪的，依法追究刑事责任。

3. 刑事责任。提供虚假证明文件罪。根据刑法第二百二十九条第一款的规定，承担资产评估、验资、验证、会计、审计、法律服务等职责的中介组织的人员故意提供虚假证明文件，情节严重的，处五年以下有期徒刑或者拘役，并处罚金。

提供虚假证明文件罪。根据刑法第二百二十九条第二款的规定，承担资产评估、验资、验证、会计、审计、法律服务等职责的中介组织的人员故意提供虚假证明文件，同时索取他人财物或者非法收受他人财物构成犯罪的，依照处罚较重的规定定罪处罚。

出具证明文件重大失实罪。根据刑法第二百二十九条第三款的规定，承担资产评估、验资、验证、会计、审计、法律服务等职责的中介组织的人员，严重不负责任，出具的证明文件有重大失实，造成严重后果的，处三年以下有期徒刑或者拘役，并处或者单处罚金。

【适用指南】

承担资产评估、验资或者验证的机构应当依照法律规定和执业准则从事资产评估、验资、验证活动。公司发起人、股东在设立公司过程中应当选择专业的机构，禁止与资产评估、验资、验证机构串通骗取公司登记。

【相关规定】

《中华人民共和国刑法》第二百二十九条；

《中华人民共和国资产评估法》第四十七条、第四十八条；

《中华人民共和国注册会计师法》第三十九条。

> **第二百五十八条 【公司登记机关违法的法律责任】**公司登记机关违反法律、行政法规规定未履行职责或者履行职责不当的，对负有责任的领导人员和直接责任人员依法给予政务处分。

【条文主旨】

本条是关于公司登记机关违法的法律责任的规定。

【修改提示】

本条在原法第二百零八条规定的基础上进行了修改，将违法行为的表述由"对不符合本法规定条件的登记申请予以登记，或者对符合本法规定条件的登记申请不予登记"修改为"违反法律、行政法规规定未履行职责或者履行职责不当"，扩大了违法行为的范围，使本条的适用更具灵活性。此外，本条还将责任主体由"直接负责的主管人员和其他直接责任人员"修改为"负有责任的领导人员和直接责任人员"，并将责任形式由"行政处分"修改为"政务处分"，表述更为精准，能够更好地与公职人员政务处分法相衔接。

【条文释义】

一、公司登记机关违法行为

设立、变更或注销公司，应当依法向公司登记机关申请相应登记，符合本法规定的条件的，公司登记机关应当予以登记；对于不符合本法规定的条件的，不得进行登记。公司申请登记的经营范围中属于法律、行政法规规定须经批准的经营内容的，应当在申请登记前报经国家有关部门批准，并向公司登记机关提交有关批准文件。公司登记机关在办理公司设立登记事项时：一是审查申请人向公司登记机关提交的设立申请文件是否齐全且真实合法；二是审查公司申请从事的经营业务是否为法律、行政法规所允许经营的业务，或者是否是需要报经有关部门审批才可以经营的业务。对公司登记的申请，登记机关应当在法定期限内做出是否登记的决定，对不予登记的，还应当作出书面答复并说明理由。[1]

公司登记机关对符合要件的公司进行登记的行为，是一种典型的行政许可行为。[2] 如果登记机关违法履行职责，对符合本法规定条件的公司不予登记，则侵害了当事人的合法权益，损害了权力机关的公信力。如果登记机关对不符合本法规定条件的企业予以登记，如对从事具有严格准入条件行业公司的登记申请放松审查标准，或者对从事法律、法规禁止经营行业的公司予以登记，则很有可能会损害他人甚至社会公共利益，破坏市场秩序和监管秩序。

二、公司登记机关违法的法律责任

1. 政务处分。本条的责任主体是公司登记机关。违反法律、行政法规规定未履行职责或者履行职责不当的，对负有责任的领导人员和直接责任人员依法给予政务处分。对公司登记机关违法登记负有直接责任的人员可以由监察机关视情节轻重，给予警告、记过、记大过、降级、撤职、开除等政务处分。

2. 刑事责任。滥用管理公司、证券职权罪。根据刑法第四百零三条的规定，国家有关主管部门的国家机关工作人员，徇私舞弊，滥用职权，对不符合法律规定条件的公司设立、登记申请或者股票、债券发行、上市申请，予以批准或者登记，致使公共财产、国家和人民利益遭受重大损失的，处五年以下有期徒刑或者拘役。

上级部门强令登记机关及其工作人员实施前款行为的，对其直接负责的主管人员，依照前款的规定处罚。

【相关规定】

《中华人民共和国市场主体登记管理条例》第五十条；
《中华人民共和国公职人员政务处分法》第七条、第八条；
《中华人民共和国刑法》第四百零三条。

---

[1] 宋燕妮、赵旭东主编：《中华人民共和国公司法释义》，法律出版社 2018 年版，第 394 页。

[2] 李东方：《公司法教程》，中国政法大学出版社 2015 年版，第 288 页。

> **第二百五十九条　【冒用公司名义的法律责任】** 未依法登记为有限责任公司或者股份有限公司，而冒用有限责任公司或者股份有限公司名义的，或者未依法登记为有限责任公司或者股份有限公司的分公司，而冒用有限责任公司或者股份有限公司的分公司名义的，由公司登记机关责令改正或者予以取缔，可以并处十万元以下的罚款。

【条文主旨】

本条是关于冒用公司名义的法律责任的规定。

【修改提示】

本条对应原法第二百一十条的规定，本次修订内容未作变动。

【条文释义】

一、冒用公司名义

公司从事民事行为必须获得民事主体资格，取得公司登记是公司获得民事主体资格的形式要件，只有登记之后公司才可以自己的名义从事经营活动。公司登记制度保证了公司的设立符合法律的统一要求，也有利于维护交易安全和社会经济的稳定。根据本法规定，申请设立公司的，符合本法规定的设立条件的，由公司登记机关分别登记为有限责任公司或者股份有限公司；不符合本法规定的设立条件的，不得登记为有限责任公司或者股份有限公司。依照本法设立的公司，必须在公司名称中标明责任形式。公司设立分公司的，同样应当向公司登记机关申请登记，领取营业执照。在取得营业执照之前，任何人不得冒用有限责任公司或股份有限公司的名义从事经营活动。冒用公司名义的违法行为具有以下特征：

1. 行为的主体是冒用公司名义从事经营活动的自然人、法人或其他类型的企业。

2. 行为的客观方面表现为未依法登记为有限责任公司（分公司）或者股份有限公司（分公司），而冒用有限责任公司（分公司）或者股份有限公司（分公司）名义从事经营活动。

3. 行为的主观方面是故意，即明知自己没有登记为有限责任公司或股份有限公司及其分公司而使用不真实的、虚假的名义进行经营活动。

二、冒用公司名义的法律责任

1. 民事责任。自然人或法人冒用公司名义从事经营活动将产生无权代理的法律效果，所产生的法律后果应当由无权代理人承担。相对人知道或者应当知道行为人无权代理的，相对人和行为人按照各自的过错承担责任。

2. 行政责任。依照本法规定，未依法登记为有限责任公司或者股份有限公司，而冒用有限责任公司或者股份有限公司名义的，或者未依法登记为有限责任公司或者股份有限公司的分公司，而冒用有限责任公司或者股份有限公司的分公司名义的，由公司登记机关责令改正或者予以取缔，可以并处十万元以下的罚款。

3. 刑事责任。合同诈骗罪。根据刑法第二百二十四条的规定，以非法占有为目的，以虚构的单位或者冒用他人名义在签订、履行合同过程中，骗取对方当事人财物，数额较大的，处三年以下有期徒刑或者拘役，并处或者单处罚金；数额巨大或者有其他严重情节的，处三年以上十年以下有期徒刑，并处罚金；数额特别巨大或者有其他特别严重情节的，处十年以上有期徒刑或者无期徒刑，并处罚金或者没收财产。

【适用指南】

公司在从事经营活动之前，应当依法进行设立登记并取得营业执照，从事法律规定须经有关部门批准的经营活动须在取得批准后再进行经营。公司在选择合作对象时也应当进行充分的尽职调查，确认相对方具有民事主体资格。

【相关规定】

《中华人民共和国刑法》第二百二十四条；
《中华人民共和国市场主体登记管理条例》第四十三条。

> **第二百六十条　【逾期开业、停业、不依法办理变更登记的法律责任】**公司成立后无正当理由超过六个月未开业的，或者开业后自行停业连续六个月以上的，公司登记机关可以吊销营业执照，但公司依法办理歇业的除外。

> 公司登记事项发生变更时，未依照本法规定办理有关变更登记的，由公司登记机关责令限期登记；逾期不登记的，处以一万元以上十万元以下的罚款。

【条文主旨】

本条是关于逾期开业、停业、不依法办理变更登记的法律责任的规定。

【修改提示】

本条在原法第二百一十一条规定的基础上进行了修改，主要新增了"公司依法办理歇业"的除外情形，使本条规定更加严谨。

【条文释义】

一、逾期开业、停业的法律责任

公司取得民事主体资格应当经公司设立登记并领取营业执照，公司于营业执照签发之日起成立。公司成立后应当依照核定的经营范围从事经营活动，为减少"僵尸企业"的存在，防止监管资源的浪费，保持市场的活力，本法规定了对于无正当理由未按期开业或者自行停业连续六个月以上的公司，可以处以吊销营业执照的处罚，采取了较为宽松的态度。其中，"无正当理由"的内涵法律未作明确规定，需要公司登记机关根据具体情况进行认定，吊销营业执照作为一种严厉的行政处罚，公司登记机关在认定"无正当理由"这一要件时应当遵循比例原则，审慎进行判断。

二、不依法办理变更登记的法律责任

为保护债权人利益和交易安全，法律规定了公司登记制度，要求公司将重要信息向社会进行公示，如公司名称、地址、经营范围、注册资本、法定代表人等，以便市场主体作出合理的商业判断。但是社会经济情况总是在不断发展、变化，为了适应这种变化，便于公司生产经营活动的顺利进行，应当允许公司能够通过一定的法律程序进行变更。在公司登记事项发生变更时，也应依法办理变更登记。公司变更登记制度，一方面，赋予公司信息公示制度以灵活性，以便社会公众及时掌握公司的信息变化；另一方面，也有利于有关部门对公司的监督管理。

依据本法及《中华人民共和国市场主体登记管理条例》第四十六条的规定，未依法办理变更登记的，由公司登记机关责令改正；拒不改正的，处以一万元以上十万元以下的罚款。情节严重的，吊销营业执照。

【适用指南】

公司登记信息发生变化时，应当及时向公司登记机关申请变更登记。

【相关规定】

《中华人民共和国市场主体登记管理条例》第四十六条。

第二百六十一条 【外国公司擅自设立分支机构的法律责任】 外国公司违反本法规定，擅自在中华人民共和国境内设立分支机构的，由公司登记机关责令改正或者关闭，可以并处五万元以上二十万元以下的罚款。

【条文主旨】

本条是关于外国公司擅自设立分支机构的法律责任的规定。

【修改提示】

本条在原法第二百一十二条规定的基础上进行了修改，将"中国境内"修改为"中华人民共和国境内"，使表述更加严谨。

【条文释义】

外国公司分支机构是外国公司依照中国的法律在中国境内设立并登记的机构。外国公司在中国境内设立分支机构，应当先向主管机关提交登记申请，并附上外国公司的公司章程、登记证书等证明文件，经有关机关审查批准后，依法领取营业执照。外国公司分支机构的审批办法由国务院另行规定。

根据本条规定，外国公司擅自在中国境内设立分支机构而未按照法律规定履行登记程序的，应当由公司登记机关责令改正或者关闭，可以并处五万元以上二十万元以下的罚款。对于情节不太严重的外国公司违法在中国境内设立分支机构的，公司登记机关可以责令改正，要求其依法补办相关手续，也可以要求其自行撤销分支机构。对于不符合设立分支机构条件或者主观恶性较大的，公司登记机关有权关闭外国公司违法设立的分支机构。对于外国公司违法在中国境内设立分支机构的行为，公司登记机关在做出上述任何一种处理以后，还可并处罚款。

【适用指南】

外国公司分支机构的设立应当遵循公司法和《外国企业常驻代表机构登记管理条例》的规定。

【相关规定】

《外国企业常驻代表机构登记管理条例》第三十五条。

> **第二百六十二条 【利用公司名义从事严重违法行为的法律责任】** 利用公司名义从事危害国家安全、社会公共利益的严重违法行为的，吊销营业执照。

【条文主旨】

本条是关于利用公司名义从事严重违法行为的法律责任的规定。

【修改提示】

本条对应原法第二百一十三条的规定，本次修订内容未作变动。

【条文释义】

公司在从事经营活动时应当维护国家安全和社会公共利益。本条主要是针对不法分子利用公司的外壳从事危害国家安全、社会公共利益的活动，扰乱正常的市场经济活动和社会管理秩序的行为。此类不法分子通常是利用公司的主体形式逃避有关部门的监管和法律的制裁，例如，黑社会组织成立公司洗钱等。对待这样的公司必须吊销其营业执照。对从事犯罪活动的，应依法追究刑事责任。

> 第二百六十三条 【民事赔偿优先原则】公司违反本法规定，应当承担民事赔偿责任和缴纳罚款、罚金的，其财产不足以支付时，先承担民事赔偿责任。

【条文主旨】

本条是关于民事赔偿优先原则的规定。

【修改提示】

本条对应原法第二百一十四条的规定，本次修订内容未作变动。

【条文释义】

本法所规定的违法行为法律责任，既包括民事赔偿责任，也包括行政、刑事责任，这就造成了不同种类的责任竞合。在公司财产不足以承担全部责任时，为保护债权人的利益，应当优先承担民事赔偿责任。民事赔偿优先原则主要基于以下理念：

首先，从法律责任的性质来看，补偿性是民事责任最基本的功能。民事赔偿是一种私法责任，旨在填补受损害者的损失，使其利益恢复到受损害前的状态。而罚款等行政责任和罚金、没收财产等刑事责任为公法责任，具有惩罚性，旨在对违法者施加威慑。若以任何其他法律效果也能制止不法行为时，则应尽可能避免刑罚的使用，也即只有在其他法律效果不足以生效时，才适用刑罚。换言之，应当把刑罚保留作为非不得已时的最后法律手段。① 从以人为本、保护人权的法治理念出发，当两种性质不同的财产责任同时发生而责任人又无力承担时，私法上的民事赔偿责任应当优先于公法责任。

其次，从法律责任的作用效果上讲，民事赔偿往往关系受害方的生活乃至生存，对于保护受害方的人格权、财产权具有至关重要的作用；而公法责任往往具有惩罚性，最终都将收归财政，其并非国家财政的主要收入，对于国家财政和人民福祉的影响微乎其微，其重要性远不如民事赔偿

---

① 李建华、麻锐：《论财产性民事责任优先承担原则》，载《法学研究》2011年第8期。

责任。

最后，从法律责任的可替代性看，① 民事责任的承担主要体现为财产损害赔偿，财产赔偿也通常为弥补受害人损失最直接、最有效的方式；而公法责任除财产性责任外，往往设有人身性惩罚，具有可替代性，特别是在刑事责任中，财产刑属于附加刑，可以选择适用，且财产性所起到的威慑作用远不如人身刑，因此，在公法领域通常更注重人身罚。

因此，在民事责任与行政、刑事责任相竞合时，私法责任应当优先于公法责任。在此需要说明的是，民事责任序位优先仅适用于公司这一责任主体，而非其他公司法上的主体。公司用以承担民事赔偿责任的财产，应当是公司的合法财产。

【相关规定】

《中华人民共和国刑法》第三十六条。

> **第二百六十四条　【刑事责任】**违反本法规定，构成犯罪的，依法追究刑事责任。

【条文主旨】

本条是关于刑事责任的规定。

【修改提示】

本条对应原法第二百一十五条的规定，本次修订内容未作变动。

【条文释义】

刑法具有谦抑性，因此，商事活动中法律责任应当尽量以民事、行政责任为主，尽量避免刑法的适用。只有当不法行为危害到社会公共利益时，刑法才应当加以规制。公司法相关的刑事责任主要规定在刑法的第二编第三章第三节"妨害对公司、企业的管理秩序罪"，主要有虚报注册资

---

① 李明发：《民事赔偿优先的理论基础及其法律构建》，载《江淮论坛》2014 年第 6 期。

本罪，虚假出资罪，抽逃出资罪，妨害清算罪，隐匿、故意销毁会计凭证、会计账簿、财务会计报告罪等。

具体来讲，违反本法规定，依照刑法构成犯罪，需要追究刑事责任的行为主要有：

1. 在办理公司登记时虚报注册资本、提交虚假证明文件或者采取其他欺诈手段隐瞒重要事实取得公司登记，情节严重的；

2. 公司的发起人、股东虚假出资，未交付或者未按期交付作为出资的货币或者非货币财产，情节严重的；

3. 公司的发起人、股东在公司成立后抽逃其出资，情节严重的；

4. 公司向有关主管部门提供虚假的或者隐瞒重要事实的财务会计报告等材料，情节严重的；

5. 清算组不按本法规定向公司登记机关报送清算报告，或者报送清算报告隐瞒重要事实或者有重大遗漏，情节严重的；

6. 承担资产评估、验资或者验证的机构提供虚假证明文件，情节严重的；

7. 利用公司名义从事危害国家安全、社会公共利益的严重违法行为的；

8. 其他违反本法规定，构成犯罪的行为。①

【相关规定】

《中华人民共和国刑法》第一百五十八条、第一百五十九条、第一百六十二条。

---

① 宋燕妮、赵旭东主编：《中华人民共和国公司法释义》，法律出版社 2018 年版，第 403 页。

第十五章　附　则

第二百六十五条　【本法相关用语的含义】本法下列用语的含义：

（一）高级管理人员，是指公司的经理、副经理、财务负责人，上市公司董事会秘书和公司章程规定的其他人员。

（二）控股股东，是指其出资额占有限责任公司资本总额超过百分之五十或者其持有的股份占股份有限公司股本总额超过百分之五十的股东；出资额或者持有股份的比例虽然低于百分之五十，但依其出资额或者持有的股份所享有的表决权已足以对股东会的决议产生重大影响的股东。

（三）实际控制人，是指通过投资关系、协议或者其他安排，能够实际支配公司行为的人。

（四）关联关系，是指公司控股股东、实际控制人、董事、监事、高级管理人员与其直接或者间接控制的企业之间的关系，以及可能导致公司利益转移的其他关系。但是，国家控股的企业之间不仅因为同受国家控股而具有关联关系。

【条文主旨】

本条是关于本法相关用语的含义的规定。

【修改提示】

本条在原法第二百一十六条规定的基础上作出了修改，主要对实际控制人的定义删除了"不是公司的股东"的限定条件，将控股股东的持股比例要求"百分之五十以上"修改为"超过百分之五十"，不再包含本数。

【条文释义】

一、高级管理人员

本法所称高级管理人员，是指负责公司经营管理，掌握公司的重大经营信息和商业秘密，在公司管理层中担任重要职务的人员，包括经理、副经理、财务负责人、上市公司董事会秘书和其他公司章程中规定的人。高级管理人员应当满足本法规定的任职资格要求，并履行法律规定的义务。本条所称的经理、副经理，是指实际管理公司具体的生产经营活动的人员，其职责包括监督实施公司的经营目标和发展规划并落实股东会决议和董事会决议、调配公司各项资源组织生产经营等。本条所称财务负责人，是指负责公司的财务管理、会计核算与监督的人员。本条所称的上市公司董事会秘书，是上市公司的必设机构，是指负责管理股东资料、办理信息披露相关事务、负责上市公司股东会和董事会会议的筹备和文件保管等工作的人员。此外，为保护公司自主经营权，鼓励公司创新管理架构，法律允许公司不按照法定的公司架构设置公司管理层，因此，本条对高级管理人员的定义增加了"公司章程规定的其他人员"，以使监管更具灵活性和包容性。但是，这些管理职位必须在公司章程中明文规定。

二、控股股东

本法所称控股股东，是指能够控制股东会的决策，对公司施加重大影响的股东。控股股东主要通过表决权来对公司施加影响。控股股东可以分为绝对控股股东和相对控股股东。绝对控股股东，是指其出资额占有限责任公司资本总额超过百分之五十或者其持有的股份占股份有限公司股本总额超过百分之五十的股东；相对控股股东，是指出资额或者持有股份的比例虽然低于百分之五十，但依其出资额或者持有的股份所享有的表决权已足以对股东会的决议产生重大影响的股东。本次公司法修订后，将"以上、不足"修改为"超过、低于"。在法律规范中，"以上、以下、以内"均含本数，"不满、超过"均不含本数。一般来说，公司一般事务的决策往往采取资本简单多数决原则，当股东持有公司超过百分之五十的股份时，股东便可以控制公司绝大部分的决策。根据原公司法的规定，股东持有公司百分之五十的股份即可称为控股股东，但事实上若出现投票僵局，该股东并不能控制公司的决策。新公司法的修订使得控股股东的定义更加严谨。近年来，随着大规模的股份有限公司和公众公司的出现，特别是上市公司由于大量股份在股市流通，原始股东的股份往往被稀释，难以达到绝对控股的程度，但其仍然能够通过其他途径实现对公司的控制权，如约定双层股权架构或通过股东间的联合控制公司。由此可见，判断控股股东地位不应当以股权比例为绝对标准，而要审查该股东能否对公司决策产生重大影响并将该影响持续。但无论如何，公司的股东都应当遵守法律、行政法规和公司章程的规定，依法行使股东权利，不得滥用股东权利损害公司或其他股东的利益。

三、实际控制人

实际控制人，是指通过投资关系、协议或者其他安排，能够实际支配公司行为的人。相较于前，本次公司法修订中删去了对实际控制人"不是公司的股东"的限定条件，是考虑到了实务中出现的非控股股东通过股权代持协议或其他安排控制公司等情形，扩大了关联交易的范围，能够更好地规制关联交易，强化股东责任。股东通过表决权控制公司是比较明显的，而实际控制人通常会采取比较隐蔽的方式对公司施加控制，所以往往不是通过表决权进行控制。比如，本条规定的实际控制人施加控制的手段包括通过投资关系、协议或其他安排实际支配公司行为。通过投资关系施加控制，是指实际控制人采用多层投资的方式间接控制目标公司，如通过控制目标公司的控股股东间接实现对目标公司的控制，通过这种方式，实际控制人用更小的成本实现了对目标公司的股权控制。通过协议施加控制，是指实际控制人与目标公司签订协议，约定由实际控制人享有对目标公司重要经营资源的控制权，如目标公司的生产经营活动必须有控制人提供的特许权利（包括工业产权、专业技术等）才能正常进行的；目标公司生产经营购进的原材料、零部件等（包括价格及交易条件等）是由实际控制人所供应并控制的；通过协议取得目标公司的控股股东的表决权等。通过其他安排来控制目标公司的手段比较复杂，如人事关系、亲属关系等。①

四、关联关系

本法所称的关联关系，主要是指可能导致公司利益转移的各种关系，包括公司控股股东、实际控制人、董事、监事、高级管理人员与其直接或者间接控制的企业之间的关系，以及可能导致公司利益转移的其他关系。其他可能导致公司利益转移的其他关系，包括由同一控股股东或实际控制人控制下的公司之间的关系，联营、合营企业之间的关系，控股股东、实际控制人、董事、监事、高级管理人员的家庭成员与公司之间的关系，或控股股东、实际控制人、董事、监事、高级管理人员的家庭成员直接控制

---

① 宋燕妮、赵旭东主编：《中华人民共和国公司法释义》，法律出版社2018年版，第407页。

的企业和公司之间的关系等。此外，考虑到我国国有企业的特殊性，本条增加了"但书"规定，即同受国家控股的企业之间的关系不认为是关联关系。

> 第二百六十六条 【施行日期】本法自 2024 年 7 月 1 日起施行。
>
> 本法施行前已登记设立的公司，出资期限超过本法规定的期限的，除法律、行政法规或者国务院另有规定外，应当逐步调整至本法规定的期限以内；对于出资期限、出资额明显异常的，公司登记机关可以依法要求其及时调整。具体实施办法由国务院规定。

【条文主旨】

本条是关于施行日期的规定。

【修改提示】

本条在原法第二百一十八条规定的基础上进行了修改，主要新增了第二款关于股东出资期限溯及力的规定。

【条文释义】

一、我国法律关于生效时间的规定

法的生效时间一般以公布时间为准，但在具体的法律实践中也形式多样。我国法律生效时间主要有三种规定：一是规定某具体的日期为法的生效时间，如"本法自×年×月×日起施行"；二是不规定法生效的具体日期，如"本法自公布之日起施行"，而具体的日期则根据国家主席发布主席令的时间确定；三是由另一个法律的实施时间来决定法律的生效时间。本法属于直接规定生效的具体日期。即"本法自 2024 年 7 月 1 日起施行"。

法律的修改形式也会影响法律的生效日期。如果是对法律作全面修改，形成一部新的法律，则会重新公布法律的生效日期；如果只是对法律作部分修改，一般不会修改法律的生效日期，而是以规定修改决定的公布日期的方式确定法的生效日期。本次修改是对公司法的全面修改，因此，本条规定了"本法自 2024 年 7 月 1 日起施行",原公司法应当于 2024 年 7 月 1 日起失效。

二、公司法的溯及力

法的溯及力是指法律的施行是否对其生效前的事情发生效力。根据立法法第一百零四条的规定,法律、行政法规、地方性法规、自治条例和单行条例、规章不溯及既往,但为了更好地保护公民、法人和其他组织的权利和利益而作的特别规定除外。本法对股东出资期限相关规定的溯及力进行了规定,即对于本法施行前已登记设立的公司,出资期限超过本法规定的期限的,除法律、行政法规或者国务院另有规定外,应当逐步调整至本法规定的期限以内;对于出资期限、出资额明显异常的,公司登记机关可以依法要求其及时调整。这是因为,若不赋予股东出资期限条款溯及力,此次公司法的修改将导致股东出资期限的混乱,不利于对公司的管理,且会造成对债权人的不公平。因此,本法将股东出资期限相关的实施办法交由国务院规定,能够统一市场管理,保证新公司法的有序实施。

附　录

中华人民共和国公司法

（1993 年 12 月 29 日第八届全国人民代表大会常务委员会第五次会议通过　根据 1999 年 12 月 25 日第九届全国人民代表大会常务委员会第十三次会议《关于修改〈中华人民共和国公司法〉的决定》第一次修正　根据 2004 年 8 月 28 日第十届全国人民代表大会常务委员会第十一次会议《关于修改〈中华人民共和国公司法〉的决定》第二次修正　2005 年 10 月 27 日第十届全国人民代表大会常务委员会第十八次会议第一次修订　根据 2013 年 12 月 28 日第十二届全国人民代表大会常务委员会第六次会议《关于修改〈中华人民共和国海洋环境保护法〉等七部法律的决定》第三次修正　根据 2018 年 10 月 26 日第十三届全国人民代表大会常务委员会第六次会议《关于修改〈中华人民共和国公司法〉的决定》第四次修正　2023 年 12 月 29 日第十四届全国人民代表大会常务委员会第七次会议第二次修订　2023 年 12 月 29 日中华人民共和国主席令第 15 号公布　自 2024 年 7 月 1 日起施行）

目　　录

第一章　总　　则

第一条　为了规范公司的组织和行为，保护公司、股东、职工和债权人的合法权益，完善中国特色现代企业制度，弘扬企业家精神，维护社会经济秩序，促进社会主义市场经济的发展，根据宪法，制定本法。

第二条　本法所称公司，是指依照本法在中华人民共和国境内设立的有限责任公司和股份有限公司。

第三条　公司是企业法人，有独立的法人财产，享有法人财产权。公司以其全部财产对公司的债务承担责任。

公司的合法权益受法律保护，不受侵犯。

第四条　有限责任公司的股东以其认缴的出资额为限对公司承担责任；股份有限公司的股东以其认购的股份为限对公司承担责任。

公司股东对公司依法享有资产收益、参与重大决策和选择管理者等权利。

第五条　设立公司应当依法制定公司章程。公司章程对公司、股东、董事、监事、高级管理人员具有约束力。

第六条　公司应当有自己的名称。公司名称应当符合国家有关规定。

公司的名称权受法律保护。

第七条　依照本法设立的有限责任公司，应当在公司名称中标明有限责任公司或者有限公司字样。

依照本法设立的股份有限公司，应当在公司名称中标明股份有限公司或者股份公司字样。

第八条　公司以其主要办事机构所在地为住所。

第九条 公司的经营范围由公司章程规定。公司可以修改公司章程,变更经营范围。

公司的经营范围中属于法律、行政法规规定须经批准的项目,应当依法经过批准。

第十条 公司的法定代表人按照公司章程的规定,由代表公司执行公司事务的董事或者经理担任。

担任法定代表人的董事或者经理辞任的,视为同时辞去法定代表人。

法定代表人辞任的,公司应当在法定代表人辞任之日起三十日内确定新的法定代表人。

第十一条 法定代表人以公司名义从事的民事活动,其法律后果由公司承受。

公司章程或者股东会对法定代表人职权的限制,不得对抗善意相对人。

法定代表人因执行职务造成他人损害的,由公司承担民事责任。公司承担民事责任后,依照法律或者公司章程的规定,可以向有过错的法定代表人追偿。

第十二条 有限责任公司变更为股份有限公司,应当符合本法规定的股份有限公司的条件。股份有限公司变更为有限责任公司,应当符合本法规定的有限责任公司的条件。

有限责任公司变更为股份有限公司的,或者股份有限公司变更为有限责任公司的,公司变更前的债权、债务由变更后的公司承继。

第十三条 公司可以设立子公司。子公司具有法人资格,依法独立承担民事责任。

公司可以设立分公司。分公司不具有法人资格,其民事责任由公司承担。

第十四条 公司可以向其他企业投资。

法律规定公司不得成为对所投资企业的债务承担连带责任的出资人的,从其规定。

第十五条 公司向其他企业投资或者为他人提供担保,按照公司章程的规定,由董事会或者股东会决议;公司章程对投资或者担保的总额及单项投资或者担保的数额有限额规定的,不得超过规定的限额。

公司为公司股东或者实际控制人提供担保的,应当经股东会决议。

前款规定的股东或者受前款规定的实际控制人支配的股东,不得参加前款规定事项的表决。该项表决由出席会议的其他股东所持表决权的过半数通过。

第十六条 公司应当保护职工的合法权益,依法与职工签订劳动合同,参加社会保险,加强劳动保护,实现安全生产。

公司应当采用多种形式,加强公司职工的职业教育和岗位培训,提高职工素质。

第十七条　公司职工依照《中华人民共和国工会法》组织工会，开展工会活动，维护职工合法权益。公司应当为本公司工会提供必要的活动条件。公司工会代表职工就职工的劳动报酬、工作时间、休息休假、劳动安全卫生和保险福利等事项依法与公司签订集体合同。

公司依照宪法和有关法律的规定，建立健全以职工代表大会为基本形式的民主管理制度，通过职工代表大会或者其他形式，实行民主管理。

公司研究决定改制、解散、申请破产以及经营方面的重大问题、制定重要的规章制度时，应当听取公司工会的意见，并通过职工代表大会或者其他形式听取职工的意见和建议。

第十八条　在公司中，根据中国共产党章程的规定，设立中国共产党的组织，开展党的活动。公司应当为党组织的活动提供必要条件。

第十九条　公司从事经营活动，应当遵守法律法规，遵守社会公德、商业道德，诚实守信，接受政府和社会公众的监督。

第二十条　公司从事经营活动，应当充分考虑公司职工、消费者等利益相关者的利益以及生态环境保护等社会公共利益，承担社会责任。

国家鼓励公司参与社会公益活动，公布社会责任报告。

第二十一条　公司股东应当遵守法律、行政法规和公司章程，依法行使股东权利，不得滥用股东权利损害公司或者其他股东的利益。

公司股东滥用股东权利给公司或者其他股东造成损失的，应当承担赔偿责任。

第二十二条　公司的控股股东、实际控制人、董事、监事、高级管理人员不得利用关联关系损害公司利益。

违反前款规定，给公司造成损失的，应当承担赔偿责任。

第二十三条　公司股东滥用公司法人独立地位和股东有限责任，逃避债务，严重损害公司债权人利益的，应当对公司债务承担连带责任。

股东利用其控制的两个以上公司实施前款规定行为的，各公司应当对任一公司的债务承担连带责任。

只有一个股东的公司，股东不能证明公司财产独立于股东自己的财产的，应当对公司债务承担连带责任。

第二十四条　公司股东会、董事会、监事会召开会议和表决可以采用电子通信方式，公司章程另有规定的除外。

第二十五条　公司股东会、董事会的决议内容违反法律、行政法规的无效。

第二十六条　公司股东会、董事会的会议召集程序、表决方式违反法律、行政法规或者公司章程，或者决议内容违反公司章程的，股东自决议作出之日起六十日内，可以请求人民法院撤销。但是，股东会、董事会的会议召集程序或者表决方式仅有轻微瑕疵，对决议未产生实质影响的除外。

未被通知参加股东会会议的股东自知道或者应当知道股东会决议作出之日起六十日内，可以请求人民法院撤销；自决议作出之日起一年内没有行使撤销权的，撤销权消灭。

第二十七条 有下列情形之一的，公司股东会、董事会的决议不成立：

（一）未召开股东会、董事会会议作出决议；

（二）股东会、董事会会议未对决议事项进行表决；

（三）出席会议的人数或者所持表决权数未达到本法或者公司章程规定的人数或者所持表决权数；

（四）同意决议事项的人数或者所持表决权数未达到本法或者公司章程规定的人数或者所持表决权数。

第二十八条 公司股东会、董事会决议被人民法院宣告无效、撤销或者确认不成立的，公司应当向公司登记机关申请撤销根据该决议已办理的登记。

股东会、董事会决议被人民法院宣告无效、撤销或者确认不成立的，公司根据该决议与善意相对人形成的民事法律关系不受影响。

第二章　公 司 登 记

第二十九条 设立公司，应当依法向公司登记机关申请设立登记。

法律、行政法规规定设立公司必须报经批准的，应当在公司登记前依法办理批准手续。

第三十条 申请设立公司，应当提交设立登记申请书、公司章程等文件，提交的相关材料应当真实、合法和有效。

申请材料不齐全或者不符合法定形式的，公司登记机关应当一次性告知需要补正的材料。

第三十一条 申请设立公司，符合本法规定的设立条件的，由公司登记机关分别登记为有限责任公司或者股份有限公司；不符合本法规定的设立条件的，不得登记为有限责任公司或者股份有限公司。

第三十二条 公司登记事项包括：

（一）名称；

（二）住所；

（三）注册资本；

（四）经营范围；

（五）法定代表人的姓名；

（六）有限责任公司股东、股份有限公司发起人的姓名或者名称。

公司登记机关应当将前款规定的公司登记事项通过国家企业信用信息公示系统向社会公示。

第三十三条　依法设立的公司，由公司登记机关发给公司营业执照。公司营业执照签发日期为公司成立日期。

公司营业执照应当载明公司的名称、住所、注册资本、经营范围、法定代表人姓名等事项。

公司登记机关可以发给电子营业执照。电子营业执照与纸质营业执照具有同等法律效力。

第三十四条　公司登记事项发生变更的，应当依法办理变更登记。

公司登记事项未经登记或者未经变更登记，不得对抗善意相对人。

第三十五条　公司申请变更登记，应当向公司登记机关提交公司法定代表人签署的变更登记申请书、依法作出的变更决议或者决定等文件。

公司变更登记事项涉及修改公司章程的，应当提交修改后的公司章程。

公司变更法定代表人的，变更登记申请书由变更后的法定代表人签署。

第三十六条　公司营业执照记载的事项发生变更的，公司办理变更登记后，由公司登记机关换发营业执照。

第三十七条　公司因解散、被宣告破产或者其他法定事由需要终止的，应当依法向公司登记机关申请注销登记，由公司登记机关公告公司终止。

第三十八条　公司设立分公司，应当向公司登记机关申请登记，领取营业执照。

第三十九条　虚报注册资本、提交虚假材料或者采取其他欺诈手段隐瞒重要事实取得公司设立登记的，公司登记机关应当依照法律、行政法规的规定予以撤销。

第四十条　公司应当按照规定通过国家企业信用信息公示系统公示下列事项：

（一）有限责任公司股东认缴和实缴的出资额、出资方式和出资日期，股份有限公司发起人认购的股份数；

（二）有限责任公司股东、股份有限公司发起人的股权、股份变更信息；

（三）行政许可取得、变更、注销等信息；

（四）法律、行政法规规定的其他信息。

公司应当确保前款公示信息真实、准确、完整。

第四十一条　公司登记机关应当优化公司登记办理流程，提高公司登记效率，加强信息化建设，推行网上办理等便捷方式，提升公司登记便利化水平。

国务院市场监督管理部门根据本法和有关法律、行政法规的规定，制定公司登记注册的具体办法。

第三章　有限责任公司的设立和组织机构

第一节　设　　立

第四十二条　有限责任公司由一个以上五十个以下股东出资设立。

第四十三条　有限责任公司设立时的股东可以签订设立协议，明确各自在公司设立过程中的权利和义务。

第四十四条　有限责任公司设立时的股东为设立公司从事的民事活动，其法律后果由公司承受。

公司未成立的，其法律后果由公司设立时的股东承受；设立时的股东为二人以上的，享有连带债权，承担连带债务。

设立时的股东为设立公司以自己的名义从事民事活动产生的民事责任，第三人有权选择请求公司或者公司设立时的股东承担。

设立时的股东因履行公司设立职责造成他人损害的，公司或者无过错的股东承担赔偿责任后，可以向有过错的股东追偿。

第四十五条　设立有限责任公司，应当由股东共同制定公司章程。

第四十六条　有限责任公司章程应当载明下列事项：

（一）公司名称和住所；

（二）公司经营范围；

（三）公司注册资本；

（四）股东的姓名或者名称；

（五）股东的出资额、出资方式和出资日期；

（六）公司的机构及其产生办法、职权、议事规则；

（七）公司法定代表人的产生、变更办法；

（八）股东会认为需要规定的其他事项。

股东应当在公司章程上签名或者盖章。

第四十七条　有限责任公司的注册资本为在公司登记机关登记的全体股东认缴的出资额。全体股东认缴的出资额由股东按照公司章程的规定自公司成立之日起五年内缴足。

法律、行政法规以及国务院决定对有限责任公司注册资本实缴、注册资本最低限额、股东出资期限另有规定的，从其规定。

第四十八条　股东可以用货币出资，也可以用实物、知识产权、土地使用权、股权、债权等可以用货币估价并可以依法转让的非货币财产作价出资；但是，法律、行政法规规定不得作为出资的财产除外。

对作为出资的非货币财产应当评估作价，核实财产，不得高估或者低估作价。法律、行政法规对评估作价有规定的，从其规定。

第四十九条 股东应当按期足额缴纳公司章程规定的各自所认缴的出资额。

股东以货币出资的，应当将货币出资足额存入有限责任公司在银行开设的账户；以非货币财产出资的，应当依法办理其财产权的转移手续。

股东未按期足额缴纳出资的，除应当向公司足额缴纳外，还应当对给公司造成的损失承担赔偿责任。

第五十条 有限责任公司设立时，股东未按照公司章程规定实际缴纳出资，或者实际出资的非货币财产的实际价额显著低于所认缴的出资额的，设立时的其他股东与该股东在出资不足的范围内承担连带责任。

第五十一条 有限责任公司成立后，董事会应当对股东的出资情况进行核查，发现股东未按期足额缴纳公司章程规定的出资的，应当由公司向该股东发出书面催缴书，催缴出资。

未及时履行前款规定的义务，给公司造成损失的，负有责任的董事应当承担赔偿责任。

第五十二条 股东未按照公司章程规定的出资日期缴纳出资，公司依照前条第一款规定发出书面催缴书催缴出资的，可以载明缴纳出资的宽限期；宽限期自公司发出催缴书之日起，不得少于六十日。宽限期届满，股东仍未履行出资义务的，公司经董事会决议可以向该股东发出失权通知，通知应当以书面形式发出。自通知发出之日起，该股东丧失其未缴纳出资的股权。

依照前款规定丧失的股权应当依法转让，或者相应减少注册资本并注销该股权；六个月内未转让或者注销的，由公司其他股东按照其出资比例足额缴纳相应出资。

股东对失权有异议的，应当自接到失权通知之日起三十日内，向人民法院提起诉讼。

第五十三条 公司成立后，股东不得抽逃出资。

违反前款规定的，股东应当返还抽逃的出资；给公司造成损失的，负有责任的董事、监事、高级管理人员应当与该股东承担连带赔偿责任。

第五十四条 公司不能清偿到期债务的，公司或者已到期债权的债权人有权要求已认缴出资但未届出资期限的股东提前缴纳出资。

第五十五条 有限责任公司成立后，应当向股东签发出资证明书，记载下列事项：

（一）公司名称；

（二）公司成立日期；

（三）公司注册资本；

（四）股东的姓名或者名称、认缴和实缴的出资额、出资方式和出资日期；

（五）出资证明书的编号和核发日期。

出资证明书由法定代表人签名，并由公司盖章。

第五十六条 有限责任公司应当置备股东名册，记载下列事项：

（一）股东的姓名或者名称及住所；

（二）股东认缴和实缴的出资额、出资方式和出资日期；

（三）出资证明书编号；

（四）取得和丧失股东资格的日期。

记载于股东名册的股东，可以依股东名册主张行使股东权利。

第五十七条 股东有权查阅、复制公司章程、股东名册、股东会会议记录、董事会会议决议、监事会会议决议和财务会计报告。

股东可以要求查阅公司会计账簿、会计凭证。股东要求查阅公司会计账簿、会计凭证的，应当向公司提出书面请求，说明目的。公司有合理根据认为股东查阅会计账簿、会计凭证有不正当目的，可能损害公司合法利益的，可以拒绝提供查阅，并应当自股东提出书面请求之日起十五日内书面答复股东并说明理由。公司拒绝提供查阅的，股东可以向人民法院提起诉讼。

股东查阅前款规定的材料，可以委托会计师事务所、律师事务所等中介机构进行。

股东及其委托的会计师事务所、律师事务所等中介机构查阅、复制有关材料，应当遵守有关保护国家秘密、商业秘密、个人隐私、个人信息等法律、行政法规的规定。

股东要求查阅、复制公司全资子公司相关材料的，适用前四款的规定。

第二节 组 织 机 构

第五十八条 有限责任公司股东会由全体股东组成。股东会是公司的权力机构，依照本法行使职权。

第五十九条 股东会行使下列职权：

（一）选举和更换董事、监事，决定有关董事、监事的报酬事项；

（二）审议批准董事会的报告；

（三）审议批准监事会的报告；

（四）审议批准公司的利润分配方案和弥补亏损方案；

（五）对公司增加或者减少注册资本作出决议；

（六）对发行公司债券作出决议；

（七）对公司合并、分立、解散、清算或者变更公司形式作出决议；

（八）修改公司章程；

（九）公司章程规定的其他职权。

股东会可以授权董事会对发行公司债券作出决议。

对本条第一款所列事项股东以书面形式一致表示同意的，可以不召开股东会会议，直接作出决定，并由全体股东在决定文件上签名或者盖章。

第六十条　只有一个股东的有限责任公司不设股东会。股东作出前条第一款所列事项的决定时，应当采用书面形式，并由股东签名或者盖章后置备于公司。

第六十一条　首次股东会会议由出资最多的股东召集和主持，依照本法规定行使职权。

第六十二条　股东会会议分为定期会议和临时会议。

定期会议应当按照公司章程的规定按时召开。代表十分之一以上表决权的股东、三分之一以上的董事或者监事会提议召开临时会议的，应当召开临时会议。

第六十三条　股东会会议由董事会召集，董事长主持；董事长不能履行职务或者不履行职务的，由副董事长主持；副董事长不能履行职务或者不履行职务的，由过半数的董事共同推举一名董事主持。

董事会不能履行或者不履行召集股东会会议职责的，由监事会召集和主持；监事会不召集和主持的，代表十分之一以上表决权的股东可以自行召集和主持。

第六十四条　召开股东会会议，应当于会议召开十五日前通知全体股东；但是，公司章程另有规定或者全体股东另有约定的除外。

股东会应当对所议事项的决定作成会议记录，出席会议的股东应当在会议记录上签名或者盖章。

第六十五条　股东会会议由股东按照出资比例行使表决权；但是，公司章程另有规定的除外。

第六十六条　股东会的议事方式和表决程序，除本法有规定的外，由公司章程规定。

股东会作出决议，应当经代表过半数表决权的股东通过。

股东会作出修改公司章程、增加或者减少注册资本的决议，以及公司合并、分立、解散或者变更公司形式的决议，应当经代表三分之二以上表决权的股东通过。

第六十七条　有限责任公司设董事会，本法第七十五条另有规定的除外。

董事会行使下列职权：

（一）召集股东会会议，并向股东会报告工作；

（二）执行股东会的决议；

（三）决定公司的经营计划和投资方案；

（四）制订公司的利润分配方案和弥补亏损方案；

（五）制订公司增加或者减少注册资本以及发行公司债券的方案；

（六）制订公司合并、分立、解散或者变更公司形式的方案；

（七）决定公司内部管理机构的设置；

（八）决定聘任或者解聘公司经理及其报酬事项，并根据经理的提名决定聘任或者解聘公司副经理、财务负责人及其报酬事项；

（九）制定公司的基本管理制度；

（十）公司章程规定或者股东会授予的其他职权。

公司章程对董事会职权的限制不得对抗善意相对人。

第六十八条 有限责任公司董事会成员为三人以上，其成员中可以有公司职工代表。职工人数三百人以上的有限责任公司，除依法设监事会并有公司职工代表的外，其董事会成员中应当有公司职工代表。董事会中的职工代表由公司职工通过职工代表大会、职工大会或者其他形式民主选举产生。

董事会设董事长一人，可以设副董事长。董事长、副董事长的产生办法由公司章程规定。

第六十九条 有限责任公司可以按照公司章程的规定在董事会中设置由董事组成的审计委员会，行使本法规定的监事会的职权，不设监事会或者监事。公司董事会成员中的职工代表可以成为审计委员会成员。

第七十条 董事任期由公司章程规定，但每届任期不得超过三年。董事任期届满，连选可以连任。

董事任期届满未及时改选，或者董事在任期内辞任导致董事会成员低于法定人数的，在改选出的董事就任前，原董事仍应当依照法律、行政法规和公司章程的规定，履行董事职务。

董事辞任的，应当以书面形式通知公司，公司收到通知之日辞任生效，但存在前款规定情形的，董事应当继续履行职务。

第七十一条 股东会可以决议解任董事，决议作出之日解任生效。

无正当理由，在任期届满前解任董事的，该董事可以要求公司予以赔偿。

第七十二条 董事会会议由董事长召集和主持；董事长不能履行职务或者不履行职务的，由副董事长召集和主持；副董事长不能履行职务或者不履行职务的，由过半数的董事共同推举一名董事召集和主持。

第七十三条 董事会的议事方式和表决程序，除本法有规定的外，由公司章程规定。

董事会会议应当有过半数的董事出席方可举行。董事会作出决议，应当经全体董事的过半数通过。

董事会决议的表决，应当一人一票。

董事会应当对所议事项的决定作成会议记录，出席会议的董事应当在会议记录上签名。

第七十四条　有限责任公司可以设经理，由董事会决定聘任或者解聘。

经理对董事会负责，根据公司章程的规定或者董事会的授权行使职权。经理列席董事会会议。

第七十五条　规模较小或者股东人数较少的有限责任公司，可以不设董事会，设一名董事，行使本法规定的董事会的职权。该董事可以兼任公司经理。

第七十六条　有限责任公司设监事会，本法第六十九条、第八十三条另有规定的除外。

监事会成员为三人以上。监事会成员应当包括股东代表和适当比例的公司职工代表，其中职工代表的比例不得低于三分之一，具体比例由公司章程规定。监事会中的职工代表由公司职工通过职工代表大会、职工大会或者其他形式民主选举产生。

监事会设主席一人，由全体监事过半数选举产生。监事会主席召集和主持监事会会议；监事会主席不能履行职务或者不履行职务的，由过半数的监事共同推举一名监事召集和主持监事会会议。

董事、高级管理人员不得兼任监事。

第七十七条　监事的任期每届为三年。监事任期届满，连选可以连任。

监事任期届满未及时改选，或者监事在任期内辞任导致监事会成员低于法定人数的，在改选出的监事就任前，原监事仍应当依照法律、行政法规和公司章程的规定，履行监事职务。

第七十八条　监事会行使下列职权：

（一）检查公司财务；

（二）对董事、高级管理人员执行职务的行为进行监督，对违反法律、行政法规、公司章程或者股东会决议的董事、高级管理人员提出解任的建议；

（三）当董事、高级管理人员的行为损害公司的利益时，要求董事、高级管理人员予以纠正；

（四）提议召开临时股东会会议，在董事会不履行本法规定的召集和主持股东会会议职责时召集和主持股东会会议；

（五）向股东会会议提出提案；

（六）依照本法第一百八十九条的规定，对董事、高级管理人员提起诉讼；

（七）公司章程规定的其他职权。

第七十九条 监事可以列席董事会会议，并对董事会决议事项提出质询或者建议。

监事会发现公司经营情况异常，可以进行调查；必要时，可以聘请会计师事务所等协助其工作，费用由公司承担。

第八十条 监事会可以要求董事、高级管理人员提交执行职务的报告。

董事、高级管理人员应当如实向监事会提供有关情况和资料，不得妨碍监事会或者监事行使职权。

第八十一条 监事会每年度至少召开一次会议，监事可以提议召开临时监事会会议。

监事会的议事方式和表决程序，除本法有规定的外，由公司章程规定。

监事会决议应当经全体监事的过半数通过。

监事会决议的表决，应当一人一票。

监事会应当对所议事项的决定作成会议记录，出席会议的监事应当在会议记录上签名。

第八十二条 监事会行使职权所必需的费用，由公司承担。

第八十三条 规模较小或者股东人数较少的有限责任公司，可以不设监事会，设一名监事，行使本法规定的监事会的职权；经全体股东一致同意，也可以不设监事。

第四章 有限责任公司的股权转让

第八十四条 有限责任公司的股东之间可以相互转让其全部或者部分股权。

股东向股东以外的人转让股权的，应当将股权转让的数量、价格、支付方式和期限等事项书面通知其他股东，其他股东在同等条件下有优先购买权。股东自接到书面通知之日起三十日内未答复的，视为放弃优先购买权。两个以上股东行使优先购买权的，协商确定各自的购买比例；协商不成的，按照转让时各自的出资比例行使优先购买权。

公司章程对股权转让另有规定的，从其规定。

第八十五条 人民法院依照法律规定的强制执行程序转让股东的股权时，应当通知公司及全体股东，其他股东在同等条件下有优先购买权。其他股东自人民法院通知之日起满二十日不行使优先购买权的，视为放弃优先购买权。

第八十六条 股东转让股权的，应当书面通知公司，请求变更股东名册；

需要办理变更登记的，并请求公司向公司登记机关办理变更登记。公司拒绝或者在合理期限内不予答复的，转让人、受让人可以依法向人民法院提起诉讼。

股权转让的，受让人自记载于股东名册时起可以向公司主张行使股东权利。

第八十七条 依照本法转让股权后，公司应当及时注销原股东的出资证明书，向新股东签发出资证明书，并相应修改公司章程和股东名册中有关股东及其出资额的记载。对公司章程的该项修改不需再由股东会表决。

第八十八条 股东转让已认缴出资但未届出资期限的股权的，由受让人承担缴纳该出资的义务；受让人未按期足额缴纳出资的，转让人对受让人未按期缴纳的出资承担补充责任。

未按照公司章程规定的出资日期缴纳出资或者作为出资的非货币财产的实际价额显著低于所认缴的出资额的股东转让股权的，转让人与受让人在出资不足的范围内承担连带责任；受让人不知道且不应当知道存在上述情形的，由转让人承担责任。

第八十九条 有下列情形之一的，对股东会该项决议投反对票的股东可以请求公司按照合理的价格收购其股权：

（一）公司连续五年不向股东分配利润，而公司该五年连续盈利，并且符合本法规定的分配利润条件；

（二）公司合并、分立、转让主要财产；

（三）公司章程规定的营业期限届满或者章程规定的其他解散事由出现，股东会通过决议修改章程使公司存续。

自股东会决议作出之日起六十日内，股东与公司不能达成股权收购协议的，股东可以自股东会决议作出之日起九十日内向人民法院提起诉讼。

公司的控股股东滥用股东权利，严重损害公司或者其他股东利益的，其他股东有权请求公司按照合理的价格收购其股权。

公司因本条第一款、第三款规定的情形收购的本公司股权，应当在六个月内依法转让或者注销。

第九十条 自然人股东死亡后，其合法继承人可以继承股东资格；但是，公司章程另有规定的除外。

第五章 股份有限公司的设立和组织机构

第一节 设 立

第九十一条 设立股份有限公司，可以采取发起设立或者募集设立的方式。

发起设立，是指由发起人认购设立公司时应发行的全部股份而设立公司。

募集设立，是指由发起人认购设立公司时应发行股份的一部分，其余股份向特定对象募集或者向社会公开募集而设立公司。

第九十二条 设立股份有限公司，应当有一人以上二百人以下为发起人，其中应当有半数以上的发起人在中华人民共和国境内有住所。

第九十三条 股份有限公司发起人承担公司筹办事务。

发起人应当签订发起人协议，明确各自在公司设立过程中的权利和义务。

第九十四条 设立股份有限公司，应当由发起人共同制订公司章程。

第九十五条 股份有限公司章程应当载明下列事项：

（一）公司名称和住所；

（二）公司经营范围；

（三）公司设立方式；

（四）公司注册资本、已发行的股份数和设立时发行的股份数，面额股的每股金额；

（五）发行类别股的，每一类别股的股份数及其权利和义务；

（六）发起人的姓名或者名称、认购的股份数、出资方式；

（七）董事会的组成、职权和议事规则；

（八）公司法定代表人的产生、变更办法；

（九）监事会的组成、职权和议事规则；

（十）公司利润分配办法；

（十一）公司的解散事由与清算办法；

（十二）公司的通知和公告办法；

（十三）股东会认为需要规定的其他事项。

第九十六条 股份有限公司的注册资本为在公司登记机关登记的已发行股份的股本总额。在发起人认购的股份缴足前，不得向他人募集股份。

法律、行政法规以及国务院决定对股份有限公司注册资本最低限额另有规定的，从其规定。

第九十七条 以发起设立方式设立股份有限公司的，发起人应当认足公司章程规定的公司设立时应发行的股份。

以募集设立方式设立股份有限公司的，发起人认购的股份不得少于公司章程规定的公司设立时应发行股份总数的百分之三十五；但是，法律、行政法规另有规定的，从其规定。

第九十八条 发起人应当在公司成立前按照其认购的股份全额缴纳股款。

发起人的出资，适用本法第四十八条、第四十九条第二款关于有限责任公司股东出资的规定。

第九十九条　发起人不按照其认购的股份缴纳股款，或者作为出资的非货币财产的实际价额显著低于所认购的股份的，其他发起人与该发起人在出资不足的范围内承担连带责任。

第一百条　发起人向社会公开募集股份，应当公告招股说明书，并制作认股书。认股书应当载明本法第一百五十四条第二款、第三款所列事项，由认股人填写认购的股份数、金额、住所，并签名或者盖章。认股人应当按照所认购股份足额缴纳股款。

第一百零一条　向社会公开募集股份的股款缴足后，应当经依法设立的验资机构验资并出具证明。

第一百零二条　股份有限公司应当制作股东名册并置备于公司。股东名册应当记载下列事项：

（一）股东的姓名或者名称及住所；

（二）各股东所认购的股份种类及股份数；

（三）发行纸面形式的股票的，股票的编号；

（四）各股东取得股份的日期。

第一百零三条　募集设立股份有限公司的发起人应当自公司设立时应发行股份的股款缴足之日起三十日内召开公司成立大会。发起人应当在成立大会召开十五日前将会议日期通知各认股人或者予以公告。成立大会应当有持有表决权过半数的认股人出席，方可举行。

以发起设立方式设立股份有限公司成立大会的召开和表决程序由公司章程或者发起人协议规定。

第一百零四条　公司成立大会行使下列职权：

（一）审议发起人关于公司筹办情况的报告；

（二）通过公司章程；

（三）选举董事、监事；

（四）对公司的设立费用进行审核；

（五）对发起人非货币财产出资的作价进行审核；

（六）发生不可抗力或者经营条件发生重大变化直接影响公司设立的，可以作出不设立公司的决议。

成立大会对前款所列事项作出决议，应当经出席会议的认股人所持表决权过半数通过。

第一百零五条　公司设立时应发行的股份未募足，或者发行股份的股款缴足后，发起人在三十日内未召开成立大会的，认股人可以按照所缴股款并加算银行同期存款利息，要求发起人返还。

发起人、认股人缴纳股款或者交付非货币财产出资后，除未按期募足股份、发起人未按期召开成立大会或者成立大会决议不设立公司的情形外，不得抽回其股本。

第一百零六条 董事会应当授权代表，于公司成立大会结束后三十日内向公司登记机关申请设立登记。

第一百零七条 本法第四十四条、第四十九条第三款、第五十一条、第五十二条、第五十三条的规定，适用于股份有限公司。

第一百零八条 有限责任公司变更为股份有限公司时，折合的实收股本总额不得高于公司净资产额。有限责任公司变更为股份有限公司，为增加注册资本公开发行股份时，应当依法办理。

第一百零九条 股份有限公司应当将公司章程、股东名册、股东会会议记录、董事会会议记录、监事会会议记录、财务会计报告、债券持有人名册置备于本公司。

第一百一十条 股东有权查阅、复制公司章程、股东名册、股东会会议记录、董事会会议决议、监事会会议决议、财务会计报告，对公司的经营提出建议或者质询。

连续一百八十日以上单独或者合计持有公司百分之三以上股份的股东要求查阅公司的会计账簿、会计凭证的，适用本法第五十七条第二款、第三款、第四款的规定。公司章程对持股比例有较低规定的，从其规定。

股东要求查阅、复制公司全资子公司相关材料的，适用前两款的规定。

上市公司股东查阅、复制相关材料的，应当遵守《中华人民共和国证券法》等法律、行政法规的规定。

第二节 股 东 会

第一百一十一条 股份有限公司股东会由全体股东组成。股东会是公司的权力机构，依照本法行使职权。

第一百一十二条 本法第五十九条第一款、第二款关于有限责任公司股东会职权的规定，适用于股份有限公司股东会。

本法第六十条关于只有一个股东的有限责任公司不设股东会的规定，适用于只有一个股东的股份有限公司。

第一百一十三条 股东会应当每年召开一次年会。有下列情形之一的，应当在两个月内召开临时股东会会议：

（一）董事人数不足本法规定人数或者公司章程所定人数的三分之二时；

（二）公司未弥补的亏损达股本总额三分之一时；

（三）单独或者合计持有公司百分之十以上股份的股东请求时；

（四）董事会认为必要时；

（五）监事会提议召开时；

（六）公司章程规定的其他情形。

第一百一十四条　股东会会议由董事会召集，董事长主持；董事长不能履行职务或者不履行职务的，由副董事长主持；副董事长不能履行职务或者不履行职务的，由过半数的董事共同推举一名董事主持。

董事会不能履行或者不履行召集股东会会议职责的，监事会应当及时召集和主持；监事会不召集和主持的，连续九十日以上单独或者合计持有公司百分之十以上股份的股东可以自行召集和主持。

单独或者合计持有公司百分之十以上股份的股东请求召开临时股东会会议的，董事会、监事会应当在收到请求之日起十日内作出是否召开临时股东会会议的决定，并书面答复股东。

第一百一十五条　召开股东会会议，应当将会议召开的时间、地点和审议的事项于会议召开二十日前通知各股东；临时股东会会议应当于会议召开十五日前通知各股东。

单独或者合计持有公司百分之一以上股份的股东，可以在股东会会议召开十日前提出临时提案并书面提交董事会。临时提案应当有明确议题和具体决议事项。董事会应当在收到提案后二日内通知其他股东，并将该临时提案提交股东会审议；但临时提案违反法律、行政法规或者公司章程的规定，或者不属于股东会职权范围的除外。公司不得提高提出临时提案股东的持股比例。

公开发行股份的公司，应当以公告方式作出前两款规定的通知。

股东会不得对通知中未列明的事项作出决议。

第一百一十六条　股东出席股东会会议，所持每一股份有一表决权，类别股股东除外。公司持有的本公司股份没有表决权。

股东会作出决议，应当经出席会议的股东所持表决权过半数通过。

股东会作出修改公司章程、增加或者减少注册资本的决议，以及公司合并、分立、解散或者变更公司形式的决议，应当经出席会议的股东所持表决权的三分之二以上通过。

第一百一十七条　股东会选举董事、监事，可以按照公司章程的规定或者股东会的决议，实行累积投票制。

本法所称累积投票制，是指股东会选举董事或者监事时，每一股份拥有与应选董事或者监事人数相同的表决权，股东拥有的表决权可以集中使用。

第一百一十八条　股东委托代理人出席股东会会议的，应当明确代理人代理的事项、权限和期限；代理人应当向公司提交股东授权委托书，并在授权范围内行使表决权。

第一百一十九条　股东会应当对所议事项的决定作成会议记录，主持人、出席会议的董事应当在会议记录上签名。会议记录应当与出席股东的签名册及代理出席的委托书一并保存。

<h2 style="text-align:center">第三节 董事会、经理</h2>

第一百二十条 股份有限公司设董事会，本法第一百二十八条另有规定的除外。

本法第六十七条、第六十八条第一款、第七十条、第七十一条的规定，适用于股份有限公司。

第一百二十一条 股份有限公司可以按照公司章程的规定在董事会中设置由董事组成的审计委员会，行使本法规定的监事会的职权，不设监事会或者监事。

审计委员会成员为三名以上，过半数成员不得在公司担任除董事以外的其他职务，且不得与公司存在任何可能影响其独立客观判断的关系。公司董事会成员中的职工代表可以成为审计委员会成员。

审计委员会作出决议，应当经审计委员会成员的过半数通过。

审计委员会决议的表决，应当一人一票。

审计委员会的议事方式和表决程序，除本法有规定的外，由公司章程规定。

公司可以按照公司章程的规定在董事会中设置其他委员会。

第一百二十二条 董事会设董事长一人，可以设副董事长。董事长和副董事长由董事会以全体董事的过半数选举产生。

董事长召集和主持董事会会议，检查董事会决议的实施情况。副董事长协助董事长工作，董事长不能履行职务或者不履行职务的，由副董事长履行职务；副董事长不能履行职务或者不履行职务的，由过半数的董事共同推举一名董事履行职务。

第一百二十三条 董事会每年度至少召开两次会议，每次会议应当于会议召开十日前通知全体董事和监事。

代表十分之一以上表决权的股东、三分之一以上董事或者监事会，可以提议召开临时董事会会议。董事长应当自接到提议后十日内，召集和主持董事会会议。

董事会召开临时会议，可以另定召集董事会的通知方式和通知时限。

第一百二十四条 董事会会议应当有过半数的董事出席方可举行。董事会作出决议，应当经全体董事的过半数通过。

董事会决议的表决，应当一人一票。

董事会应当对所议事项的决定作成会议记录，出席会议的董事应当在会议记录上签名。

第一百二十五条　董事会会议，应当由董事本人出席；董事因故不能出席，可以书面委托其他董事代为出席，委托书应当载明授权范围。

董事应当对董事会的决议承担责任。董事会的决议违反法律、行政法规或者公司章程、股东会决议，给公司造成严重损失的，参与决议的董事对公司负赔偿责任；经证明在表决时曾表明异议并记载于会议记录的，该董事可以免除责任。

第一百二十六条　股份有限公司设经理，由董事会决定聘任或者解聘。

经理对董事会负责，根据公司章程的规定或者董事会的授权行使职权。经理列席董事会会议。

第一百二十七条　公司董事会可以决定由董事会成员兼任经理。

第一百二十八条　规模较小或者股东人数较少的股份有限公司，可以不设董事会，设一名董事，行使本法规定的董事会的职权。该董事可以兼任公司经理。

第一百二十九条　公司应当定期向股东披露董事、监事、高级管理人员从公司获得报酬的情况。

第四节　监　事　会

第一百三十条　股份有限公司设监事会，本法第一百二十一条第一款、第一百三十三条另有规定的除外。

监事会成员为三人以上。监事会成员应当包括股东代表和适当比例的公司职工代表，其中职工代表的比例不得低于三分之一，具体比例由公司章程规定。监事会中的职工代表由公司职工通过职工代表大会、职工大会或者其他形式民主选举产生。

监事会设主席一人，可以设副主席。监事会主席和副主席由全体监事过半数选举产生。监事会主席召集和主持监事会会议；监事会主席不能履行职务或者不履行职务的，由监事会副主席召集和主持监事会会议；监事会副主席不能履行职务或者不履行职务的，由过半数的监事共同推举一名监事召集和主持监事会会议。

董事、高级管理人员不得兼任监事。

本法第七十七条关于有限责任公司监事任期的规定，适用于股份有限公司监事。

第一百三十一条　本法第七十八条至第八十条的规定，适用于股份有限公司监事会。

监事会行使职权所必需的费用，由公司承担。

第一百三十二条 监事会每六个月至少召开一次会议。监事可以提议召开临时监事会会议。

监事会的议事方式和表决程序，除本法有规定的外，由公司章程规定。

监事会决议应当经全体监事的过半数通过。

监事会决议的表决，应当一人一票。

监事会应当对所议事项的决定作成会议记录，出席会议的监事应当在会议记录上签名。

第一百三十三条 规模较小或者股东人数较少的股份有限公司，可以不设监事会，设一名监事，行使本法规定的监事会的职权。

第五节 上市公司组织机构的特别规定

第一百三十四条 本法所称上市公司，是指其股票在证券交易所上市交易的股份有限公司。

第一百三十五条 上市公司在一年内购买、出售重大资产或者向他人提供担保的金额超过公司资产总额百分之三十的，应当由股东会作出决议，并经出席会议的股东所持表决权的三分之二以上通过。

第一百三十六条 上市公司设独立董事，具体管理办法由国务院证券监督管理机构规定。

上市公司的公司章程除载明本法第九十五条规定的事项外，还应当依照法律、行政法规的规定载明董事会专门委员会的组成、职权以及董事、监事、高级管理人员薪酬考核机制等事项。

第一百三十七条 上市公司在董事会中设置审计委员会的，董事会对下列事项作出决议前应当经审计委员会全体成员过半数通过：

（一）聘用、解聘承办公司审计业务的会计师事务所；

（二）聘任、解聘财务负责人；

（三）披露财务会计报告；

（四）国务院证券监督管理机构规定的其他事项。

第一百三十八条 上市公司设董事会秘书，负责公司股东会和董事会会议的筹备、文件保管以及公司股东资料的管理，办理信息披露事务等事宜。

第一百三十九条 上市公司董事与董事会会议决议事项所涉及的企业或者个人有关联关系的，该董事应当及时向董事会书面报告。有关联关系的董事不得对该项决议行使表决权，也不得代理其他董事行使表决权。该董事会会议由过半数的无关联关系董事出席即可举行，董事会会议所作决议须经无关联关系董事过半数通过。出席董事会会议的无关联关系董事人数不足三人的，应当将该事项提交上市公司股东会审议。

第一百四十条　上市公司应当依法披露股东、实际控制人的信息，相关信息应当真实、准确、完整。

禁止违反法律、行政法规的规定代持上市公司股票。

第一百四十一条　上市公司控股子公司不得取得该上市公司的股份。

上市公司控股子公司因公司合并、质权行使等原因持有上市公司股份的，不得行使所持股份对应的表决权，并应当及时处分相关上市公司股份。

第六章　股份有限公司的股份发行和转让

第一节　股份发行

第一百四十二条　公司的资本划分为股份。公司的全部股份，根据公司章程的规定择一采用面额股或者无面额股。采用面额股的，每一股的金额相等。

公司可以根据公司章程的规定将已发行的面额股全部转换为无面额股或者将无面额股全部转换为面额股。

采用无面额股的，应当将发行股份所得股款的二分之一以上计入注册资本。

第一百四十三条　股份的发行，实行公平、公正的原则，同类别的每一股份应当具有同等权利。

同次发行的同类别股份，每股的发行条件和价格应当相同；认购人所认购的股份，每股应当支付相同价额。

第一百四十四条　公司可以按照公司章程的规定发行下列与普通股权利不同的类别股：

（一）优先或者劣后分配利润或者剩余财产的股份；

（二）每一股的表决权数多于或者少于普通股的股份；

（三）转让须经公司同意等转让受限的股份；

（四）国务院规定的其他类别股。

公开发行股份的公司不得发行前款第二项、第三项规定的类别股；公开发行前已发行的除外。

公司发行本条第一款第二项规定的类别股的，对于监事或者审计委员会成员的选举和更换，类别股与普通股每一股的表决权数相同。

第一百四十五条　发行类别股的公司，应当在公司章程中载明以下事项：

（一）类别股分配利润或者剩余财产的顺序；

（二）类别股的表决权数；

（三）类别股的转让限制；

（四）保护中小股东权益的措施；

（五）股东会认为需要规定的其他事项。

第一百四十六条　发行类别股的公司，有本法第一百一十六条第三款规定的事项等可能影响类别股股东权利的，除应当依照第一百一十六条第三款的规定经股东会决议外，还应当经出席类别股股东会议的股东所持表决权的三分之二以上通过。

公司章程可以对需经类别股股东会议决议的其他事项作出规定。

第一百四十七条　公司的股份采取股票的形式。股票是公司签发的证明股东所持股份的凭证。

公司发行的股票，应当为记名股票。

第一百四十八条　面额股股票的发行价格可以按票面金额，也可以超过票面金额，但不得低于票面金额。

第一百四十九条　股票采用纸面形式或者国务院证券监督管理机构规定的其他形式。

股票采用纸面形式的，应当载明下列主要事项：

（一）公司名称；

（二）公司成立日期或者股票发行的时间；

（三）股票种类、票面金额及代表的股份数，发行无面额股的，股票代表的股份数。

股票采用纸面形式的，还应当载明股票的编号，由法定代表人签名，公司盖章。

发起人股票采用纸面形式的，应当标明发起人股票字样。

第一百五十条　股份有限公司成立后，即向股东正式交付股票。公司成立前不得向股东交付股票。

第一百五十一条　公司发行新股，股东会应当对下列事项作出决议：

（一）新股种类及数额；

（二）新股发行价格；

（三）新股发行的起止日期；

（四）向原有股东发行新股的种类及数额；

（五）发行无面额股的，新股发行所得股款计入注册资本的金额。

公司发行新股，可以根据公司经营情况和财务状况，确定其作价方案。

第一百五十二条　公司章程或者股东会可以授权董事会在三年内决定发行不超过已发行股份百分之五十的股份。但以非货币财产作价出资的应当经股东会决议。

董事会依照前款规定决定发行股份导致公司注册资本、已发行股份数发生变化的，对公司章程该项记载事项的修改不需再由股东会表决。

第一百五十三条　公司章程或者股东会授权董事会决定发行新股的，董事会决议应当经全体董事三分之二以上通过。

第一百五十四条　公司向社会公开募集股份，应当经国务院证券监督管理机构注册，公告招股说明书。

招股说明书应当附有公司章程，并载明下列事项：

（一）发行的股份总数；

（二）面额股的票面金额和发行价格或者无面额股的发行价格；

（三）募集资金的用途；

（四）认股人的权利和义务；

（五）股份种类及其权利和义务；

（六）本次募股的起止日期及逾期未募足时认股人可以撤回所认股份的说明。

公司设立时发行股份的，还应当载明发起人认购的股份数。

第一百五十五条　公司向社会公开募集股份，应当由依法设立的证券公司承销，签订承销协议。

第一百五十六条　公司向社会公开募集股份，应当同银行签订代收股款协议。

代收股款的银行应当按照协议代收和保存股款，向缴纳股款的认股人出具收款单据，并负有向有关部门出具收款证明的义务。

公司发行股份募足股款后，应予公告。

第二节　股份转让

第一百五十七条　股份有限公司的股东持有的股份可以向其他股东转让，也可以向股东以外的人转让；公司章程对股份转让有限制的，其转让按照公司章程的规定进行。

第一百五十八条　股东转让其股份，应当在依法设立的证券交易场所进行或者按照国务院规定的其他方式进行。

第一百五十九条　股票的转让，由股东以背书方式或者法律、行政法规规定的其他方式进行；转让后由公司将受让人的姓名或者名称及住所记载于股东名册。

股东会会议召开前二十日内或者公司决定分配股利的基准日前五日内，不得变更股东名册。法律、行政法规或者国务院证券监督管理机构对上市公司股东名册变更另有规定的，从其规定。

第一百六十条　公司公开发行股份前已发行的股份，自公司股票在证券交易所上市交易之日起一年内不得转让。法律、行政法规或者国务院证券监督管理机构对上市公司的股东、实际控制人转让其所持有的本公司股份另有规定的，从其规定。

公司董事、监事、高级管理人员应当向公司申报所持有的本公司的股份及其变动情况，在就任时确定的任职期间每年转让的股份不得超过其所持有本公司股份总数的百分之二十五；所持本公司股份自公司股票上市交易之日起一年内不得转让。上述人员离职后半年内，不得转让其所持有的本公司股份。公司章程可以对公司董事、监事、高级管理人员转让其所持有的本公司股份作出其他限制性规定。

股份在法律、行政法规规定的限制转让期限内出质的，质权人不得在限制转让期限内行使质权。

第一百六十一条 有下列情形之一的，对股东会该项决议投反对票的股东可以请求公司按照合理的价格收购其股份，公开发行股份的公司除外：

（一）公司连续五年不向股东分配利润，而公司该五年连续盈利，并且符合本法规定的分配利润条件；

（二）公司转让主要财产；

（三）公司章程规定的营业期限届满或者章程规定的其他解散事由出现，股东会通过决议修改章程使公司存续。

自股东会决议作出之日起六十日内，股东与公司不能达成股份收购协议的，股东可以自股东会决议作出之日起九十日内向人民法院提起诉讼。

公司因本条第一款规定的情形收购的本公司股份，应当在六个月内依法转让或者注销。

第一百六十二条 公司不得收购本公司股份。但是，有下列情形之一的除外：

（一）减少公司注册资本；

（二）与持有本公司股份的其他公司合并；

（三）将股份用于员工持股计划或者股权激励；

（四）股东因对股东会作出的公司合并、分立决议持异议，要求公司收购其股份；

（五）将股份用于转换公司发行的可转换为股票的公司债券；

（六）上市公司为维护公司价值及股东权益所必需。

公司因前款第一项、第二项规定的情形收购本公司股份的，应当经股东会决议；公司因前款第三项、第五项、第六项规定的情形收购本公司股份的，可以按照公司章程或者股东会的授权，经三分之二以上董事出席的董事会会议决议。

公司依照本条第一款规定收购本公司股份后，属于第一项情形的，应当自收购之日起十日内注销；属于第二项、第四项情形的，应当在六个月内转让或者注销；属于第三项、第五项、第六项情形的，公司合计持有的本公司股份数不得超过本公司已发行股份总数的百分之十，并应当在三年内转让或者注销。

上市公司收购本公司股份的，应当依照《中华人民共和国证券法》的规定履行信息披露义务。上市公司因本条第一款第三项、第五项、第六项规定的情形收购本公司股份的，应当通过公开的集中交易方式进行。

公司不得接受本公司的股份作为质权的标的。

第一百六十三条 公司不得为他人取得本公司或者其母公司的股份提供赠与、借款、担保以及其他财务资助，公司实施员工持股计划的除外。

为公司利益，经股东会决议，或者董事会按照公司章程或者股东会的授权作出决议，公司可以为他人取得本公司或者其母公司的股份提供财务资助，但财务资助的累计总额不得超过已发行股本总额的百分之十。董事会作出决议应当经全体董事的三分之二以上通过。

违反前两款规定，给公司造成损失的，负有责任的董事、监事、高级管理人员应当承担赔偿责任。

第一百六十四条 股票被盗、遗失或者灭失，股东可以依照《中华人民共和国民事诉讼法》规定的公示催告程序，请求人民法院宣告该股票失效。人民法院宣告该股票失效后，股东可以向公司申请补发股票。

第一百六十五条 上市公司的股票，依照有关法律、行政法规及证券交易所交易规则上市交易。

第一百六十六条 上市公司应当依照法律、行政法规的规定披露相关信息。

第一百六十七条 自然人股东死亡后，其合法继承人可以继承股东资格；但是，股份转让受限的股份有限公司的章程另有规定的除外。

第七章 国家出资公司组织机构的特别规定

第一百六十八条 国家出资公司的组织机构，适用本章规定；本章没有规定的，适用本法其他规定。

本法所称国家出资公司，是指国家出资的国有独资公司、国有资本控股公司，包括国家出资的有限责任公司、股份有限公司。

第一百六十九条 国家出资公司，由国务院或者地方人民政府分别代表国家依法履行出资人职责，享有出资人权益。国务院或者地方人民政府可以授权国有资产监督管理机构或者其他部门、机构代表本级人民政府对国家出资公司履行出资人职责。

代表本级人民政府履行出资人职责的机构、部门，以下统称为履行出资人职责的机构。

第一百七十条 国家出资公司中中国共产党的组织，按照中国共产党章程的规定发挥领导作用，研究讨论公司重大经营管理事项，支持公司的组织机构依法行使职权。

第一百七十一条 国有独资公司章程由履行出资人职责的机构制定。

第一百七十二条 国有独资公司不设股东会，由履行出资人职责的机构行使股东会职权。履行出资人职责的机构可以授权公司董事会行使股东会的部分职权，但公司章程的制定和修改，公司的合并、分立、解散、申请破产，增加或者减少注册资本，分配利润，应当由履行出资人职责的机构决定。

第一百七十三条 国有独资公司的董事会依照本法规定行使职权。

国有独资公司的董事会成员中，应当过半数为外部董事，并应当有公司职工代表。

董事会成员由履行出资人职责的机构委派；但是，董事会成员中的职工代表由公司职工代表大会选举产生。

董事会设董事长一人，可以设副董事长。董事长、副董事长由履行出资人职责的机构从董事会成员中指定。

第一百七十四条 国有独资公司的经理由董事会聘任或者解聘。

经履行出资人职责的机构同意，董事会成员可以兼任经理。

第一百七十五条 国有独资公司的董事、高级管理人员，未经履行出资人职责的机构同意，不得在其他有限责任公司、股份有限公司或者其他经济组织兼职。

第一百七十六条 国有独资公司在董事会中设置由董事组成的审计委员会行使本法规定的监事会职权的，不设监事会或者监事。

第一百七十七条 国家出资公司应当依法建立健全内部监督管理和风险控制制度，加强内部合规管理。

第八章 公司董事、监事、高级
管理人员的资格和义务

第一百七十八条 有下列情形之一的，不得担任公司的董事、监事、高级管理人员：

（一）无民事行为能力或者限制民事行为能力；

（二）因贪污、贿赂、侵占财产、挪用财产或者破坏社会主义市场经济秩序，被判处刑罚，或者因犯罪被剥夺政治权利，执行期满未逾五年，被宣告缓刑的，自缓刑考验期满之日起未逾二年；

（三）担任破产清算的公司、企业的董事或者厂长、经理，对该公司、企业的破产负有个人责任的，自该公司、企业破产清算完结之日起未逾三年；

（四）担任因违法被吊销营业执照、责令关闭的公司、企业的法定代表人，并负有个人责任的，自该公司、企业被吊销营业执照、责令关闭之日起未逾三年；

（五）个人因所负数额较大债务到期未清偿被人民法院列为失信被执行人。

违反前款规定选举、委派董事、监事或者聘任高级管理人员的，该选举、委派或者聘任无效。

董事、监事、高级管理人员在任职期间出现本条第一款所列情形的，公司应当解除其职务。

第一百七十九条　董事、监事、高级管理人员应当遵守法律、行政法规和公司章程。

第一百八十条　董事、监事、高级管理人员对公司负有忠实义务，应当采取措施避免自身利益与公司利益冲突，不得利用职权牟取不正当利益。

董事、监事、高级管理人员对公司负有勤勉义务，执行职务应当为公司的最大利益尽到管理者通常应有的合理注意。

公司的控股股东、实际控制人不担任公司董事但实际执行公司事务的，适用前两款规定。

第一百八十一条　董事、监事、高级管理人员不得有下列行为：

（一）侵占公司财产、挪用公司资金；

（二）将公司资金以其个人名义或者以其他个人名义开立账户存储；

（三）利用职权贿赂或者收受其他非法收入；

（四）接受他人与公司交易的佣金归为己有；

（五）擅自披露公司秘密；

（六）违反对公司忠实义务的其他行为。

第一百八十二条　董事、监事、高级管理人员，直接或者间接与本公司订立合同或者进行交易，应当就与订立合同或者进行交易有关的事项向董事会或者股东会报告，并按照公司章程的规定经董事会或者股东会决议通过。

董事、监事、高级管理人员的近亲属，董事、监事、高级管理人员或者其近亲属直接或者间接控制的企业，以及与董事、监事、高级管理人员有其他关联关系的关联人，与公司订立合同或者进行交易，适用前款规定。

第一百八十三条　董事、监事、高级管理人员，不得利用职务便利为自己或者他人谋取属于公司的商业机会。但是，有下列情形之一的除外：

（一）向董事会或者股东会报告，并按照公司章程的规定经董事会或者股东会决议通过；

（二）根据法律、行政法规或者公司章程的规定，公司不能利用该商业机会。

第一百八十四条 董事、监事、高级管理人员未向董事会或者股东会报告，并按照公司章程的规定经董事会或者股东会决议通过，不得自营或者为他人经营与其任职公司同类的业务。

第一百八十五条 董事会对本法第一百八十二条至第一百八十四条规定的事项决议时，关联董事不得参与表决，其表决权不计入表决权总数。出席董事会会议的无关联关系董事人数不足三人的，应当将该事项提交股东会审议。

第一百八十六条 董事、监事、高级管理人员违反本法第一百八十一条至第一百八十四条规定所得的收入应当归公司所有。

第一百八十七条 股东会要求董事、监事、高级管理人员列席会议的，董事、监事、高级管理人员应当列席并接受股东的质询。

第一百八十八条 董事、监事、高级管理人员执行职务违反法律、行政法规或者公司章程的规定，给公司造成损失的，应当承担赔偿责任。

第一百八十九条 董事、高级管理人员有前条规定的情形的，有限责任公司的股东、股份有限公司连续一百八十日以上单独或者合计持有公司百分之一以上股份的股东，可以书面请求监事会向人民法院提起诉讼；监事有前条规定的情形的，前述股东可以书面请求董事会向人民法院提起诉讼。

监事会或者董事会收到前款规定的股东书面请求后拒绝提起诉讼，或者自收到请求之日起三十日内未提起诉讼，或者情况紧急、不立即提起诉讼将会使公司利益受到难以弥补的损害的，前款规定的股东有权为公司利益以自己的名义直接向人民法院提起诉讼。

他人侵犯公司合法权益，给公司造成损失的，本条第一款规定的股东可以依照前两款的规定向人民法院提起诉讼。

公司全资子公司的董事、监事、高级管理人员有前条规定情形，或者他人侵犯公司全资子公司合法权益造成损失的，有限责任公司的股东、股份有限公司连续一百八十日以上单独或者合计持有公司百分之一以上股份的股东，可以依照前三款规定书面请求全资子公司的监事会、董事会向人民法院提起诉讼或者以自己的名义直接向人民法院提起诉讼。

第一百九十条 董事、高级管理人员违反法律、行政法规或者公司章程的规定，损害股东利益的，股东可以向人民法院提起诉讼。

第一百九十一条 董事、高级管理人员执行职务，给他人造成损害的，公司应当承担赔偿责任；董事、高级管理人员存在故意或者重大过失的，也应当承担赔偿责任。

第一百九十二条 公司的控股股东、实际控制人指示董事、高级管理人员从事损害公司或者股东利益的行为的，与该董事、高级管理人员承担连带责任。

第一百九十三条 公司可以在董事任职期间为董事因执行公司职务承担的赔偿责任投保责任保险。

公司为董事投保责任保险或者续保后，董事会应当向股东会报告责任保险的投保金额、承保范围及保险费率等内容。

第九章 公 司 债 券

第一百九十四条 本法所称公司债券，是指公司发行的约定按期还本付息的有价证券。

公司债券可以公开发行，也可以非公开发行。

公司债券的发行和交易应当符合《中华人民共和国证券法》等法律、行政法规的规定。

第一百九十五条 公开发行公司债券，应当经国务院证券监督管理机构注册，公告公司债券募集办法。

公司债券募集办法应当载明下列主要事项：

（一）公司名称；

（二）债券募集资金的用途；

（三）债券总额和债券的票面金额；

（四）债券利率的确定方式；

（五）还本付息的期限和方式；

（六）债券担保情况；

（七）债券的发行价格、发行的起止日期；

（八）公司净资产额；

（九）已发行的尚未到期的公司债券总额；

（十）公司债券的承销机构。

第一百九十六条 公司以纸面形式发行公司债券的，应当在债券上载明公司名称、债券票面金额、利率、偿还期限等事项，并由法定代表人签名，公司盖章。

第一百九十七条 公司债券应当为记名债券。

第一百九十八条 公司发行公司债券应当置备公司债券持有人名册。

发行公司债券的，应当在公司债券持有人名册上载明下列事项：

（一）债券持有人的姓名或者名称及住所；

（二）债券持有人取得债券的日期及债券的编号；

（三）债券总额，债券的票面金额、利率、还本付息的期限和方式；

（四）债券的发行日期。

第一百九十九条 公司债券的登记结算机构应当建立债券登记、存管、付息、兑付等相关制度。

第二百条 公司债券可以转让，转让价格由转让人与受让人约定。

公司债券的转让应当符合法律、行政法规的规定。

第二百零一条 公司债券由债券持有人以背书方式或者法律、行政法规规定的其他方式转让；转让后由公司将受让人的姓名或者名称及住所记载于公司债券持有人名册。

第二百零二条 股份有限公司经股东会决议，或者经公司章程、股东会授权由董事会决议，可以发行可转换为股票的公司债券，并规定具体的转换办法。上市公司发行可转换为股票的公司债券，应当经国务院证券监督管理机构注册。

发行可转换为股票的公司债券，应当在债券上标明可转换公司债券字样，并在公司债券持有人名册上载明可转换公司债券的数额。

第二百零三条 发行可转换为股票的公司债券的，公司应当按照其转换办法向债券持有人换发股票，但债券持有人对转换股票或者不转换股票有选择权。法律、行政法规另有规定的除外。

第二百零四条 公开发行公司债券的，应当为同期债券持有人设立债券持有人会议，并在债券募集办法中对债券持有人会议的召集程序、会议规则和其他重要事项作出规定。债券持有人会议可以对与债券持有人有利害关系的事项作出决议。

除公司债券募集办法另有约定外，债券持有人会议决议对同期全体债券持有人发生效力。

第二百零五条 公开发行公司债券的，发行人应当为债券持有人聘请债券受托管理人，由其为债券持有人办理受领清偿、债权保全、与债券相关的诉讼以及参与债务人破产程序等事项。

第二百零六条 债券受托管理人应当勤勉尽责，公正履行受托管理职责，不得损害债券持有人利益。

受托管理人与债券持有人存在利益冲突可能损害债券持有人利益的，债券持有人会议可以决议变更债券受托管理人。

债券受托管理人违反法律、行政法规或者债券持有人会议决议，损害债券持有人利益的，应当承担赔偿责任。

第十章　公司财务、会计

第二百零七条　公司应当依照法律、行政法规和国务院财政部门的规定建立本公司的财务、会计制度。

第二百零八条　公司应当在每一会计年度终了时编制财务会计报告，并依法经会计师事务所审计。

财务会计报告应当依照法律、行政法规和国务院财政部门的规定制作。

第二百零九条　有限责任公司应当按照公司章程规定的期限将财务会计报告送交各股东。

股份有限公司的财务会计报告应当在召开股东会年会的二十日前置备于本公司，供股东查阅；公开发行股份的股份有限公司应当公告其财务会计报告。

第二百一十条　公司分配当年税后利润时，应当提取利润的百分之十列入公司法定公积金。公司法定公积金累计额为公司注册资本的百分之五十以上的，可以不再提取。

公司的法定公积金不足以弥补以前年度亏损的，在依照前款规定提取法定公积金之前，应当先用当年利润弥补亏损。

公司从税后利润中提取法定公积金后，经股东会决议，还可以从税后利润中提取任意公积金。

公司弥补亏损和提取公积金后所余税后利润，有限责任公司按照股东实缴的出资比例分配利润，全体股东约定不按照出资比例分配利润的除外；股份有限公司按照股东所持有的股份比例分配利润，公司章程另有规定的除外。

公司持有的本公司股份不得分配利润。

第二百一十一条　公司违反本法规定向股东分配利润的，股东应当将违反规定分配的利润退还公司；给公司造成损失的，股东及负有责任的董事、监事、高级管理人员应当承担赔偿责任。

第二百一十二条　股东会作出分配利润的决议的，董事会应当在股东会决议作出之日起六个月内进行分配。

第二百一十三条　公司以超过股票票面金额的发行价格发行股份所得的溢价款、发行无面额股所得股款未计入注册资本的金额以及国务院财政部门规定列入资本公积金的其他项目，应当列为公司资本公积金。

第二百一十四条　公司的公积金用于弥补公司的亏损、扩大公司生产经营或者转为增加公司注册资本。

公积金弥补公司亏损，应当先使用任意公积金和法定公积金；仍不能弥补的，可以按照规定使用资本公积金。

法定公积金转为增加注册资本时，所留存的该项公积金不得少于转增前公司注册资本的百分之二十五。

第二百一十五条　公司聘用、解聘承办公司审计业务的会计师事务所，按照公司章程的规定，由股东会、董事会或者监事会决定。

公司股东会、董事会或者监事会就解聘会计师事务所进行表决时，应当允许会计师事务所陈述意见。

第二百一十六条　公司应当向聘用的会计师事务所提供真实、完整的会计凭证、会计账簿、财务会计报告及其他会计资料，不得拒绝、隐匿、谎报。

第二百一十七条　公司除法定的会计账簿外，不得另立会计账簿。

对公司资金，不得以任何个人名义开立账户存储。

第十一章　公司合并、分立、增资、减资

第二百一十八条　公司合并可以采取吸收合并或者新设合并。

一个公司吸收其他公司为吸收合并，被吸收的公司解散。两个以上公司合并设立一个新的公司为新设合并，合并各方解散。

第二百一十九条　公司与其持股百分之九十以上的公司合并，被合并的公司不需经股东会决议，但应当通知其他股东，其他股东有权请求公司按照合理的价格收购其股权或者股份。

公司合并支付的价款不超过本公司净资产百分之十的，可以不经股东会决议；但是，公司章程另有规定的除外。

公司依照前两款规定合并不经股东会决议的，应当经董事会决议。

第二百二十条　公司合并，应当由合并各方签订合并协议，并编制资产负债表及财产清单。公司应当自作出合并决议之日起十日内通知债权人，并于三十日内在报纸上或者国家企业信用信息公示系统公告。债权人自接到通知之日起三十日内，未接到通知的自公告之日起四十五日内，可以要求公司清偿债务或者提供相应的担保。

第二百二十一条　公司合并时，合并各方的债权、债务，应当由合并后存续的公司或者新设的公司承继。

第二百二十二条　公司分立，其财产作相应的分割。

公司分立，应当编制资产负债表及财产清单。公司应当自作出分立决议之日起十日内通知债权人，并于三十日内在报纸上或者国家企业信用信息公示系统公告。

第二百二十三条　公司分立前的债务由分立后的公司承担连带责任。但是，公司在分立前与债权人就债务清偿达成的书面协议另有约定的除外。

第二百二十四条 公司减少注册资本，应当编制资产负债表及财产清单。

公司应当自股东会作出减少注册资本决议之日起十日内通知债权人，并于三十日内在报纸上或者国家企业信用信息公示系统公告。债权人自接到通知之日起三十日内，未接到通知的自公告之日起四十五日内，有权要求公司清偿债务或者提供相应的担保。

公司减少注册资本，应当按照股东出资或者持有股份的比例相应减少出资额或者股份，法律另有规定、有限责任公司全体股东另有约定或者股份有限公司章程另有规定的除外。

第二百二十五条 公司依照本法第二百一十四条第二款的规定弥补亏损后，仍有亏损的，可以减少注册资本弥补亏损。减少注册资本弥补亏损的，公司不得向股东分配，也不得免除股东缴纳出资或者股款的义务。

依照前款规定减少注册资本的，不适用前条第二款的规定，但应当自股东会作出减少注册资本决议之日起三十日内在报纸上或者国家企业信用信息公示系统公告。

公司依照前两款的规定减少注册资本后，在法定公积金和任意公积金累计额达到公司注册资本百分之五十前，不得分配利润。

第二百二十六条 违反本法规定减少注册资本的，股东应当退还其收到的资金，减免股东出资的应当恢复原状；给公司造成损失的，股东及负有责任的董事、监事、高级管理人员应当承担赔偿责任。

第二百二十七条 有限责任公司增加注册资本时，股东在同等条件下有权优先按照实缴的出资比例认缴出资。但是，全体股东约定不按照出资比例优先认缴出资的除外。

股份有限公司为增加注册资本发行新股时，股东不享有优先认购权，公司章程另有规定或者股东会决议决定股东享有优先认购权的除外。

第二百二十八条 有限责任公司增加注册资本时，股东认缴新增资本的出资，依照本法设立有限责任公司缴纳出资的有关规定执行。

股份有限公司为增加注册资本发行新股时，股东认购新股，依照本法设立股份有限公司缴纳股款的有关规定执行。

第十二章 公司解散和清算

第二百二十九条 公司因下列原因解散：

（一）公司章程规定的营业期限届满或者公司章程规定的其他解散事由出现；

（二）股东会决议解散；

（三）因公司合并或者分立需要解散；

（四）依法被吊销营业执照、责令关闭或者被撤销；

（五）人民法院依照本法第二百三十一条的规定予以解散。

公司出现前款规定的解散事由，应当在十日内将解散事由通过国家企业信用信息公示系统予以公示。

第二百三十条 公司有前条第一款第一项、第二项情形，且尚未向股东分配财产的，可以通过修改公司章程或者经股东会决议而存续。

依照前款规定修改公司章程或者经股东会决议，有限责任公司须经持有三分之二以上表决权的股东通过，股份有限公司须经出席股东会会议的股东所持表决权的三分之二以上通过。

第二百三十一条 公司经营管理发生严重困难，继续存续会使股东利益受到重大损失，通过其他途径不能解决的，持有公司百分之十以上表决权的股东，可以请求人民法院解散公司。

第二百三十二条 公司因本法第二百二十九条第一款第一项、第二项、第四项、第五项规定而解散的，应当清算。董事为公司清算义务人，应当在解散事由出现之日起十五日内组成清算组进行清算。

清算组由董事组成，但是公司章程另有规定或者股东会决议另选他人的除外。

清算义务人未及时履行清算义务，给公司或者债权人造成损失的，应当承担赔偿责任。

第二百三十三条 公司依照前条第一款的规定应当清算，逾期不成立清算组进行清算或者成立清算组后不清算的，利害关系人可以申请人民法院指定有关人员组成清算组进行清算。人民法院应当受理该申请，并及时组织清算组进行清算。

公司因本法第二百二十九条第一款第四项的规定而解散的，作出吊销营业执照、责令关闭或者撤销决定的部门或者公司登记机关，可以申请人民法院指定有关人员组成清算组进行清算。

第二百三十四条 清算组在清算期间行使下列职权：

（一）清理公司财产，分别编制资产负债表和财产清单；

（二）通知、公告债权人；

（三）处理与清算有关的公司未了结的业务；

（四）清缴所欠税款以及清算过程中产生的税款；

（五）清理债权、债务；

（六）分配公司清偿债务后的剩余财产；

（七）代表公司参与民事诉讼活动。

第二百三十五条　清算组应当自成立之日起十日内通知债权人，并于六十日内在报纸上或者国家企业信用信息公示系统公告。债权人应当自接到通知之日起三十日内，未接到通知的自公告之日起四十五日内，向清算组申报其债权。

债权人申报债权，应当说明债权的有关事项，并提供证明材料。清算组应当对债权进行登记。

在申报债权期间，清算组不得对债权人进行清偿。

第二百三十六条　清算组在清理公司财产、编制资产负债表和财产清单后，应当制订清算方案，并报股东会或者人民法院确认。

公司财产在分别支付清算费用、职工的工资、社会保险费用和法定补偿金，缴纳所欠税款，清偿公司债务后的剩余财产，有限责任公司按照股东的出资比例分配，股份有限公司按照股东持有的股份比例分配。

清算期间，公司存续，但不得开展与清算无关的经营活动。公司财产在未依照前款规定清偿前，不得分配给股东。

第二百三十七条　清算组在清理公司财产、编制资产负债表和财产清单后，发现公司财产不足清偿债务的，应当依法向人民法院申请破产清算。

人民法院受理破产申请后，清算组应当将清算事务移交给人民法院指定的破产管理人。

第二百三十八条　清算组成员履行清算职责，负有忠实义务和勤勉义务。

清算组成员怠于履行清算职责，给公司造成损失的，应当承担赔偿责任；因故意或者重大过失给债权人造成损失的，应当承担赔偿责任。

第二百三十九条　公司清算结束后，清算组应当制作清算报告，报股东会或者人民法院确认，并报送公司登记机关，申请注销公司登记。

第二百四十条　公司在存续期间未产生债务，或者已清偿全部债务的，经全体股东承诺，可以按照规定通过简易程序注销公司登记。

通过简易程序注销公司登记，应当通过国家企业信用信息公示系统予以公告，公告期限不少于二十日。公告期限届满后，未有异议的，公司可以在二十日内向公司登记机关申请注销公司登记。

公司通过简易程序注销公司登记，股东对本条第一款规定的内容承诺不实的，应当对注销登记前的债务承担连带责任。

第二百四十一条　公司被吊销营业执照、责令关闭或者被撤销，满三年未向公司登记机关申请注销公司登记的，公司登记机关可以通过国家企业信用信息公示系统予以公告，公告期限不少于六十日。公告期限届满后，未有异议的，公司登记机关可以注销公司登记。

依照前款规定注销公司登记的，原公司股东、清算义务人的责任不受影响。

第二百四十二条 公司被依法宣告破产的，依照有关企业破产的法律实施破产清算。

第十三章　外国公司的分支机构

第二百四十三条 本法所称外国公司，是指依照外国法律在中华人民共和国境外设立的公司。

第二百四十四条 外国公司在中华人民共和国境内设立分支机构，应当向中国主管机关提出申请，并提交其公司章程、所属国的公司登记证书等有关文件，经批准后，向公司登记机关依法办理登记，领取营业执照。

外国公司分支机构的审批办法由国务院另行规定。

第二百四十五条 外国公司在中华人民共和国境内设立分支机构，应当在中华人民共和国境内指定负责该分支机构的代表人或者代理人，并向该分支机构拨付与其所从事的经营活动相适应的资金。

对外国公司分支机构的经营资金需要规定最低限额的，由国务院另行规定。

第二百四十六条 外国公司的分支机构应当在其名称中标明该外国公司的国籍及责任形式。

外国公司的分支机构应当在本机构中置备该外国公司章程。

第二百四十七条 外国公司在中华人民共和国境内设立的分支机构不具有中国法人资格。

外国公司对其分支机构在中华人民共和国境内进行经营活动承担民事责任。

第二百四十八条 经批准设立的外国公司分支机构，在中华人民共和国境内从事业务活动，应当遵守中国的法律，不得损害中国的社会公共利益，其合法权益受中国法律保护。

第二百四十九条 外国公司撤销其在中华人民共和国境内的分支机构时，应当依法清偿债务，依照本法有关公司清算程序的规定进行清算。未清偿债务之前，不得将其分支机构的财产转移至中华人民共和国境外。

第十四章　法　律　责　任

第二百五十条 违反本法规定，虚报注册资本、提交虚假材料或者采取其他欺诈手段隐瞒重要事实取得公司登记的，由公司登记机关责令改正，对虚报注册资本的公司，处以虚报注册资本金额百分之五以上百分之十五以下的罚款；对提交虚假材料或者采取其他欺诈手段隐瞒重要事实的公司，处以五万元以上二百万元以下的罚款；情节严重的，吊销营业执照；对直接负责的主管人员和其他直接责任人员处以三万元以上三十万元以下的罚款。

第二百五十一条 公司未依照本法第四十条规定公示有关信息或者不如实公示有关信息的，由公司登记机关责令改正，可以处以一万元以上五万元以下的罚款。情节严重的，处以五万元以上二十万元以下的罚款；对直接负责的主管人员和其他直接责任人员处以一万元以上十万元以下的罚款。

第二百五十二条 公司的发起人、股东虚假出资，未交付或者未按期交付作为出资的货币或者非货币财产的，由公司登记机关责令改正，可以处以五万元以上二十万元以下的罚款；情节严重的，处以虚假出资或者未出资金额百分之五以上百分之十五以下的罚款；对直接负责的主管人员和其他直接责任人员处以一万元以上十万元以下的罚款。

第二百五十三条 公司的发起人、股东在公司成立后，抽逃其出资的，由公司登记机关责令改正，处以所抽逃出资金额百分之五以上百分之十五以下的罚款；对直接负责的主管人员和其他直接责任人员处以三万元以上三十万元以下的罚款。

第二百五十四条 有下列行为之一的，由县级以上人民政府财政部门依照《中华人民共和国会计法》等法律、行政法规的规定处罚：

（一）在法定的会计账簿以外另立会计账簿；

（二）提供存在虚假记载或者隐瞒重要事实的财务会计报告。

第二百五十五条 公司在合并、分立、减少注册资本或者进行清算时，不依照本法规定通知或者公告债权人的，由公司登记机关责令改正，对公司处以一万元以上十万元以下的罚款。

第二百五十六条 公司在进行清算时，隐匿财产，对资产负债表或者财产清单作虚假记载，或者在未清偿债务前分配公司财产的，由公司登记机关责令改正，对公司处以隐匿财产或者未清偿债务前分配公司财产金额百分之五以上百分之十以下的罚款；对直接负责的主管人员和其他直接责任人员处以一万元以上十万元以下的罚款。

第二百五十七条 承担资产评估、验资或者验证的机构提供虚假材料或者提供有重大遗漏的报告的，由有关部门依照《中华人民共和国资产评估法》、《中华人民共和国注册会计师法》等法律、行政法规的规定处罚。

承担资产评估、验资或者验证的机构因其出具的评估结果、验资或者验证证明不实，给公司债权人造成损失的，除能够证明自己没有过错的外，在其评估或者证明不实的金额范围内承担赔偿责任。

第二百五十八条 公司登记机关违反法律、行政法规规定未履行职责或者履行职责不当的，对负有责任的领导人员和直接责任人员依法给予政务处分。

第二百五十九条 未依法登记为有限责任公司或者股份有限公司，而冒用有限责任公司或者股份有限公司名义的，或者未依法登记为有限责任公司或者股份有限公司的分公司，而冒用有限责任公司或者股份有限公司的分公司名义的，由公司登记机关责令改正或者予以取缔，可以并处十万元以下的罚款。

第二百六十条 公司成立后无正当理由超过六个月未开业的，或者开业后自行停业连续六个月以上的，公司登记机关可以吊销营业执照，但公司依法办理歇业的除外。

公司登记事项发生变更时，未依照本法规定办理有关变更登记的，由公司登记机关责令限期登记；逾期不登记的，处以一万元以上十万元以下的罚款。

第二百六十一条 外国公司违反本法规定，擅自在中华人民共和国境内设立分支机构的，由公司登记机关责令改正或者关闭，可以并处五万元以上二十万元以下的罚款。

第二百六十二条 利用公司名义从事危害国家安全、社会公共利益的严重违法行为的，吊销营业执照。

第二百六十三条 公司违反本法规定，应当承担民事赔偿责任和缴纳罚款、罚金的，其财产不足以支付时，先承担民事赔偿责任。

第二百六十四条 违反本法规定，构成犯罪的，依法追究刑事责任。

第十五章　附　　则

第二百六十五条 本法下列用语的含义：

（一）高级管理人员，是指公司的经理、副经理、财务负责人，上市公司董事会秘书和公司章程规定的其他人员。

（二）控股股东，是指其出资额占有限责任公司资本总额超过百分之五十或者其持有的股份占股份有限公司股本总额超过百分之五十的股东；出资额或者持有股份的比例虽然低于百分之五十，但依其出资额或者持有的股份所享有的表决权已足以对股东会的决议产生重大影响的股东。

（三）实际控制人，是指通过投资关系、协议或者其他安排，能够实际支配公司行为的人。

（四）关联关系，是指公司控股股东、实际控制人、董事、监事、高级管理人员与其直接或者间接控制的企业之间的关系，以及可能导致公司利益转移的其他关系。但是，国家控股的企业之间不仅因为同受国家控股而具有关联关系。

第二百六十六条　本法自 2024 年 7 月 1 日起施行。

本法施行前已登记设立的公司，出资期限超过本法规定的期限的，除法律、行政法规或者国务院另有规定外，应当逐步调整至本法规定的期限以内；对于出资期限、出资额明显异常的，公司登记机关可以依法要求其及时调整。具体实施办法由国务院规定。

后 记

2023 年 12 月 29 日，十四届全国人大常委会第七次会议修订通过《中华人民共和国公司法》，自 2024 年 7 月 1 日起施行。然而，对本书的写作则始于 2021 年，是年，中国法制出版社的王熹编辑给我们提出写作的具体建议之后，我们团队即开始针对《中华人民共和国公司法（修订草案）》一审稿进行编写，之后，全国人大每公布一版修订草案，我们就在原有基础上进行进一步修改和完善，直至正式颁布。

本书以公司法条文为序，逐条解读法律的各个条文，每个条文下一般包括：【条文主旨】【修改提示】【条文释义】【适用指南】【相关规定】等部分。对于适合举出案例的条文，我们设置了【案例评析】，其主要内容包括：（1）案情简介；（2）本案核心问题；（3）法院裁判要旨；（4）评析。

全书由主编李东方拟定大纲和统稿。李耕坤、单可航、张倩玉、金子洲协助主编进行相关工作。参编人员分工如下（按撰写内容先后排序）：

李东方（中国政法大学民商经济法学院）：绪论；

马　莹（北京市西城区人民法院）：第 1~20 条；

张倩玉（中国证券监督管理委员会青岛监管局）：第 21~40 条；

宋泽兴（深圳市中级人民法院）：第 41~60 条；

李耕坤（中国政法大学民商经济法学院）：第 61~80 条；

单可航（上海市第一中级人民法院）：第 81~100 条；

陈诗韵（中国政法大学民商经济法学院）：第 101~120 条；

黄恋婷（中国政法大学民商经济法学院）：第 121~140 条；

裴昕怡（中国政法大学中欧法学院）：第 141~160 条；

金子洲（广发证券股份有限公司）：第 161~180 条；

樊家明（中国政法大学民商经济法学院）：第 181~200 条；

吴林宏（国家发展和改革委员会营商环境发展促进中心）：第 201~220 条；

马羽思（中国政法大学民商经济法学院）：第 221~240 条；

石梦瑶（中国政法大学中欧法学院）：第 241~266 条。

对于本书，我们力求精益求精，但是，我们深知无论如何努力，书中的不足甚至错误一定依然存在，因而，敬请读者们批评指正！

李东方　字修远　号德元

2024 年 1 月 9 日于法大

图书在版编目（CIP）数据

中华人民共和国公司法理解与适用／李东方主编
.—北京：中国法制出版社，2024.3
ISBN 978-7-5216-4211-7

Ⅰ．①中… Ⅱ．①李… Ⅲ．①公司法–法律解释–中
国②公司法–法律适用–中国 Ⅳ．①D922.291.915

中国国家版本馆 CIP 数据核字（2024）第 036103 号

策划编辑　王熹（wx2015hi@sina.com）　　　责任编辑　王熹　白天园　　　封面设计　李宁

中华人民共和国公司法理解与适用

ZHONGHUA RENMIN GONGHEGUO GONGSIFA LIJIE YU SHIYONG

主编/李东方

经销/新华书店

印刷/保定市中画美凯印刷有限公司

开本/730 毫米×1030 毫米　16 开　　　　　　　　　　印张 / 34.75　字数 / 439 千

版次/2024 年 3 月第 1 版　　　　　　　　　　　　　2024 年 3 月第 1 次印刷

中国法制出版社出版

书号 ISBN 978-7-5216-4211-7　　　　　　　　　　　　　　定价：128.00 元

北京市西城区西便门西里甲 16 号西便门办公区

邮政编码：100053　　　　　　　　　　　　　　　　　传真：010-63141600

网址：http://www.zgfzs.com　　　　　　　　　　　编辑部电话：010-63141795

市场营销部电话：010-63141612　　　　　　　　　　印务部电话：010-63141606

（如有印装质量问题，请与本社印务部联系。）